现代金融服务核心教材

金融服务外包理论与实务

主编　余万林　蔡雯霞

清 华 大 学 出 版 社
北京交通大学出版社
·北京·

内容简介

本书从理论与实务两个方面介绍了金融服务机构如何将非核心业务甚至部分核心业务外包给专业的服务供应商，以提高核心业务的竞争力。全书共分为14章，分别为走近金融服务外包，国际金融服务外包发展历程、特点与趋势，金融服务外包动因与效应，金融服务外包理论，金融服务外包发展，金融服务外包业务，金融服务外包决策，银行业务外包，保险业务外包，证券业务外包，金融后台业务外包，金融服务离岸外包，金融服务外包风险及防范，金融服务外包监管。本教材结构体系严谨，内容新颖丰富，注重案例分析与实务操作相结合。

本教材适用于各类高等院校经济管理专业和金融专业本科生及专科生教学，也可作为相关专业研究生的参考用书及金融服务外包等从业人员的培训教材。

图书在版编目（CIP）数据

金融服务外包理论与实务 / 余万林，蔡雯霞主编．—北京：北京交通大学出版社：清华大学出版社，2018.7

ISBN 978-7-5121-3449-2

Ⅰ．①金… Ⅱ．①余… ②蔡… Ⅲ．①金融－商业服务－对外承包－高等学校－教材 Ⅳ．①F831.6

中国版本图书馆CIP数据核字（2017）第306505号

金融服务外包理论与实务
JINRONG FUWU WAIBAO LILUN YU SHIWU

策划编辑：吴嫦娥　　责任编辑：刘　蕊
出版发行：清 华 大 学 出 版 社　　邮编：100084　　电话：010-62776969　　http：//www.tup.com.cn
　　　　　北京交通大学出版社　　邮编：100044　　电话：010-51686414　　http：//www.bjtup.com.cn
印 刷 者：北京时代华都印刷有限公司
经　　销：全国新华书店
开　　本：185 mm×260 mm　　印张：17.5　　字数：431千字
版　　次：2018年7月第1版　　2018年7月第1次印刷
书　　号：ISBN 978-7-5121-3449-2/F・1781
印　　数：1～2 000册　　定价：46.00元

本书如有质量问题，请向北京交通大学出版社质监组反映。对您的意见和批评，我们表示欢迎和感谢。
投诉电话：010-51686043，51686008；传真：010-62225406；E-mail: press@bjtu.edu.cn。

现代金融服务核心教材

编　委　会

序　言

校企合作培养复合型人才的典范

放眼全球，当前金融服务业已经发展成为具有相当规模的新兴产业。中国作为全球服务市场的新生力量，随着经济金融发展、金融改革深化及政府对金融服务业支持力度的加大，金融机构对服务人才的需求将不断扩大，发达国家部分金融服务业务也将向中国转移，我国金融服务产业前景广阔。

济南网融创业服务有限公司（以下简称“网融公司”）是一家以提升人才培养为主的综合性教育服务公司。面向高校，通过校企专业共建，提供实训案例研发、实训教材建构、实践教学培养、职业素养培育、企业资源引入等，助力高校职业化教育进程；面向企业，通过人力资源输送、金融在岗培训、管理方案咨询等为企业提供一站式智库服务。网融公司基于我国高等教育的发展现状，依托企业丰富的优质资源和高效的运作模式，促进高校应用型人才培养，并为金融服务等相关行业输送专业化、复合型、创新型人才。

针对高校日益突出的教学改革实践，在网融公司董事长王善新先生、总经理李新旭先生的大力主持下，积极引进天津财经大学智力资源并与合作院校合作，针对金融服务企业人才需求，编写“现代金融服务核心教材”丛书，为商科类校企合作专业提供应用型教材。

“现代金融服务核心教材”丛书包括《金融市场营销学》《金融会计实务》《金融企业风险管理与案例分析》《金融产品设计》《金融服务外包理论与实务》《金融企业运营管理学》。丛书立足于金融行业现状及发展前景，注重理论和实践相结合，具有很强的适用性与实用性，相信会给读者带来不一样的收获。

目前，网融公司积极与校企合作院校深入合作，利用自身企业技术、资源、资金优势，打造“互联网＋”创业大学平台，并获得了多项著作权、专利技术。正如王善新先生倡导的，教育工作者既要仰望星空，又要脚踏实地。

是为序。

2016 年 6 月于泉城济南

前　言

金融服务外包是由银行、保险、证券等金融服务机构把非核心业务甚至部分核心业务，以合同形式发包给专业的服务供应商，以提高核心业务的竞争力，降低企业成本，分散经营风险的金融业务服务提供模式。

发端于欧美证券行业的金融服务外包，20 世纪 90 年代后，在节约成本和技术升级的推动下，其范围迅速向银行、保险、证券各类金融机构扩展，业务范围也从简单的文档事务性工作外包扩展到 IT 技术、呼叫中心、抵押贷款、信用卡、理赔、核保、保单管理、人力资源、市场营销、资产管理、咨询业务、信息数据处理等。进入 21 世纪以后，随着 IT 技术、互联网技术的空前发展，服务智能化、技术工程化等趋势，以及日益激烈的市场竞争，金融机构进一步推动商业模式改革和产品升级，促使金融服务外包的业务范围不断扩大，层次进一步提升，外包也由低端业务向高端业务，后台业务向前台业务，非核心业务向核心业务延伸拓展，金融服务外包企业的服务对象也由传统的金融机构向所有开展金融业务的企业，如电子支付、财富管理咨询、金融社交商等扩展。在这一趋势下，对金融服务外包人才的需求也日益强烈。

本书就是基于此背景及落实教育部“创新高校、培训机构和有关企业服务外包人才培养机制，提高人才培养质量，加快产业急需的应用型、复合型、创新型人才培养”“地方所属高校的服务外包相关专业要以培养实践能力强的应用型人才为主”的精神而编写完成的。

本书较为完整地从金融服务外包发展、金融服务外包理论、金融服务外包业务实践、金融服务外包监管四个方面对金融服务外包理论与实务做了详细的介绍。全书共分为 14 章，五个模块。第一模块，金融服务外包概述，主要包括第 1 章，以服务外包的内涵起源发展为线索，介绍了金融服务外包的概念、分类和作用。第二模块，国内外金融服务外包发展，包括第 2 章与第 5 章。第 2 章介绍了国际金融服务外包发展历程，国际金融服务外包市场结构，国际金融服务外包发展趋势，离岸金融外包等；第 5 章介绍了我国金融服务外包发展历程、市场现状、趋势等。第三模块，金融服务外包理论基础，包括第 3 章与第 4 章。第 3 章从发包企业与发包国，接包企业与接包国的角度分析了金融服务外包的动因与经济效应；第 4 章在第 3 章一般分析的基础上，进一步从四个基础理论角度分析回答了进行外包的原因、决策条件及效果。第四模块，金融服务外包实务，包括第 6 章到第 13 章。第 6 章是从总论的角度介绍了金融服务外包几种常见的业务类型：信息技术外包、业务流程外包、金融知识处理外包、营销外包、财务会计外包；第 7 章分析了外包的决策主要依据与内容，选择外包商的方法等；第 8 章介绍了银行业务外包的模式、类型，面临的风险及风险控制策略；第 9 章介绍了保险业务外包的类型、决策、风险管理；第 10 章介绍了证券业务外包类型、风险管理及公募基金的外包流程；第 11 章介绍了金融后台业务外包；第 12 章介绍了金融服务离岸外包；第 13 章介绍了金融服务外包业务风险及防范。第五模块，金融服务外包监管，包括第 14 章，主要介绍了发达国家金融服务外包监管机构与体系、监管原则与内容及我国的金融监管问题。

本书由山东理工大学副教授余万林负责全书的总体设计和定稿工作。各章的编写分工如下：张晓杰、田润滋，第 1 章、第 2 章；余万林，第 3 章、第 4 章、第 13 章、第 14 章；蔡雯霞、赵婧壹，第 5 章、第 6 章、第 7 章；裴延华，第 8 章、第 12 章；蔡雯霞、王艺淏，第 9 章、第 10 章；张晓杰，第 11 章、第 12 章。高佳彤、赵晓华、潘仔豪整理了部分案例。

本书在编写过程中得到济南网融创业服务有限公司和北京交通大学出版社的大力支持，在此表示感谢。本书作者在编写过程中参考了国内外大量的文献，在此也向这些作者表示衷心的感谢。

本书尽管已经初步完成，但由于涉及内容广泛，行业发展迅速，加之作者水平所限，难免有不足和疏漏之处，恳请读者批评指正。

作者

2018.3

目　录

第1章

走近金融服务外包

本章导引

20世纪90年代以来，伴随着信息技术突飞猛进的发展，产业分工的不断细化及经济全球化对降低成本的要求日益强烈，越来越多的跨国公司将其非核心业务转移至国外，由此呈现出一种新兴产业——服务外包。现代服务外包产业的产生和发展显示了当代国际分工的新特点，意味着服务生产方式发生“可贸易性革命”，其未来的发展状况将影响经济结构与发展的可持续性。面对急速发展的服务外包业务，若想把握机遇、创新产业结构升级，就必须潜心学习并探索“服务外包”这个新现象。那么，何为“服务外包”，其特点和优势又是什么呢？

本章以“服务外包”的内涵、起源、发展为线索，重点介绍金融服务外包的基本概念、主要类别、作用等。

1.1 体验服务外包

你想订麦当劳？打个电话就能解决。不过接听电话的可能是加州的家庭妇女，麦当劳把电话预订业务外包给了她们。

印度的呼叫中心，主要替一些经纪人约见客户，并帮助他们安排好每天的会面时间。在洛杉矶，你打电话预约医生，实际上帮你录音和安排行程的是几千里以外的印度人。为什么美国人自己不做？原因是人工成本太高，雇美国人电话预约、录音要支付几百美元，而雇印度人只需要100美元。

有的人会犹豫，有的人会担心，但毫无疑问，当世界变成一个小村落，打破国家界限在全球范围内寻找价格最低的劳动力以降低成本，是所有企业都会追求的。从这个角度来说，服务外包是无法阻挡的全球浪潮。

美国软件公司把价值几十亿美元的软件生产流程分包给印度工程师完成；

深圳服务公司承担香港银行大量数据输入和电话呼叫业务；

宝洁、英国石油公司把财务会计、人事管理等职能不同程度地转移给各类服务提供商；

雪佛兰和奇瑞都曾把车型设计委托给外部的设计厂商。

这些实际案例告诉我们，在世界各地，服务外包已经不再是暗潮涌动，而是一种普遍性的存在，其数量和种类也是越来越多。

通过上述的案例，我们看到了生动的外包世界，感受到了外包强有力的脉搏。那么，外包究竟是什么，琳琅满目的外包业务是如何兴起和发展的呢？

1.1.1 外包的含义

外包是新世纪兴起的一种经济活动，最早源于20世纪80年代的生产制造领域，即生产制造业的外包。20世纪90年代，经济全球化促进了信息技术飞速发展，并进一步加深了各专业化领域的分工与合作。全球化直接加剧了国际市场竞争，为获取更低的生产成本优势，在竞争中取得更高的市场占有率和满足生存发展的需要，企业转变了传统意义上垂直一体化的生产和销售模式，在世界范围内配置要素资源、组织生产，产品与服务的全球化特征日益显著。在价值链分割过程中，更多的企业开始专注于自身的核心领域业务，将非核心业务或非专业业务外包给专业化的企业，以提高生产效率、降低运营成本，获取更长远的市场竞争优势。生产过程中价值链在全球范围内进行细化分离，使外包业务的多样化特征更为显著。总之，现代意义上的外包现象是社会经济活动从制造领域向服务业的不断延伸和扩展。

外包的说法最初由美国著名管理学家哈默（G. Hamel）和普拉哈拉德（C. K. Prahalad）发表在1990年《哈佛商业评论》上的《企业的核心竞争力》一文中首次提出。外包（outsourcing），是"outside resource using"的缩写，直译为"外部资源利用"，即企业在内部资源有限的情况下，将其非核心业务通过合同方式分包给其他企业承担，自己则专注于核心业务的发展。外包的实质是一种资源整合的管理模式，即利用外部最优秀的专业化资源，实现降低成本、提高效率、充分发挥核心竞争力，增强企业对市场环境的应变能力。

著名管理学家德鲁克（P.F.Drucker）教授也曾在其发表的一篇著名文章中提出，任何企业中仅做后台支持而不创造营业额的工作都应当外包出去，任何不提供高级发展机会的活动与业务也应当采取外包形式。

从上述学者们对外包的定义来看，外包即授权一家合作伙伴管理自己的部分业务或服务。通俗来说就是"做你认为最好的，而把其他非核心的业务及服务交给更专业的公司去做"。那么，是不是企业所有"从内到外转移"的活动都属于外包呢？

答案是否定的。外包作为企业经营管理的一种变革方式，其中一个基本特征是：企业在保留特定产品生产供应基本定位的前提下，对生产过程涉及的某些环节区段的活动或工作，通过合同方式转移给外部厂商来承担。与"一揽子转移"不同，外包指特定企业在保持最终产品或产出组合不变的前提下，把某些投入性活动转移出去。

例1：IBM把PC业务出售给联想。

例2：一家企业原来兼营旅游、零售、餐饮等业务，现在把餐饮业务剥离出售。

例3：IBM只是把PC产出过程，如键盘等部件生产或组装环节转移给联想。

例4：一家企业原来兼营旅游、零售、餐饮等业务，现在把餐饮业务剥离出售，并且出售后，这一企业今后招待客人还是在这家餐馆里。

通过例1和例2我们可以看出，企业虽然有"从内到外转移"的活动，但并未满足"保持最终产品或产出组合不变"这个基本前提，因此，这两者均不属于外包；而例3和例4则在满足了"保持最终产品或产出组合不变"的前提下，将企业部分产品的生产活动或工作转移给外部厂商，利用外部最优秀的专业化资源来降低成本、提高效率、充分发挥核心竞争力。

1.1.2　外包的分类

基于市场的复杂性和企业经营的多样性，外包有很多种分类标准及相应类别。

1）根据接包方和发包方的地理关系可将外包分为境内外包和离岸外包

境内外包是指发包方与服务提供商来自同一国家，因而外包工作在境内完成。离岸外包是指发包方与服务提供商来自不同的国家，外包工作跨地域完成。通常，境外某些地区在人力、信息等方面的相对成本更低，所以服务外包中 70% 到 80% 都是离岸外包。

2）根据外包对象的性质可将外包分为制造外包和服务外包

制造外包又称生产外包、蓝领外包。它是企业将生产过程中非核心生产业务或加工方式外包给外埠生产企业承担，在充分利用企业外部最优秀专业化资源的同时，使发包企业集中精力于核心业务，达到降低生产成本、提高经济效益、增强核心竞争力的目的。服务外包一般是指企业（发包方）将信息服务、应用管理和商务流程等业务，发包给本企业以外的服务供应者（接包方），以降低成本、优化产业链、提升企业竞争力的一种服务贸易方式。大规模的企业服务外包是当前外包的一个重要表现。

1.1.3　服务外包

1. 服务外包的含义

一般来说，服务外包是指企业（发包方）将信息服务、应用管理和商务流程等业务，发包给本企业以外的服务供应者（接包方），以降低成本、优化产业链、提升企业竞争力的一种服务贸易方式。

确切地说，服务外包是指企业将价值链中原本由自身提供的具有基础性的、共性的、非核心的 IT 业务和基于 IT 的业务流程剥离出来后，外包给企业外部专业服务提供者来完成的经济活动。因此，服务外包应该基于信息网络技术，其服务性工作（包括业务和业务流程）通过计算机操作完成，并采用现代化通信手段进行交付，使企业通过重组价值链、优化资源配置，降低成本并增强企业的核心竞争力。

更广泛意义上的服务外包是指依据服务协议，将某项服务的持续管理或开发责任委托授权给第三者执行。WTO 的《服务贸易总协定》将服务分为 12 个部门，即商务服务、通信服务、建筑和相关工程服务、分销服务、教育服务、环境服务、金融服务、健康服务、旅游服务、娱乐文化和体育服务、运输服务、其他服务。服务外包可以按这 12 个部门进行分类。

总结来看，服务外包的概念可以从如下几个角度进行定义。

从企业经营管理角度，服务外包是指企业以价值链管理为基础将其非核心的业务内容通过合同的方式发包给本企业之外的在岸或离岸的服务供应商，利用其人力资源、信息资源等相对的资源优势来提高企业生产要素和资源配置效率以实现降低成本、提高效率、充分发挥自身核心竞争力、增强应变能力的生产组织模式；从国际贸易角度，服务外包是一种新型的服务贸易形式，是一国企业将服务商品的非关键部分通过外部资源转让给国外公司承担的一种经营方式；从技术进步角度，服务外包是一种技术创新，尤其是技术开发与支持和其他服务活动的外包。这种创新使生产商可以将生产过程实现地理上的分离；从国际分工角度，服务外包是生产业务和工作机会向外部供应商的重新分配，是国际产品内分工的一种形式。

2. 服务及服务外包的特点

1）服务与物品的属性差异（见图 1-1）

（1）在客体存在方式上的有形性与无形性差异

汽车、电视等物品具备有形性，消费者能够感知和识别其大小、轻重、色彩等。很多服务则是无形的，如按摩师手掌用力、歌唱家美妙歌声、银行家提供信贷金融服务等，不存在人们肉眼能够辨识的形状。

（2）经济关系上主体可拥有性差异

对物品可确立其所有关系，对服务则不能确立其所有关系，即无法脱离服务供给而独立地拥有特定服务。例如，我们在餐馆一次性购买了食物及相关服务，但我们无法对餐饮服务本身建立独立持久的所有关系。

（3）生产和消费过程可分离性差异

物品生产过程与消费过程在时间和空间上可以分离，但很多服务的生产和消费过程难以分离。如在餐馆就餐、在理发店理发、乘坐出租车等很多服务的生产和供应过程必然同时伴随特定主体对服务的接受和消费过程。

（4）对象可库存性差异

粮食、电脑、汽车等物品生产完成后，产品可以进入库存状态。服务则一般不具备可库存性，无论是服务提供方还是消费方，都无法把已经发生的服务本身储存起来。

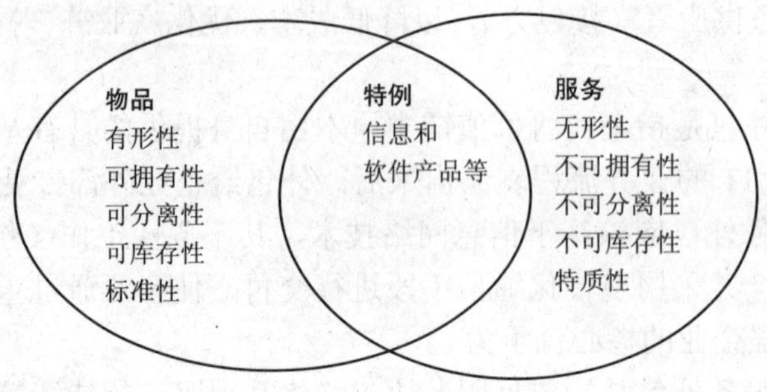

图1-1 服务与物品的属性差异

2）服务外包的特点

服务外包的特点与其作为服务的本质是密不可分的。通常服务是指没有实物形态产出的经济活动，其属性通常包括无形性、生产消费的同步性、易逝性、差异性等。

（1）无形性：服务产品的主体由人类行为组成，因而是无形的，无法以形状、质地、大小等标准去衡量和描述。

（2）生产消费的同步性：服务业的生产过程和消费过程是同步的，只有当顾客开始消费时，服务产品才能提供出来。

（3）易逝性：服务是一个过程，服务一旦被出售或消费，就永远失去了价值，具有很强的易逝性。

（4）差异性：服务是一种“行为”或“体验”，而不是有形物品，服务的提供主要是靠人而不是靠机器来完成，因此服务质量会由于服务提供者和消费者双方的个人因素的变化而波动，呈现出差异性。

但是，随着信息通信技术在服务业中的广泛使用，“服务”的无形性、生产消费的同步性等特征都发生了改变。如网上交易、远程教育与视频会议等新的跨境服务消费方式；研发、设计、编程等以知识为基础的服务可分解为模块或片段来分段进行；信息技术为无形的、不可储存的服务提供了有形载体，音乐会可以通过数字技术、音像制品变成有形的、可储存的产品。

通过对服务外包与制造外包的特点比较（见表 1-1），可以更加深刻地理解和掌握服务外包的相关信息。

表1–1　服务外包与制造外包的特点比较

比较项目	服务外包	制造外包
外包期望	通常为不简洁、宽泛的定义，而且有很多例外的情形	简洁，以工业标准为准
质量	各种客观、主观及基于认知的标准多	强调目标和可衡量的标准少
联系点	外包服务供应商与项目经理通常直接与最终用户互动	只在少数人之间有沟通，例如采购或项目经理
主体企业和契约设施之间的物质分离性	分离通常比较困难，因为许多服务必须在主体企业提供，而且不能被储存	通常与主体企业分离，可以使用任何契约商，甚至是国际上的，这样可以减少成本
需求预测	既依赖于内部的优先性，也依赖于外部需求，而且都是动态变化的	依赖于对最终顾客需求预测的精确性
外包内容	外包内容需随情境而定，需要监管和考察	外包部分是被消费的物品的直接功能部件，这样成本很容易确定
信息安全性	与契约商共享大量可信的信息	只与契约商共享需要被知道的信息
争议解决	很难创造出一个清晰的过程，因为问题往往出在人际之间或不明确的期望上；问题解决方式需要非常灵活	正规程序，明确的责任
更换契约商	更换是可见的，需要更多的沟通来使问题最小化；争议往往是不可避免的，因为服务不能被储存，新的契约工作者要进入工作	如果精心规划，更换契约商不会对供应有显著影响；可以保留存货以应对变化

3. 服务外包的分类

1）根据服务外包的形式划分

根据服务外包的形式将服务外包分为产品或组件外包和服务项目外包。

产品或组件外包。如小麦、牛奶等商品或者汽车、衣服、电脑等制造品生产过程中，某些支持性服务流程采取外包方式提供。

服务项目外包。例如管理学者把登记安装电话这样通常被认为并不特别复杂的服务项目，分解为“直接面对顾客”“业务办公室”“线路分配”“中央办公室”及“安装”等五个方面几十种流程，其中服务工序流程转移给其他企业来提供便构成服务外包。

2）根据服务外包的业务类型划分

根据服务外包的业务类型将服务外包分为信息技术外包（ITO）、业务流程外包（BPO）和知识流程外包（KPO）。

信息技术外包（information technology outsourcing，ITO），是指服务外包发包方以合同的方式委托信息技术服务外包供应商（接包方）向企业提供部分或全部的信息技术服务功能。目前来看ITO的主要业务范围包括系统操作服务、系统应用管理服务和技术支持管理服务。具体业务范围如表1-2所示：

表1-2 信息技术外包的分类及业务范围

ITO	业务范围
系统操作服务	银行数据、信用卡数据、各类保险数据、保险理赔数据、医疗/体检数据、税务数据、法律数据（包括信息）的处理及整合
系统应用管理服务	信息工程及流程设计、管理信息系统服务、远程维护等
技术支持管理服务	承接技术开发、软件开发设计、基础技术或基础管理平台整合或管理整合等

业务流程外包（business process outsourcing，BPO），是指服务外包发包方将一个或多个原本企业内部的职能外包给外部服务供应商，由后者来运作、管理这些指定的职能。它可以涉及公司多个业务部门尤其是与客户相关的部门。如人力资源部门、财务会计部门、物流部门和后勤服务部门的外包。具体业务范围如表1-3所示。

表1-3 业务流程外包的分类及业务范围

BPO	业务范围
企业内部管理服务	为客户提供企业各类内部管理服务，包括后期勤务、人力资源服务、工资福利服务、会计服务、财务中心、数据中心及其他内部管理服务等
企业业务运作服务	为客户提供技术研发服务、销售及批发服务、产品售后服务（售后电话指导、维修服务）及其他业务流程环节的服务
供应链管理服务	为客户企业提供采购、运输、仓库/库存整体方案服务等

知识流程外包（knowledge process outsourcing，KPO），是指将公司内部具体的知识管理业务承包给外部专门的服务供应商。KPO更加集中在高度复杂的流程，这些流程需要有广泛教育背景和丰富工作经验的专家完成。知识流程外包包括：专业策划服务、知识产权服务、专业培训服务、政策法规调研等。具体业务范围如表1-4所示。

表1-4 知识流程外包的分类及业务范围

KPO	业务范围
研究类服务	商业研究/商务智能（分类市场研究、市场规模、竞争策划、商业计划起草、创新鉴定等）；市场研究（电话调查、网上调查、客户满意度研究、品牌研究、消费者倾向研究、消费者调查等）；股票、金融及保险研究
分析类服务	数据分析、财务分析、风险分析及数据挖掘分析等服务；数据管理（数据录入、数据采集、数据分析、数据集成及管理）；市场进入；建立-经营-移交；咨询服务；采购投标分析；行业及公司研究；跨文化、语言服务；本地化供应商谈判
其他类服务	SPO—流程外包；LPO—法律流程外包；工程及设计外包；设计、动画、模拟化服务；人力资源研究及支持；决策支持系统（DSS）

3）根据服务外包的目的地划分

根据外包的目的地是否在国内，服务外包又可分为在岸服务外包（onshore outsourcing）和离岸服务外包（offshore outsourcing）。

在岸服务外包。在岸服务外包指转移方与为其提供服务的承接方来自同一国家，外包工作在境内完成。

离岸服务外包。简单来讲，离岸服务外包就是公司将其服务业务交给其他国家的独立企业来做的一种经营方式。离岸服务外包也被称为国际服务外包。通常，境外某些地区在人力成本、信息等方面的相对成本更低，所以服务外包中 70% 到 80% 都是离岸外包。

4）根据行业类型划分

根据服务业务外包的行业类型可以将服务外包分为八大类：计算机及相关服务、金融服务、医疗服务、互联网相关服务、影视和文化服务、商务服务、高等教育和培训服务、各类专业服务。

5）根据服务外包主要内容（联合国贸发会议）划分

根据服务外包主要内容，服务外包分为客户交互服务、后勤处理服务、IT/ 软件运作、财务会计服务、人力资源服务、知识服务六大类。具体业务范围如表 1-5 所示。

表1–5　服务外包分类及业务范围

分类	业务范围
客户交互服务	客服服务语音邮件、市场营销服务、电话销售、订单处理、客户支持、质量保证管理、客户反馈
后勤处理服务	检查、收货、直接或间接采购、运输管理、物流、派送、仓库管理
IT/软件运作	需求设计、应用开发、应用测试、软件包开发、实施服务、IT Helpdesk
财务会计服务	发票服务、应付账款、应收账款、一般会计、审计
人力资源服务	工资服务、医疗管理、招聘雇佣流程、人员培训、退休福利管理
知识服务	数据分析、数据挖掘、数据/知识管理、客户反馈

6）根据服务外包动机划分

根据服务外包的动机，将服务外包分为：策略性外包、战略性外包。

策略性外包是指一个企业组织整合外部最优秀的专业化资源，授权一家或更多的长期稳定的战略性合作伙伴管理自己的部分非核心业务，以达到降低成本、提高效率、充分发挥自身核心竞争力和增强企业对环境的迅速应变能力，实现商业绩效目标的一种管理模式。

战略性外包是指企业从战略的角度出发，在内部资源有限的条件下，为取得更大的竞争优势，将一些非核心的或者成本处于劣势的业务，转移到企业之外，使企业将有限的资源用在那些期望取得长期成功，能够创造出独特价值，或者能使企业成为行业领先者的核心业务领域。战略性外包被认为是一种企业降低产品成本，引进和利用外部资源，帮助企业提高核心竞争力的有效手段。

此外，根据服务外包承包商数量，可将服务外包分为一对一外包和一对多外包；根据外包转包层数可将外包分为单级（一级）外包（见图 1-1）和多级外包（见图 1-2）。

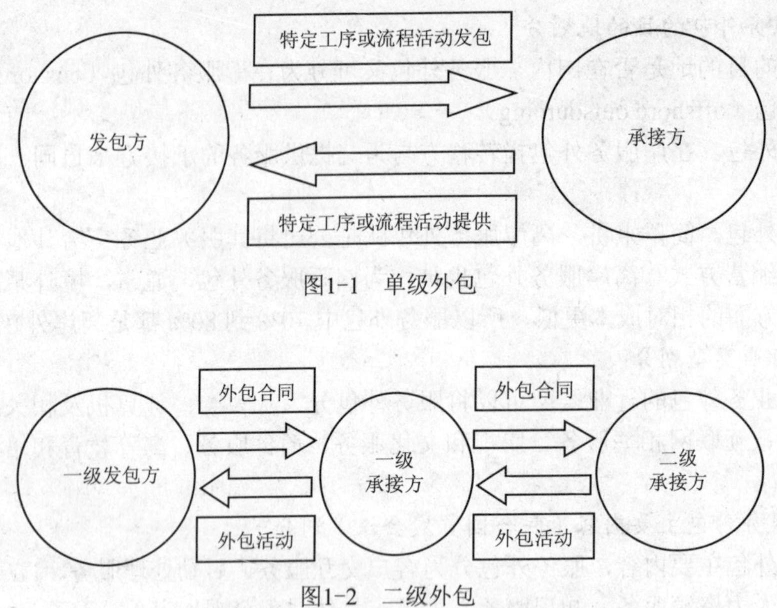

图1-1 单级外包

图1-2 二级外包

1.2 金融服务外包

1.2.1 金融服务外包的内涵

金融服务是指包括保险和与保险相关的服务、银行及金融信息服务等在内的金融活动。在全球经济实践中，金融服务有着各式各样的服务种类和服务模式，金融领域的服务外包是其中一种服务模式。许多发展中国家出口此类服务是通过合资企业或发达国家大型金融服务跨国公司的分支机构进行的。在发展中国家中，印度在这个领域扮演着重要角色。其中，外国分支机构不仅向其母公司和东道国提供服务，而且还向第三国出口服务，包括向其他发展中国家市场提供服务。

金融服务外包是指“受监管实体持续利用外包服务商（为集团内的附属实体或集团外的实体）来完成以前由自身承担的业务活动。外包可以是将某项业务（或业务的一部分）从受监管实体转交给服务商操作，或由服务商进一步转移给另一服务商（有时被称为转包）”。要正确理解金融服务外包的含义必须注意以下几点。

（1）外包的范围不包括购买合同。“购买”指“从供应商取得货物、设备或服务，但卖方不转移与客户有关的财产权信息或与其商业活动相关的未公开的信息”，如购买饮用水、办公文具等。

（2）金融服务外包包含金融系统的信息技术服务外包与金融业务的外包，金融信息技术外包包括金融信息技术处理的外包与金融系统软件开发、应用与维护的外包。

（3）金融服务外包包括对附属机构的外包。联合论坛工作组经过讨论，认为外包定义应涵盖对附属机构的外包。因此，外包服务商既可以是不受监管的实体也可以是受监管的实体。

（4）金融服务外包不包含金融机构的余力管理，即非金融实体将自己的财务、融资等业务外包给金融机构的逆向外包。

（5）禁止外包的特别业务。联合论坛工作组考虑到了外包基本原则的广泛适用性及金融服务不同行业的差异性，认为具体受禁止外包的业务不应由基本原则来规定，而应由各行业根据基本原则再具体规定。

（6）外包的项目并不局限于“金融服务”（金融机构的产品），还可包括金融机构的各项职能（如产品研制、市场营销、人力资源管理、后台支持与分销等）。

（7）金融服务外包既可以包括非核心业务的外包，也可以包括部分核心业务的外包。不同金融行业的外包模式不尽相同，特别是基金管理业及保险业有时会将部分核心业务外包，如投资管理外包、基金单位定价及托管安排外包、核保与索赔支付外包等。

因此，我们可以认为，金融服务外包是金融服务的一种服务提供模式——由银行、保险、证券、期货等金融机构，把 IT 服务和业务流程等非核心业务甚至部分核心业务，以合同形式发包给专业的服务供应商，以提高核心业务的竞争力，降低企业成本，分散经营风险。金融服务外包通常主要包括以下两类的参与实体：发包方（金融机构）和接包方（服务供应商）。其中，发包方是指银行、保险、证券等领域的金融企业；接包方主要指承担金融服务外包业务的实体企业和机构。如表 1-2-1 所示：

表1-2-1　金融服务外包主要参与实体及相关业务

发包方	主要业务	接包方
金融机构	1.信息技术服务：应用程序开发及设计、信息加密、数据与信息采集、信息系统管理等 2.业务流程操作：会计业务、人力资源管理、数据中心、前台&后台业务处理等 3.知识管理业务：商业研究、客户维护、业务反馈、数据挖掘分析及管理等	服务供应商

1.2.2　金融服务外包的利益相关方

从金融服务外包的定义可见，外包涉及的利益相关方包括发包方、接包方、监管方，三者相互作用，构成了金融服务外包活动的有机整体。

发包方——金融机构。金融机构是外包服务的发包方，是受监管的实体，各大金融机构的外包活动必须受到监管机构的持续管控。

作为发包方，金融机构可以根据培育核心竞争力的需要，将不同的业务进行外包，例如：① 信息技术服务，如应用程序开发及设计、信息加密、数据与信息采集、信息系统管理、基础技术或基础管理平台整合或管理整合等业务。② 业务流程操作，如会计业务、人力资源管理、数据中心、前台和后台业务处理、采购、运输、仓库 / 库存整体方案服务等。③ 知识管理业务，如商业研究、客户维护、业务反馈、数据挖掘分析及管理、市场进入、建立—运营—转让、咨询服务、采购投标分析、行业研究、工程及设计外包、决策支持系统（DSS）等。

接包方——服务供应商。服务供应商是提供服务的一方，即金融外包的接包方，指承担受监管的发包方——金融机构外包业务的实体。接包方的类型与外包的模式有关。发包方可以将业务发包给金融机构在本地或其他成本较低的国家或地区设立的全资控股机构的专业服务外包机构（如花旗银行在印度和其他国家建立了全资外包机构）、与其他合作伙伴共同设立的专业服务外包机构、独立的第三方专业服务机构（发包方与接包方之间没有股权关系）、非直接的第三方服务机构（将全部或部分业务转包给其他供应商）。由此可见，金融服务外包可以是金融机构将某项业务（或业务的一部分）转交给自己的附属机构操作，或由供应商进一步转移给另一供应商（有时被称为“转包”），可以是不相关的第三方。根据《金融服务外包文件》，合同应包括服务供应商将全部或部分外包业务转包的前提条件。在适当的情况下，如服务供应商要将全部或部分外包进行分包，则应事先取得受监管实体的同意，且合同条款应保证受监管实体的风险控制力不能因分包而受到影响。

监管方。监管方是指授权发包方从事受监管的外包业务并对其进行监管的机构。各国的金融服务外包监管当局不同，如美国的银行联邦金融机构检查委员会（FFIEC）、货币监理署（OCC），英国的金融服务管理局（FSA），瑞士的联邦银行委员会（CFBS），中国的中国银监会（CBRC）等。此外，还包括一些国际组织，如国际证监会组织（IOSCO）、国际保险监管协会（IAIS）、巴塞尔银行监管委员会（BCBS）、欧洲银行监管委员会（CEBS）、欧洲证券监管委员会（CESR）、欧洲保险与职业养老金管理局（EIOPA）等。

1.2.3 金融服务外包的分类

按照服务供应商地理分布及供应商企业的属性，金融服务外包可以分为在岸外包和离岸外包两个方面。在岸外包（onshore outsourcing），指金融机构将业务外包给国内的独立第三方服务供应商完成的外包活动。离岸外包（offshore outsourcing），指金融机构将业务外包给距离较远的其他国家的独立第三方服务供应商完成的外包活动。

金融服务外包中，不论是在岸外包还是离岸外包，是银行业外包还是证券业外包，各自都可以有三种分类方式：一是根据金融服务外包所发包业务的特点分类；二是根据金融机构外包业务的类型分类；三是按照金融机构与服务外包供应商之间的股权关系分类。

1. 根据金融服务外包所发包业务的特点分类

根据金融服务外包所发包业务的特点，可将其划分为三大类。第一类，金融后台类外包（包括人力资源管理、工资管理、档案管理、客户管理等后勤辅助类外包业务）；第二类，金融专业类外包（包括财务管理、业务审计、法律事务、信息技术等专有技术性外包业务）；第三类，金融服务流程类外包（包括金融服务结算、财务数据录入等操作环节）。其中，后台类外包与流程类外包是发包方提高运营效率，降低运营成本的重要方式。专业类外包由于其业务性质具有技术上的特殊要求，利用专业类的外包方提供产品，可以提高服务产品的质量。

2. 根据金融机构外包业务的类型分类

根据金融机构外包业务的类型不同，可将金融服务外包分为金融信息技术外包、金融业务流程外包、金融知识流程外包、金融营销外包和财务会计外包五大类。

（1）金融信息技术外包（ITO），是指以长期合同的方式，由大型的金融机构委托信息技术服务商向金融企业提供部分或全部的信息技术服务，主要包括应用软件开发与服务、嵌入式软件开发与服务及其他相关信息技术服务等。金融 ITO 是现代金融服务外包的发展基础，在当今的外包业务中仍占据重要地位。

（2）金融业务流程外包（BPO），是指金融企业将非核心业务流程和部分核心业务流程委托给专业服务供应商来完成，主要包括呼叫中心、财务技术支持、消费者支持服务、营运流程外包等，还包括评估研究、投资研究和技术研究等。BPO 所关注的是支持金融机构内部的运作和客户的后端服务，通过进行业务流程的优化组合，提高整个业务的生产效率和竞争力，从而在更广泛的业务领域内提高利润水平。主要表现为金融机构将其公司业务运营过程中消耗大量人力资源的企业服务及操作中间环节，外包到商务成本比较低的国家和地区，该模式在欧美甚为流行，当下印度已经成为全球著名的 BPO 国家。

（3）金融知识流程外包（KPO），是指金融企业将知识密集的业务，或者那些需要高水准研究与分析、技术与决策技能的流程委托给专业服务供应商来完成，例如股票分析、市场研究、基金管理、风险评估、金融数据挖掘、债务重组等。与 BPO 不同，KPO 主要是高技术含量、高附加值的知识外包业务，位于价值链的更高端，需要具有专业知识的高素质人才才能完成。

（4）金融营销外包，在保险行业比较普遍，是指保险公司利用其他机构销售自身产品。这种营销外包主要分为两类，一类是通过隶属于自己公司的专属代理机构营销（内包），另一类是通过独立的第三方代理机构代销（外包）。

（5）财务会计外包，是近年来在西方国家发展较快的一种财务管理模式，是指企业将财务管理过程中的某些事项或流程外包给外部专业机构代为操作和执行的一种财务战略管理模式。财务外包根据其外包形式可分为传统财务外包和现代网络财务外包。

3. 按照金融机构与服务外包供应商股权关系分类

按照金融机构与服务外包供应商之间的股权关系，金融外包可以分为服务外包给发包方全资控股机构、发包方合资机构、独立第三方专业服务机构和非直接第三方服务机构四种形式。

服务外包给发包方全资控股机构，即金融机构在本地或其他成本较低的国家或地区设立全资控股的专业服务外包机构，它既可以为金融机构自身的业务提供专业的服务，同时也为其他金融机构提供相关的专业服务。该种方式需要数量巨大的前期投入，因此只适用于大型金融机构，但由于接包方直接由母公司管理，所以较将业务外包给独立第三方的外包方式风险更低。

服务外包给发包方合资机构，即金融机构将外包业务发包给其自身和其他合作伙伴共同设立的专业服务外包机构。该种外包方式因发包方可以按照所占股权比例对外包机构进行监督控制，风险相对也较低。

服务外包给独立第三方专业服务机构，该类外包的接包方与发包方之间没有任何股权关系，直接通过合同承接业务。在该种外包方式下，发包方对第三方的控制主要是通过外包协议，管理力度较弱，风险较大。

服务外包给非直接第三方服务机构，该类外包的接包方与发包方之间同样没有任何股权关系，通过合同方式，由外包供应商将全部或部分业务再次转包给其他外包供应商（有时被称为“转包”），可以是不相关的第三方。在该种外包方式下，发包方对接包方的管理力度弱，风险大。

1.2.4　金融服务外包的作用

金融服务外包是继信息技术外包充分发展以后得到蓬勃发展的新的服务外包领域，由金融信息外包及金融业务外包所组成的金融服务外包已成为服务外包最主要的领域。目前人们普遍认为金融服务外包具有以下作用。

（1）强化核心竞争力。通过金融服务外包，金融机构可以集中有限的资源，建立并强化自己的核心能力。目前，金融业在产品市场上的竞争焦点已由传统的价格竞争、功能竞争和品质竞争等转向了响应能力竞争、客户价值竞争和技术创新竞争。竞争形态的转换要求金融机构重新审视本机构在整条产品价值链上的增值优势，确立其核心业务范围，并将优质的资源和独特的能力集中到该领域，挖掘和寻求特定的客户群体，为客户提供最快的、能够带来最大价值的金融产品，形成强化核心竞争力的业务平台。

（2）规避经营风险。金融服务外包的另一项重要特点是降低经营风险，随着金融机构规模、市场规模及团队规模的不断扩大，其经营风险也随之增加，如果进行适当的服务外包，与合作企业或机构形成风险共担的经营体制，可以使得金融机构能够更好地适应外部环境的变化，从而达到降低风险的效果。此外，由于战略联盟的各方都利用了各自的优势资源，将有利于提高新产品或服务的质量，提高新产品开拓市场的成功率。最后，采用外包战略的金融机构在与其战略伙伴共同开发新产品时，实现了与它们共担风险的目的，从而降低了由于新产品开发失败给金融机构造成巨大损失的可能性。

（3）利用外部资源。金融机构内部的有序管理、业务的持续拓展、市场的深度开发都需要投入大量的人才、资金、技术等要素，而先进技术及专业化人才的引进往往需要高昂的成本，这不但增加金融机构的运营风险，还大大降低了收益。将企业或机构内部资源短缺项目外包给更具优势、更加专业化的企业或机构，不但能够克服内部资源约束，充分利用外部资源，还能进一步降低金融机构的经营风险和成本，增加收益。

（4）降低经营成本。企业或金融机构实行外包的最基本、最根本的目的就是为了降低经营成本。在经济全球化的今天，资源在全球得到比较有效的配置，跨国企业可以在全世界范围内配置自己的资本，将生产和服务安排在资源和服务价格相对较低的国家和地区进行，将非核心业务或者非专业的业务承包出去，可以有效提高工作效率，降低金融机构的加工成本、人力资源成本和管理成本，获得更多的收益。

（5）提升组织效率。随着金融机构的不断发展，机构内部容易出现“大而全”的组织结构，阻碍了机构运营效率的提高。将部分金融服务外包后，金融机构的组织目标会更为明确、人员结构更为精练、信息传播更为快捷、组织原则更为统一、组织文化更为融合、组织结构更为精简，从而可以更加灵活地进行竞争，使管理更有效率，可以更快、更好地满足顾客价值实现的需要。此外，金融服务外包能降低固定资产在资本结构中的比例，降低金融机构的退出屏障和转换成本，有利于提高自身的适应性。

本章小结

服务外包是指企业（发包方）将信息服务、应用管理和商务流程等业务，发包给本企业以外的服务供应者（承接方），以降低成本、优化产业链、提升企业竞争力的一种服务贸易方式。服务外包因服务的本质属性而具有自身的特点，主要包括无形性、生产消费的同步性、易逝性、差异性等几个方面。

基于市场复杂性和企业经营的多样性，外包有很多种分类标准及相应类别。根据服务外包的形式将服务外包分为产品或组件外包和服务项目外包；根据服务外包的业务类型，将服务外包分为信息技术外包（ITO）、业务流程外包（BPO）和知识流程外包（KPO）；根据外包的目的地是否在国内，服务外包又可分为在岸服务外包和离岸服务外包；根据服务业务外包的行业类型可以将服务外包分为八大类：计算机及相关服务、金融服务、医疗服务、互联网相关服务、影视和文化服务、商务服务、高等教育和培训服务、各类专业服务；根据服务外包主要内容，服务外包分为客户交互服务、后勤处理服务、IT/ 软件运作、财务会计服务、人力资源服务、知识服务。

金融服务外包是指“受监管实体持续利用外包服务商（为集团内的附属实体或集团外的实体）来完成以前由自身承担的业务活动。外包可以是将某项业务（或业务的一部分）从受监管实体转交给服务商操作，或由服务商进一步转移给另一服务商（有时被称为转包）”。从金融服务外包的定义可见，外包涉及的利益相关方包括发包方、接包方、监管方，三者相互作用，构成了金融服务外包活动的有机整体。

金融服务外包根据其发包业务的特点可将其划分为金融后台类外包、金融专业类外包和金融服务流程类外包；根据其业务类型可将其划分为金融信息技术外包（ITO）、金融业务流程外包（BPO）、金融知识流程外包（KPO）、金融营销外包、财务会计外包；按照金融机构与服务外包供应商之间的股权关系可将其划分为服务外包给发包方全资控股机构、外包给发包方合资机构、外包给独立第三方专业服务机构和外包给非直接第三方服务机构四种形式。

金融服务外包具有以下作用：强化核心竞争力、规避运营风险、利用外部资源、降低经营成本、提升组织效率。

练习与思考

1. 什么是服务外包？核心是什么？
2. 服务外包有哪些类型？如何划分？
3. 什么是金融服务外包？哪些内容可以进行外包？
4. 金融业务外包有哪些类型？划分的依据是什么？
5. 什么是 ITO、BPO、KPO，其基本业务各有哪些？
6. 举例说明金融服务外包可能有哪些。
7. 金融服务外包的作用有哪些？

案例1.1

2002年德意志银行金融服务外包

德意志银行全称德意志银行股份公司（Deutsche Bank），是一家私人拥有的股份公司，是德国最大的银行和世界上最主要的金融机构之一，总部设在莱因河畔的法兰克福。其股份在德国所有交易所进行买卖，并在巴黎、维也纳、日内瓦、巴斯莱、阿姆斯特丹、伦敦、卢森堡、安特卫普和布鲁塞尔等地挂牌上市。

德意志银行是一家全能银行，在世界范围内从事商业银行和投资银行业务，对象是个人、公司、政府和公共机构。它与集团所属的德国国内和国际的公司及控股公司一起，提供一系列的现代金融服务，包括吸收存款、借款、公司金融、银团贷款、证券交易、外汇买卖和衍生金融工具。德意志银行还开展结算业务，发行证券，处理信用证、保函、投标和履约保函并安排融资。国际贸易融资也是该行的一项重要业务，经常单独或与其他银团及特殊金融机构联合提供中长期信贷。近年来，项目融资、过境租赁和其他金融工具业务大大补充了传统的贸易融资。在项目融资方面，德意志银行对通信、交通、能源和基本设施项目的重视程度日益增加，而且其证券发行业务十分发达，已成为当今世界最主要的证券发行行之一。德意志银行参与了德国和世界市场上很多重要的债券和股票的发行，经常作为牵头行和共同牵头行出现。

德意志银行的蓬勃发展得益于2002年推出的一个以"打造扁平化集团，专注核心业务"为主要目标的新战略，强化核心业务、剥离非核心业务是其业务转型的重要组成部分。该战略的优势和特色主要表现在以下几个方面。

（1）IT软件业务外包。为提高银行竞争力和降低成本，德意志银行决定将某些业务操作转移给低薪国家的服务商。最先是由从事软件开发、销售且员工数量高达10 800名的环球技术和应用部门开始。2003年该银行与IBM签署为期10年的合同，将计算机中心及1 000名员工整体移交给IBM，合同规模2.5亿美元。IBM向银行提供包括信息技术和数据中心在内的多种技术服务，并直接聘用德意志银行在各国分行的职员。通过将计算中心的预算式固定支出改变为根据用量收费制度，大幅度降低了成本开支。

（2）采购和应收账款业务外包。2004年德意志银行和埃森哲签订合约，将采购和应付账款等业务外包给后者。根据合同，埃森哲将向德意志银行提供先进的系统、工具和流程管理整个购买和支付过程，严格控制采购成本，保证银行业务正常进行；银行则负责供应商的选择、与供应商的关系维护，同时对采购行为和支付行为保留同意权和给予授权。与银行加强核心竞争能力的战略安排高度一致的外包不仅降低了采购成本，也明显提高了采购与应付账款的工作质量。

（3）研究型业务外包。2006年德意志银行与英国咨询机构Irevna Limited签约，通过该公司将金融研究业务外包给印度。资料显示，一位出自名校又具备工作经验的华尔街分析师的年薪至少25万美元，而具有同样资质的印度分析师期望的年薪不过2万美元。银行认为，只要加强和外包承接公司的沟通与交流，使其明确银行的发展规划和业务重点，转出的金融研究型业务完全能和银行内部专家做得同样好，且能促使研究成果更为客观并较少遭受干扰。据统计，德意志银行2008年将其海外研究人员从350人增加至500人，达到其自身900人总规模的一半以上。

（4）金融业务操作向低薪国家外包转移。德意志银行已于2006年底，将其业务近半数的后台岗位转移至印度。该银行市场业务的海外运营员工已占总量的40%～50%，新增员工主要集中在印度班加罗尔、孟买和钦奈。仅此项业务即推动银行增长收益19亿欧元（合23亿美元）以上。据此，银行将加快金融业务操作中心向低薪国家外包转移的进度，以求经营效益不断增长。

（资料来源：魏秀敏．国际金融服务外包的运作模式及其启示．服务贸易，2007（2））

案例1.2

法国兴业银行欧洲合作支付外包

发包企业：法国兴业银行，创建于1864年5月，法国第四大商业银行集团，在全世界77

个国家和地区拥有星罗棋布的分支机构网络，向 3300 多万个人和工商企业客户提供最先进的金融产品和最高质的银行服务。

发包原因：欧洲支持部门服务（European Back Office Services，EBOS）将法国兴业银行定位为现金和相关业务的优质提供商，但较高的花费、因系统不兼容而造成的效率低下、日益增长的越界传输和用户行为的转变成为该行面临的挑战。

该行准备通过一个挑战性的项目来部分地集中其欧洲支付结算结构，该项目覆盖其为支持部门所设的 7 个运作中心、为国际现金管理而设的客户服务业务和相关的银行业务。

外包目标：法国兴业银行将 Quartz 选作唯一一个解决方案以替代 7 个用于支付的 IT 应用程序。Quartz 提供一个强大的面向对象的包，并对交易与银行业的操作提供全面支持，它还将通信从商业事务中分离出来，使高交易效率得以实现。

承包企业：印度塔塔咨询服务公司（Tata Consultancy Services，TCS），是印度著名的企业集团——塔塔集团的控股子公司。成立于 1968 年，经过发展，该公司已经成为印度软件业的旗舰。TCS 目前是印度最大的 IT 企业，是印度最大的单一软件服务出口商，也是亚洲最大的独立的软件和服务业公司。TCS 在全球有 150 多个分支机构，向 55 个国家提供软件服务。TCS 雇员超过 9 万名，客户数超过 1000，其中包括 50 家全球 500 强企业，向海内外政府、企业和其他机构提供 IT 和商业咨询服务。塔塔目前是亚洲市值最高的软件公司。TCS 主要向客户提供信息技术解决方案、战略咨询及系统综合服务，业务遍及各类大中小型企业，如金融银行业、保险业、电信业、交通、零售业、制造业和医药业、政府部门及公用事业单位等。

解决方案：TCS 根据兴业银行的现状安装 Quartz，并进行了演练以显示 Quartz 的功能、技术水平与灵活的特性。Quartz 符合法国兴业银行对下一代产品的需求，它对必要的银行业务提供全面支持，为公司、众多分支结构和它们的业务流程提供多实体支持，它能够提供多货币、多语种支持，具备灵活性与参数化能力，符合兴业银行未来的发展需求。

成果：新系统有效地支持了部门集中、提高了工作效率、降低了经营成本。

（资料来源：郑雄伟，曾松 . 国际外包全球案例与商业机会 . 北京：经济管理出版社，2008）

案例1.3

2003年国家开发银行IT服务外包

发包企业：中国国家开发银行，成立于 1994 年 3 月，是直属国务院领导的国家政策性银行，担负着支持国家基础设施、基础产业和支持项目建设，支持国家区域经济发展政策，承担国际金融组织转贷款业务等任务。截至 2006 年年底，该行资产余额达 22 711 亿元人民币。

外包要求：在国家经济投资日益多元化，竞争日益加剧的大环境下，国家开发银行制订了“按国际标准办最好银行”的发展目标，其当务之急为增强银行的应变能力和业务适应性，而专业、可靠、高质量的信息技术系统和 IT 服务则是业务和决策部门能够从容应对变化、抓住机遇的前提与保障。

外包原因：国家开发银行在 1999 年前的信息化水平几乎为零，2002 年开始其全面信息化建设，全行业务基本上处于手工或半手工操作状态，十几个分散的小运营系统各自为政，相互不能共享，导致不能为决策部门提供决策依据，领导决策更多的是凭借个人经验。IT 内部资源匮乏，信息化建设进展缓慢已成为国家开发银行业务发展的瓶颈。同时，该行在努力向信息化迈进的同时还要努力降低各种运营成本。

外包目标：为国家开发银行总行及分布在全国32个城市的分行提供全方位的服务管理，包括软硬件设备的管理与维修、系统运行维护、IT资产管理等一系列服务。

承包企业：中国惠普，作为全球IT科技领导者，惠普不仅拥有国际领先的IT技术、产品、方案与服务，更拥有与全球任何规模、任何领域企业合作的成功经验。中国惠普是中国最早进入全球核心银行业务系统领域的厂商之一，长期致力于为中国金融市场引进国际先进的核心银行业务系统。作为国际著名IT厂商，惠普了解国际核心业务系统实施的最佳实践和中国银行业务现状，拥有国际化和本地化相结合的专业团队，在核心银行领域能够提供从商用软件到运营外包的全方位服务。中国惠普投巨资在北京建立了体验中心、在上海建立了HP-Intel方案中心、并在成都、广州等地建立了分中心。这些中心致力于将全球领先的方案与市场经验和中国企业需求完美融合，让中国企业全面体验成长企业的强大优势。中国惠普的各个方案与体验中心，将帮助中国企业成功规划企业的IT系统，完成与未来的直接对话，触摸到IT投资的价值，将IT技术与业务完美结合，全面提升企业的核心竞争力。

解决方案：根据合同要求，惠普为国家开发银行提供全面、长期的一系列外包服务，具体包括快速的现场支持服务、设备管理服务、一站式电话热线服务、全方位桌面管理生命周期服务、关键业务系统的监控管理服务、新技术咨询服务、客户培训服务、服务质量管理服务等。

成果：外包服务使国家开发银行的IT软硬件系统有了很大的改变，但IT拥有成本却降低了30%；外包服务为国家开发银行节省了大量的资源与时间，提高了业务效率；运营部门有更多的时间专注于满足核心业务需求，更加专注自己的核心竞争力；信息设备管理与服务开始步入正常有序、科学合理的轨道，管理水平得到了提高。

（资料来源：郑雄伟，曾松．国际外包全球案例与商业机会．北京：经济管理出版社，2008）

第2章

国际金融服务外包发展历程、特点与趋势

本章导引

在明确了服务外包与金融服务外包的基本概念、特征及分类情况后，本章重点介绍金融服务外包在过去30余年的发展历程、国际金融服务外包市场结构、国际金融服务外包发展趋势及全球离岸金融服务外包发展。

2.1 国际金融服务外包发展历程

回顾全球金融服务外包产业的发展历程，尽管早在20世纪70年代，欧美部分证券公司就已经将打印、印刷和存储记录等事务性业务外包出去以节省成本，但直到20世纪80年代后期，金融服务外包交易才开始得以广泛地开展。发展到今天的金融服务外包，已形成全球范围内经济、金融、信息技术等多股力量相互影响而造就的产业局面，既充满了历史的偶然性，也在隐形力量的推动下朝着必然的方向发展。全球金融服务外包产业的发展历程可分为三个阶段，即1996年以前，1997年至2003年，2004年至今。在每个阶段中，金融买家、服务供应商，以及两者的关系都体现出不同的特点。

2.1.1 国际金融服务外包萌芽阶段

20世纪80年代末，全球化开始逐渐渗透到世界的各个角落。西方金融巨鳄是全球化的积极呼吁者，受追逐利润天性的驱使和新技术应用成本下降的推动，它们希望借助全球化来开拓新的市场，同时，也希望全球化成为它们打造超级全球性企业并将成本缩减到极致的工具。为了更好地“使用”全球化这个法宝，国际金融买家一方面不断地推动政府出台金融业监管放宽的政策和法案，以赢得施展拳脚的空间；另一方面进行内部整合，以使得自身的运营机制适应全球化的要求，这种内部整合与今天中国的金融改革有异曲同工之处。

这一阶段的西方金融业（特别是银行业）内部的整合几乎全部是围绕着成本的节约来开展的，因此新的管理理念和IT技术非常容易地就在金融领域得到尝试和推广。美国的金融电

子化起步非常早，到了20世纪80年代末，银行信息系统已经上升到核心业务支撑的地位，从信息系统入手实施新的管理方法和战略成为金融企业的必然选择。这也是我们看到ITO服务快速起步的重要原因之一。从20世纪80年代末到90年代初，在节约成本和技术升级的驱动下，金融外包几乎全部集中于信息技术外包（ITO），并且完全局限于单一IT职能（如应用开发与维护、终端用户支持、网络管理等）。在这一阶段，金融企业思考外包的出发点单纯地集中在成本节约上。外包能帮助削减IT运营的开支，使IT预算更容易预测和控制。IT服务供应商的专业能力还能使金融机构尽量规避IT故障引起的损失。花旗银行、美林银行、美国运通银行等都是金融外包的早期实践者。金融外包能帮助削减IT运营的开支，使IT预算更容易预测和控制。

与此同时，随着金融服务外包发包方内部资源整合需求的不断扩张，接包企业的种类和数量不断增加。美国的接包企业在整个全球外包市场中占据着主导地位，IBM、CSC、EDS等大型服务接包商几乎垄断了早期的大宗金融外包交易；而欧洲的源迅、凯捷等公司，印度的Infosys、TCS等都仍处于萌芽阶段。此外，这段时期内的接包商多以单兵作战为主，缺少相互间的业务合作。

这一时期出现的关键性交易有大陆银行与IBM的交易、J. P. 摩根与顶峰联盟之间的交易等。

1992年，总部位于美国芝加哥的大陆银行（Continental Bank）与IBM解决方案与服务部门签订了总额达7亿美元、为期10年的ITO合同。这是当时全球金融外包产业公开的最大金额的一笔交易。IBM提供的核心服务是软件开发与维护，它将接管大陆银行的数据中心及400名相关员工。作为一个早期代表性的金融IT合同，大陆银行的决定完全出于节约成本的考虑。决策层期望通过这次长期合作削减约1亿美元的成本。1994年，美国银行收购了大陆银行，这个IT合同也随后经历了重构。

1996年，J. P. 摩根集团同顶峰联盟（Pinnacle Alliance）签署了总额达28亿美元的ITO合同。顶峰联盟是一个由五家公司组成的合作组织，包括服务供应商CSC、安达信咨询、AT&T服务集团、贝尔大西洋公司，以及J. P. 摩根自身。根据这份为期7年的合作协议，顶峰联盟将为J. P. 摩根提供全面的IT服务，包括数据中心、分布式计算管理（如终端用户支持）、网络管理等，以及语音、数据与应用软件支持。服务供应商将共同管理J. P. 摩根每年10亿美元IT开支的三分之一。合同规定的服务涉及J. P. 摩根在纽约、伦敦和特拉华州的数据中心，以及在纽约、伦敦、特拉华州等地的分支机构。顶峰联盟预期将为J. P. 摩根实现15%以上的开支节省。在这次合作中，CSC作为整个顶峰联盟的代表，首先同J. P. 摩根签署了整体协议；随后，CSC又分别同联盟的各个成员签订了分工不同的具体协议。各公司在整个合作中的职能包括：J. P. 摩根负责为顶峰联盟制定战略方向；CSC领导顶峰联盟，并负责数据中心、大型机、中型机及全球范围的分布式运营；安达信咨询负责应用开发与维护；AT&T服务集团负责整体的网络管理；贝尔大西洋公司负责支持美国境内的分布式计算，如终端桌面、局域网及服务器等。

这是一次里程碑式的金融外包交易。大型服务供应商联盟的出现，标志着服务供应商之间开始建立起深入的业务合作关系，其中CSC公司扮演了总包的角色；而发包方本身为了确保质量，也成为服务供应商的一部分，体现了发包方与接包方之间合作形式的进一步丰富。

国际金融服务外包萌芽阶段的显著特点是：服务外包业务以在岸交付为主，发包方只是单纯关注成本的节约，其外包业务范围主要集中于信息技术外包（ITO），并且完全局限于单一IT职能；接包方方面，美国在服务外包接包市场中处于主导地位，各大接包商之间缺乏业务合作；此外，发包方与接包方之间只是简单供求关系，还未形成战略合作意识。这一阶段人们也把它叫作金融服务外包的 1.0 时代。

2.1.2　国际金融服务外包迅速发展阶段

到了 20 世纪 90 年代的中期，全球的经济发展到了“牵一发而动全身”的地步。这个时期，美国两部重要的法案成为全球金融服务外包产业关键的驱动因素，一部是 1994 年的《跨州法》，它掀起了著名的银行业第五次兼并浪潮，另一部是 1996 年的《电信法》，它是将企业的竞争扩展到全球平台的重要因素。从这个阶段开始，世界被信息技术更加紧密地联系到了一起，不仅使得发达国家进入了新的经济时期，众多发展中国家也在非常短的时间内被拉入这个自由竞争的平台。全球化至此时才真正具备了物质基础，金融买家也踏上了大规模全球化扩张的征途，然而很快他们就发现全球版图下的市场并没有想象中的宽阔，在金融服务外包产业发展中金融买家的主旋律便是竞争。

从 20 世纪 90 年代中期到 21 世纪初，银行业、保险业等同业竞争的加剧，使得金融机构需要更多地将资源投注到核心业务上，以增强竞争能力。在前一个阶段的内部整合之后，这个时期的金融业前后台开始加快分离，后台的业务分工也不断细化。于是，金融企业开始采用业务流程外包，人力资源、财务会计、客户关系管理等非核心的业务有了外包需求。而 ITO 也由单一职能发展到跨职能的全面外包。在这一时期，尽管买家关注的重心仍是成本的削减，但新的动机已开始出现，如扩展自身能力、剥离非核心职能、推动业务流程的标准化等。另外，12 个小时的时差、海底光缆的建设、“千年虫”问题的出现，一系列天时、地利与人和集中在了印度软件公司的身上，它们抓住了第一个重要的全球性产业机遇，在国际外包舞台上大展身手。印度离岸外包的发展带动了各金融企业对离岸外包业务的不断尝试和实践，ITO 的离岸交付业务也因此开始走入发展期。

这一时期出现的关键性交易有西太平洋银行与 IBM 的交易、美国银行与 EDS 之间的交易等。

西太平洋银行（Westpac）创建于 1817 年，是澳大利亚历史最为久远的一家银行，也是澳大利亚最大的银行之一。2000 年 10 月，西太平洋银行宣布同 IBM 全球服务集团澳大利亚公司签署为期 10 年的 ITO 合同，总金额达到 23 亿美元。根据这份协议，IBM 全球服务集团及其分包商澳大利亚电信集团将为西太平洋银行提供 IT 和电信基础设施的服务，以支持其在澳大利亚、新西兰、斐济、巴布亚新几内亚等国的业务。这是澳大利亚银行业的一次重要的大额外包交易。对于西太平洋银行而言，这次外包的重要意义在于借助 IBM 的全球运营经验和领先的技术能力，快速构建起电子商务平台，推动完成从传统银行向电子化银行的转型。

2002 年 12 月，美国银行宣布同 EDS 公司达成了网络管理外包协议，总金额高达 45 亿美元，成为有史以来最大的金融 ITO 合同之一。根据这份 10 年期的合作协议，EDS 将接管美国银行的语音与数据网络设施，并升级成为更稳定和灵活的“一站式”支撑平台，以帮助美国银行改善服务效率。同时，美国银行还将向 EDS 移交约 1 000 名相关部门的员工，除了削减人力开支外，还能够帮助服务供应商在最短的时间内提供优质的服务。这笔外包“巨单”对于 EDS 而言具有至关重要的意义。时值 EDS 在金融外包领域连遭败绩，先是在 JP 摩根集团总额达 50 亿美元的外包项目角逐中败给了 IBM；不到一周的时间内，在新加坡星展银行 6.8 亿美元的外包项目竞标中又一次被 IBM 击败。在这两家全球领先的服务供应商的竞争当中，

EDS 接连被攻城拔寨。2001 年，IBM 成功申请了 3 000 多个技术专利，其中一半以上关于软件、服务器与存储领域，在全球顶级买家中奠定了技术领导者的优势地位。同时，当年 9 月，就在宝洁公司同 EDS 的超大额 ITO 合同即将达成的关键时刻，宝洁宣布鉴于 EDS 的季度业绩出现明显下滑而取消合作。此外，EDS 两个长期战略合作伙伴——世通公司和全美航空公司也相继宣告破产，对 EDS 无疑是雪上加霜。2002 年 10 月，EDS 宣布全球裁员 3% ～ 4%。

这次里程碑式的 ITO 交易，不但让 EDS 在一定程度上扭转了颓势，更帮助作为买家的美国银行完成了内部的战略性业务调整，将主要资源集中到核心的金融服务上。受其带动，更多的全球金融机构开始将外包提升为推动组织改革和增强竞争力的战略途径，使得 2002 年到 2003 年间密集涌现出长期、大额的外包合作。全球金融外包的发展历程也由此掀开了新的一页。

国际金融服务外包迅速发展阶段的显著特点是：金融机构在节约成本的基础上，力求创新与价值的提升，其业务范围迅速扩大，ITO 业务种类不断增加，BPO 业务开始萌芽，离岸交付逐渐成为主流；接包方方面，印度接包企业开始迅速崛起，接包商间的合作加深，并出现服务供应商联盟；此外，发包方与接包方之间的合作也不断深化，达成了建立战略合作伙伴关系的共同愿景。这一阶段人们也把它叫作金融服务外包的 2.0 时代。

2.1.3 国际金融服务外包产业升级与变革阶段

进入 21 世纪，全球经济在危机与复苏中前行，随着全球化进程的不断推进，全球超级金融企业的数量不断增加，这些企业一旦遭遇危机，不仅给自身，而且给区域经济乃至全球经济都会带来灾难性的影响。这一阶段金融企业业务内容创新与服务创新层出不穷，混业经营的全能型金融集团成为金融业发展的趋势。在这个阶段，金融行业自身的巨变必然带来金融外包产业又一次的变革与进化。

从全球经济走出互联网泡沫破灭的低谷直到今天，金融外包买家进一步成长和成熟起来。BPO 同 ITO 一样，已成为金融机构外包战略的重点。部分较为核心的金融业务，如投资管理、支付、保险理赔等，也开始被外包出去；而一批原有的 ITO 合同则经历着重新谈判或重构。领先的金融机构开始将外包提升到战略层面，它们纷纷意识到外包不仅是为了获得成本优势，更是推动组织转型和变革的重要途径。在金融服务接包方方面，各大接包企业也开始思考自身的进化和变革。它们不再满足于发包方提供的一些低附加值的操作性事务，而是不断开拓价值链高端咨询及行业解决方案等服务。接包方之间的兼并整合变得更加频繁。其中，惠普并购 EDS、DELL 收购佩罗，以及 HCL 对 Axon 的收购，都对服务外包接包方的力量版图产生了重要影响。

与此同时，伴随着发包方与接包方各自的发展和成熟，二者之间的关系也处于持续的发展过程中。早期的金融交易外包多以在岸为主，发包方与接包方之间是简单的供求关系。随着“千足虫”问题推动离岸外包的合法化，光纤热潮进一步扫清技术障碍，离岸外包成为主流，发包方与接包方间的战略合作伙伴关系更为普遍。

这一时期出现的关键性交易有荷兰银行与多供应商之间的交易、Zurich 与 CSC 的交易等。

2005 年，《信息周刊》的一篇报道成为令全球外包产业瞩目的焦点：荷兰银行同 TCS、Infosys、IBM、帕特尼、埃森哲五家服务供应商签署了一份为期 5 年的离岸 IT 外包协议。这宗交易对于全球金融外包有重要的意义。一方面，合同总额达到 22 亿美元之巨，是当时欧美金额最大的一次离岸外包活动；另一方面，来自印度和美国的多家服务供应商共同承接了服务，使这次合作成为经典的一对多交易（Multi - sourcing）。这次外包是荷兰银行 IT 整体运营战略的重要组成部分。荷兰银行希望通过外包从 2007 年起实现每年 2.6 亿美元的开支节约。为此荷兰银行还将剥离 3 200 个全职岗位。此前，荷兰银行已于 2003 年将批发银行业务单元的 IT 设施外包给了 EDS 公司。根据本次合同，IBM 将提供基础设施支持和部分应用开发服务，帮助荷兰银行在全球范围内实现 IT 架构的标准化并吸收其近 2 000 名员工；埃森哲、Infosys、TCS 和帕特尼将联合提供应用开发服务。这笔交易也是印度 IT 服务业的一座里程碑。对于 Infosys 而言，这是该公司有史以来从欧洲发包方处获得的单笔金额最大的外包业务；TCS 公司则将这笔交易称为印度 IT 服务商赢得的最大规模的外包合同。根据 TCS 的声明，这家印度公司将从本次交易中获得总计 2 亿欧元的收入。在全球外包产业一直占据绝对优势的美国服务供应商们开始意识到，印度这位对手已经具备了在长期大额合同上与其展开角逐的实力。

苏黎世金融服务集团（Zurich Financial Services Group）是一家以保险为核心业务的金融机构。2009 年年底，该公司宣布同美国服务供应商 CSC 签订了一份长达 10 年半的 ITO 合同。根据这份总额为 29 亿美元的协议，CSC 公司将在全球多个国家为苏黎世金融服务集团提供数据中心等 IT 基础设施服务。两家公司的合作由来已久。2003 年 5 月，苏黎世金融服务集团制定了新的全球 IT 战略，旨在通过更高效的 IT 设施支撑该公司的全球业务拓展。为此，苏黎世金融服务集团将其原本分散的数据中心集中为美国和欧洲两大新的数据中心，并将一部分 IT 业务外包给了 Equant 和 IBM。2004 年，苏黎世金融服务集团同 CSC 公司签署了一份 7 年期、13 亿美元的外包合约，服务范围除了应用开发及维护外，还涉及 1 600 名员工向 CSC 的转移。2008 年，双方将服务进一步扩展到发包方在欧洲和美国的桌面用户支持。基于 2009 年的这份新合同，CSC 将帮助苏黎世金融集团进一步完成全球范围内的数据中心集中，并实施虚拟化技术，未来时期整个基础数据环境将更加灵活。对于苏黎世金融服务集团来说，这将在下个十年带来整体 IT 能力的飞跃。这两家公司的长期合作，也成为全球保险业通过外包实现企业竞争力持续提升的代表性案例之一。

国际金融服务外包产业升级与变革阶段的显著特点是：金融机构开始将外包提升到战略层面，以此来推动企业的转型和变革；同时，BPO 业务的种类和数量迅速扩张，并出现了核心业务外包、多方外包等新兴外包模式，而原有 ITO 合同经历着重新谈判或重构；接包方方面，印度服务供应商腾起，成为全球最大的服务外包接包国；此外，服务供应商之间的兼并整合及发包方与服务供应商之间的战略合作更加频繁。这一阶段人们也把它叫作金融服务外包的 3.0 时代。

三个不同阶段内全球部分大宗金融外包交易如表 2-1 所示。

表2–1　三个不同阶段内全球部分大宗金融外包交易

阶段	年份	买家	服务供应商	服务期限	合同金额	服务内容
萌芽阶段	1992	大陆银行	IBM	10年	7亿美元	软件开发与服务
	1992	芝加哥第一银行	EDS	5年	3亿美元	IT系统服务
	1993	J. P. 摩根	MCI	5年	8 000万美元	网络管理服务
	1995	美国运通银行	EDS	10年	3.5亿美元	ITO
	1995	大通曼哈顿银行	FiServ	12年	4.8亿美元	BPO
	1996	J. P. 摩根	顶峰联盟	7年	28亿美元	ITO

续表

阶段	年份	买家	服务供应商	服务期限	合同金额	服务内容
迅速发展阶段	1997	澳大利亚联邦银行	EDS	10年	30亿美元	IT及电信外包
	1999	第一银行公司	IBM	7年	4.65亿美元	IT基础设施
	2000	美国银行	Exult	10年	11亿美元	人力资源外包
	2000	西太平洋银行	IBM	10年	23亿美元	IT及电信基础设施外包
	2002	美国银行	EDS	10年	45亿美元	网络管理外包
	2002	摩根大通	IBM	7年	50亿美元	IT外包与业务流程服务
	2002	美国运通	IBM	–	40亿美元	IT综合服务
	2003	北欧联合银行	IBM	10年	26亿美元	IT外包
	2003	波士顿银行	富达投资集团	5年	1.1亿美元	人力资资源外包
	2003	巴克莱银行	EDS	7年	3.5亿美元	桌面服务
产业升级与变革阶段	2004	德意志银行	Xchanging	12年	10亿美元以上	金融外包服务
	2004	摩根大通	InteleNet	7年	3 500万美元	应用开发与维护、财务/会计业务流程外包
	2005	荷兰银行	TCS、Infosys、IBM、帕特尼、埃森哲	–	22亿美元	离岸IT外包
	2005	Pearl保险集团	TCS	12年	5亿英镑	业务流程外包
	2006	ING保险	RR Donnelley	7年	4.65亿美元	文档管理外包
	2006	布拉德斯科银行、荷兰银行巴西分行	富达信息服务集团	12年	10亿美元以上	金融系统服务
	2007	Capitae	Resolution	12年	11亿美元	BPO
	2008	花旗银行	TCS	9年	25亿美元	BPO
	2009	苏黎世金融服务集团	CSC	10.5年	29亿美元	ITO

数据来源：TPI 全球外包交易数据库，TPI 研究整理。

2.2 国际金融服务外包市场结构

2.2.1 接包市场竞争格局呈现两极化

在国际金融服务外包市场中，全球竞争格局的主要特征是出现了两极化的发展态势。

金融服务外包接包市场地域出现了两极化。一极是以爱尔兰为代表的西欧地区。爱尔兰是欧洲最大的外包服务接包国，凭借其优越的地理位置和语言文化优势而深受欧洲各发包国的喜爱。早在 20 世纪 70 年代，爱尔兰已经开始大力发展软件和信息服务产业，为外国金融机构开展专业化的软件服务。20 世纪 90 年代后期，爱尔兰金融服务外包产业飞速增长，尤其是在为跨国金融机构提供国际 BPO 业务方面极具特色。目前欧洲市场 43% 的计算机、60% 的配套软件都来自于爱尔兰。爱尔兰有“欧洲软件之都”“新硅谷”“欧洲高科技中心”等称号，形成了以软件业为龙头，以电子、计算机等高新技术产业为支柱的产业结构。另一极是以中国和印度为代表的亚太地区。金融服务外包是发展中国家参与全球化服务经济竞争的有利产业，可以提升发展中国家对外贸易的质量与规模，加快与发达国家的业务合作与经济整合，利用金融服务业的技术外溢效应，促进本国的现代金融服务业发展壮大。印度是最先意识到这一重要性的亚洲国家。长久以来，发展软件外包业、承接离岸外包是印度重要的出口战略，尤其是以信息技术为支撑的印度模式金融服务外包，已形成“印度服务外包”的国际品牌，在国际市场上享有极高的美誉。目前，印度已经成为全球最大的服务外包接包国，其金融服务外包的接包量占世界首位，服务外包中有 70% 属于金融服务外包业务，领先优势极其显著。中国发展金融服务外包的产业基础、产业结构、人力资源禀赋与印度相似，所承接的国际服务外包以 ITO 业务为主，BPO、KPO 业务增长速度不断加快，发展潜力巨大。美国、欧盟和日本等是我国金融服务外包的主要市场。

在金融服务外包的业务领域，也出现了两极化的竞争态势。最初承接金融服务外包的国家纷纷关注金融服务外包发包业务中的基础技术外包，以此作为进入世界外包市场的切入点。在各国信息技术、产业技术不断升级的推动下，接包国家开始转向以 BPO 为主的业务流程高端外包，抢占高端外包业务的市场制高点。在西欧国家中，以承接金融机构软件外包为主的爱尔兰，在 20 世纪 70 年代至 90 年代，凭借独特的区位优势和开放型的产业政策吸引了大量跨国机构入驻，并配合跨国企业的需求，为其提供配套的技术支持服务。此时的爱尔兰并不具备独立研发的能力。随后，爱尔兰在提供技术支持的过程中不断尝试独立研发，提供独立技术支持。到 20 世纪 90 年代末期，尤其是 2000 年以后，爱尔兰的服务外包进入快速成长期，已经可以自行研发、提供高端的软件技术解决方案，其服务外包的产业政策开始由吸引跨国机构入驻向开拓离岸业务转型，进一步扩大了服务外包市场规模。

在亚太地区，以印度为代表，最先意识到如何在全球服务外包行业中为自己的产业定位，促进产业结构升级。20 世纪 90 年代末，印度开始承接软件外包，主要是为跨国金融集团提供 IT 方面的服务支持。随着金融自由化不断发展，印度开始专注于金融服务后台外包，抢占金融服务外包中的 BPO 高端市场，尤其是成功锁定世界上最大的金融服务发包国——美国。美国的发包业务中有近 70% 的离岸外包业务全部包给印度。在此发包规模中，金融服务外包的占比达到 50%。由于市场定位准确、业务发展方向清晰，印度凭借其明确的产业发展战略，迅速超越爱尔兰，成为世界上接包规模最大的国家，同时也是世界上通过服务外包创汇最多的国家。中国作为亚太地区的另一个发展中大国，正在积极学习印度经验，以承接基础外包起步，逐步参与高端外包的金融后台市场竞争。尤其是中国的一线大城市，如北京、上海等地区，都明确定位为打造离岸金融服务后台中心。

2.2.2　发包市场结构高级化

（1）发包方利用服务外包推动业务转型升级。Coleman Parkes 曾在一项调查中指出，全球 64% 的金融服务外包机构认同一个理念，即为了更好地适应客户群的需求，应该在广泛的业务活动中寻求实现业务流程（尤其是某些重要的业务流程）效率最大化的方法。这就需要金融机构将一些重要的业务进行外包，使人员结构更为趋同、信息传播更为快捷、组织结构更为精简，以达到降低成本、提高效率、增加收益的效果。目前，在国际金融服务外包市场中，服务外包的发包量每年都保持着高速、持续的增长。根据 TPI 统计指数表明，2011 年，在英国和爱尔兰的服务外包市场中，服务外包收入增长超过 10%，其中，金融服务外包的增长超过25%，明显高于服务外包整体增长率。需要特别指出的是，这种高速增长的业务模式，不仅得益于发包企业对于提高业务效率的追求，更是源于发包方需求结构不断转换。发包方希望通过与接包方建立战略合作伙伴关系的方式，不断优化业务流程，提升服务效率，最终实现真正的业务变革。

（2）发包方利用服务外包提高业务的市场渗透率。对发包企业内部而言，服务外包是企业自身运营模式的一种重新调整，即流程的重组。相对于最终购买服务产品的消费者来讲，是企业提供的一种新型的服务模式。Frost & Sullivan 的研究人员指出，长期的外包，不再局限于交易，而是合作双方逐渐转向建立战略联盟关系。长期的外包选择模式，其实质关系着服务业整体的产业链价值，这就重新定义了发包方和接包方的外包交易行为，由普通的交易变成一种战略联盟。从发包方未来发展前景来考虑，通过与接包方建立战略合作伙伴关系，可以拉近服务产品与市场的距离，这样有助于增加产品和企业的价值，提高发包企业的知名度，提高发包方的市场渗透率。

以金融服务外包为例，Tower Group 公司的研究指出：在整体的外包市场领域，来自于金融领域的业务外包规模居于服务业第一位，规模仅次于制造业的外包。金融服务外包始于20世纪70年代，主要集中在IT领域。随着跨国金融机构市场渗透率的不断深化，20世纪90年代得到了高速发展，逐渐拓展到金融后台服务领域，主要表现为跨国金融机构全球化业务的渗透程度越来越高及发包规模日益增大，当前全球最大的15家金融服务企业已全部将信息技术项目进行外包。以汇丰银行为例，进入中国大陆初期，汇丰银行便开始启动服务外包的模式，利用本土化资源与国内企业相互借力，进行跨国合作，不但控制了经营风险，同时也极大提高了市场渗透率。汇丰银行最早是在广州设立汇丰电子资料处理中心，服务对象包括汇丰在中国、英国及加拿大等不同地区的客户。为配合汇丰环球营运中心的快速发展，英国汇丰银行在位于佛山的广东金融高新技术服务区设立了全球数据处理中心，总投资约1 000万美元，建筑面积近1.4万平方米，主要提供服务外包业务，为世界各地的汇丰客户提供专业的营运服务，包括个人账户、汇款、信用卡、保险等业务的资料处理及客户热线服务等。数据处理中心人员规模近3 000人，为汇丰银行国际化运营提供了强大的后台服务支持，尤其是迅速推动了汇丰银行在亚太地区的业务发展壮大。以汇丰香港信用卡市场渗透率为例，2011年汇丰香港信用卡用户渗透率（也称消费者占有率）高达77%，位居亚太地区首位，比2010年增长4%。

2.2.3　市场品类多元化

伴随着信息技术的飞速发展、科学技术水平的持续提升、经济社会生产效率不断提高，消费者需求和市场竞争环境都发生了巨大的改变，这为参与市场竞争的企业带来了诸多不确定性与生存的压力。正是由于市场竞争日趋激烈，消费者对金融服务产品的需求日益多样化、差异化，给金融机构带来了新的难题，也带来了更多的挑战。参与全球化竞争的金融集团只有不断地探索新方法降低生产成本，才可能保持持续的竞争优势、不断提升利润空间。正是源于经济社会发展变化的这种大背景，作为提高服务企业管理效率、运营效率的“金融服务外包”受到了金融机构的广泛重视，金融服务外包业也逐步发展为一个新兴的全球化的现代服务业新兴产业。由于金融服务外包业同样是发展中国家存在激烈竞争的领域，因此，金融外包服务供应商需要根据发包商的需求特点不断地提供符合市场需求的服务，以此改进金融服务的提供策略，提高金融服务外包的质量，最终扩大金融服务外包的市场占有率。因此，发包需求日益呈现多元化的趋势，直接表现为金融外包品类日益多元化的发展态势。总而言之，发包企业要实现企业价值最大化，就需要不断提高运营效率。在此过程中，企业要实现四个具体目标，发包业务种类正是围绕这些目标产生的，如表 2-2 所示。

表2-2 基于发包金融机构需求的金融服务外包业务种类

发包金融机构的需求	对应的金融服务外包业务种类
目标一：降低生产成本	IT外包——这种技术外包是非核心业务外包，可以使企业更加专注于核心业务，降低生产费用
目标二：提高运营效率	BPO外包——可以不断优化服务流程，提高金融服务产品质量
目标三：提升利润空间	专业化解决方案——可以满足消费者对高质量的金融服务的需求
目标四：完善、优化企业战略	商业链外包——属于全方位的业务合作，从金融服务外包供应商到金融战略合作伙件，是更高层次的外包模式

在实践中，第一个发包阶段是最初的 IT 业务外包，IT 外包业务仅是为发包方提供一般软件的配套服务，属于非核心业务，即次要业务的外包模式；第二阶段是运营外包（business-process outsourcing，BPO），实质是“BPO+IT”的外包模式，在此过程中，运营与 IT 技术外包出现了融合，形成了一个更加完整的金融服务外包供应链；第三阶段是提供金融服务的专业化解决方案，以满足消费者对高质量的金融服务需求；第四阶段是基于整体金融服务环节的商业链外包（end-to-end，点对点），这种外包模式是包括 IT 服务在内的一揽子服务，是金融服务供应商由提供简单的服务业务向与发包方形成战略合作层面的转型。在实践中，金融服务领域的 BPO 业务需求也出现不断变化的趋势：最初的 BPO 外包业务主要集中在财务外包领域，此后逐渐向金融后台服务领域拓展，延伸至其他领域，如应付账款、支票服务、接待、客户呼叫中心、ATM 服务、e-banking 服务、数据管理等。尤其是现代意义上的 BPO 外包业务已经发展到金融机构将其核心业务进行外包的时期。目前，在全球 BPO 市场服务品种中，金融服务外包业务占比已高达 30%，并呈现不断上升的趋势，直接推动了全球 BPO 市场的不断增长。2005—2010 年全球 BPO 市场服务品种与业务规模如表 2-3 所示。

表2-3 2005-2010年全球BPO市场服务品种与业务规模

单位：亿美元

	2005年	2006年	2007年	2008年	2009年	2010年
人力资源	127.16	146.80	170.11	198.36	231.64	263.51
采购	9.40	11.04	13.05	15.49	18.30	21.12
金融与会计	147.68	160.44	177.09	198.35	223.36	246.49
售后服务	252.17	283.26	317.35	355.94	391.95	426.24
物流	1 799.42	2 002.39	2 230.07	2 497.45	2 808.38	3 152.41
市场营销	1 466.87	1569.97	1 665.50	1 762.70	1 865.82	1 972.58
培训	42.50	52.90	63.48	75.44	87.22	97.30
合计	3 845.20	4 226.80	4 636.65	5 103.73	5 626.67	6 179.65

数据来源：根据 Internet Data Center 网站数据整理。

2.2.4 市场日趋集中化

（1）外包市场集中化，表现形式之一：全球金融服务外包发包市场主要集中在以美国、欧盟和日本为代表的发达国家和地区。目前，美国、欧盟和日本是全球主要金融服务外包发包方，这些发达国家金融机构的业务流程已经实现了标准化，为了降低成本，将其非核心业务交给国外其他服务供应商来运作。美国是世界上最大的软件生产国和出口国，已经形成了完整的产业链，成为国际服务外包产业的主要源头。得益于经济基础与科技实力，美国长期处于国际服务外包市场的领先地位，来自美国的金融服务外包业务量占全球金融服务外包市场规模的 70% 以上。主要的接包国家包括加拿大、印度、菲律宾、爱尔兰等。国际金融服务外包市场的剩余份额几乎被欧盟和日本占有，其中英国居于主导地位，其主要的接包方来自爱尔兰、中东欧地区、印度等国家和地区；而日本的离岸服务外包主要接包国家是中国和印度，其中中国的区位优势极为明显，市场份额逐年递增，而印度则出现逐年下滑趋势。国际金融服务外包接包市场的格局分布与欧美及日本的文化和做事方式有关，日本文化一向以严谨著称，所以日本的外包服务大多是对接包方依赖性较弱的应用软件开发外包，合同期较短，比较容易转移回国内，而欧美文化中的自由创新性思想较多，因此欧美企业则往往将更为重要的研发部分外包出去，外包订单的期限也更长，构建更具战略性的合作关系。

（2）外包市场集中化，表现形式之二：全球金融服务外包的绝大部分市场份额主要集中在以印度为代表的亚太国家，并且主要被印度本土内的大型服务外包跨国企业集团垄断。目前，印度是全球最大的金融服务外包接包国，其金融服务外包领域的接包量占接包总量的 50% 以上，并已形成“印度服务外包”的国际品牌。印度的 IT 产业发展较早，但以信息技术外包为开端的金融服务外包产业主要是从 20 世纪 90 年代末开始高速发展，从最初承接简单的、低技能的金融服务外包业务开始，逐步发展为承接金融业务范围最广、规模最大的金融服务外包国家，其金融服务外包的提供范围也已经扩展到信息类业务、人力资源管理等更核心、更具战略性的领域，在全球金融服务外包接包市场的占有率已达 80%。根据 NASSCOM 的统计口径，2015 年全球 IT-BPM 市场的总交易额约为 1.2 万亿美元，年度增长率为 0.4%，而印度企业在这一市场上的收益从 2014 年的 1320 亿美元增长到 2015 年的 1430 亿美元，年度增长率高达 8.5%，大大超出全球市场的增长率。印度国内的大型服务外包企业已成长为跨国服务外包巨头，不但在海外成功运作上市，大规模地进行跨国直接投资，提供全球化的服务支持，而且还跟随客户进入国外市场，进行差异化服务。以具有代表性的印度塔塔咨询服务公司（简称 TCS）为例，TCS 是一家专业从事外包服务、IT 技术服务支持、商业解决方案的公司，是印度规模最大的独立的软件和服务业公司，综合年收入高达 82 亿美元，相关客户遍及全球 45 个国家和地区，业务范围主要包括信息技术、金融保险等各个服务外包领域，并兴建了全球服务中心、地区服务中心和近岸服务中心三级全球交叉服务网络，用以解决全球不同国家与地区的客户的差异化服务外包需求。当前，在印度服务外包企业中，前 30 家服务外包巨头企业已经全部通过 CMM（软件能力成熟度模型）四级或五级水平认证，在国际服务外包市场中享有极高的声誉。

（3）外包市场集中化，表现形式之三：金融服务外包的产业集群效应日益显著。金融服务外包以整体的服务外包市场为依托，已经形成成熟的产业集群。目前，在世界最大的金融服务外包接包集中地——印度、中国，都已经成功构建了承接金融服务外包的产业集群。印度的服务外包产业主要集中在孟买、班加罗尔等大城市。服务外包（包括金融服务外包）是高度依赖信息、技术和人力资源的产业，而在诸多影响因素中，人力资源的丰裕程度决定了产业的成长程度。大城市不仅产业发展基础良好、资源可获得性高，也是优秀人才的集聚地，因此，以大城市为发展龙头，汇聚大型企业，可以快速带动产业集群的形成与发展。与印度的发展布局相似，中国的金融服务外包产业集群有两个特征：一是向大城市集中；二是向大城市中的服务外包产业园集中。中国选择以北京、上海等软硬件条件较好的一线城市作为发展金融服务外包产业的引领者，按空间布局逐步向二、三线城市进行梯度拓展和延伸。与此同时，在优先发展的大城市中，产业发展载体又以服务外包产业园或产业基地的形式进一步地集中。以坐落于北京海淀区的中国中关村软件外包园为例，它是国内 IT 服务外包产业的"发源地"和"集聚区"，是国内龙头软件园、北京市软件与信息服务产业的核心区域，承接着来自包括金融服务外包在内的整体服务外包领域的多样化的业务模式；也是北京市乃至全国服务外包产业发展的对外窗口和重要载体，具有较高国际知名度和影响力。Gartner 在研究报告中称，中关村软件外包园是中国的"服务外包一条街"，园区内已经形成了独具特色的四大产业集群——金融信息服务产业集群、IT 服务外包产业集群、独立软件开发（ISV）产业集群、计算机通信一体化（ICT）产业集群。国内软件产业排名前十名的龙头企业中，有六家入驻园区。产业集群效应极大地带动并提升了北京金融服务外包产业的发展壮大。

2.3　国际金融服务外包发展趋势

2.3.1　外包分工持续纵深发展

（1）金融服务外包的价值重新定位。国际分工是国际贸易的起源，无论是传统的国际分工还是现代意义上的国际分工都直接表现为当代的全球化趋势。与此同时，全球化趋势不断推进也是国际分工不断细化的原因。由制造业外包发展到现在服务业领域的外包，由服务外包到金融服务外包，这一系列的变化正在经济全球化、金融自由化的背景下，以及金融产业价值链分工不断细化的基础上推进。全球外包领域拓展具体表现在服务外包在产业链上的分工连续细化，在实践中表现为产业内垂直分工持续外延，新的外包领域不断涌现。在服务外包发展初期，发包企业主要是将数据录入等简单的操作性业务外包给独立的第三方机构。现在的发展趋势则是将资产评估、金融分析、软件开发与维护等高技术含量、高附加值的业务进行外包。从整体来看，目前全球金融服务外包涉及的范围已由传统的信息技术外包和业务流程外包拓展到银行、保险、证券、人力资源管理、媒体公共管理等多元化领域。

从金融服务外包的业务种类来看，早期的金融服务外包主要是数据录入、递送保单、呼出服务、IT 运维等基本的后台业务处理，种类极为有限。随着服务外包市场的不断发展，服务外包的种类逐步拓展到职能型外包业务领域和金融服务等较为高端的前台领域，包括金融风险管理、财务审计、客户信用评级、精算服务、资产管理、客户管理和咨询分析等。这些业务的外包不再以独立的方式进行，部分金融机构通常选择将多项业务共同外包的模式，以获取规模化的外包收益。

从金融服务外包的业务深度来看，主要表现为金融服务外包业务的层次不断提升，从起步阶段的 ITO 逐步转向 ITO 与 BPO 并行的发展阶段，未来实现 ITO、BPO 和 KPO 并驾齐驱格局，呈现从低端业务向更复杂、更核心、更高端业务转变的发展趋势。从金融服务外包的发展历程来看，金融服务外包起步于ITO，成长壮大于BPO，而发展趋势将是KPO。以往的金融服务外包主要是IT业务的外包，例如桌面协助、大型数据系统或网络的连接等服务。近年来，许多的大型金融机构竞相将其操作管理中一些具有特殊功能的业务外包到海外，离岸外包从一般的IT服务扩展到金融服务领域，外包的商业模式也从一般软件配套服务进入了运营操作过程外包。BPO与ITO的捆绑结合将是金融服务外包领域的一个新模式，发包方对服务外包的要求越来越高，他们已不再分割BPO与ITO，部分金融机构已直接要求接包企业提供完整的服务解决方案。BPO与ITO的结合将形成一个更加完整的金融服务外包供应链。

从金融服务外包发包方和接包方的业务关系来看，接包企业已由最初的“补缺”定位，逐步成为发包商的战略合作伙伴。在实践中，国际金融服务外包市场越来越多的发包商与接包商之间建立了战略合作伙伴关系，成为彼此间业务合作的联盟者。双方互惠互利、协调运营，共同规划并不断优化其全球运营服务支持体系。其原因在于：首先，金融服务外包的发包业务所需的周期较长，发包方需要稳定的服务供应商提供高质量、专业化的产品或服务；其次，发包方选择长期合作的服务供应商作为战略合作伙伴，可以有效降低发包风险，提高发包业务的效率，获取更稳定的收益；再次，长期合作的发包方与接包方之间更加了解彼此的业务运作情况，能够促进双方运营模式、产业结构优化与升级，最终实现长期可持续发展的战略性目标。

（2）金融服务外包的蓝海战略兴起，力求最大化满足发包方的差异化需求。蓝海外包，其实质表现为服务供应商由被动型满足需求的受包方式，转为主动型迎合需求的研发接包。区分于其他产业的价值创造而言，服务业最重要的特征是差异化，差异化战略的实施可以为企业创造更高的附加价值。经济学理论认为，现存的市场由两种海洋组成：“红海”和“蓝海”。红海代表现今存在的所有产业，也就是我们已知的市场空间；蓝海则代表当今还不存在的产业，这就是未知的市场空间。所谓“蓝海”战略，是相对于“红海”而言，“红海”是竞争极端激烈的市场，但“蓝海”是一种没有恶性竞争、充满利润和诱惑的新兴市场。“蓝海”是通过差异化策略可获得竞争优势的市场领域，需要接包方量体裁衣，最大限度地开发和满足发包方的差异化需求。而差异化策略的实施需要企业不断提升创新能力，只有如此，企业才能在这种新的市场领域中实现更大的价值，取得更多的利润。

从发包方角度来看，如今的金融服务外包市场已呈现多元化发展趋势，金融机构多元化的金融产品层出不穷。在服务外包领域，直接表现为发包方外包业务的多样化需求，发包方需要服务供应商能够提供更加符合自身需求的外包服务。从接包方角度来看，目前，随着国际金融外包市场中众多接包国的不断加入，促使外包市场的竞争日益激烈，接包商都在不断强化和创新专业技术，努力维持高运营效率，针对客户的不同需求提供更优质的外包服务。在这种市场环境中，差异化的策略可以使外包服务企业在同业竞争中表现出独有的特色，不但可以在外包业务中获取更多的价值，还可以为发包方提供更加满意的外包服务产品。因此，差异化策略已经被提供服务外包的企业日益重视，不断付诸实践。

2.3.2 发包规模连续扩大

（1）地域规模日益宽广。早在2005年，*Mckinsey Quarterly* 中提到了一个主流观点：几乎所有服务性工作最终都会从发达国家转移到低工资国家。目前服务外包市场分布的整体特点正是这种经济规律的体现，即以美国和日本为代表的发达国家是国际金融业服务外包市场最主要的发包主体；而以印度、中国、菲律宾为代表的发展中国家是国际金融服务外包特色领域中最主要的接包主体，并逐渐形成以软件与信息服务外包为主的成熟接包市场。与此同时，现在越来越多的国家参与到国际金融服务外包市场中来，如北美的加拿大，发展中国家的越南、泰国、墨西哥、智利等。这些国家均具有提供离岸金融服务的巨大潜力，如低廉的劳动力成本、丰裕的人力资源、完善的基础设施、优越的地理位置和语言文化优势等。

随着众多国家相继加入服务外包的供给市场，有关研究机构把国际服务外包的供给国家分成了三个层次。第一层次即最好的接包国，包括爱尔兰、菲律宾、俄罗斯、印度；第二层次包括中国、马来西亚、新西兰、澳大利亚、西班牙；第三层次的国家包括印度尼西亚、泰国、埃及、巴基斯坦、南非及部分东欧国家。越来越多的国家加入到外包市场中来，使得服务外包的发包市场及接包市场的竞争都变得日益激烈，各个国家都在凭借自己的优势加强经济和科技发展来提高自身的竞争力，以促进本国服务外包产业的快速发展。

（2）发包量持续拓展。20 世纪 90 年代特别是 2000 年以来，全球金融服务外包市场快速成长，开展外包业务的金融机构的数量也不断增加。据相关统计，全球开展金融外包业务的金融机构数量占金融机构总量的比重从 2003 年的 26%，增长到 2008 年的 80%。全球金融服务外包的规模迅速扩大，2005 年全球金融服务外包市场规模约为 1 413 亿美元，占全球服务外包市场总规模的 22%。受 2008 年国际金融危机影响，金融服务外包市场总体发包规模减小，接包市场随之萎缩，市场进入产业调整阶段。从 2009 年开始，虽然发包速度趋缓，但是总量上保持了上升趋势，国际金融服务外包市场再次呈现出活跃发展的态势。2009 年，全球服务外包市场总量为 8 099.1 亿美元，其中金融服务外包的市场规模达到 2 000 亿美元，占全球外包总规模的近 25%。随着发达国家经济的复苏，金融服务外包市场进一步活跃起来，发包市场呈现出持续扩大的趋势。2011 年，全球服务外包市场规模达 1.22 万亿美元，其中金融服务外包规模超过 3 000 亿美元，比 2009 年增长了 50%。2003 年以来，全球金融服务外包业务的年均增长率超过 30%，全球金融服务外包市场的规模和地位将会稳步提升。

（3）可持续的成长潜力。根据相关研究成果推断，未来较长的一段时期，全球金融离岸外包市场规模和在岸市场规模都将以超过 10% 的年均增速持续快速增长，市场潜力巨大。根据 IDC（国际数据公司）数据（见表 2-4）计算可得，2015 年全球金融服务外包 ITO 和 BPO 分别是 2011 年的 1.25 倍和 1.29 倍。金融服务外包发包规模的持续拓展源于金融机构自身业务发展的客观需求变化及全球经济发展大环境所提供的技术与资源的可利用性。目前，全球化的浪潮对服务外包产业可持续成长的潜力和发展空间的广阔性起到了三个方面的促进作用：一是技术条件的支持作用。以通信和信息技术为产业特点的金融服务外包业，在全球信息技术水平持续提升的同时，其跨越时空的经营交易会更加便利。二是竞争的推动作用。各个企业组织在参与全球化的竞争过程中，会不断寻找新的经营模式与新的业务安排，以此来整合全球的资源，降低经营成本，提升自身的竞争力。三是自由化的促进作用。自由化的一个重要表现形式是生产要素流动的自由化，它使跨越国界的“生产可能性边界”由企业自身按市场规律来主导。在经济全球化的推动下，金融自由化进程不断深入，竞争趋势越发激烈。在实践中，出于发展战略、优化流程、控制成本、提升效率、获取竞争优势等多重因素的考虑，世界范围内大型跨国银行、证券、保险等金融领域的公司，纷纷把其非核心业务外包。这种外包模式使得双方都在外包活动中受益，实现了共赢：一方面，保留下来的核心业务增强了发包机构的核心竞争力；另一方面，发包出去的非核心业务极大地推动了全球范围内服务外包的业务范围和规模的发展。在全球金融自由化进程的发展带动之下，服务外包的离岸化已经成为跨国公司全球布局、应对竞争并提升国际竞争力的重要手段。随着竞争趋势的加剧，国际金融服务领域业务环节的分离趋势也在不断加快，业务量也在不断拓展，这极大地增强了全球金融服务外包市场的需求潜力，同时也为发展中国家的供给创造了现实的需求市场。

表2-4 全球金融外包趋势

单位：亿美元

外包层级	2011年	2012年	2013年	2014年	2015年	2016年
我国金融服务外包ITO	35.1	40	45.5	52.1	58	66
我国金融服务外包BPO	8	9.7	11.3	13.3	15.8	19
全球金融服务外包ITO	630	660	700	740	790	820
全球金融服务外包BPO	210	220	240	250	270	287

数据来源：整理自《中国服务外包产业发展报告 2013-2014》《中国服务外包产业发展报告 2016-2017》。

2.3.3 接包区域持续动态化

产业转移的实质是企业将产品生产的部分或全部环节由原生产地转移到其他地区的现象，其转移载体是跨国公司，转移动机是寻求要素比较优势。根据产业转移理论，制造业的大量转移（发达国家将生产环节向发展中国家转移），不但推进了发展中国家工业化的进程，也直接促进了发达国家产业升级。世界服务业在全球范围内的转移与世界制造业转移的规律基本一致。随着发达国家服务经济的兴起，国际产业转移浪潮必将带来以服务外包产业为主的现代服务业的转移。发展中国家应积极顺应新一轮产业转移的趋势承接服务外包，推进自身服务经济发展的进程。全球金融危机深化了第五次国际产业转移，随着危机之后发达国家经济的复苏，金融服务外包的成长性加快、市场规模进一步扩大。根据产业转移理论，金融服务外包的业务接包区域的选择直接受制于发包方的选择偏好和选择成本。发包商进行发包选择时，最关注的有两个方面：一是如何尽可能地降低成本，二是如何提高金融服务发包业务的质量。前者是发包企业考虑的首要因素。但是发包行为并非仅仅是为了降低成本，也必须保证所发包的服务业产品的质量，这就需要考虑更多的选择因素，即接包区域的国别综合优势。在金融服务外包的市场实践中，具体表现在接包国家需要具有三个方面的综合优势，才可能保证发包企业所关注的两个方面——控制成本与提高质量：其一是接包国家应具有一定的市场规模；其二是接包国家的金融服务外包市场应具有较高的成熟度；其三是接包国家应具有充裕的人力资源。

在发达国家和发展中国家的两大阵营中，印度的金融服务外包产业布局良好，是发包国家首选的离岸金融服务外包国家。首先，从金融服务外包市场规模来看，印度的 IT 外包与相关的服务外包产业是国家的支柱产业，为金融服务外包提供了坚实的产业基础。据 NASSCOM（印度国家软件协会）的统计数据显示，印度的软件外包是其国民经济的支柱产业，其年均复合增长率高达 30%。其次，印度金融服务外包产业的成熟度较高，拥有大量的服务外包龙头企业，对所承接的金融服务外包具有提供整体解决方案的能力。其中部分服务外包企业已经在海外成功上市。因此，在国际上，印度外包的影响力极高。最后，印度金融服务外包的人力资源雄厚，而且以复合型的金融人才居多。这些人才不但有着良好的英语沟通能力，同时具备 IT 行业、金融行业的专业知识，可以承接各种高端的金融服务研发业务外包。以印度为先导，中国也在积极进行产业布局，承接离岸金融服务外包，虽然仍处于发展的起步阶段，但增长速度极快，每年也保持了 30% 左右的增长率。以中国、印度为核心的发展中国家是亚太地区承接金融服务外包的主要区域。全球金融服务外包的接包中心也在不断向此区域转移，呈现出动态的变化性。

在金融服务接包重心持续向亚太地区转移的过程中，中国和印度迅速成长为全球最大的两个服务外包基地，主要接包市场仍来自于美国、欧盟、日本等发达国家和地区。其中，整体服务外包市场中，金融服务外包的业务量占比接近 50%。国际金融服务外包市场普遍认为，在金融服务业方面，中国和印度在产业优势方面要比东欧、南美、非洲等发展中国家和地区更具区位吸引力。尤其是中国承接金融服务外包具有后发优势。从产业发展历程来看，中国一直是世界制造业外包大国。从最初的“蓝领外包”开始起步，中国以稳定的政治局面，良好的基础设施，低廉的人工成本，庞大的内需市场，吸引了世界制造业领域的发包企业，长期以来，承担了生产环节的外包业务，即制造业的流程外包（BPO）。随着制造业产业链不断向上下游延伸，拓展、设计、研发和采购部门也逐渐向中国转移。在全球服务经济起引领作用的大环境下，随着科技的推动，中国外包产业开始向服务业转移，并不断向服务外包中具有更高附加值的“白领外包”升级。但由于起步较晚，中国的金融服务外包业务主要来自于地缘优势较明显的日本国际金融服务外包中的转包业务及国内金融机构的部分外包业务。在诸多的发达国家发包阵营中，美国作为全球最大的金融服务外包发包国，仍然是首选印度作为合作伙伴。

中国已经进一步明确了发展金融服务外包的产业定位，未来将重点打造全球服务外包后台离岸中心。2011 年，由中国社会科学院发布的服务外包蓝皮书——《中国服务外包发展报告（2010—2011）》中指出，中国有望成为全球金融保险服务业离岸外包中心。目前，中国已经迈开了向全球金融保险外包服务中心前进的步伐，形成了独特的金融保险服务外包的企业结构和业务特点。届时，印度将成为中国承接离岸金融服务外包最大的竞争对手。

2.3.4　未来产业发展趋势不可逆转

全球化的总体发展趋势不可逆转。当前的全球化出现了从全球制造业向全球服务业的转变，即服务业全球化趋势。金融服务全球化是指金融服务的生产和消费跨越国家边界，形成一体化的国际网络，各国服务业相互渗透、融合、依存。国际化的服务供给和消费不断增加、全球化的不断深化与整合，可以给不同企业及不同组织、消费者等各个利益相关方带来极大的益处，同时也为全球科技的发展、商业模式的创新带来积极的改变，全球化推动了世界经济的空前发展与兴旺繁荣。从企业生存角度来看，全球化可以带来更先进的技术、更丰裕的资源、更低价的人力成本、更有效率的管理模式，来帮助企业解决经营中存在的各种问题和发展瓶颈，包括更为广泛的社会问题。从产业发展角度来讲，全球化的发展进程中，产业链会适时进行调整，产业链的分工也必将随之细化调整。全球化时代带来的强大力量，要求处于价值链不同位置、不同环节的企业组织必须适应全球化带来的发展变化，把握全球化发展中赋予的各种机遇，去适应各种新的经济现象、新型业务模式。只有主动参与变化、调整自身经营战略的企业，才能够降低生产运营成本，规避经营风险，获取更多的价值，占领更广阔的市场，最终实现生存与可持续发展。因此，全球化是经济社会发展纵深化的必然结果。

金融服务外包是经济全球化浪潮下出现的新兴产业转移模式。全球金融服务外包的转移浪潮，为发展中国家带来了巨大的产业契机。以中国为例，作为亚太地区承接金融服务外包增长速度最快的地区，我国承接国际金融外包的市场份额进一步扩大。

另外，影响金融服务外包内涵的新技术不断涌现。各类新技术在不断丰富服务外包的内涵。第一平台主要包括主机和终端，技术主要在机房里；第二平台以 PC 为核心，包括客户 / 服务器应用，技术主要在办公室和家里；第三平台主要包括云计算、大数据、移动、社交、机器人、3D 打印、认知与人工智能、物联网、增强现实与虚拟现实、下一代安全等，技术更多地在我们的口袋中、身体上；第四平台的核心技术与人的身体会紧密集成在一起，在 2030 年中叶会成为市场的一个主流。在技术引领趋势下，组合应用是关键，人工智能会渗透到金融领域，技术是服务外包创新的源泉，也是增长最快的市场。

总之，在新一轮产业革命和转移中，服务外包业是当今世界经济领域发展最快的产业，其产业发展的标准化、全球化、持续化，已成为不可逆转的必然趋势。起初，全球服务外包发包市场主要集中在北美、西欧、日本等国家和地区，其服务外包发包量约占全球的 95%。从全球服务外包的宏观层面分析，一方面，全球 IT 服务外包市场仍在飞速发展，占据整体服务外包产业的主导地位。其中，美国的 IT 业已经形成完整的产业链，是国际软件外包产业的主要源头（美国服务外包产品中的 50% 是金融服务外包业务）。美国软件公司占据了世界 2/3 以上的软件市场，软件服务发包市场规模占据了全球市场的 64% 左右。在未来的发展中，美国将会持续保持全球最大的软件生产国和出口国的国际地位。相对于美国而言，欧洲服务外包市场也在飞速发展。另一方面，全球业务流程（BPO）外包市场的发展呈现出快速增长的趋势。目前，全球 BPO 市场中 30% 的业务来源于金融服务外包领域，其发包方和接包方主要集中在北美、西欧和亚太地区。其中，以美国为代表的北美 BPO 市场规模最大，西欧的 BPO 市场有较快的增长，亚太地区的 BPO 市场增长最快，以中国、印度为代表的亚太国家接包能力持续上升，其 BPO 业务从业务流程的离散部分已经逐渐转向全面业务流程服务，涌现出大量的服务外包商，其业务流程管理水平已经接近美国和西欧的跨国公司。

2.4 全球离岸金融服务外包发展

2.4.1 离岸金融服务外包发展概况

随着科学技术的发展和国际互联网络的迅速扩张，服务外包的全球化模式逐渐受到各国的重视，推动了全球服务外包市场的迅猛发展。相较于境内外包的价值增值，离岸外包主要强调成本节约、技术熟练的劳动力的可用性，即能够利用较低的生产成本抵消较高的交易成本。离岸外包可以使得企业拥有世界先进水平的资源和生产力，降低人力资本，可以帮助企业跨时区建立 24 小时生产线，可以对核心部门提供资源支持。出于对离岸外包所带来的成本优势的考量，越来越多的企业开始寻求离岸服务外包。如今，全球化的离岸金融外包业务体现如下三个发展特点和趋势。

从市场结构来看，全球离岸服务外包业务正逐渐从“最基础的技术层面的外包业务”转向“高层次的服务流程外包业务”。近年来，全球金融服务业离岸外包市场已呈现多元化的发展趋势，尽管 ITO 仍然占据了服务外包市场较多的份额，但 BPO 与 KPO 正在逐步发展成为金融服务外包市场的主流，它们的发展速度明显快于 ITO 业务。

从市场规模来看，全球服务外包市场规模保持平稳增长，离岸服务外包的市场规模发展迅速，运营模式多样化。在这一过程中，金融机构除了将业务外包给服务商外，也会将一些业务交由海外附属机构来完成。随着离岸外包业务的不断发展和市场规模的不断扩大，金融服务外包市场已经衍生出许多新的运营模式，如近岸外包、两岸外包、多岸外包等。其中，近岸外包指在邻国选择外包运营商；两岸和多岸外包则指利用一个地区的分支机构应对两个或多个地区用户。

目前，印度和爱尔兰是国际离岸金融外包业务中最主要的承接国。科尼尔公司的数据显示，印度在众多离岸外包承包国中处于绝对领先地位，在全球金融业离岸外包市场的占有率已达到 80%，很多跨国机构都在印度设立了具有相当规模的服务机构或客户服务中心。国际离岸金融外包已经形成以印度为核心，爱尔兰、中国、马来西亚、菲律宾等新兴接包国迅速崛起的发展格局。

2.4.2　离岸银行业服务外包特征与发展趋势

发端于欧美证券行业的金融服务外包，随着 20 世纪 90 年代经济全球化进程的加快，在节约成本和技术升级的推动下，其外包范围迅速向银行、保险、证券各类金融机构扩展，业务范围也从简单的文档事务性工作外包扩展到 IT 技术、呼叫中心、抵押贷款、信用卡、理赔、核保、保单管理、人力资源、市场营销、资产管理和咨询业务外包。离岸外包和业务流程外包业务迅速崛起，发包方与供应商之间的关系从简单的雇佣关系转变为复杂的战略合作伙伴关系。金融服务外包正处于行业生命周期的高速成长期，外包改变了金融机构的传统管理模式与运营理念。

金融服务外包为实现金融创新与再造、建立金融机构核心竞争力提供了有效手段，其已成为金融服务贸易的重要形式。银行业服务外包是金融服务外包的主要组成部分，呈现出以下主要特征和趋势。

（1）银行业服务外包规模与发展潜力巨大，占据金融服务外包的主导地位。

金融业的虚拟性使银行的业务流程可以按照某种给定的生产标准外包。为应对日益加剧的金融竞争，外包战略已成为银行增强自身竞争实力的重要选择。从金融外包行业分布情况看，银行业服务外包占据主导地位。从不同金融行业服务外包规模对比看，银行业服务外包费用支出持续增加，银行业服务外包发展潜力很大。

（2）银行业服务外包逐步向后台业务和核心业务领域转移。

20 世纪 80 年代以来，随着信息技术的发展，IT 外包成为金融外包的主要形式，ITO（信息技术外包）是外包市场的主流，外包内容包括银行通信网络管理、银行信息系统管理、应用系统开发和维护、系统备份和灾难恢复、核心业务处理系统、自助服务、呼叫中心、网上银行等业务处理系统、数据分析系统、办公自动化系统等。21 世纪以来，BPO（业务流程外包）迅速发展，最初集中在财务外包领域，近年来在采购、呼叫中心、人力资源、内部审计及数据处理等领域发展很快。同时，后台业务外包成为银行业务流程再造和优化的重要选择。

为解决人工成本和后台运营费用持续攀升的突出问题，许多大银行通过外包方式将后台操作外移，以期实现流程再造，削减成本。出于提高竞争力的需要，外包服务进一步向银行内部组织结构渗透。KPO（知识流程外包）涉及人力资源培训、知识创新、产品研发、行业分析、营销和业务扩张、战略性合作等靠近金融企业核心竞争力的部门。

2.4.3 离岸保险业外包总体特征和发展趋势

不断变化的发展环境和竞争形势带来了全球企业管理变革浪潮，从全面质量管理，经历六西格玛、平衡计分卡，演变到企业流程再造。作为经营风险和无形产品的特殊行业，全球保险业一直在探索和寻求控制经营风险、降低经营成本和提高运营效率的有效途径。特别是随着保险业发展全球化与竞争国际化的日益加剧，以及现代信息技术的飞速发展，世界各国保险企业运营模式和管理创新如火如荼，从业务流程改造、运营标准统一、后援集中，到日渐兴起的业务外包，引致保险业发生根本性变化，有力地推动了全球保险业内涵式、集约化发展。

在后援集中方面，目前国际上多数大型保险机构都实现了后援集中，这些保险机构在世界各地建立了强大的后援服务系统。根据集中程度的不同，后援集中分为完全集中模式、分险种集中模式、分地域集中模式、分客户集中模式和混合集中模式。如苏格兰皇家银行保险公司在英国国内采用了完全集中模式，设置了独立的保险服务部，统一负责所有承保活动；美亚保险公司采用了分险种集中模式，按照不同险种设立了若干个承保中心；友邦保险公司实行分客户集中模式，设置了专门面向小型商业客户的承保中心。在理赔方面，大多数先进保险企业设置了专门的理赔部门对全公司的理赔进行统一管理。如，美亚保险公司专门设立了理赔事业部对其全球 2 000 多名理赔人员进行了统一管理；苏格兰皇家银行保险公司实现理赔流程的标准化和自动化，对简单理赔案件快速处理，大大提高了理赔效率。

本章小结

国际金融服务外包发展过程中主要经历了国际金融服务外包萌芽阶段、迅速发展阶段和产业升级与变革阶段，形成了接包市场竞争格局两极化、发包市场结构高级化、市场品类多元化、市场日趋集中化的金融服务外包市场。国际金融服务外包发展趋势是外包分工持续纵深发展、发包规模连续扩大、接包区域持续动态化且未来产业发展趋势不可逆转。

全球化的离岸金融服务外包业务体现三个发展特点和趋势：从市场结构来看，全球离岸服务外包业务正逐渐从“最基础的技术层面的外包业务”转向“高层次的服务流程外包业务”；从市场规模来看，全球服务外包市场规模保持平稳增长，离岸服务外包的市场规模发展迅速，运营模式多样化。

练习与思考

1. 国际金融服务外包的发展过程分为几个阶段，每个阶段的特点是什么？
2. 为什么说国际金融服务外包市场高度集中化？
3. 为什么说国际服务外包合作关系深度集成化？
4. 世界主要的接包方及服务内容如何细分？

5. 印度作为世界上最大的服务外包国家有何特点?

6. 爱尔兰承接服务外包的优劣势分别是什么?

7. 印度及爱尔兰的发展经验对我国服务外包发展的启示是什么?

8. 未来离岸金融服务外包市场的发展趋势如何?

案例2.1

印度金融信息服务外包的发展与现状

印度是世界上承接金融信息服务外包起步最早且发展最为成功的发展中国家。国际金融机构前后台业务分离与后台业务的转移，造就了离岸金融外包业务基地的崛起，20 世纪 90 年代印度金融信息服务外包的高速发展正是源于此次契机。在那个时期，印度实施了以市场为导向的经济改革，依靠本国廉价的技术劳动力，抓住了金融服务业跨国转移的机遇，通过各项政策的扶持，经过二十多年的发展，已成为世界服务外包强国，是欧美金融机构业务外包的首选地。

印度金融信息服务外包的发展经历了起步、发展与提升三个阶段。起步阶段，印度政府从 1990 年开始进行包括金融自由化与进出口政策在内的经济体制改革，欧美的大型跨国金融机构纷纷在印度设立子公司或外包中心，聘用印度的管理人员与技术人员从事简单的文字处理等工作，为母公司服务。1999 年，为解决“千年虫”问题，许多国际金融机构又将数据修改等工作外包给印度，这为印度金融信息服务外包业的高速发展奠定了基础。发展阶段，印度政府推出科技园区计划，园区内的通信基础设施条件大为改善，卫星通信和网络服务便捷，通信成本大幅度降低，加之人力资源成本低的巨大优势推进了印度金融服务外包产业的发展。外包中心也逐渐适应当地的情况，印度的服务外包企业主要集中在班加罗尔、马德拉斯与海德拉巴等三个城市，其中班加罗尔是世界十大硅谷之一，在印度承接服务外包的城市中处于核心地位，据 NASSCOM 统计，班加罗尔、马德拉斯与海德拉巴三个城市的服务外包企业承接了印度全国服务外包总额 80% 以上的业务。提升阶段，随着印度经济改革的深入及将承接服务外包产业作为国家经济发展的重点产业予以扶持，印度服务外包交易的规模进一步扩大，服务外包业务的内容由低端向高端的业务流程外包发展，服务外包的业务品种不断增加，附加值较高的业务流程外包在总体服务外包中的比重逐年提高；出现了大量独立的第三方外包企业，业务发展较为成熟的外包企业开始为客户提供综合报告、趋势预测、决策参考等服务，大型跨国服务外包企业的出现，企业的国际化程度明显提高。印度大多数的服务外包企业通过了 IS0 9000 国际质量认证与 CMM 质量体系认证，全球每 4 家获得 CMM 5 级认证的服务外包企业中有 3 家是印度企业。

印度金融服务外包业自 20 世纪 90 年代末开始高速发展。目前印度独揽全球金融业务 80% 的离岸外包业务，在大型的金融外包交易中，印度也独占 80% 的份额。印度的金融服务外包企业正由普通的服务外包供应商向国际金融集团的战略合作伙伴转变，服务范围已逐步扩展到信息类业务、人力资源管理等更具战略性的领域；越来越多的国际金融集团将业务处理整体外包给印度服务外包企业，这使印度企业不仅获得了提供优质的互动式客户服务的机会，同时也承担了欧美本土企业相应的责任与义务，花旗、汇丰等大型金融集团已在印度设立 10 多个处理中心，这些处理中心的规模迅速增长。

在银行业中，离岸金融服务外包已涉及批发银行、金融市场分析与交易等多种高端业务，在印度开展金融服务离岸业务的花旗银行、VISA 信用卡、通用金融公司、渣打银行等国际金融巨头，为印度创造工作岗位超过 20 万个，业务收入 23 亿美元。在保险业中，印度保险外包市场近几年呈跳跃式发展，越来越多的保险公司将印度作为离岸外包的目的地，印度已成为全球保险业外包的首选目的地，一半以上全球最大的保险商都在印度开展了金融服务离岸外包，业务涉及客户互动服务，保险处理等方面。与此同时，印度培育了一批著名金融 BPO 企业，市场目标除了关注欧美地区外，还涵盖东京、新加坡和香港等金融中心。

（资料来源：王伶俐．中印服务外包的比较研究．北京：对外经济贸易大学出版社，2011）

案例2.2

著名服务提供商Infosys

Infosys 是印度第二大软件公司，世界 500 强企业，印度历史上第一家在美国上市的公司。总部位于被誉为“印度硅谷”的印度南部城市班加罗尔，在全球拥有超过 10 万的雇员，分别在 27 个国家和地区的 56 个主要城市设有办事处或分公司。Infosys 在 1999 年就通过了 CMM 的 5 级（软件工程规范最高级别）认证，2000 年位列全球 20 强，2008 年《福布斯》全球最有声望排行榜位列第 14 名，2008 年在国际外包专业组织公布的全球软件出口 100 强中，Infosys 和埃森哲、IBM 名列全球前三名。

Infosys 成立于 1981 年，1987 年在美国开设分支机构，成为公司第一家海外公司。Infosys 作为全球咨询信息技术服务提供商，提供咨询、模式化全球采购、行业解决方案、技术架构和设计、质量和测试服务等一系列完善的业务服务。如今，Infosys 的市场总值已超过 290 亿美元，年利润 335.8 亿美元，净收入 93.9 亿美元。与全球 500 多家客户的合作领域包括金融和资本市场、航天、医疗卫生、媒体与娱乐、生命科学、汽车、通信服务等不同行业的众多领域。

Infosys 的经营理念是采用低风险的、在时间和成本等方面可预测性高的全球交货模式（GDM），加速了公司的发展。Infosys 十分重视员工的培训，其设在印度 Mysore 的员工培训中心，像一所大学一样，设施先进完备，可同时培训员工超万人，为 Infosys 培养了一批又一批的员工。这也是 Infosys 在快速成长时期，能保持员工高素质的一个重要原因。

Infosys 在我国的北京、上海设有分支机构，主要为全球客户提供 IT 业务咨询，为大型企业提供技术解决方案。2006 年 8 月，Infosys 宣布，在上海与杭州建立开发中心，主要进行软件开发、IT 服务、培训与研究工作。

（资料来源：张钱江，詹国华．服务外包．杭州：浙江人民出版社，2010）

第3章

金融服务外包动因与效应

本章导引

开展金融信息服务外包，从发包企业的角度看，可以帮助金融机构降低经营成本，利用外部的优质资源获得所需的专业技术支持，强化与提升自身的核心竞争力，提高服务水平和客户满意度；从社会的整体角度看，服务外包可以实现社会资源的优化配置，提高生产效率；从接包企业与接包国的角度看，可以提升技术与管理水平、增加就业、优化产业结构、促进经济发展等。

本章分析金融信息服务外包快速发展的动因，以及开展金融信息服务外包的效应。

3.1 金融信息服务外包的动因分析

21世纪以来全球金融信息服务外包的飞速发展有各种各样的原因，这里有发包企业降低成本、提升竞争优势的内部动因，有技术、经济、市场等方面的外部动因，也有满足承包方与承包国经济发展的动因，缺少其中任何一个因素，都不会有金融信息服务外包市场如此快速的发展。本节从这三个方面分析金融信息服务外包发展的动因。

3.1.1 内部动因

在经济全球化的大环境下，追求低成本、高回报是国际金融业进行服务外包的根本动因。金融信息服务外包可以帮助金融企业降低经营成本、提升核心竞争力、更好地利用外部的优质资源、提高服务水平与服务质量、转移风险。调查表明，不同规模的金融企业外包的动机各有侧重，不过总体而言，外包的动机正从最初的降低成本逐步向提升核心竞争力转移。

1. 降低和控制运营成本

运营成本的降低，对于追求利润最大化的金融企业是个巨大的诱惑。在全球经济一体化的背景下，国际金融机构进行信息服务外包的根本动因是以最低的成本获取最高的回报。金融机构可以通过金融信息服务外包来降低经营成本，强化其核心竞争力。

服务外包实现成本节省的途径主要有如下几个方面。

1）地区成本差异

从国际经验来看，成本和质量始终是最重要的外包选择因素。尽管不同金融机构进行外包业务的动因有所不同，但内在的核心动力依然是成本驱动和技术驱动。金融机构发包方是全球劳动力成本较高的国家（美国、西欧、日本等），而外包服务供应商几乎都是劳动力成本较低的发展中国家（印度、中国、印度尼西亚等）。2002 年，世界银行总部的会计部门从纽约迁至印度，意味着银行业后台办公室职位开始实施外包模式。后台办公室职位外包已经为世界银行节省了大量人工成本。仅以会计部门百名员工来计算，从在美国时人均收入 6 万美元下降到印度人均收入 1.5 万美元，减少了 3/4，而其后台办公室职能服务，诸如远距离结算、账目管理和融资监督等职位效率并没有因为要经过长距离回转而有所降低。

谋求低成本是金融信息服务外包迅猛发展的主要驱动力，而参与其中的金融企业也的确获益匪浅。但是，在大的环境和趋势下，这些国家劳动力成本正在逐步提高，尤其是高速成长的中国，近年来劳动力价格呈逐年增长的势头，从这个方面看，中国劳动力低廉的优势正在逐步丧失。但是也应该看到，劳动力价格上升是一种大趋势、正确的趋势，也是保障劳动力的一种方式，而从全球整体来看，发展中国家仍然具备劳动力成本方面的比较优势。

人力资源成本的差异并不是国际金融信息服务外包降低成本的唯一途径。发展中国家的低税率带来的成本节省也是国际金融信息服务外包中降低成本的一个原因，如德国的收入税平均达到 37%，而斯洛文尼亚只有 17%。金融信息服务离岸外包除了人力资源成本低和低税率带来的成本节省以外，还有房租和设备费用等带来的成本节省。

2）运作成本的降低

与金融业内部的运作成本相比，金融业务外包的成本更容易预测，更好控制。一是通过接包方的规模经济获得成本节省。对于当今的金融业而言，自建数据中心首先是管理和运营的成本。很难想象，一个金融机构把本可以投入在用户上的资金与精力，花在去了解怎么去铺设光缆，怎么去建机房，怎么去维护数以万计的摄像头，这些是除了客户资金成本和设备采购成本之外的运营成本和机会成本。在服务外包中，多个客户共享生产设备，不仅节约安装和建设费用，而且提高各种设备、原材料、能源的利用率和劳动生产率。规模越大，成本越低。通过外包，金融业既能减少新业务重构所带来的固定资产投入，避免在设备、技术、研究开发上的大额投资，又能使发包的金融业很快进入新业务领域中，实现低成本快速运作。二是通过接包方的范围经济获得成本节省。在服务外包中，接包方为不同客户提供多个不同的外包服务项目，实现范围经济，收获成本降低。三是通过接包方的学习效应获得成本节省。在服务外包过程中，接包方的学习效应通过服务生产在不同侧面发生作用。例如，员工在重复性的工作中对任务熟悉程度的提高，完成相同工序的速度加快，浪费越来越少；管理者在从原材料配送到组织协调方面逐步学会如何将生产管理安排得更有绩效，生产系统的运行更加合理等。四是虽然交易成本会随着企业的服务外包程度提高而增加，但在具体实施过程中，金融服务发包企业可以依靠信息技术、与接包方建立长期稳定的合作关系等手段来降低交易成本。可见，成本与服务外包存在相关关系。实际上，成本越高，企业越希望通过服务外包来降低成本，服务外包程度也越高。

以银行业的信用卡为例：信用卡是现代信息技术和银行业务创新的结果，技术含量高、专业性强，市场建设需要投入大量资源。“大而全”的粗放式经营占用了发卡行大量资源，尤其在某些非银行业务领域中，发卡行能力上的“天然”欠缺，不仅使服务品质难以得到有效保证，而且还直接增加了业务成本，导致经营效益低下。随着现代经济和信息技术的不断发展，专业化分工趋势日渐明显，信用卡产业链不断细化，从而形成了众多的专业化服务公司。这些公司拥有较强的资金实力和技术资源，能够为发卡行提供更好、更专业的服务。发卡行将技术要求高、专业性强、人员占用多、复杂的非核心业务外包给专业化服务公司，不仅可以充分发挥外包服务商的专业化优势，克服发卡行自身在某些领域内的经验不足，很好地依托外部力量，提高服务品质，而且通过较小的一次性投入和分步后续支付租金或维护费的形式，可以将信用卡经营中占比较高的固定成本部分转化为可变成本，使经营方式由粗放向集约转变，实现“增收节支”的目的。资料显示，美国商业银行 70% 左右的银行卡业务处理采用委托外包方式，由此为发卡行节省了 20% 的经营成本，提高了 40% 的处理效率。

3）企业类别的成本差异

根据德勤公司的调查，不同类型的金融机构降低成本幅度不同。银行业降低成本幅度最大，高于其他金融机构平均水平；而从事资本市场业务的金融公司，如基金、证券公司等，成本降低幅度较低，低于金融业平均水平 13%；保险业降低成本幅度是金融业中最低的。

从离岸外包一项和多项业务降低成本幅度比较来看，根据德勤公司的调查结果，仅离岸外包一项业务职能的金融机构，平均降低成本 20%，而外包多项业务职能的金融机构，可以节省成本高达 40% 甚至更多。德勤公司估计，如果一家金融机构离岸外包的业务翻倍，所节省的成本也会翻倍。

从不同类型的金融机构成本降幅来看，金融机构离岸外包成本降幅最大的是 ITO 和 BPO，若不考虑为保证外包有效增加的成本支出，ITO 和 BPO 分别可以节省成本 35% ～ 50% 和 45% ～ 60%；若剔除保证外包有效增加的成本支出，二者实际可以降低成本 20% ～ 27% 和 18% ～ 26%。

金融保险业通过信息服务外包降低成本，成效也十分显著。

案例3.1

新加坡海皇东方轮船公司（NOL）集团财务外包

发包企业：新加坡海皇东方轮船公司（NOL）。该集团是新加坡一家大型海运公司，有 150 多年的经营历史，目前是新加坡股票市场上最大的运输公司。拥有世界最大的集装箱船和油船，业务范围遍及世界 100 多个国家，给世界各地的客户提供高质量的集装箱运输服务，是世界上著名的五大航运公司之一。

外包原因：2002 年 NOL 创下亏损 2 500 万美元的纪录，累计亏损 3.3 亿美元。

外包目标：节省成本、提高运营效率。

承包企业：埃森哲（Accenture），全球领先的管理及信息技术咨询公司，2003 财政年度纯收入达 118 亿美元，拥有 9.5 万多名员工，在 38 个国家和地区设有 100 多家分支机构。在管理咨询、信息技术、经营外包、企业联盟等业务领域为客户提供卓越的专业化服务。合同期限 8 年。

解决方案：实施“瘦身计划”，埃森哲专门在上海建立了一个 NOL 客户服务中心，通过全球网络集中处理 NOL 亚洲地区所有的应收、应付账款项目，远期计划是把欧洲、北美的相关业务纳入。据此，裁减 NOL 集团分布在全球的 300 多名财务人员，并把 NOL 在上海的财务人员转至上海的埃森哲客户中心工作。

成果：合作首年（2003）前三季度，NOL 就实现扭亏为盈，预计 8 年合同期内可为 NOL 节省成本 2600 万美元。

（资料来源：郑雄伟，曾松 . 国际外包：国际外包全球案例与商业机会 . 北京：经济管理出版社，2008）

2. 强化企业的核心竞争力

先进的信息服务技术和行业标准惯例为国际金融业提供了战略上的机遇，金融信息服务外包可以缩小企业规模，减少管理分级，使企业可以集中于获利，激发员工创造价值，以更多的精力去关注其具有竞争优势的核心业务。

1）强化比较优势

金融机构不可能在其业务流程的每一个部门都占据优势，那些不创造附加值或低附加值的业务程序没有继续留在企业内的必要，将它们承包给外包商去做已成为金融业的必然选择。通常，留下来的业务最能体现该企业的竞争优势，具有较高的附加值。这样银行等金融业就能从众多并不十分在行的业务中解放出来，集中精力于最核心的业务。从而避免了银行等金融业的经营在精力和财力上的分散，不但节约了成本，也提高了银行等金融业的效率。在全球经济一体化的环境中，国际服务外包研究领域有几个主要派别，其中比较著名的就有比较优势理论。在国际贸易中，比较优势理论已经非常成熟，近几年由于国际金融服务外包的迅猛发展，很难用简单的技术差异来解释欧美等发达国家对发展中国家进行大量的金融业务外包。在这种背景之下有学者建立了由要素禀赋和技术差异相互作用而引起的国际服务外包模型。该模型假设只有一种最终产品 X，该产品 X 的生产过程分为两个部分，即高技术密集型 H 和低技术密集型 L，欧美等发达国家在 H 方面有技术优势，而在 L 方面没有。以前 X 的两个生产过程无法分离，只能在欧美等发达国家生产。现在，由于社会制度和技术等因素的影响，H 和 L 可以分开，L 转移到发展中国家生产。相对于发达国家本土的岗位而言，发包到发展中国家的 L 就是低技术含量和低附加值型的，可以当作是产业内垂直分工的贸易方式，适用于比较优势和要素禀赋理论。目前，金融领域的 IT 职能和部分商务流程外包岗位，大多属于这种类型。

2）专注于核心业务

一般认为，核心竞争力是指企业在竞争中抗衡甚至超越现实或潜在对手，以求得生存和发展的系统能力，它超越了具体的产品或服务，超越了企业具体资产、技术和职能活动，超越了企业单个业务单元和各个活动环节，而把企业的长远生存发展需要升华为对企业整体实力和系统能力的要求。

在全球经济一体化的今天，能够在残酷的市场竞争中胜出并扩大优势的决定性力量被认为是核心竞争力。根据迈克尔 · 波特的价值链理论，从研发、设计、采购、生产、库存、营销到运输等环节是一个完整的价值链，环环相扣，缺一不可。每一个公司不可能在价值链的每一个部分都是最有竞争力的，要想在竞争中胜出，必须选择自己最具竞争力的环节。随着金融信息服务外包领域的不断开放和迅猛发展，越来越多的国际金融机构已从早期以“利用外部的技术和资源弥补自身业务所需资源的不足”为目的过渡到“将核心业务以外的部门尽可能外包”的战略意识，将非核心业务外包给服务外包企业，不仅能降低成本，更重要的是通过外包，使企业增强了管理效率，强化了核心竞争力，更专注于主营业务。而银行等金融机构的核心能力就是融资能力、信息使用能力、金融产品的创新能力和员工的销售能力等，其他一些操作性的、成本高的横向业务完全可以由专门的机构去负责，不仅提高了效率，还有利于集中资源发展核心业务。

大多数企业在服务外包过程中，为了充分利用资源，提高企业绩效，都会采取下列步骤：① 培育或找出一些精心挑选的核心竞争力，并确定自己从事这些核心活动是最好的；② 把人、财、物等资源和管理注意力集中到这些核心竞争力上；③ 外包其他非核心活动。这样，企业一方面集中资源和能力从事自己最擅长的活动来实现内部资源回报最大化；另一方面充分利用外部供应方的投资、创新和专门的职业技能，这些技能对企业内部来说是过于昂贵和根本不可能复制或从事的。通过发展良好的核心竞争力产生强有力的保障，阻止现有或潜在的竞争者进入企业的利益领域，从而保护市场份额，增强战略优势。金融信息服务外包提高了金融机构对核心竞争力的关注，优化了企业资源配置，使得企业能够利用核心竞争力增强竞争优势，创造更多价值，进而提升绩效。

国外银行业非核心业务外包的一个典型案例是美国摩根大通在 2002 年与 IBM 公司签订了为期 7 年、总价值为 50 亿美元 IT 外包服务协议，成为迄今为止全球最大的银行 IT 外包项目。摩根大通将其约 4 000 名员工和系统一起移交给 IBM 并整合实现一个全球性的语言、数据网络系统。该项目外包使摩根大通银行在降低其经营成本并集中精力发展其核心金融服务的同时能够全面提升其业务处理能力，对千变万化的市场做出快速的反应。

3. 提高服务效率和管理水平

金融信息服务接包企业作为专门从事服务领域工作的专家能手，具有丰富的专业知识和经验，在外包业务上往往能比委托企业具有更快的发展和应变能力，有利于提高企业外包业务的服务水平。一旦企业将业务成功外包给外包服务企业，并且两者之间达到良好的沟通互动，该业务就会取得比以前更好的市场应变能力，形成企业新的竞争优势。

1）提高顾客满意度

在激烈的市场竞争中，市场早已从卖方市场转向了买方市场。消费者不仅希望以最小的成本获取更多和更好的产品，还要求企业提供更好的服务。但是只依靠一家企业的微薄力量，难以满足多样化的客户需求。为加快满足客户需求的速度，实现产品快速适应市场，提高客户满意度，金融服务企业可以通过金融信息服务外包来实现这一需求。金融信息服务接包商的专业化程度高，拥有非常强大的信息网络，并且积累了服务外包市场的专业知识，掌握许多关键信息。接包商获取这些信息所进行的投资可以分摊到很多客户头上，对于非专业企业而言，获取这些专长的成本就会非常高且难以消化，为了维持其目标利润，其服务价格必然会高于外包所需价格，从而影响顾客满意度。

接包商需要面对各种各样的客户和环境，无论是从广度和深度上都有单个发包商所无法比拟的经验和条件。虽然发包商不具备这样的经验优势，通过外包，发包商也可以间接获得这种经验优势，从而提高客户的满意度。金融信息服务外包接包商都拥有一支强大的技术专家团队，和发包商相比这些专家在该领域的专业知识范围更广、更深，因此金融机构通过服务外包可以将这些专业知识为我所用，更好地为客户服务，提高顾客的满意度。

例如，菲律宾的 eTelecare 公司为一系列美国的优质客户提供服务，其中包括一家主要的计算机生产企业和一家著名的金融服务公司，这两家公司都以世界一流的客户服务著称。eTelecare 处理呼入电话的平均时间要比客户自身的呼叫中心节省 25%，因此客户的满意度更高。在为某客户开展的电话营销活动中，eTelecare 的销售业绩仅仅在一周后就超过了客户自己的呼叫中心。到第 4 周时，它所产生的每小时销售收入是客户自身呼叫中心的 3 倍，从电话向实际销售的转化率也是客户自身呼叫中心的3倍。

2）提高市场反应速度优势

金融机构可以通过服务外包精简组织和人员，提高自己的市场反应能力。随着以IT业为标志的新技术的兴起，以及经济全球化与金融自由化的发展，银行、保险等金融机构面临的竞争变得更加激烈。经营环境的不确定性也更大。在这种情况下，金融机构对市场的反应速度就成为非常重要的竞争优势源泉，金融机构只有对市场和顾客需求做出准确而迅速的反应，才能在竞争中立于不败之地。研究表明，银行、保险等金融机构的组织规模与银行组织的官僚性之间存在很大的相关性和必然性。因而，要提高金融机构的反应速度，在时间上赢得竞争优势，就必须尽可能地精简组织规模和人员，确保金融业务顺利开展，提升企业的竞争力。

业务外包使银行、保险等金融机构变得更加灵活，能更好地适应变化的市场环境和需求。一方面是因为企业不再为一些非核心的业务所拖累，可以专注于跟踪市场，专注于如何更好更快地满足顾客的需求；另一方面，由于外包服务企业在该业务领域具有专业优势，并且聚集了该专业领域最优秀的人才，当外部环境和需求发生变化时，企业只需要对核心业务进行相应的调整就可以，而相应的支持系统的调整就由接受外包的企业去完成，这也使银行、保险等金融机构能对迅速变化的外部市场环境和顾客需求做出更好的反应。

竞争优势提高的程度，取决于两个方面的因素：原来业务内化时的反应速度与业务外包后业务反应速度的差距；企业与业务外包承接方之间的沟通效率。第一个差距越大，竞争优势就有可能提高越快；第二个因素的存在是因为企业需要将外包出去的业务与企业其他业务进行整合，使得它们对整个市场环境变化做出一致反应，沟通越好业务外包优势就越大。

例如，近年来，发达国家的一些中小银行由于不熟悉或不经营某些投资业务，不能满足广大储户对股票、债券、保险、期货等多方面的投资要求，于是这些银行纷纷将储户要求的此类投资业务外包给专业化的投资机构，既避免了这些储户向经营多种投资业务的大银行转移，保住并扩大了自己的业务量，提高了服务质量，又可与专业化的投资机构建立合作伙伴关系，在金融市场上进行合作竞争。

3）促进经营理念的转变、推动业务流程重组、提升管理水平

在信息技术、网络技术迅速发展的当今社会，银行、保险等金融机构要想自己使用这些信息、网络技术，成本往往极其昂贵。银行、保险等金融机构面临的选择是要么大量投资于这些新技术但冒着极大的风险，要么就是不顾顾客的需求而冒着在竞争中被淘汰的危险。把这些业务外包出去可以很好地解决这一矛盾。通过与具有先进技术和先进管理水平的金融信息技术服务提供商合作，可以利用它们的技术优势为本企业服务，学习和借鉴其先进的现代化管理思想；金融信息技术外包会引进新的运作模式和信息技术管理方式，推动业务流程和信息流程重组，提高组织运作的灵活性、协调度和效率，提高竞争力。

4. 规避弱势项目、获得世界一流的相关业务能力

企业竞争能力的大小并不是由其最强势环节决定的，相反，而是取决于企业最薄弱的环节。这和经济学中的木桶理论是相同的。木桶理论指出，决定木桶容量多少的，不是围起木桶最长的那一块板，而是最短的那块板。对于一个传统的追求大而全的大型企业来说，虽然能做到自给自足，但往往规模大、部门环节多，难免有不少薄弱的环节，这些薄弱环节就像木桶的短板一样影响盛水量。相反，一个实行了业务外包的企业，就好像是将原有的有不少短板的木桶，去掉短板，精选整齐、结实的长板，将它们重新组装成一个没有缺口的木

桶，增强企业的竞争力。由于金融企业面临日益严格的监管，对专业技术要求越来越高，但部分金融机构在专业技术要求很高的领域很难达到要求，这就相当于木桶的短板。企业通过外包这些专业性很强的业务，借助这方面能力强的外包提供商，可以获得自身所不具备的能力，这就相当于对木桶的重新组装。Outsourcing Institute 的调查统计表明，36% 左右的金融机构认为这一因素也是外包的驱动因素。例如，权威机构数据显示，金融业在灾难停机两天内所受损失为日营业额的 50%，如果两个星期内无法恢复信息系统，75% 的公司业务将停顿，43% 的公司将再也无法开业，没有实施灾难备份措施的公司，60% 将在灾难后 2 ～ 3 年间破产。"9·11" 事件使金融业意识到数据安全的重要性。"9·11" 事件后，直接受损的企业有 1200 家，其中有 400 多家公司很快在异地启动了灾难备份系统，减少了损失，如著名的摩根士丹利公司，迅速启用了新泽西州备份中心，恢复了正常业务的运转，把损失减少到了最小。另一些机构则由于没有数据备份，导致数据丢失、系统损毁，进而对运营造成很大影响。为此，金融机构纷纷建立起灾难备份中心，2000 年全美灾难备份业的营业额为 6 亿多美元，且以每年 30% 的速度递增；2001 年亚洲灾难备份业的营业额为 5.5 亿美元，2006 年的营业额达到 13 亿美元。有关调查显示，美、英、澳、加四国的 565 家金融机构的灾难备份业务外包比例高达 71%。

5. 转移风险

金融机构在经营业务过程中，存在各种不同的风险，外包也是金融机构将其在经营管理和金融产品开发中的风险规避和转嫁的有效手段之一。面对快速变化的环境，资产专用程度越高的业务风险也越大，通过把这部分业务外包出去，可以大大降低投资风险；另外，通过外包可以使某些不确定的开支固定化。通过业务外包，金融机构可以和服务商建立战略联盟，共同开发设计新产品，并在产品投放市场、后续服务、技术升级过程中继续同专业外包商合作以减缓资金占有率，减少投资额，避免技术落后，从而降低风险。在产品的开发过程中，双方可充分发挥各自的服务和技术比较优势，提升产品质量与市场认可度。而如果产品开发遇到挫折，因为是战略联盟关系，接包商可以同金融机构一起承担损失，实现风险共担。

1）减少经营风险

由于自然和社会环境的不确定性、市场经济运行与金融业业务活动的复杂性和经营者认识能力的滞后性及手段、方法的有限性等方面的原因，金融机构在经营过程中会不可避免地承受信用风险、市场风险、操作风险、技术风险、财务风险、法律风险和投资风险等多种类型的经营风险。而经营风险具有复杂性、潜在性和破坏性等特性。金融服务外包的一项重要优势在于其能降低风险并与合作伙伴分担风险，从而使金融机构变得更富有弹性，更能适应外部环境的变化。信息技术行业是高风险和高收益并存的行业，金融机构采取信息技术外包的方式，就能够把在软硬件投资、信息技术研发和人员培训等方面的风险转嫁给信息技术服务提供商，减少投资，缩短资金流通周期，从而降低自身的经营风险。同时，还可以与服务商共担由政策和市场等外界因素产生的风险。通过金融业务外包，金融机构可以与服务外包提供商建立战略联盟，利用其战略伙伴的优势资源，缩短金融产品从开发、设计、生产到销售的时间，减轻在较长时间里由于技术或市场需求变化所带来的产品风险。由于金融机构将许多业务外包给服务外包提供商，许多固定资产投资等项目的巨额投资就由提供商承担，因为这些设备由许多金融机构共享。这样便提高了金融行业的资产利用效率，从而降低了投资行业的经营风险。

2）分散和降低业务风险

金融机构和服务外包商之间是一种战略合作伙伴关系，是风险共同体，而不是单纯的雇佣关系。金融机构将一项业务外包出去，通常就会将业务风险进行转移和分散，双方都要承担不同程度的业务失败风险。如果金融机构将该项业务内化完成，风险就完全要自己承担。业务外包出去后，由于外包服务企业具有专业化的优势，它们在该业务上失败的风险会比原企业小。另外，通过外包，金融机构在与外包提供商共同开发新产品时，实现了与它们共担风险的目的，从而降低了由于新产品开发失败给金融机构造成巨大损失的可能性。这使金融机构能更好地应对迅速变化的外部市场环境和顾客需求。

尽管金融机构可以通过业务外包在一定程度上转移该业务的风险，却可能承担由于该业务失败而整体业务受损的风险，在业务外包过程难以监督而业务外包确实需要执行的时候风险更大。

3.1.2 外部动因：技术、经济和市场

信息技术革命的发展，金融自由化，金融领域的创新，以及许多国家和政府对服务外包的政策扶持是金融信息服务外包迅速发展的外部驱动因素。信息技术革命为金融业的全球化发展和创新提供了技术上的支持，推动了金融信息服务外包的发展。

1. 技术动因

信息技术的快速发展，使得信息服务外包在全世界范围内开展成为可能。金融信息服务外包的一个最大特征就是合作企业间通过互联网来传递信息、实施管理和控制。计算机技术、通信技术、光电子技术、自动控制技术和人工智能技术等的发展大幅度降低了信息处理的成本，增加了信息储存的容量，提高了信息的传播速度，保证了信息传输的安全可靠，成功化解了地理位置、自然资源对市场的约束，市场可以无限制地延伸到任何时间、任何地方，从而为金融信息服务外包跨越时空障碍提供技术支持。比如发达国家金融业将各种数据管理、呼叫中心、客户服务等业务迁移到发展中国家，就是通过互联网应用技术来和这些企业的数据中心建立私有连接，从而实现托管服务的。国际数据公司的统计显示，利用互联网，企业的交易成本可以降低 70%~90%，信息传输成本可以降低 60% ～ 80%。

正是由于以信息技术为核心的技术飞跃，使得软件等服务产品能够像制造业的生产工序一样分解开，金融业也能够与制造业一样进行比较优势的国际分工，在全球范围内进行资源配置，展开全球范围内的一体化服务。

以银行业为例，信息技术在不同层次得到了广泛应用：局部应用、内部集成、业务流程重新设计、经营网络重新设计、经营范围重新设计。其中，局部应用和内部集成一般是在计算机应用的基础上达到的阶段；业务流程重新设计是指利用信息技术来改变银行内部的工作方式，而不是信息技术自动化原有方式的简单利用；经营网络重新设计是指信息流动途径和方式的改变，银行的流程能力开始超越组织界限；经营范围重新设计是指信息流动途径和方式的改变会导致银行目标市场和核心竞争力的重新界定，赚取自己最适合赚取的那一部分利润。业务流程重新设计、经营网络重新设计、经营范围重新设计是金融业服务外包的较高层次的追求，是最终想要达到的境界。

基于计算机技术、仿真技术和信息技术建立起来的决策支持系统能帮助企业以最快的方式尽可能多地获得有关企业内部、外部及相关企业之间的信息，及时对这些信息进行综合处

理，为企业管理者准确快速地进行外包决策提供技术支持。

信息技术革命的主要作用可以总结为精简业务流程、降低交易成本、使业务突破时间和空间限制、便于信息流通，并且能满足实时沟通、追踪和监督的需要。

2. 经济动因

经济全球化带动资本、信息、技术、劳动力、资源在全球范围内流动、配置和重组，使生产、投资、金融、贸易在世界各国、各地区之间相互融合、相互依赖、相互竞争和制约，整个世界连接成一个巨大的市场。任何企业想在此浪潮中“闭关自守”是注定要失败的，只有通过服务外包与别的企业建立战略联盟，协调合作，互惠互利，才能获得长久竞争优势，享受全球化带来的胜利成果。因此，经济全球化程度越高，服务外包程度也越高。

3. 市场动因

最近一次的金融自由化浪潮始于 20 世纪 70 年代，主要内容是放松对金融机构的控制，取消或放宽各类金融机构经营的业务领域限制，允许各类金融机构进行金融服务外包，取消对各类金融机构的价格限制；允许商业银行等金融机构自由设立分支机构，可以兼并其他种类的金融机构，从而组成混合经营的金融联合体等。

金融自由化有以下几个方面的影响：

第一，金融市场上的竞争主体越来越多，竞争加剧，使各类专业金融机构失去了以往的优越性；

第二，客户的多样化和个性化变化趋势导致金融市场从卖方市场转变为买方市场，以自我为中心的经营哲学向以客户为中心的哲学转变，职能主导的组织结构向流程主导的组织结构转变，科层制转向扁平化；

第三，自由化导致纵向一体化的生产方式受到冲击，需要向外界寻求资源；

第四，随着各类金融机构提供的金融服务越来越多、越来越复杂，发现、培养和留住相应的专门人才将变得越来越难，人才流动频繁；

第五，金融监管和法规的放松导致金融业大规模的并购活动，如花旗银行和旅行者集团的合并。

因此，金融自由化为金融机构的生存与发展带来了机遇和挑战，迫使金融机构在自有资源和实力有限的情况下，不断从外界寻求新的资源，并创新经营管理模式，以专注于核心业务并形成核心竞争力，因此将某些业务交给外部专家的做法，即我们所说的外包就应运而生了。同时金融自由化也改变了市场格局，业内分析家指出，金融领域日益盛行的并购行为也是金融领域外包市场火暴的原因。

市场环境的迅速变迁迫使企业采用服务外包战略。通过服务外包，企业以网络技术为依托，把具有不同优势资源的合作方整合成反应快速、灵活多变的动态联盟，实现各方资源共享、优势互补、有效合作，共同应对激烈而严峻的市场挑战。市场变迁越剧烈，服务外包程度越高。

3.1.3　发展中国家人力资源、科技优势和政策的吸引力

以中国为代表的劳动力丰富的发展中国家在过去的制造业外包（又称生产外包）中抓住了机遇，扮演了世界加工厂的角色。和传统的制造业外包相比，金融服务外包业的发展需要大量受过高等教育的高素质人才。由于发达国家少子化、高龄化等多方面的原因出现了人才短缺的现象。从发展中国家移民高技术人才和将相关业务外包是解决这一问题的途径。无论

从时间还是效率角度来看，业务外包都是最快的途径。以印度、中国、菲律宾等国为代表的发展中国家经济和科技保持了旺盛的活力并迅速发展。基础设施日趋完善、教育水平和条件不断提高，有大量受过高等教育且成本低廉的高素质人才资源，正好可以弥补发达国家的高素质人才缺口。根据 Diana、Farrell 等调查发现，28 个低工资样本国家有 7 年以上工作经验的大学毕业生大约有 3 300 万人，而美国、英国、德国、日本、澳大利亚、加拿大、爱尔兰、韩国等 8 个高工资样本国家只有 1 500 万人，其中美国 770 万人。

另外，发展中国家的政府实行了很多鼓励承接服务外包特别是金融信息服务外包的政策。以印度、中国等服务外包产业发展较好的发展中国家为代表，纷纷出台了完善知识产权保护、培养良好人力资源等基本政策，建立健全软件园区、培训机构和研究中心等各类配套机构。这样既可吸引众多的外包投资项目，同时也为本土专业服务商提供了发展空间。

跨国公司的离岸服务外包能扩大发展中国家的国民就业机会和产品出口机会，因而得到了发展中国家的税收和信贷政策优惠而加速发展。事实证明政府的推动对信息服务外包的发展十分重要。比如早在 20 世纪 80 年代中期，印度政府开始实施经济自由化，出台政策鼓励出口，对电信基础设施进行改革和放松管制，这些措施促使印度在国际信息技术外包业务中发展十分迅猛。这一切推动发达国家的金融服务业将非核心业务外包到发展中国家。

国际金融信息服务外包的发展有许多动因，这些外部因素和前面所述的国际金融信息服务外包的内部动因一起发挥作用，有力地推动了国际金融信息服务外包的快速发展。

服务外包，可以节省成本、提高效率、增加利润、精简机构等，对于接包方的企业乃至接包国而言，由于有信息密集、知识密集、劳动密集、附加值大、资源消耗低、环境污染少的特点，有利于接包国经济的可持续发展、提升产业结构、拉动经济增长、获得技术外溢等。

3.2 金融服务外包的效应

3.2.1 服务外包对发包企业与发包国的效应

服务外包对于发包方所在国，从表面看会带来工作机会的流失、资金外流等负面影响，但这种影响非常小，实际上对发包国 GDP 的增长有正向拉动作用。

另外，服务外包可以弥补劳动力短缺对经济增长的不利影响。

从发包企业的角度，大多数的发包企业对外包效果比较满意。

根据 A. T. Kearney 和 EDS 公司的研究，被调查的全球金融机构首席执行官中，64% 认为通过外包可以提高生产率，42% 认为通过外包可以提高服务质量。对服务外包的总体评价是：9% 的金融机构执行官认为外包非常有效，41% 认为外包有效，32% 认为较有效。外包时间、外包经验和外包管理对外包满意度均会产生影响。据德勤公司对全球大型金融保险机构的调查，外包 5 个月是发包方对外包结果满意度最高的时期，主要源于发包方对发包项目严格的监管和初期的新鲜感和兴奋感；外包 5 个月到 1 年期间，随着发包项目规模的扩大，满意度会快速下降；外包 2 到 3 年后，伴随外包经验的逐步积累，外包关系渐入佳境，外包满意度逐步上升；外包 3 年以后，有的金融机构因外包已成为其常态业务，对外包的关注度下降，外包质量的提升会受到一定的影响。

不同的金融企业衡量外包成效的标准不一样，一般来说，大多数（占 74%）企业采用广义业务收入作为衡量标准，而广义业务收入包括利润提升、管理加强、市场反应速度提升、业务收入增加、客户满意度提升、市场份额增加，有 18% 的企业不采用广义业务收入作为衡量标准，还有 8% 的企业对衡量标准不确定。

金融保险业通过信息服务外包，降低成本的效果也十分明显。

不同类型金融机构业务外包对成本降低的幅度有所不同，德勤公司的调查结果表明，银行业外包成本节省的幅度最大，高于金融机构平均成本节省水平，从事资本市场业务的金融公司，如基金、证券公司，外包成本节省幅度较低，低于金融业平均成本节省水平 13 个百分点；保险业外包的成本节省幅度是金融业中最低的。成本降低的幅度还同企业外包业务项目的多少有关，据德勤公司的调查结果，仅离岸外包一项业务职能的金融机构，成本降低在 20% 左右，而外包多项业务职能的金融机构，成本节省可以高达 40%~50%。德勤公司估计，如果一家大型金融机构离岸外包的工作机会翻倍，所节省的成本也会翻倍，如果金融机构离岸外包的工作人员达到 5 000 人，平均节省成本的幅度会达到 40%~50%，乃至更高，超过 39% 的平均节省成本。从外包业务的类型来看，金融机构离岸服务外包节省成本最多的是 ITO 和 BPO，如果不考虑为保证外包有效而增加的成本支出，ITO 可以节省成本 35%~50%，BPO 节省的成本则更高，降幅可以达到 45%~60%。如果剔除保证外包有效而增加的成本支出，二者实际的成本降幅分别为 20%~27% 和 18%~26%。

金融信息服务外包除了能够较大幅度降低成本外，还能提升企业价值和服务质量，调查显示，百万英镑规模的外包合同会增加公司 5% 的股东价值，在进行 BPO 的保险公司中，部分公司因 BPO 获得高达 2 倍的利润。在提高服务质量方面，据埃森哲对 400 多位首席执行官的调研结果，那些采用服务外包的公司可以使其生产效率提高 30%~50%，同时总体成本下降 20%~50%。例如，世界最大的国际保险集团，皇家太阳安联保险公司（Royal&Sun Alliance，RSA），2001 年将不再销售新单的英国寿险业务外包给 UISL，经过两年的追踪，到 2003 年，客户服务水平从 95% 提升到 98%，同时产能也从人均 3 000 张保单提升到 5 000 张，提高了 60%。意大利忠利保险公司（Ceneal）将保单管理外包给埃森哲，保单管理错误减少了 1/3，服务反应速度获得提升。

案例3.2

美国某金融公司IT业务外包

发包企业：美国某金融控股公司，该公司拥有 3 000 亿美元资产，9 万名员工，3 000 多家分行，几千台 ATM 机和数百个代理机构，用户 2 000 多万（在线用户 300 多万）。公司主要从事企业与零售银行交易、资产与财产管理、资本市场及证券代理服务等业务。

外包目标：加快固定收入和资本市场风险上报速度，建立支持业务迅速增长的基础设施。

承包企业：IBM。

解决方案：IBM 提供网格计算技术支持业务分析、虚拟资源、充分闲置的计算能力。网格计算可以实现分布式计算和数据资源虚拟化，如处理能力、网络宽带和存储容量，建立统一的系统环境，供用户和应用软件无缝调用大量系统中的处理能力。网格计算最大的优点是显著提高计算速度，由原来的几周缩短到几天，由几分钟缩短到几秒钟。

成果：银行运营效率大幅度提高，风险报告过程由原来的几小时缩短到几分钟，实现当天实时处理。复杂金融产品交易的建模仿真数量增加了4倍，处理时间缩短为原来的1/25，网格计算还改善了应用与作业的灵活性，提高了硬件利用效率，降低了基础设施的总体成本。

（资料来源：郑雄伟，曾松．国际外包：国际外包全球案例与商业机会．北京：经济管理出版社，2008）

案例3.3

国家开发银行计算机防病毒管理服务外包

惠普工程师于2004年2月份入驻国家开发银行，经过初期的摸底调查、病毒采样测试，了解系统状况后，随即开始系统升级工作，于2005年4月份完成了国家开发银行总行及所有分行的防病毒软件升级工作，现系统运行良好，病毒防治服务工程师在整个项目实施周期中负责每周新病毒预警、近期恶性病毒预警通报工作。始终保证在第一时间发布每月的操作系统安全补丁安装通报（100%在3个工作日内完成）；防病毒系统的病毒库更新始终与NAI公司保持同步（100%在24小时内同步完毕）；客户端升级监控、升级服务器运行监控、EPO服务器系统备份、EPO服务器数据库备份等工作均按照工作计划定时进行；防病毒信息发布网站的内容更新及时，病毒库更新文件、操作系统安全补丁安装程序均在发布前经多次测试以保证有效。对行内用户提供网络安全常识及计算机安全方面使用技巧的相关培训，对提高用户计算机的计算机安全防范意识和病毒防治技巧有显著的促进作用。

除恶性病毒突然爆发之外，国家开发银行月病毒查杀数量已明显下降，仅为未实施防病毒项目前病毒查杀总量的10%~20%。由于绝大多数计算机已安装防病毒软件客户端，且客户端病毒库的更新及时有效，常见病毒的感染、查杀数量已基本稳定。病毒防治外包项目的实施，大大增强了国家开发银行计算机设备的网络安全程度，有效降低了网络安全问题导致的风险，降低了计算机病毒及恶意程序对行内计算机环境的危害，成为保障行内计算环境安全洁净、平稳运行所不可或缺的手段。

（资料来源：陈春干．BPO基础案例教程．南京：南京大学出版社，2010）

3.2.2 服务外包对接包企业与接包国的效应

1. 产业结构效应

产业结构是指各产业的构成及各产业之间的联系和比例关系。产业结构在整个国民经济结构中，居于主导地位。不同国家组成国民经济的产业部门是不一样的，各产业部门的构成及相互之间的联系、比例关系不尽相同，对经济增长的贡献大小也不同。产业结构的升级是指产业结构依次由以第一产业为重心向以第二产业为重心，进而向以第三产业为重心的演化。产业结构升级是经济发展的条件和重要内容。服务业大多属于集约型经济，对环境污染小，被称为“无烟工业”，这些行业有利于经济的可持续发展，已经成为世界各国经济结构调整的基本着眼点。

承接服务外包，可以增大服务业占GDP的比重，提升产业结构，节省能源消耗，减少环境污染。随着服务外包的快速发展及服务外包从低附加值业务向高附加值业务的扩展，自2001年以来，越来越多的高技术含量的工作被外包到发展中国家。这对于提升发展中国家的产业结构有很大的好处。以印度为例，1999 年，为解决“千年虫”问题，许多国际金融机构将数据修改工作外包给印度，这促成了印度金融信息服务外包业的快速发展。印度金融服务外包业自 20 世纪 90 年代开始高速发展，年均增长率达 56%，2005 年营业总额达 280 亿美元，到 2010 年印度服务外包产业规模已达 570 亿美元，从业人员 105 万，占全球 ITO 市场与 BPO 市场超过 40% 的份额，全球前 20 大 ITO 与 BPO 供应商中有 7 家是印度公司。目前，印度金融服务外包提供的范围已扩展到信息类业务、人力资源管理等更具战略性的领域，越来越多的金融集团将业务流程整体外包给印度的服务供应商。这使印度企业不仅提供优质的互动式客户服务，也承担了欧美本土企业相应的责任与义务。花旗、渣打、汇丰等大型金融集团已在印度设立了 10 多个处理中心，这些处理中心规模迅速增长，如渣打银行全球共享中心为渣打银行在全球 56 个国家的分支机构提供统一的、标准化的后台业务支持，可以对全球各个分支机构业务运营情况进行比较和评价。发达国家将各种数据管理、呼叫中心、客户服务等迁移到印度，带来大量相对高收入、高技能的工作，有效地促进了印度的产业升级和现代服务业发展。在银行业中，金融服务外包已经涉及批发银行、金融市场分析与交易等多种高端业务。在印度开展外包业务的花旗银行、VISA 信用卡、通融金融公司、渣打银行等国际金融巨头创造岗位超过 20 万个。同样，尽管我国服务外包起步较晚，但近年来发展迅速。

2. 经济总量效应

经济增长一般指一国或地区国民生产总值或人均国民生产总值的增长。发展中国家通过承接国际服务外包可以拉动其经济的增长。以印度为例，印度 2003 年第四季度的 GDP 增长率高达 10.4%，这是印度最高的季增长率。印度承接服务外包极大地缓解了其就业压力，并且为印度经济的增长做出了很大的贡献。

在柯布和道格拉斯的生产函数中，劳动力是最为重要的投入要素之一。他们两人通过对美国 1899—1922 年间的有关经济资料的分析与估算，得出在技术水平不变的前提下，当时美国劳动力和资本两种要素对生产的贡献率分别为 75% 与 25%，也就是说劳动力投入对经济增长的贡献率可达到 75%。尽管现代技术水平有了日新月异的发展，但这个数据从一个侧面说明了发展服务外包可以通过吸纳更多的就业人员，拉动接包国的经济增长。

承接服务外包还可以通过吸引外商直接投资来带动承接国的经济增长。近年来，服务业跨国投资增长非常迅猛，服务业跨国并购大潮迭起。从 20 世纪 90 年代到 2002 年，服务业的对外投资存量翻了两番，占全部外商直接投资存量的比重由 47% 上升到了 67%，2002 年服务业 FDI 流量为 4 523 亿美元，约占当年 FDI 总量的 70%。国际服务外包是将外商直接投资与出口贸易相连接的载体，有些服务外包企业是外商投资企业或跨国服务外包企业的分支机构，有些是合资企业，它们的资本积累体现为吸引大量资金和进口设备。国际服务外包的发展，促进外商直接投资的发展，从而为国民经济的发展提供资本积累。

本章小结

金融信息服务外包的内部动因是降低经营成本、提升核心竞争力、利用外部的优质资源、提高服务水平与服务质量、转移风险，技术、经济和市场等外部动因也推动了金融信息服务外包的发展。

服务外包对于发包方所在国，从表面看会带来工作机会的流失、资金外流等负面影响，但这种影响非常小，实际上对发包国 GDP 的增长有正向拉动作用。

服务外包可以弥补劳动力短缺对经济增长的不利影响。从发包企业的角度，大多数的发包企业对外包效果比较满意。

金融信息服务外包除了能够较大幅度降低成本外，还能提升企业价值和服务质量。

金融服务外包对接包企业和接包国的效应可以从产业结构效应、经济总量效应角度去衡量。

练习与思考

1. 如何从内部动因解释金融信息服务外包的快速发展？
2. 金融信息服务外包发展的外部动因有哪些？
3. 金融服务外包对发包企业和发包国有什么影响？
4. 金融服务外包对接包企业和接包国的效应可以从哪些方面考虑？
5. 举例说明金融外包服务对接包国经济的影响。

案例3.4

印度发展金融信息服务外包的经济效应

承接服务外包对印度经济的发展产生了巨大的促进作用，它不仅有力推动了印度国内经济的高速增长和产业结构的升级，改善了国际收支状况、加快了国际化的进程，更为重要的是，承接服务外包为印度创造了大量的就业机会，为印度创造了一个中产阶级的社会阶层，从而改变了印度的社会结构，这对印度社会经济的影响是重大和深远的。

服务业是一个国家产业结构优化的主导行业，1970 年，印度农业、工业和服务业占印度 GDP 的比例分别为 34%、38% 和 28%，印度国内市场对服务业的需求十分有限，通过承接服务外包，印度国民经济的结构得到调整，服务业占 GDP 的比重逐年提高，到 1998 年印度农业、工业和服务业占印度 GDP 的比例调整为 29.4%、24.7% 和 45.9%，到 2004 年服务业占 GDP 的比例已达到 52.2%，首次超过 GDP 的 50%，达到了世界平均水平。

承接服务外包还给印度带来了技术溢出效应，技术溢出主要是指跨国公司由于在东道国设立子公司、成立合资公司或者通过单纯将业务外包给东道国公司的方式进行的国际化生产或服务活动，使得技术或者相关知识向东道国扩散，促使东道国的技术水平、管理水平及人力资源素质等得到提升，在此基础上促进东道国创新能力的提高与进步。随着承接服务外包的技术溢出效应所带来的示范带动效应、学习模仿效应、人才培养效应、竞争激发效应、产业关联效应、市场拓展效应的积累，印度承接服务外包的业务正逐步从最初承接的处于产业价值链低端的业务向金融分析、财务会计、金融后台等产业价值链高端方向发展。从本质上看，绝大多数服务外包的倾向会追随发展中国家服务提供者能力的改善和发达国家企业对服务企业外包潜力和经济效益的认可。承接业务在产业价值链位置的不断提升，带来的技术溢出效应，推动着印度创新能力与技术水平的提升；同时，作为技术溢出效应的另一个方面，通过承接服务外包，印度为劳动力市场积累了专业化实践经验，积累了大量的人力资本，储备了大量外来的专家。

通过承接服务外包，印度扩大了服务的出口，增加了服务贸易的收益，增加了外汇收入来源，特别对于印度这个进出口贸易不平衡、服务贸易长期处于逆差的发展中国家，承接服务外包减少了进出口贸易的逆差，改善了国际收支状况。1980年，印度软件出口不足2 000万美元，到了2008年，尽管受到了金融危机的影响，但印度全年服务外包收入约500亿美元，其中400亿美元为离岸服务外包的收入。服务外包产业的快速发展，带来了经常项目盈余，促进了印度国际收支的平衡。

印度通过承接服务外包增加了大量的就业岗位，据印度国家软件协会估计，2008年仅全球计算机用户电话服务中心就为印度提供了110万个就业岗位，而金融信息服务外包为印度提供了数十万人的就业机会。具体而言，承接服务外包对就业数量的影响可以分为两个层面，首先，新的服务外包项目拓展的新业务需要新的员工来完成，导致企业员工的直接增加；其次，承接服务外包也会增加上下游相关企业及配套的服务业，从而增加雇员人数促进就业。据NASSCOM估计，服务外包产业每增加一个就业岗位，将会在相关产业创造大约4个工作岗位。2007年印度服务外包产业的直接就业人数达163万，相关产业就业人数达600多万。

（资料来源：王伶俐．中印服务外包的比较研究．北京：对外经济贸易大学出版社，2011）

案例3.5

中国惠普承接服务外包的效应

中国惠普有限公司成立于1985年，是中国第一家中美合资的高科技服务企业。惠普公司（HP）始终致力于为从个人用户到大型企业的各类客户，提供便捷易用的服务。通过不断的投资，目前，中国惠普拥有九大区域、超过200个金牌服务网点、两家工厂、惠普（中国）实验室、全球软件服务中心、惠普（中国）研发中心、全球运营支持中心及惠普商学院、惠普IT管理学院和惠普软件工程学院。作为全球领先的外包服务提供商，惠普为全球数百家企业、机构和政府客户提供外包解决方案，它们分布于全球30多个国家，涉及金融、制造、零售、电信和电子等多种行业。许多客户通过应用惠普的IT外包解决方案，降低了成本，提高了业务核心竞争力，并获得了可观的IT回报。惠普不仅为客户提供全面的专业服务，而且其卓越的全球交付能力，更使惠普服务如虎添翼，为客户创造巨大的商业价值。由惠普全球软件服务中心（中国）及惠普全球运营支持中心（大连）形成的惠普服务全球交付网络，实现了快速响应的全球性服务交付。总部位于上海的惠普全球软件服务中心（中国）设立于2002年，是继印度之后惠普在全球范围内排名第二的软件服务中心。该中心目前已在北京、大连、广州和重庆设立分中心，为中国成为全球软件服务引擎做出贡献。2007年5月份，中心已经成长为业务横跨欧美亚三地、拥有2 000多名全职软件技术人员的软件服务组织。以位于大连的惠普全球运营支持中心为基地，惠普设有业务流程外包中心、软件服务中心及客户支持服务中心。其中，惠普全球客户服务中心（大连）是惠普全球服务网络的重要区域中心之一，面向北亚地区，用普通话、广东话、英语、日语和韩语五种语言提供惠普商用及消费产品的客户支持服务，提供针对企业级客户及惠普高端服务器产品的远程技术支持业务，并随着全球业务的不断发展，该中心已经开始向北美等地区惠普客户提供服务。

3. 技术外溢效应

技术外溢（technology spillovers）是指外商投资、跨国贸易等对东道国在相关产业或企业的产品开发、生产、管理或营销等技术方面产生的提升效应。技术外溢可以是行业内技术外溢、行业间技术外溢，以及由人员流动产生的技术外溢。技术可以从一个企业外溢到另一个企业，从一个行业外溢到另一个行业，从一个国家外溢到另一个国家。由于发展中国家与发达国家之间的差距大，技术外溢的效应会更大，国际技术外溢的主要渠道为国际贸易与国际投资。

服务外包的领域非常广泛，从简单的客户服务到远程营销，从最基本的信息处理到复杂的财务、金融、保险分析，从简单的电脑日常维护到高端的软件开发、新产品设计等，外包的环节越来越复杂，在价值链的位置越来越高，技术含量越来越高。服务业的技术外溢效应相当大，由于服务业的不可分割性，投资于接包国的服务业子公司多半与母公司构成水平分工，这种水平分工模式使子公司通过技术、管理的复制，能够极大地促进子公司的技术水平、管理水平的提高，并且这种技术外溢效应会随着子公司人才的流动进一步扩大到其他企业和领域。Ngo van Long 的研究认为国际服务外包的技术外溢效应主要是通过发包企业对接包企业的员工进行培训带来的。发包企业为了使接包企业提供的产品或服务符合质量、规格的要求，通常需要对接包企业的员工进行培训。通过培训和与员工的交流，不断学习，从而获得知识和技术进步。王晓红在对中国设计行业的 30 家服务外包企业的调研中发现，承接跨国公司的外包业务对于提高本土设计公司的技术管理水平、设计师素质、公司品牌、积累国际化经验等方面都发挥了重要作用。

服务外包技术外溢的途径主要有以下 3 个方面。

第一，服务外包的一个显著特点在于，从事外包的企业大都集中于服务外包园区内，在聚集效应的作用下，一方面同业者间的合作更为方便，信息共享更加快捷，企业间通过示范带动作用协同发展；另一方面企业的专业化水平高，导致区域内企业的竞争更为激烈，进而激励企业加大研发投入，促进技术的外溢。

第二，金融信息服务外包大多是智力密集型行业，其对人才的依赖性十分显著，人才的流动使专业技术、知识、管理经验也随之外流，进而推动技术的外溢。也就是说，人才效应也是服务外包技术外溢的主要途径之一。

第三，技术外溢最重要的作用是促进企业创新能力的提升，带动劳动生产率的提高，这主要是创新能力溢出效应作用的结果。在服务外包行业，技术外溢的创新能力溢出效应主要通过参加国际标准认证、加强知识产权保护两种方式来实现。

（资料来源：徐成贤 . 金融信息服务外包 . 北京：清华大学出版社，2012）

第4章

金融服务外包理论

本章导引

对金融服务外包发生的动因、决策条件和影响主要是从经济学和管理学的角度来进行解释的，本章主要介绍金融服务外包的相关理论，从理论上来回答：为什么要进行外包？发包方和接包方是如何进行决策的？外包对经济活动会产生什么样的影响？最具有代表性的外包基础理论主要有四个：交易成本理论、价值链理论、核心能力理论、资源基础理论。

4.1 外包理论综述

外包理论的研究可以分为经济学视角和管理学视角两个方面，基础理论体系主要涉及国际分工理论、国际贸易理论、产业组织理论和战略管理理论。

外包是一种交换活动，它是建立在分工的基础之上的，分工能提高效率。离岸外包就是一种国际贸易活动，是国际分工的必然结果。最早起源于《国富论》的国际分工理论说明了国际贸易产生和发展的根源和本质。斯密指出国际贸易的基础，在于各国商品之间存在劳动生产率和生产成本的绝对差异，而这种差异来源于自然禀赋和后天的生产条件。在国际分工中，每个国家应该专门生产自己具有绝对优势的产品，并用其中一部分交换其具有绝对劣势的产品，这样就会使各国的资源得到最有效率的利用，更好地促进分工和交换，使每个国家都获得最大利益。李嘉图认为国际贸易分工的基础不仅限于绝对成本差异，即使一国在所有产品的生产中劳动生产率都处于全面优势或全面劣势的地位，只要有利或不利的程度有所不同，该国就可以通过生产劳动生产率差异较小的产品参加国际贸易，从而获得比较利益。这就是比较优势理论。赫克歇尔和俄林的要素禀赋理论进一步分析认为，在各国生产同一种产品的技术水平相同的情况下，两国生产同一产品的价格差别来自于产品的成本差别，这种成本差别来自于生产过程中所使用的生产要素的价格差别，这种生产要素的价格差别则取决于各国各种生产要素的相对丰裕程度，即相对禀赋差异，由此产生的价格差异导致了国际贸易和国际分工。二战后，国际贸易的产品结构和地理结构出现了一系列新变化。同类产品之间及发达工业国之间的贸易量大大增加，产业领先地位不断转移，跨国公司内部化和对外直接投资兴起，这与传统比较优势理论认为的贸易只会发生在劳动生产率或资源禀赋不同的国家间的经典理论是相悖的。在这样的国际环境下，新的贸易理论应运而生。新生产要素理论赋予了生产要素除了土地、劳动和资本以外更丰富的内涵，认为还包括自然资源、技术、人力资本、研究与开发、信息、管理等新型生产要素，要素差异可以改变其在国际分工中的比较优势，进而改变国际贸易格局。产业内贸易理论以不完全竞争市场和规模经济为前提，从动态角度出发考虑需求情况，重点分析产业内差异化产品的贸易活动。哈佛大学教授迈克尔·波特从企业参与国际竞争这一微观角度解释国际贸易，弥补了比较优势理论在有关问题论述中的不足，创立了竞争优势理论。波特认为，一国的竞争优势就是企业与行业的竞争优势，一国兴衰的根本原因在于它能否在国际市场中取得竞争优势。而竞争优势的形成有赖于主导产业具有优势，关键就在于能否提高劳动生产率，其源泉就是国家是否具有适宜的创新机制和充分的创新能力。国家的繁荣和竞争优势是通过创造得来的，并不是像传统自由贸易理论那样取决于本国的比较优势状况。20 世纪 80 年代以来新兴古典贸易理论依托新兴古典经济学的新框架，将贸易的起因归结为分工带来的专业化经济与交易费用两难冲突相互作用的结果，从而对贸易的原因给出了新的解释思路，使贸易理论的核心重新回到分工引起的规模报酬递增，是一种内生动态优势模型，是贸易理论和贸易政策统一的模型，是国内贸易和国际贸易统一的模型，能够整合各种贸易理论，是贸易理论的新发展。

总体来说，国际贸易理论从分工带来的比较利益和专业化活动过程给我们提供了理解外包及金融服务外包的基本思路。当新贸易理论、新兴古典贸易理论进一步从产业组织和企业决策过程中引入了异质性、竞争力、交易成本等概念后，给我们从企业的决策过程来理解外包行为发生的机制提供了新的方向。

随着产业组织理论的发展，越来越多的研究者将产业分析的范式引入了战略理论。在这些努力中，波特贡献卓越，他在《竞争战略》一书中，提出了产业竞争结构分析的范式，指出企业赢利能力取决于其竞争优势，而企业竞争优势又一定程度地取决于企业所在产业基本的竞争结构，即由五方面竞争力量——潜在竞争对手的入侵、替代品的威胁、现在竞争对手之间的竞争、客户和供应商讨价还价的能力所形成的竞争结构。这种竞争力的综合作用随产业不同而不同，随产业发展变化而变化，结果就使不同产业或同一产业不同发展时期，具有不同的利润水平。企业可以通过其战略对这种竞争力发生影响，甚至改变某些规则，进而赢得竞争优势。产业分析法提供了制定战略的具体分析方法，指明了获得优势的具体途径，具有良好的操作性。然而，产业分析法的缺陷是明显的，它忽略了企业的内部差异，诱导企业进入一些利润率很高但与自身竞争优势毫不相关的产业。

从企业管理角度来说，外包可以降低成本、优化企业资源、提升核心竞争力。其核心是企业的战略性决策。企业的战略性决策是企业决定和揭示企业的目的和目标，提出实现目的的重大方针与计划，以及确定企业该从事的经营业务的过程。早期的企业战略理论主要研究企业如何寻找有利的市场机会，如何占领、开拓市场等问题。随着战略管理模式的规范化和系统化，建立在对内部条件和外部环境系统分析之上的经典理论形成了较完整的理论体系，SWOT 分析框架逐渐流行。但经典战略理论仅仅提供了一套方法和程序，掌握了该理论的人可能根本不会制定战略。

以 20 世纪 70 年代为开端，战略管理进入了一个全新的阶段。与 70 年代之前的战略管理思想相比较，经济学的思想和方法被大量引入战略管理学，是这一阶段的最大特点。70 年代以来的阶段是战略管理与经济学相互融合的阶段。在这一历史时期，战略管理界先后出现了两个主流学派。较早的一个是由哈佛大学的波特教授提出来的“五种力量模型”（又称竞争优势理论），几乎统治了整个80年代。另一个是由Prahalad、Hamel等学者提出的核心能力理论，几乎统治了80年代后期开始的战略管理学界。此外，与波特几乎同时代还存在另一个学派，虽然这一学派的影响力不及波特教授的竞争优势理论和Prahalad等学者的核心能力理论，但是，作为与波特竞争优势理论相对应的一个学派，这一学派成功地从经济学中引入了不同于波特的芝加哥思想，为Prahalad、Hamel等学者后来提出核心能力理论提供了思想源泉。同时，产业分析的弊端逐渐被认识，越来越多的人转向了资源基础理论。资源基础理论为，企业是各种资源的集合体。由于各种不同的原因，企业拥有的资源各不相同，具有异质性，这种异质性决定了企业竞争力的差异。交易成本理论最早的理论根源来自科斯关于《企业的性质》的著名论文，科斯重点研究了新古典经济理论中对于企业存在的似是而非的观点，他认为企业存在的经济原因是市场价格机制的一种替代，因为这种价格机制不是如新古典经济模型中那样完美和无成本的。真正将交易成本引入战略管理研究领域的是威廉姆森，他通过对纵向一体化企业兼并行为的分析，应用了交易成本理论进行解释，使交易成本理论成为战略管理研究的核心理论。随着产业组织理论的进一步丰富和公司战略经济学的发展，交易成本理论在战略管理研究中的地位逐渐确立。

4.2　交易成本理论

4.2.1　交易成本理论的发展

交易成本理论是整个现代产权理论大厦的基础。交易成本又称交易费用。1937年，著名经济学家科斯在《企业的性质》一文中首次提出“交易费用”的思想，1969年阿罗第一个使用“交易费用”这个术语，威廉姆森系统研究了交易费用理论。该理论认为，企业和市场是两种可以相互替代的资源配置机制，由于存在有限理性、机会主义、不确定性与小数目条件使得市场交易费用高昂，为节约交易费用，企业作为代替市场的新型交易形式应运而生。交易费用决定了企业的存在，企业采取不同的组织方式最终目的也是为了节约交易费用。

科斯指出，市场和企业是两种不同的组织劳动分工的方式（即两种不同的“交易”方式），企业产生的原因是企业组织劳动分工的交易费用低于市场组织劳动分工的费用。一方面，企业作为一种交易形式，可以把若干个生产要素的所有者和产品的所有者组成一个单位参加市场交易，从而减少了交易者的数目和交易中的摩擦，因而降低了交易成本；另一方面，在企业之内，市场交易被取消，伴随着市场交易的复杂结构被企业家所替代，企业家指挥生产，因此，企业替代了市场。由此可见，无论是企业内部交易，还是市场交易，都存在着不同的交易费用；而企业替代市场，是因为通过企业交易而形成的交易费用比通过市场交易而形成的交易费用低。所谓交易费用是指企业用于寻找交易对象、订立合同、执行交易、洽谈交易、监督交易等方面的费用与支出，主要由搜索成本、谈判成本、签约成本与监督成本构成。企业运用收购、兼并、重组等资本运营方式，可以将市场内部化，消除由于市场的不确定性所带来的风险，从而降低交易费用。

4.2.2 交易成本的概念与分类

1. 交易成本概念

交易成本指达成一笔交易所要花费的成本，也指买卖过程中所花费的全部时间和货币成本。包括传播信息、广告、与市场有关的运输及谈判、协商、签约、合约执行的监督等活动所费的成本。这个概念最先由新制度经济学在传统生产成本之外引入经济分析中。

科斯在《企业的性质》一文中认为交易成本是“通过价格机制组织生产的，最明显的成本，就是所有发现相对价格的成本”“市场上发生的每一笔交易的谈判和签约的费用”及利用价格机制存在的其他方面的成本。

所谓交易成本就是在一定的社会关系中，人们自愿交往、彼此合作达成交易所支付的成本，也就是人与人的关系成本。它与一般的生产成本（人与自然界的关系成本）是对应概念。从本质上说，有人类交往互换活动，就会有交易成本，它是人类社会生活中一个不可分割的组成部分。

交易成本理论的根本论点在于对企业的本质加以解释。由于经济体系中企业的专业分工与市场价格机制的运作，使用市场的价格机能的成本相对偏高，从而形成企业机制，企业是人类追求经济效率所形成的组织体。 由于交易成本泛指所有为促成交易发生而形成的成本，因此很难进行明确的界定与列举，不同的交易往往涉及不同种类的交易成本。

科斯提出交易成本的概念，系统化的工作是2009年诺贝尔经济学奖得主威廉姆森做的。威廉森最先把新制度经济学定义为交易成本经济学。他广泛考察和研究了资本主义的各种主要经济制度，包括市场组织、对市场的限制、工作组织、工会、现代公司（包括联合企业与跨国公司）、公司治理结构、垄断与反垄断和政府监管等，并开创性地把交易成本的概念应用到对各种经济制度的比较和分析中，建立了一个全新的分析体系。威廉姆森在20世纪80年代初期出版的《资本主义经济制度》一书，成为经济学的经典名著，影响至今不衰。可以说，他是科斯思想的集大成者。

2. 交易成本分类

总体而言，可将交易成本区分为以下几项。

搜寻成本：搜集商品信息与交易对象信息的成本。

信息成本：取得交易对象信息与和交易对象进行信息交换所需的成本。

议价成本：针对契约、价格、品质讨价还价的成本。

决策成本：进行相关决策与签订契约所需的内部成本。

监督交易进行的成本：监督交易对象是否依照契约内容进行交易的成本，例如追踪产品、监督、验货等。

违约成本：违约时所需付出的事后成本。

1985年威廉姆森进一步将交易成本加以整理区分为事前与事后两大类。

事前的交易成本：签约、谈判、保障契约的成本。

事后的交易成本：契约不能适应所导致的成本。

讨价还价的成本：指两方调整适应不良的谈判成本；建构及营运的成本；为解决双方的纠纷与争执而必须设置的相关成本。

约束成本：为取信于对方所需的成本。

达尔曼则将交易活动的内容加以类别化处理，认为交易成本包含：搜寻信息的成本、协商与决策成本、契约成本、监督成本、执行成本与转换成本。简言之，所谓交易成本就是指当交易行为发生时，所随同产生的信息搜寻、条件谈判与交易实施等的各项成本。

4.2.3　交易成本发生的原因与特征

1. 交易成本发生的原因

交易成本发生的原因，来自于人性因素与交易环境因素交互影响下所产生的市场失灵现象，造成交易困难所致。威廉姆森指出以下六项交易成本的来源。

（1）有限理性（bounded rationality）：指交易进行参与的人，因为身心、智能、情绪等限制，在追求效益极大化时所产生的限制约束。

（2）投机主义（opportunism）：指参与交易进行的各方，为寻求自我利益而采取的欺诈手法，同时增加彼此不信任与怀疑，因而导致交易过程监督成本的增加而降低经济效率。

（3）不确定性与复杂性（uncertainty and complexity）：由于环境因素中充满不可预期性和各种变化，交易双方均将未来的不确定性及复杂性纳入契约中，使得交易过程增加不少订立契约时的议价成本，并使交易困难度上升。

（4）少数交易（small numbers）：某些交易过程专属性（proprietary）过强，或因为异质性（idiosyncratic）信息与资源无法流通，使得交易对象减少，造成市场被少数人把持，使得市场运作失灵。

（5）信息不对称（information asymmetric）：因为环境的不确定性和自利行为产生的机会主义，交易双方往往握有不同程度的信息，使得市场的先占者（first mover）拥有较多的有利信息而获益，并形成少数交易。

（6）气氛（atmosphere）：指交易双方若互不信任，且又处于对立立场，无法营造一个令人满意的交易关系，将使得交易过程过于重视形式，徒增不必要的交易困难及成本。

2. 交易成本的特征

上述交易成本发生的原因，进一步追根究底可发现源自于交易本身的三项特征。

交易商品或资产的专属性（asset specificity）：交易所投资的资产本身不具市场流通性，或者契约一旦终止，投资于资产上的成本难以回收或转换使用用途，称之为资产的专属性。

交易不确定性（uncertainty）：指交易过程中各种风险的发生机率。由于人类有限理性的限制使得面对未来的情况时，人们无法完全事先预测。加上交易过程买卖双方常发生交易信息不对称的情形，交易双方因此透过契约来保障自身的利益。因此，交易不确定性的升高会伴随着监督成本、议价成本的提升，使交易成本增加。

交易的频率（frequency of transaction）：交易的频率越高，相对的管理成本与议价成本也越高。交易频率的升高使得企业会将该交易的经济活动内部化以节省企业的交易成本。

4.2.4　交易成本理论对外包的解释

根据交易成本理论解释外包行为，当交易活动的市场成本大于内部交易成本时，则该项活动应全部或部分地在企业内部进行，否则就应在企业外部进行。

然而单纯交易成本的概念过于抽象，很难度量。威廉姆森进一步发展了交易成本的理论，在《交易费用经济学：契约关系的规则》一文中首次讨论了“三方规制”和“双边规制”两种介于市场和企业之间的组织形式，开创了研究中间治理结构的经济理论基础。根据威廉姆森的观点，外包能够降低交易成本的本源就在于外包这种企业活动的重复性、长期性和合作性。Benoit Aibert，Suzanne Rivard 和 Michael Patry 从交易的决定要素（资产的专用性、交易的不确定性、交易频率）的角度讨论了企业不同干预结构的选择问题。研究指出资产的专用性低，企业就应该选择市场，因为市场上有着充裕的供应商，企业可以在市场的有效竞争中获益；当资产的专用性高，企业干预结构的选择就要取决于不确定性和交易特征。当交易存在不确定性且交易频繁时，企业就应该选择内部化外包，反之，当交易的不确定性不高，交易频率不高时，外包或战略联盟就成了企业的最好选择。Mcivor 从资产的专用性与产品 / 服务的复杂性的角度论述了企业不同干预结构的选择问题（市场、层级、外包或联盟）。

基于经济学角度的外包理论研究始于交易成本理论，学者们主要以服务业外包为研究对象，以企业边界的选择为核心，研究不完全契约下的交易成本问题。交易成本理论认为，市场和企业是资源配置的两种相互替代的手段，二者之间的选择取决于市场的交易成本和企业内部的管理成本之间的权衡，即企业的边界由市场的交易成本和企业内部化的成本的均衡点决定。在科斯的基础上，威廉姆森对交易成本理论做了较为系统的完善，指出交易费用是经济系统运转所需要付出的代价或费用，并把交易成本分为合同签订前的成本和合同签订后的成本。威廉姆森的分析框架中有两个重要假设和三个交易维度，其中两个重要假设为有限理性和机会主义，三个交易维度是资产专用性、交易不确定性和交易频率。三个交易维度决定了交易成本的大小，从而决定了企业是否选择纵向一体化。在检验交易成本理论对服务外包的适用性时，多数学者将交易成本理论细分化，研究组成交易成本的各个因素（如资产专用性、不确定性、交易频率等）对外包决策的影响。Alparand Saharia 通过对信息系统外包的定性分析发现，包含隐性知识在内的具有较高特定性的职能不会通过外包进行。Angand Straub 以美国银行业的信息系统外包为研究对象，指出租赁厂商及 IT 外包的程度与所涉及的交易成本（主要是搜寻成本）呈反向关系。Robertson 和 Gatignon 认为技术的不确定性越大，企业越有可能通过结盟的方式而不是通过内部治理来开发新技术，同时他们也发现较高的资产专用性可能使企业更倾向于选择内部化实现技术的开发。Poppo 和 Zenger 的研究发现，预期的资产专用性投资会减少外包发生的可能性。Wildenerand Selto 的研究发现，资源的使用频率与企业的内部化呈正相关。Steensma 和 Corley 得出机会主义的威胁与企业实行内部化的概率之间存在正相关关系，并认为当管理层的控股程度较低时，基于机会主义的交易成本理论能更好地解释企业边界的选择。Barthlemy 和 Qulin 在对法国与德国的 IT 外包进行实证分析中也证明了资产专用性对外包决策的影响，即资产专用性越高，企业更倾向于选择内部化生产，反之，则会选择外包的方式。

4.3 核心竞争力理论

提升企业的核心竞争力是企业进行服务业务外包的又一决策依据。企业通过将非核心业务外包，可以在充分利用外部服务承包商优势资源的同时，把自身有限的资源和精力集中于企业核心能力的建设与发展，使核心竞争力得到不断的巩固与提升。

4.3.1　核心竞争力理论的起源与发展

企业核心竞争力的概念是 1990 年由普拉哈拉德和哈默在《哈佛商业评论》上发表的《公司的核心竞争力》一文中提出的，自此核心竞争力作为企业管理，尤其是企业战略管理的前沿课题引起了国内外学术界和企业界的广泛关注、研究，并得以实践。

尽管核心竞争力这一概念在 1990 年才出现，但核心竞争力理论的形成经历了漫长的孕育过程，它是与经济学研究和管理科学理论研究联系在一起的，两学科对核心竞争力理论的发展都做出了重要贡献。

核心竞争力理论在经济学的起源可以追溯到 1776 年古典经济学家亚当·斯密提出的自由竞争理论。他认为竞争者数量的增加会提高竞争的强度，竞争会激发主观努力，推动财富增长，调节供求关系，使之趋于平衡。大卫·李嘉图 1817 年在《政治经济学和赋税原理》中指出，组织特定的资产、技巧和能力对分工效率有很大的影响。在此基础上，1920 年阿尔弗雷德·马歇尔创立了“企业内在成长论”，指出企业内部各职能部门之间、企业之间、产业之间存在着“差异分工”，这种分工与其各自的知识和技能相关，而知识和技能可以被看作是企业的能力。可以说“企业内在成长论”是企业核心竞争力理论的雏形。1959 年潘罗斯发表其经典著作《企业成长理论》，强调了企业内部资源的作用，潘罗斯认为企业的增长源泉是企业的内部资源。潘罗斯是第一个强调企业内部的知识创造是企业增长源泉的经济学家。按照她的逻辑，对生产性资源的使用产生生产性服务，生产性服务发挥作用的过程推动知识的增加，而知识的增加又会导致管理能力的增长，从而推动企业的发展。她所说的由经验产生的独特知识，即为后来被概念化的独特的或难以模仿的企业能力的最初理论表述。受潘罗斯的启发，经济学家理查德森 1972 年在《工业组织》一文中首次提出“企业能力”的概念，他把“企业能力”（capabilities）定义为企业的知识、经验和技能。进入 20 世纪 90 年代，普拉哈拉德和哈默的《公司的核心竞争力》一文的发表，标志着企业核心竞争力理论的正式提出。他们认为，核心竞争力的基本特征主要体现在三个方面：首先，核心竞争力应反映客户长期最看重的价值，对客户的核心利益有关键性的贡献；其次，核心竞争力必须具有独树一帜的能力，并且难以被竞争对手所模仿和替代；第三，核心竞争力应具有延展到更广泛市场领域的能力。由于核心竞争力具有稀缺性、难以模仿性等这样的特征，对于核心竞争力的重视和研究，实际上是将企业竞争优势的生成问题转化为获取和保持企业竞争优势的问题，进而赋予企业可持续发展的基础。这是一种基于技术观的企业核心竞争力。自此之后，核心竞争力理论研究得到了空前的发展。

核心竞争力理论在管理科学上的发展可以追溯到 20 世纪 30 年代美国大批量生产时代，那时美国企业间的竞争并不激烈，但是部分美国人已经意识到低价格、标准化的产品有可能获得竞争优势。英国经济学家科斯认为管理者在制定和实施竞争战略中有重要作用。进入 20 世纪 50 年代后，美国人已经认识到不但要从企业内部而且还要从企业外部了解企业环境的变化，才能在竞争中获得优势。菲利普·塞斯内克在《行政管理中的领导艺术》一书中用独特的竞争力表示企业与其他竞争者相比较的优势所在。随后，林内德和安德鲁也各自指出，拥有独特竞争力的组织有望获得更高的经济绩效。20 世纪 60 年代初，钱德勒、安索夫和安德鲁斯等提出战略管理的概念，认为它是企业在竞争中获胜的前提和关键。波特在 20 世纪 80 年代强调企业应根据环境的变化来确定自己的战略，并提出了成本、差异化、集中化三种一般性的竞争战略。之后明茨佰格进一步强调企业的战略必须随环境变化需要不断进行调整。罗曼尔特则指出，企业超额利润的源泉是企业具有的特殊性。

4.3.2　核心竞争力的基本概念

1. 企业能力

对于企业能力，至今还没有一个被大家普遍接受的说法，一般说来，它反映的是企业对外界事物和环境的变化及时作出的能动反应，以便在激烈的竞争中继续生存，并获取发展的空间。企业能力在不同的历史时期有不同的表现形式，它经历了由企业内部的生产能力和生产效率，到企业内部的协调能力，再到内外结合获取竞争能力的发展过程。

2. 企业竞争力

所谓企业竞争力，是指企业和企业家设计、生产和销售产品与服务的能力，也就是企业和企业家在适应、协调和驾驭外部环境的过程中成功地从事经营活动的能力。产品和服务的价格和非价格的质量等特性比竞争对手具有更大的市场吸引力。

企业竞争力强调企业价值链上特定技术和生产方面的专有知识，能力则涵盖了整个价值链。对于具体的特定企业来说，能力是该企业某项业务运营的前提条件，是企业生存发展的基础，是进入竞争舞台的门票；而竞争力则是企业在竞争舞台上脱颖而出、获得竞争优势的关键。但竞争力的形成又依赖于企业所拥有的诸多能力。

3. 核心竞争力

核心竞争力又被称为核心能力、特有竞争力、企业特殊能力等，是指企业为了自身的利益而努力超越试图与其分配利益的竞争对手而采取最行之有效活动的能力，是指企业开发独特产品与服务、发展独特技术和发展独特营销手段的能力。它一般以企业的核心技术能力为基础，通过企业战略决策、生产制造、市场营销、内部组织协调管理的交互作用而获得使企业保持持续竞争优势的能力，是企业在其发展过程中建立与发展起来的一种资产与知识的互补体系。

普拉哈德拉用“树型”理论对企业核心竞争力作了很形象的描绘。他认为，企业就像一棵大树，树干和主枝是核心产品，分枝是业务单元，树叶、花朵和果实是最终产品，提供养分、维系生命、稳固树身的根就是核心竞争力。核心竞争力是企业内部的知识汇总，尤其是如何协调纷繁复杂的生产技能和融合多种技术潮流。核心竞争力是凝聚现有业务的胶水，也是发展新业务的火车头。

4.3.3　核心竞争力的表现形式

核心竞争力理论认为，企业具有各种各样的能力和专长，但不同的能力和专长的重要性是不同的，那些能够给企业带来长期竞争优势和超额利润的能力和专长才是企业的核心能力。企业核心能力与其他能力的区别在于：核心能力对企业的竞争力和盈利能力起着至关重要的作用。核心能力是企业增强竞争力、获得竞争优势和保持竞争优势的关键。企业核心竞争力的表现形式多种多样，这些不同形式的核心竞争力，存在于人、组织、环境、资产、设备等不同的载体之中。

1. 基于技术与技术创新的核心竞争力

它是构成企业核心竞争力的核心，包括企业的研发能力、产品和工艺的创新能力。核心技术能力的高低决定了企业将技术资源向技术优势进行转化的能力和水平。普拉哈拉德和哈默在《公司的核心竞争力》一文中正是从产品和技术创新角度提出并研究核心竞争力的，他们认为企业核心竞争力是在企业的核心产品、核心技术的发展过程中逐步积累的。产品 / 技术平台是需要通过长期的学习和积累才能建立的，因而核心竞争力是企业以往的投资和学习行为所积累的具有企业特定性的专长。这是企业的群体性学习行为，其过程涉及：

（1）企业中不同生产技巧的协调；

（2）企业中不同技术的整合；

（3）价值观在企业中的传递。

通过学习和核心技术的积累，企业就有可能尽早发现产品和市场机会。

2. 基于知识的核心竞争力

学习是核心竞争力提高的重要途径。巴顿认为核心竞争力是使企业独具特色并为企业带来竞争优势的知识体系，它包括学习技巧和知识系统、技术系统、管理系统和价值观系统四个方面。巴顿还认为，核心竞争力构成了企业的竞争优势，它随时间积累而不易被其他企业所模仿。因此，企业为实现持续自主创新，必须以核心竞争力的持续积累为条件。很多学者都强调了核心竞争力以知识的形式存在于企业各个方面的能力中，他们指出核心竞争力是某一组织内部一系列互补的技能和知识的组合，它具有使一项或多项关键业务达到业界一流水平的能力。

3. 基于资源的核心竞争力

资源和能力对企业获取高额回报率和持续市场竞争优势具有十分重要的作用。由于企业选择和积累资源的决策是以在有限的信息、认知偏见、因果关系不确定等条件制约下最优地合理配置这些资源为特征的，所以，不同企业在获取这些战略性资源时在决策和过程上的“异质性”构成了企业的核心竞争力。基于这样的观点，资源成为保证企业持续获得超常规利润的最基本条件。从资源的类型看，构成核心竞争力的资源具有稀缺性、独一无二、持续性、专用性、不可模仿性、非交易性、无形性、非替代性等特征，企业只有拥有了这样的资源，才能在同行业中拥有独特的地位，这种地位就来自其在资源识别、积累、储存和激活过程中独特的能力。基于资源观，可以认为核心竞争力是企业在获取并拥有这些特殊资源上独特的能力。

4. 基于组织与系统的核心竞争力

核心竞争力建立在企业战略和结构之上，以具备特殊技能的人为载体，涉及众多层次的人员和组织的全部职能，因而，核心竞争力必须有沟通、参与和跨越组织边界的共同视野和认同。拉法和佐罗认为企业核心竞争力不仅存在于企业的操作子系统中，而且存在于企业的文化子系统中，植根于复杂的人与人及人与环境的关系中。企业真正的核心竞争力是企业的技术核心能力、组织核心能力和文化核心能力的有机结合。核心竞争力积累蕴藏在企业的文化中，渗透到整个组织中，而恰恰是组织共识为一个综合的、不可模仿的核心竞争力提供了基础。从这个意义上说，组织与系统的核心竞争力包括核心员工能力、核心组织能力、核心影响能力与核心关系能力。核心员工能力包括经营者的“洞察力”“预见力”及操作者“执行力”，核心组织能力涉及企业的组织结构、信息传递、企业文化、激励机制等诸要素，它的作用在于通过管理过程的制度化、程序化，将企业的技术知识和生产技巧融入企业的核心竞争力中。核心影响能力反映企业在成长过程中培育的对外影响力，它主要包括两个方面：企业的市场营销能力和企业产品在消费者中的美誉度。它们直接或间接影响企业的核心竞争力。核心关系能力是一种有效获取外部资源的能力，企业一旦拥有了独特的社会关系，通过大客户价值链可节省交易费用，巩固企业的社会资本，那么该企业便拥有了核心关系能力。

4.3.4 核心竞争力的基本特征

企业的核心竞争力一般具有如下特征。

1. 异质性

一个企业拥有的核心能力应该是独一无二的，或者只有几个潜在的竞争对手能够拥有，这是企业成功的关键因素。若很多企业都拥有，那么只能形成竞争均势，这种能力不应认定为企业的核心能力。核心能力的异质性决定了企业之间的异质性和效率差异性。

2. 价值优越性

核心竞争力是企业独具的竞争能力，有利于提高组织效率和节约资源，组织凭借它能够在竞争中获得相对优势，为企业创造价值。从客户的角度来看，能为顾客带来价值创造和价值增加，即能给客户带来更多的消费者剩余。不能给消费者带来实惠的“核心能力”无法形成企业的竞争优势，也无法形成核心竞争力。

3. 难以模仿性

核心能力是一个企业长期积累的结果，具有企业特殊的文化内涵和价值观念，虽然外部可以感受到，但模仿起来很困难或者模仿成本很高，如管理者之间特殊的人际关系、信任感和企业与供应商、销售商的特殊关系。从竞争者角度看，企业所拥有的专利、专有技术是核心能力的重要因素。如果企业的专长很容易被竞争对手所模仿、抄袭或经过努力很快可建立，它就很难给企业带来持久的竞争优势。

4. 可延展性

核心竞争力是一种基础性的能力，它为企业其他能力的发挥提供坚实的基础，在企业的各种能力中处于统领地位。企业所建立的核心能力不能仅限于很窄的领域，这会使企业所冒风险增加。核心能力应能使企业从一个市场拓展到另一个市场，具有很宽的延伸性。如日本的佳能公司，它把发展高技术作为其核心能力，在照相机市场迅速占据了领先优势，随后这些技术不断积累并延伸到精密机械、微电子、复印机、传真机、医疗器械等领域，同样取得了成功。从未来发展的角度看，核心竞争力既是联系现有各项业务的黏合剂，也是发展新业务的引擎，它决定着企业如何实行多元化经营，以及如何选择市场进入模式，是差别化竞争优势的源泉。

5. 资源集中性

建立和提高核心能力应将企业的资源集中在少数几个关键领域，以便在这些领域建立领先的优势地位。一般说来，一个企业选择的核心能力为2~3个，最多不超过5个，否则企业将无法应付核心能力巨大的资源消耗。

6. 长期性

核心能力是企业在长期发展过程中逐渐形成的，它不应是短期竞争的需要，也不是短暂的存在，而应是保持相当长的一段时间。一个企业一旦确定了自身的核心能力就需要长期不懈地进行资源投入，使核心能力长期保持优势地位。

7. 动态性

由于竞争对手会有后发优势，经过不断的学习和创新，不断地适应变化的环境，差距会逐步缩小，直至完全超越，这样会导致原先个别企业的核心竞争能力变成所有同业企业都具有的一般能力，企业为保持竞争优势，必须不断培育新的核心竞争力作为竞争的新砝码。

8. 不可交易性

核心竞争力与特定的组织相伴而生，不像其他生产要素或某些非关键技术在市场上可以买到，企业核心能力是在市场上买不到的，也不可能在短期内形成，需要企业在知识、技术和人才等方面经过长时间的积累才能逐渐形成。许多企业成功的经验表明，核心竞争力的形成一般需要十年左右的时间。

4.3.5　服务外包与核心竞争力

1. 外包战略能有效地支持企业核心能力战略的实施与应用

外包战略与核心能力战略是企业两个相互联系、相互支持的营运战略，用以改善企业的运作业绩，培育企业的持续发展能力。在竞争激烈的市场环境中，由于企业的能力与资源有限，企业为培育与维持自己的核心竞争力，必须整合自己的优势资源与力量，发挥自己核心竞争力所在领域的技术优势或其他方面的优势，将不具备强竞争力的领域进行外包，这样可以有效地将有限资源集中于关键领域，企业人员可以集中精力在核心技术或核心业务上，精心培育核心竞争力。许多企业通过采取外包战略，有效地将资源集中于关键领域，精心培育核心能力，最终在相关领域获得了巨大的成功。例如，爱立信的核心竞争力是在无线电话网络设备领域，它便从手机生产上脱身，解放出大量的资金和人力资源，并将其用于自己擅长的通信领域，进一步强化与提升了核心竞争力。又如 AT&T 外包被证明是企业缩窄业务并专注于其核心竞争力发展的有效战略。

外包战略可以弥补企业在发展核心能力时资源不足的问题。通过外包，可以充分利用外部承包商的投资、研发和创新能力，降低风险、缩短流通时间、减少资源投资，并对顾客需求做出更快的反应，从而进一步增强企业核心能力。服务外包可以有效改善非核心业务对核心业务的支持作用，增强整体盈利能力。服务外包运作的对象是对整体业务起支撑作用的非核心业务，如财务、计算机软硬件系统、后勤等。这些非核心业务外包给外部专业化企业后，其质量能迅速得到显著的改善，从而对核心业务起到推进的作用。外包还使得企业规模缩小，管理事务减少，可以使企业从繁杂的日常事务中解放出来，易于专注核心能力的培养。从本质上说，外包是一种内部驱动的资源优化配置过程，它可以优化企业内部资源效率，形成领先的核心能力，并为那些在企业所在领域里寻求扩张的竞争对手设置一道不可逾越的障碍，从而保护和扩大企业的市场份额。

2. 核心竞争力是外包战略决策的基础

企业采取服务外包战略的一个驱动因素为企业的核心竞争力，而企业的核心竞争力理论则为服务外包战略对象选择提供了基本的依据。对企业核心能力的识别是外包战略实施的先决条件。当企业决定外包业务时，决策者将考虑和平衡各个方面的因素，一般来讲，很少有企业能在各种经营资源上均超过竞争对手，其业务必有核心和非核心之分，这是与优势资源和非优势资源的区分相对应的。企业进行外包战略时必须以本企业核心能力的识别与加强为基础，只有明确了本企业的核心能力，才能使外包战略有的放矢，获得较高的效率。外包次要业务的目的是使企业专注于核心业务，最大化其内部资源的收益，增强企业的核心能力。

企业在实施业务外包的过程中，首先要考虑的是哪些业务必须由自己完成，哪些业务可以外包，这一过程的关键是必须明确企业的核心竞争力。企业在实施业务外包时，应进行企业诊断，通过 EFE 和 IFE 分析，以及竞争态势分析，挖掘竞争对手难以获得并难以复制的资源和优势，将其演变为企业独有的核心竞争力。只有明确了自己的核心竞争力，做到扬长避短，再实施业务外包，才能使企业获得真正的效益。企业在考虑业务外包时，不仅要关注目前正在培育的或已经形成的核心竞争力，而且必须从战略高度审视外包业务，做出具有前瞻性的决策，这就要求企业及时调整外包业务的结构和额度，选择具有巨大发展前景、竞争对手尚未准备外包的业务，着力开发、培育、发展出独特的技能和知识。企业在实施外包时不应外包那些利用了自己核心能力的业务，如核心部件的生产或营销渠道的管理，因为企业本身就在该业务领域里有竞争优势；企业也不能把那些对整个业务的顺利开展具有决定性影响的业务或生产外包出去，即使从成本上分析，企业在该领域没有竞争优势，企业也不能将这些业务或生产外包出去；企业战略的决策者也不应该把那些有可能使企业形成新的竞争力和竞争优势的学习机会的生产活动外包出去，作为竞争优势来源的知识在企业开拓新业务方面越来越重要。这些外包原则都是人们通过对核心能力理论的分析得出的结论，可见，核心能力理论确实在实践中能促进外包的发展，外包是一种基于企业核心能力的战略资源整合思路，是企业核心能力理论的进一步深化。

4.4 资源基础理论

4.4.1 资源基础理论的起源与发展

资源基础理论（resource - based theory，简称 RBT），是战略管理领域的重要理论，它充分地解释了企业竞争优势的最终来源及同一产业内的企业间绩效存在持续差异的原因。波特的竞争战略和竞争优势从产业和企业两个层面系统地论述了竞争优势的培育和企业竞争战略的选择策略，波特认为企业的长期盈利能力取决于产业的吸引力和企业在所属产业内的竞争地位，以波特为代表的竞争优势理论过分强调了外部产业环境分析和行业选择，特别是对企业所处行业竞争状况对企业竞争优势和绩效的影响分析，却忽视了企业自身的资源特性，无法解释为何在同样的外部环境下，同一产业内的企业间会存在绩效差异。企业资源基础理论恰恰弥补了这一致命缺陷，打开了企业这个黑箱，把企业看作是异质性资源的集合体，认为企业竞争优势来源于企业内部的资源和能力，企业资源基础理论聚焦于对资源细致关注，将资源定义为与企业紧密联系的半永久性资产。企业资源基础理论作为一种系统论述企业竞争优势来源和绩效差异的理论，其重要性不断提高，成为 20 世纪 80 年代以来战略管理领域的主要理论。

企业资源基础理论不同于科斯将企业的本质看作是交易成本的节约观点，而是将企业内部的资源作为基本的分析单位，认为企业的本质是异质性资源集合体，着眼于分析企业拥有的各项异质性资源，通过对企业独特的资源和能力的分析与运用，来构建和提升企业的可持续发展能力。

4.4.2 资源基础理论内容

1. 企业资源的概念

战略资源论学者们对企业资源有着多种不同的定义。作为资源论的早期代表之一，

Wernerfelt 在其发表在《战略管理杂志》上的经典文章中，将企业资源定义为任何可以被看成是某给定企业优势或劣势的东西，更正式地说，是在给定时间里，那些半永久性属于企业的有形和无形资产。他把能给企业带来优势或者劣势的资产都看作企业的资源，并进一步将资源分为固定资产、计划与文化三个类型。另一位对资源论做出重要贡献的学者 Barney 认为，在一个企业中，不是所有的资源都是与战略相关的资源，有的资源会妨碍企业制定和执行有价值的战略，有的资源会降低企业制定和执行战略的效率和效益，有的资源可能对企业的战略没有影响。因此 Barney 将企业资源定义为企业控制的能够使一个企业制定和执行提高其效率和效益的战略的所有资产、能力、组织流程、企业属性、信息、知识等。用传统战略分析的语言描述，企业资源就是企业在制定和执行其战略时可利用的力量。

根据传统的分类方法，Barney 将企业资源分为三类，即物质资本资源（physical capital resource）、人力资本资源（human capital resource）和组织资本资源（organizational capital resource）。其中物质资本资源包括企业所用的物质技术、企业的厂房和设备、企业的地理位置和原材料等；人力资本资源包括管理人员和员工的培训、经验、判断、智力、关系和洞察力；组织资本资源包括企业的正式报告结构，正式和非正式的规划、控制和协调系统，以及企业内部群体之间、企业与其外部环境中的群体之间的关系。

Grant 将企业资源定义为生产过程中的投入物，包括资产设备、员工的个人技能、品牌、资金等。他将资源分为六类：财富资源、物质资源、人力资源、技术资源、声望资源和组织资源。同时，Grant 认为资源与能力之间存在关键差别，就资源本身而言，几乎没有什么资源是有生产价值的，生产活动需要组合和协调各种资源，各种资源只有结合起来才能发挥作用，这种组合资源来完成某项活动或活动的组织流程和手段就是能力。Amit 和 Shoemaker 将企业资源定义为企业拥有或者控制的要素存量，包括可交易的专有技术（如专利和授权）、财务或者物质资产（如产权、工厂和设备）、人力资本等。他们认为，企业资源通过与其他一系列广泛的资产和诸如技术、管理信息系统、激励机制、管理者与员工的信任等联结机制，可以转化成最终产品或服务。与资源定义不同，Amit 和 Shoemaker 认为，能力指的是企业利用资源（一般通过整合和利用流程）以有效地达到所需要的结果的能力，是企业资源之间通过长期复杂的相互作用发展而来的企业独特的基于信息的，有形或者无形的流程，可以抽象地看作是企业产生的以提高其资源生产率、战略灵活性和保护最终产品或服务的中间产品。

值得一提的是，在企业资源中有一种特殊的资源越来越受到关注，那就是知识资源。不同的学者对知识的理解存在差异，主流的观点认为知识包括信息和技术。Kogut 和 Zander 认为，知识包括了信息和诀窍，信息就是一旦语法已经知晓，就可以不失完整性地进行转移的知识，包括事实、公理和象征等，它解决是什么（what）的问题；而诀窍是确保人们顺利有效进行工作所积累的技巧及专长，它解决怎么样（how）的问题。

2. 资源的界定

从上述对资源概念的论述中可以看出，战略资源学者们对企业资源没有统一的定义和分类，其具体表现在以下四个方面。

第一，对资源本质属性认识存在差异，如 Wernerfelt、项保华认为资源必须是企业所拥有，而 Amit 和 Shoemaker 认为资源的本质属性不在于所有，而在于可利用，只要是企业拥有的或控制的都是企业的资源。

第二，对资源效用的认识存在差异，如 Wernerfelt 认为企业资源既可能给企业带来优势，也可能给企业带来劣势，而 Barney 却认为只有那些能够提高战略制定和执行效率和效益的东西才是资源。

第三，对资源的范畴认识存在差异，如 Amit 和 Shoemaker 认为企业资源是存量，而其他学者如 Barney、Grant 等却没有对资源加入存量的约束。

第四，对资源的分类没有统一的认识，企业资源的分类是对资源概念的进一步细化，当有不同的资源定义的时候，没有统一的资源分类几乎成为一种必然。有部分学者按资源的用途对其进行分类，有部分学者按可见性指标来对资源进行分类，将其分为有形资源和无形资源。

广义资源可定义为企业可利用的所有能给企业带来优势或劣势的东西。进一步地，可将广义资源划分为狭义资源和企业能力。狭义资源再划分为有形资源和无形资源。有形资源包括财富资源（如银行存款、债券、债权等）和物质资源（如厂房、设备、土地等）；无形资源包括知识资源、社会资源、人力资源、技术资源、声望资源和组织资源等。

4.5 全球价值链理论

价值链最早是管理学研究的范畴，后来随着分工的深入延展到经济学中。管理学对价值链的定义包括产品生产、营销和服务的全部过程，即从设计和产品开发到原材料采购和中间产品生产、营销策略和程序及对最终客户的服务。经济学中的价值链则是一个分工的概念，即将某一产品的生产连续过程在同一经济体或同一经济区域的存在转化为产品的各道工序在不同经济体和不同区域进行零散化生产，是以分析产品生产专业化理论工具的形式出现的。

4.5.1 全球价值链理论的形成

全球价值链理论源自 1985 年由美国哈佛商学院的教授迈克尔·波特在其《竞争优势》一书中提出的价值链的概念。波特在分析公司企业行为与竞争优势的时候，把企业的整体经营活动分解为一系列独立的具体活动，并指出："企业价值创造的过程主要通过基本活动环节（设计、生产、销售、物流与服务等）与辅助性活动环节（原材料采购、技术开发、人力资源与财务管理等）两部分来完成。"这些活动环节在企业价值创造的过程中相互关联，构成企业价值创造的行为链条，称其为（企业）价值链。科格特在《设计全球战略：比较与竞争的增值链》一文中则用价值增值链来分析国际战略优势，他把价值链的概念从企业层面拓宽到了区域与国家层面，提出整个价值链各个环节在不同地区和国家之间的配置取决于不同国家与地区的比较优势。与波特强调单个企业竞争优势的价值链不同，科格特强调了价值链的垂直分离与在全球空间进行配置之间的关系，对全球价值链理论的形成起了重要的推动作用。

进入 20 世纪 90 年代后，一些学者开始关注全球价值链的片段化。价值链片段化后，价值链的不同片段（环节）对生产要素的需求不同，由于世界各地的资源、成本等要素禀赋差异很大，价值链的不同环节会留在不同的国家或地区。从交易成本的角度来看，留在某地的价值链应该是其交易成本相对比较低的地区。

1999 年，美国杜克大学的格里芬教授将价值链分析与产业组织研究结合起来，提出了全球商品链（global commodity chain）的概念。为摆脱商品一词的局限性，突出强调链条上企业相对价值创造和价格获取的重要性，21世纪初，格里芬及该领域的众多学者又一致同意用全球价值链（global value chain）来替代全球商品链。2001年他们在*IDS Bulletin*杂志上推出一份关于全球价值链研究的特刊——《价值链的价值》，从价值链的角度分析了全球化的过程，从全球价值链的治理、演变和升级等多个角度对全球价值链进行了系统的探讨和分析，并由此建立了全球价值链的基本概念及相应的理论框架。

4.5.2　全球价值链的几个基本概念

1. 价值链（value chain）

企业活动的根本目的是不断创造价值，企业创造价值的过程由一系列互不相同但又相互联系的增值活动组成，这些活动包括研究开发、设计、原材料与设备采购、产品生产、运输、仓储、营销、服务等环节，这些环节再加上各个环节活动之间的相互联系形成一个完整的链状网络结构，即所谓的价值链。

企业各个环节的价值活动不尽相同，这些价值活动可以分为两类：基本活动和辅助活动。基本活动涉及产品的物质创造及其销售、转移给买方和售后服务的各种活动；辅助活动对基本活动起辅助作用，它们对公司范围的各种职能提供支持。任何企业拥有的资源都是有限的，而价值链上每个环节所要求的生产要素不同，因此任何企业只能在价值链的某个或某些环节上拥有优势，不可能对所有增值环节拥有绝对优势。每个企业只能在其具有比较优势的环节上发展其核心能力。为实现价值链各个环节对价值链增值的最大贡献，相关企业就必须在各自具有比较优势的关键价值链环节上开展合作，以达到整体利益的最大化，这也就是企业专注核心能力，外包非核心业务的原因了。

2. 全球商品链（global commodity chain）

格里芬等人认为，在经济全球化的背景下，围绕某种商品的生产形成一种跨国生产体系，分布在世界各地不同规模的企业、机构组形成一个一体化的生产网络，构成全球商品链。根据驱动的不同，格里芬等人还把全球商品链分为生产者驱动型（production-driven）商品链和购买者驱动型（buyer-driven）商品链两类。生产者驱动型商品链是指大的跨国制造商在生产网络的建立和调节中起核心作用的垂直分工体系。在生产者驱动型商品链中，制造先进产品如飞机等的制造商不仅获得了高利润，而且还控制了上游的原料和零部件供应商，下游的分销商和零售商。购买者驱动型商品链是指大型零售商、经销商和品牌制造商在散布于全球的生产网络的建立和协调中起核心作用的组织形式。购买者驱动型商品链是通过非市场的外在调节而不是直接的所有权关系建立高能力的供应基地来构建全球生产和分销系统，如沃尔玛、家乐福等大型零售商与耐克、锐步等品牌运营商这类跨国公司控制的全球生产网络。

3. 全球价值链（global value chain）

全球价值链是指在全球范围内，为提供某种商品或服务的价值而连接生产、销售直至回收处理等全过程的跨企业网络组织，它包括所有生产销售活动参与者的组织及对所创造价值与利润的分配。

联合国工业发展组织（UNIDO）在2002—2003年度工业发展报告《通过创新和学习来参与竞争》中指出："全球价值链是指在全球范围内为实现商品或服务价值而连接生产、销售、回收处理等所有过程的全球性跨企业网络组织，涉及从原料采集和运输、半成品和成品的生产和分销、直至产品或服务的最终消费和回收处理的过程。它包括活动的所有参与者、生产销售等活动的组织及价值利润的分配，并且通过自动化的业务流程和供应商、合作伙伴及客户的连接，以支持机构的能力和效率。”这一定义表明全球价值链不仅由大量互补的企业组成，而且是通过各种经济活动连接在一起的企业网络组织集，关注的不只是参与企业，也关注企业间的契约关系和链条不断变化的连接方式。在组织规模上，全球价值链应包括参与某种特定产品或服务活动的全部主体；在地理分布上，全球价值链必须具有全球性；对于参与主体，一般有一体化企业、零售商、领军厂商、供应商与零部件供应商等。

4. 服务外包价值链

服务外包价值链指发包商将服务外包给供应商，供应商完成提供服务的全过程。服务外包价值链与全球价值链最大的差别在于发包方与消费方为同一行为主体，其服务生产与营销也合二为一，而生产过程可以由多个供应商，也可以由一个供应商来完成，最后的消费既可以由发包方完成，也可由供应商完成。因此服务外包价值链中最为突出的是发包商与供应商之间的关系治理。

4.5.3 价值链分析与价值链管理

1. 价值链分析

企业在分析自身的竞争优势时，必须要有一套有效的方法来分析企业所经营的所有活动及各个活动之间的相互关系。价值链分析就是一套分析企业竞争优势的基本方法。企业通过价值链分析，可以了解自身的价值链结构，价值链内部的连接，以及它与供应商及营销商之间的连接关系，不断地寻求适合培育核心竞争力的定位，强化其自身的核心竞争力，同时管理好企业价值链上的其他环节；可以联合相应的合作伙伴以竞争对手所不能达到的成本给客户提供最好的产品与服务；在企业不可能将其有限资源全部集中在所确定的核心竞争力上时，确定外包环节，利用外部资源来提供非核心竞争力。

价值链分析首先需要识别价值链各环节的价值活动及确定这些价值活动的类型（基本活动与辅助活动）。价值链理论认为企业获取竞争优势的关键在于企业价值链及价值链各活动环节的效率，它包括企业价值链及各环节活动的经济效率和时间效率。经济效率表示的是价值链每个环节的价值增值与活动成本的比值，它反映了每个环节单位成本的价值创造能力；时间效率表示每个环节对市场信息的反应速度，它间接影响价值链与环节活动的经济效率。在进行价值链分析时，要从企业内部、纵向和横向三个角度展开经济效率与时间效率的分析。

1）企业内部价值链分析

这是企业进行价值链分析的第一步也是首要的一步。通过内部价值链分析，可以发现哪些活动环节是增值的，哪些是不增值的，哪些应予优化，哪些应予消除以降低成本。企业内部价值链包含有许多活动环节，产品在企业内部作业链每个活动环节上都要消耗成本并增加其价值，从而完成价值的逐步积累与转移。每个环节之间又有着广泛的联系，如生产作业和内部后勤的联系、质量控制与售后服务的联系、基本生产与维修活动的联系等。深入分析这些联系可以减少那些不增加价值的作业，并通过协调和优化来提高运作效率、降低成本，同时也为纵向和横向价值链分析奠定基础。

2）纵向价值链分析

纵向价值链分析用以反映企业与供应商、销售商之间的相互依存关系，为企业增强竞争优势提供机会。企业通过对供应商与销售商企业价值链的分析，以及它们与本企业价值链的连接，可以十分显著地影响自身成本，实现企业与上下游企业共同降低成本的目标，提高整个价值链的整体竞争优势。在对价值链各类联系进行分析的基础上，可以估计出各活动环节作业的经济效率和时间效率，明确哪些活动环节较具竞争力、哪些活动环节价值增值较低，由此再决定往其上游或下游并购的策略或将企业自身价值链中一些价值较低的作业活动出售或实行外包，实现整体价值链的重构，从根本上降低成本，提高企业竞争力。

3）横向价值链分析

这是企业对竞争对手的分析，是公司进行战略定位的基础。通过对竞争对手价值链的分析，了解竞争对手的成本情况、市场份额，使管理者能借此评价自身与竞争对手相比的成本，客观评价自身在竞争中的优势和劣势，从而制定取得竞争优势的竞争策略。比如面对成本较高但实力雄厚的竞争对手，可采用低成本策略，扬长避短，争取成本优势，使得规模小、资金实力相对较弱的小公司在主干公司的压力下能够求得生存与发展；而相对于成本较低的竞争对手，可运用差异性战略，注重提高质量，以优质服务吸引顾客，而非盲目地进行价格战，使自身在面临价格低廉的小公司挑战时，仍能立于不败之地，保持自己的竞争优势。

案例4.1

银行卡业务的价值链分析

银行卡业务的内部价值链：内部价值链是价值链分析的基础，银行卡业务的整个流程包括产品开发、宣传、营销、卡制作、邮寄、信用控制、资金清算、追收欠款等业务环节。任何一个环节都完成一项或几项作业，使产品或服务在内部传递，创造出使用价值，实现价值的逐步积累与转移，形成内部价值链。

银行卡业务的纵向价值链：我国银行卡产业经过十几年的培育与发展，已经初步形成了由发卡机构、收单机构、清算组织、专业化服务机构、相关产品和技术供应商等市场主体构成的产业链，把银行卡的最终使用者——客户包括进来，则形成银行卡业务的纵向价值链。

银行卡业务的横向价值链：同一产业内部具有相同或近似功能的各个企业之间相互作用形成的价值链即横向价值链。横向价值链上的企业关系主要表现为竞争关系。企业只有通过提供独特的、无法替代的产品或服务才能在激烈的竞争中胜出。银行卡业务的竞争优势的取得主要基于两个策略：低成本策略与差异化策略。

同国际上的银行卡业务价值链相比，我国的银行卡业务价值链还存在参与主体单一、市场化程度低、专业化服务商不够强大与低水平竞争等问题。随着银行卡产业的发展，发卡机构必须培育自身的核心竞争力，将有限的资源集中在银行卡业务价值链的核心环节，而把价值链上非核心业务外包给专业的合作企业。

（资料来源：虞罗捷．银行卡业务的价值链分析．现代经济，2008，12（7）：125-126）

2. 价值链管理

价值链管理通过对价值链中的信息流、物流、资金流进行设计、规划、控制和优化，在满足顾客需求的同时，提高价值链各环节的效率和效益。实施价值链管理是增强企业核心竞争力的有效途径，可有效实现信息资源共享，供求关系的良好融合．提高服务质量，降低企业库存，减少流通费用，产生规模效应，提升价值链上各企业的竞争力。价值链管理主要应用于四个方面：价值链各环节时空上的布局；企业在产业价值链中的定位；企业在公司层面竞争优势的构建和企业在运营层面对战略优势的实施。价值链管理的内容包括：信息技术基础的建设；企业业务流程和组织结构的重组；价值链伙伴的合作关系与价值链管理绩效评估。

价值链管理强调企业应该从总成本的角度考察企业的经营效果，而不是片面地追求单项业务活动的优化，通过对价值链各个环节加以协调，增强企业的竞争优势。经济全球化使世界经济得以在全球范围内进行资源的配置，加速了生产要素在全球范围内的自由流动和优化配置，表现出了极强的经济活力。在技术进步与经济全球化的推动下，国际分工的模式也出现了重要的变化，产品价值链不断细分，国际分工由产业间分工演进为产品内分工，涉及产品的整个价值链，形成以环节为对象的分工体系。在社会分工高度专业化的今天，几乎没有一家企业选择完全一体化或内部化，即便是世界一流的公司，也不可能在保证竞争优势的前提下做到完全一体化。这表明任何一个企业都必须在它的价值链活动范围内根据价值链分析做出选择。

价值链一般包括三类环节：技术类环节、生产类环节与营销类环节。技术类环节包括研发、创意设计、加工 / 服务技术的改进与提高、技术培训等环节；生产类环节包括采购、生产加工、测试、质量控制、包装与库存等环节；营销类环节包括销售、批发与零售、品牌推广及售后服务等环节。价值链不同环节所创造的附加值不同，就增值能力而言，上述三类环节呈现出由高向低再向高的 U 形曲线，或称“微笑曲线”，靠近 U 形曲线中部的环节，如零部件加工、装配等环节在价值链中创造的价值较低，靠近 U 形曲线两端的环节，如研发、设计、市场营销、品牌与服务等环节在价值链中创造的价值较高。随着技术水平的不断进步，生产环节的进入门槛不断降低，越来越多的国家，尤其发展中国家参与到经济全球化进程中的生产组装环节，导致生产环节的竞争加剧、这些环节的增加值不断降低。能产生较高收益的环节越来越脱离有形的生产过程，而转向无形的过程，如研发、营销和服务等领域，因为这些活动环节通常是技术密集或知识密集型的，进入壁垒高，还有知识产权的保护，是价值链增值的重要来源。一些无形活动，如物流控制、广告、产品设计、品牌推广等，在价值链竞争优势的确立上发挥越来越重要的作用。不同价值链的战略环节可能位于价值链的不同环节，有的战略环节可能位于价值链的最高端或价值链的中部，有的战略环节则可能位于价值链的底端。战略环节有可能与产品直接有关，如可口可乐公司的饮料配方，也有可能是价值链的辅助性增值活动，如 IBM 在计算机行业的竞争优势来源于其覆盖全球的强大的组织体系。准确判断出价值链中具有高附加值的战略环节，可以为企业在全球布局不同的生产环节提供依据，明确企业发展或升级的目标。同时，企业保持竞争优势或核心竞争力的关键也是要抓住战略环节，谁抓住了价值链的战略环节，谁就抓住了整个价值链，谁就控制了企业所在的行业，也就是由谁来管理这条价值链。

价值链的核心竞争力来自于对企业之间核心竞争力的整合能力和对价值链整体的运作能力。价值链管理可以使合作企业各自的核心竞争力相互融合，提高整条价值链的运作效率，从而为价值链上的相关企业带来可观的贡献。

4.5.4 价值链管理与外包

企业的竞争优势，尤其是长期的竞争优势，说到底是企业在价值链某些特定战略环节上的优势。企业应该把自己的优势资源投入到最能够为自己创造价值的战略环节，而把那些自己处于相对劣势的业务外包出去，即非核心业务外包。另一方面，随着科学技术的迅猛发展和消费需求的多样化，导致社会分工更为细化，使价值链的增值环节细分越来越多，结构也更为复杂。构成一种产品或服务的价值链已很少能由单个企业来完成。因此，企业的原有价值链开始分解，一些新的企业加入到价值链中，并在其中某个环节建立起它们的竞争优势。这种竞争优势表现为在该环节上具有成熟、精湛的技术和较低的成本。

它们的进入会使一些在相应环节不具备优势的企业在竞争中处于劣势，迫使它们不得不放弃类似的价值环节，从自己的比较优势出发，选择若干环节集中有限的资源，投入到价值链创造增量受益最大的环节，培育并增强其竞争能力，重新确立自己的优势地位。随着价值链的不断分解，一方面使企业集中有限的资源专注于某些战略增值环节，同时也使市场上出现了许多相对独立的、具有一定比较优势的增值环节。这就为企业将某些价值环节进行外包提供了基础和可能，导致外包的产生。不同的企业只能在其具有比较优势的环节上发展自己的核心能力，通过价值链在各自优势的环节上展开合作，达到整体利益的最大化。

在外包过程中供应商和承包商的原有价值链都会发生变动，外包是用承包商的价值活动来替代供应商原有的价值活动从而形成价值链的“嵌入式”结构。这就造成外包过程的价值链分解及重构。企业在价值链重构的过程中应准确地寻找自身的定位，以使企业在外包关系中处于优势地位，获取自己的竞争优势。不同的外包模式对承包商的技术水平和管理能力有不同的要求，金融信息服务外包十分注重承包商的技术水平、管理水平和管理能力等。金融信息服务外包处于价值链体系中的较高层次，其附加值比较高。

4.5.5　服务外包价值链的治理

服务外包的完成需要发包方与服务提供商之间的合作努力，因此服务外包价值链的治理涉及两个层面：发包方与接包方的双边治理模式及服务提供商之间的治理模式。

双边治理取决于服务外包的形式，随着企业对于服务外包的态度从策略性的降低成本到战略性的提高竞争力，目前的服务外包主要有三种模式：由企业的子公司提供外包服务、企业与服务提供商共建合资企业提供外包服务、由独立的服务提供商提供服务，究竟采用哪种服务外包模式，取决于交易的复杂程度、服务资产的专用性与服务提供商的能力。

服务提供商之间的治理在于服务外包存在转包这个模式，一个大型的服务外包项目往往不会由单一的公司来完成，通常由许多公司共同完成。一般由规模大、实力雄厚的大公司签下合同，然后再进行转包，这其中也分为两种类型：一是先由发包国的外包商接下订单后，再根据服务项目的内容，分包给位于其在其他国家的子公司或合资外包企业，再由这些子公司或合资企业转包给当地的服务提供商；二是发包方将项目直接发包给国外的服务提供商，由这些本地的服务提供商在当地寻求合作伙伴，共同完成服务外包的项目。

对于服务提供商还需要关注服务外包价值链的升级，这包括服务功能的升级、服务关系的升级与服务价值链的升级。所谓服务功能的升级就是服务外包企业要逐步向价值链的高端发展，提升自身的专业化水平，实现服务功能由低向高的发展。服务关系的升级是指由单纯提供服务的契约关系向战略联盟与伙伴关系的发展，由于不到万不得已，一般不会更换服务提供商，经过长期的合作建立起来的合作伙伴关系会为双方的发展创造更大的价值，更有利于价值链的优化。服务价值链的升级是随着产业分工的不断深化来完成的。产业分工继续不断深化，服务外包会逐步发展并形成多种新兴的服务业。这些外包服务产业的成熟，以及服务提供商核心竞争力的建立，表明服务外包价值链在升级。

本章小结

金融服务外包是发包企业和接包企业的一种企业决策行为，从大部分有影响的案例来看，其持续的时间都比较长，即金融服务外包决策更多的是一种企业战略性决策行为。

在战略管理研究中普遍遵循的是两种分析逻辑模型，一是强调市场力量的开拓，二是强调效率提升。强调市场力量开拓所遵循的主流思想，一是波特根据产业组织理论S-C-P范式提出的五种力量模型分析和三种基本战略，通过确定市场地位，并采用相应的战略和建立壁垒以保持竞争优势；二是根据博弈论理论所构建的战略冲突模型，通过对竞争对手的行动研究以预测市场力量的变化，从而做出战略反应，调整自己的战略行动。另一种战略研究的逻辑思路来源于强调通过构建在企业层面（而非产业层面）的竞争优势，通过提高企业内或企业间的战略要素的使用效率来获取租金。这种战略研究的逻辑思路根据其对于企业与组织的看法不同又沿着两个方向拓展，一是资源基础观（RBV）与核心竞争力理论，重点考察企业通过创造性的资源集合与运用活动获取竞争对手难以复制的竞争优势；二是交易成本理论（TCT），重点考察企业通过降低交易成本以创造和获取价值的战略活动。

知识技术外溢是经济外部性的一种表现，也是发展中国家企业利用外国直接投资获得的最重要收益，它是跨国公司产业转移效应的综合反映。金融服务外包中更主要地体现在技术服务咨询、人才培训、组织管理技能和企业家精神培养等软技术的渗透和扩散。因此，即使加工发包方的非核心业务,也可以提高企业员工的业务水平；同时,金融服务外包需要双方企业的技术、管理人员进行大量的沟通和交流，相对于制造业的加工贸易而言，其具有更强的知识外溢效应，潜在地提升了承包企业的技术水平。

练习与思考

1. 交易成本发生的原因和特征是什么？
2. 如何用交易成本理论解释外包？
3. 核心竞争力理论从何起源？
4. 什么是企业核心竞争力？它有哪些特征？
5. 为什么说外包模式有利于培养企业的核心竞争力？
6. 波特竞争战略理论的核心内容是什么？
7. 价值链管理的概念与流程是什么？能获得哪些成效？

案例4.2

浙大网新：资源整合的胜利

浙大网新的发展历程

20世纪90年代末，中国著名的大学涌现了校办IT企业的热潮，北大、清华“血统”的一批企业表现尤为突出。然而，在中国江南的杭州，坐拥42 000余名本科生，12 000余名研究生,6 000余名博士生,素有“东方剑桥”之称的浙江大学却没有成为校办IT企业的领航者。这种情况也让陈纯、赵建、史烈等一批浙大的精英扼腕不已。

精英们的叹息很快转化为了行动，2001 年，经过一系列的资本运作，整合了浙江大学优势资源的浙大网新科技股份有限公司宣告成立（浙江大学为浙大网新最大股东）。2002 年，在美国金融领域的一个重大突破，获得了道富银行的重要项目，成为浙大网新的重要契机，也是浙大网新规模化发展的起点。时至今日，在上交所上市的浙大网新，已经成为一家拥有 4 000 人，年营业额达到 48.54 亿元人民币的公司。经过与客户近 10 年的磨合与成长，浙大网新已经成为中国金融外包生态系统中一个极具特色的个体。

浙大网新与道富银行的共同成长之路

合作背景

美国道富集团成立于 1792 年，现为全球最大的托管银行和最大的资产管理公司之一，托管的资产高达 19 万亿美元，管理着超过 1.9 万亿美元的资产。道富银行全球约有 5 000 名 IT 员工，管理着 700 多个业务应用，IT 相关支出约占到整个运营成本的 1/4。因此，道富银行也自诩为“一家拥有银行执照的技术公司”。

21 世纪初，道富银行需要用较低的成本获得更强的技术能力，希望效法与美国院校合作的模式，选择一所中国的院校共同建立技术中心。在 1986 年，浙江大学计算机系创始人何志均教授在一次学术会议上，结识了美国波士顿大学教授杰瑞，而杰瑞教授后来成为美国道富银行的 CTO。由于这层关系，拥有雄厚计算机技术科研实力的浙江大学获得了这个难得而宝贵的机会。2001 年，道富银行与浙江大学建立了一个联合技术中心，浙江大学的 3 名教授踏上了去波士顿的征程，开始了为期 6 个月的学习和交流，他们在学习道富银行金融业务知识的同时，也以技术经理的身份与道富银行的项目经理合作，参与了一些长期的软件开发项目。他们的这次旅程也开启了道富银行与浙大网新合作的大门，为浙大网新在金融服务外包领域的远航扬起了风帆。

合作方式及进化路径

2001 年 11 月，道富银行和浙江大学决定成立一个联合的技术中心——浙江大学道富技术中心，由 3 位教授和 15 位研究生组成 18 人的团队为道富银行进行金融软件的研究开发工作。

2002 年，机遇又一次降临。在世纪之交，道富银行已经从一家具备金融资产服务能力的商业银行发展成为全球重要的投资管理和服务机构。一些老旧的 IT 系统已经不堪重负，无法满足快速增长的业务需求。其证券交易执行系统为 20 世纪 80 年代开发的系统，已经无法得到支持，更为可怕的是，除了源代码几乎没有留下什么文档。道富银行也与一些全球赫赫有名的服务供应商进行了接触，如果要替换掉这套引擎大约需要 500 万 ~1 000 万美元，如此高昂的费用令道富银行的 IT 决策者非常纠结。本着尝试的态度，他们将这个项目交给了浙江大学道富技术中心。

项目团队经过约 6 个月的开发，改造和迁移了 70 万行的代码，补充了 700 多页的技术文档，提升了系统的处理容量 600%，提升了处理速度约 500%，并且使得系统的扩展性得到了极大的改善。更令人惊讶的是，取得如此瞩目成果的成本仅为 90 000 美元，不到重新购买一套系统成本的 2%。这个项目的成功，使得道富银行对于中国的交付和技术能力有了深刻的认识和良好的印象，也为技术中心和浙大网新迎来了新的发展机遇。

2003 年，在道富技术中心工作的一些博士和硕士生们行将毕业，迫切需要一个商业平台挽留住这些宝贵的人才，浙江大学通过浙大网新科技股份有限公司为道富银行设立了浙江浙大网新恒宇软件有限公司吸纳了这支为道富银行项目工作的团队。来自道富银行源源不断的需求，让这个成立之初仅仅不到40人的公司，用一年时间就迅速成长为100人的规模。

到2005年，道富银行与网新达成协议获得了网新恒宇100%的股权，团队和资产变为道富银行在中国的一个全球开发中心（State Street Technology Zhejiang Company），员工均为道富银行在中国的全职员工。与此同时，浙江大学道富技术中心仍然在同步运营，浙江大学的学生依然以学生的身份参与到道富银行的项目中。

2007年6月，道富银行与浙大网新成立合资公司——网新恒天，进一步深化了双方的合作。道富银行可以通过in－house、outsourcing和在校学生多种组合的、更灵活多样的方式解决人才的供给；同时合资公司也本地化及代销一些道富面向中国金融客户的专业IT产品，帮助道富银行拓展中国的市场。到2009年，道富浙江及合资公司网新恒天为道富银行全球提供了多达180个应用服务，其中十多个核心的系统100%在杭州进行开发和运维，人员规模也扩展到了1 000多人。

回顾浙大网新、浙江大学、道富银行三者之间的合作，经历了磨合期—BOT阶段[①]—CTP阶段[②]的三个历程。服务供应商、高校及买家三者之间的生态关系也经历了萌芽期、发展期和成熟期三个阶段，最终走向了一个和谐共赢的生态关系。

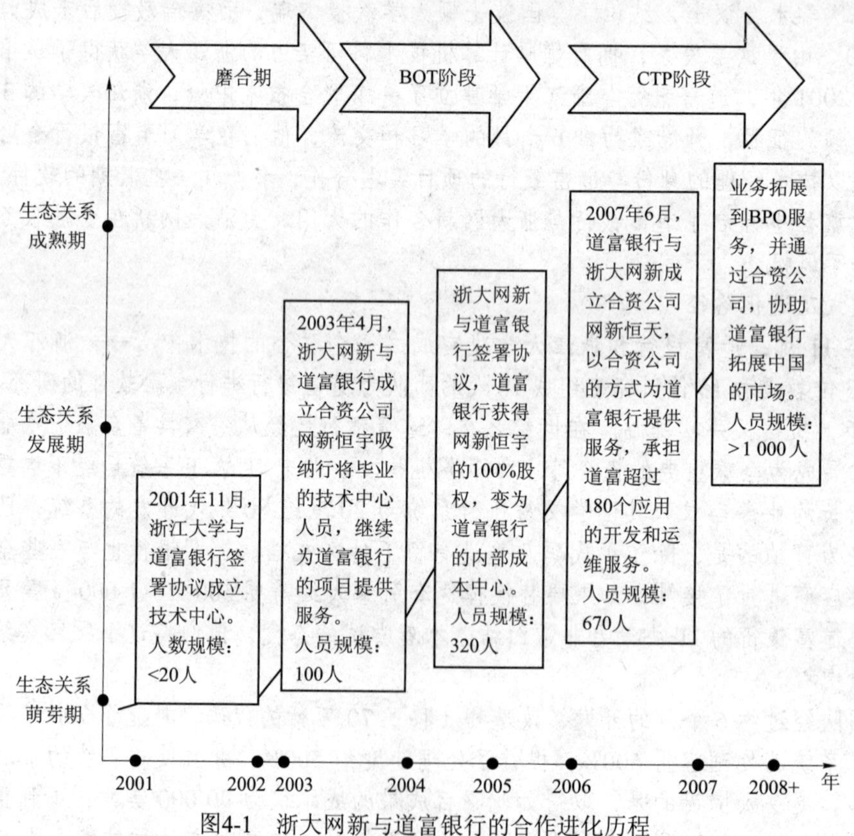

图4-1 浙大网新与道富银行的合作进化历程

① BOT：build operating transfer的缩写，指服务供应商帮助买家建设并运营支付中心，到一定阶段后再将交付中心转移给买家的模式。

② CTP：cost to profit的缩写，指服务供应商将自营的成本中心通过剥离、出售或者合资的方式，变为利润中心的模式。

经验总结

这是一次经典的整合资源的胜利，在将近10年的时间里，服务供应商、高校及买家建立起了一个和谐的生态关系，三方都依托于此生态关系在生态系统中获得自己最大的价值。

道富银行获得的价值

• 通过与院校的合作，以不到重新购买新系统2%的成本完成了旧系统的升级与改造。

• 通过 in - hourse、outsourcing 与在校学生组合的方式，大幅降低了自己的人才成本，同时提高了人才获取的弹性。

• 通过设立在中国的技术中心和合资公司，获得了拓展中国金融市场的良好市场口碑和拓展渠道。

"通过与浙江大学、浙大网新的战略合作，道富银行能够源源不断地得到国际一流技术人才，能够有更好地获得中国市场的机会，我们认为我们与浙江大学、浙大网新的关系是具有战略价值的。"

——道富银行执行副总裁兼首席技术官 Jerry Cristoforo

浙大网新获得的价值

• 通过与道富银行的合作积累了宝贵的高端金融外包行业的经验，迎来了历史性发展机遇，成为中国领先的金融服务 ITO 供应商。

• 随着与道富银行中国技术中心的共同成长，浙大网新的核心技术能力与团队规模都获得了长足的发展。

• 在欧美外包市场的拓展中，来自道富银行的客户推荐成为浙大网新非常重要的项目来源之一。

"通过跟道富银行的紧密合作，我们拥有了精通金融领域知识，具有一流项目管理和治理能力的专业化金融外包团队，为网新致力发展国际外包服务奠定了良好的基础。"

——浙大网新科技股份有限公司董事长史烈

浙江大学获得的价值

• 产学研结合，将浙江大学的巨大智力资源和技术优势转化为实际效益，提升了浙江大学在国际上的声誉和地位。

• 提升了浙江大学在金融信息技术领域的技术优势，使浙大成为研究和开发创新金融软件领域的国际领先者。

• 与道富银行和浙大网新的合作为学校的师生提供了良好的发展空间和平台，产生了良好的社会效益。

"浙江大学道富技术中心已经成为10年来浙江大学最成功、规模最大的产学研国际合作项目，培养了近千位具备软件技术和金融知识的复合型国际化的高级人才，基于丰富的工程实践产生了大量优秀的软件工程领域的研究成果。"

——浙江大学软件学院副院长、浙江大学道富技术中心主任杨小虎教授

（资料来源：南京财经大学（昆山），花桥现代服务业务研究院．金融服务外包生态系统研究．北京：中国金融出版社，2012）

第 5 章

中国金融服务外包发展

本章导引

近年来，我国金融服务外包呈现出一种势不可挡的发展态势，许多金融机构纷纷通过业务外包形式，将其自身没有或缺乏优势的金融服务委托给专门从事该项金融服务的公司来处理，以达到降低成本及实现专业化等战略目标。本章从我国金融服务外包的发展出发，分析了金融服务外包的发展历程、市场现状等，并针对我国金融服务外包业务发展的优劣势进行了分析。

5.1 中国金融服务外包发展历程

5.1.1 在岸金融服务外包发展历程

同全球在岸金融服务外包相比，中国的在岸金融服务外包产业才刚刚起步；同国际知名的金融机构相比，中国本土的金融机构在采购外包服务方面，正处于摸索的过程中。

对我国在岸金融服务外包业务的发展，主要可以从业务萌芽成长期、产业布局先导期、竞争格局拓展期三个阶段来梳理其发展历程。

1. 业务萌芽成长期

20 世纪 90 年代后期到 2005 年，可以被视为我国在岸金融服务外包业务的萌芽成长期。从 20 世纪 90 年代末开始，国内银行业率先拉开了数据大集中的序幕。数据大集中工程称得上是国内金融机构信息化建设过程中的一次革命。通过集中改造，国内的银行、保险、证券等行业机构，能够基于覆盖全国范围的大规模数据中心实现所有业务、所有网点的数据集中处理。数据大集中是一项涉及上百万从业人员、影响上亿客户的大型工程，对于中国金融外包产业也发挥了巨大的推动作用。在业务层面，数据大集中让原本错综复杂的金融业务网络重构为模块化、扁平化的服务，尤其促进了金融前后台业务的分离，在客观上为金融外包提供了重要动因；同时，在技术层面，数据大集中帮助金融机构建立起从分散到集中、从难以调度到自如控制的新的信息架构，使 IT 系统由原来的辅助支持的角色，上升为关系到金融核心业务成本与竞争力的关键战略，为金融外包被认知与接受提供了契机。2002 年到 2005 年，也是中国金融业改革全面启动的时期。银行、保险、证券混业经营逐渐普及，国有商业银行股份制改造和上市的试点工作也稳步展开。

例如，2001 年 7 月，深圳发展银行与 GDS（万国数据服务有限公司）签订为期五年的灾备外包服务协议。2002 年，通过招标，国家开发银行将 PC 等设备外包给了惠普公司。到 2005 年，国家开发银行的 IT 外包范围进一步扩大到应用系统开发、网络系统运营维护、灾备中心建设与运营维护、项目监理、咨询等七个类型的服务。2003 年 11 月，中国光大银行将其核心业务和管理会计系统的开发外包给联想 IT 服务，项目引进全球 ERP 市场占比例最高的 SAP 公司的产品。2004 年 2 月，国家开发银行与惠普的外包协议，是国内金融界首家整体外包案例。

2. 产业布局先导期

2005 年之后，我国在岸金融服务外包步入了一个新的发展时期——产业布局先导期。直到 2005 年，国内金融行业数据大集中工程基本宣告完成，买家群体步入了新的发展阶段。经过数据集中，金融机构更新 IT 系统的需求更加迫切，形成了新一代核心 IT 系统密集建设的高峰，也带动了金融 IT 外包交易的快速增长。而全国范围内的数据集中，使得金融机构内部的统一运营支持和共享服务更加可行，也对灾难恢复能力提出了更高的要求。国内金融业进入了一轮后台运营中心和灾备中心建设的集中时期，外包活动也变得更加活跃。与此同时，买家群体的心态开始趋于成熟，外包不再仅仅被当作削减局部成本的权宜之计，而开始被视为提升运营效率和改善业务流程的重要手段。交通银行等部分金融机构开始建立 CIO 机制，将 IT 规划和服务水平治理提升到关系核心业务竞争力的更高层面。从 2005 年以后，中国金融行业改革也进一步深化。主要国有大型商业银行相继完成了股改上市工作，混业经营的进一步普及推动形成了大型混合金融服务集团。体制改革使得金融机构业务剖新的活力逐步释放。

例如，2006 年，商务部启动了承接服务外包的“千百十工程”，确定的首批五个服务外包基地城市分别是大连、西安、成都、上海、深圳；2007 年年初，天津、北京、南京、杭州、武汉和济南被认定为第二批“中国服务外包基地城市”。金融服务外包依托大城市的“外包基地”概念，实现了飞速的发展。

3. 竞争格局拓展期

近年来，以服务外包、服务贸易为主要特征的新一轮世界产业布局调整正在兴起，此时期为竞争格局拓展期。全国代表性城市金融服务外包产业布局如下。

北京：定位为承接金融后台服务外包，以此为目标，构建金融服务业后台服务支持体系。为国内外的金融机构提供多层次、全方位的金融服务后台支持服务。并兴建了大量金融后台服务园区，总面积超过 10 平方公里。其中，依托中关村产业园兴建的泛中关村金融后台服务园区，秉承科技金融的创新理念，在全国最具特色。

深圳：作为金融业及信息化发达的城市，相继启动了龙岗区平湖街道金融后台服务基地和深圳科技园金融服务基地，前者定位于立足深圳、连通港澳的深圳金融业发展技术和业务支持基地，金融物流枢纽、金融产品研发促进基地和金融人才吸纳的培养技术基地；后者定位于以信息技术为基础的深港金融后台服务中心，以及金融信息技术创新中心。

天津：金融后台外包服务相对国内其他城市开展较早，为众多在津金融机构提供了涵盖票据、档案、信息、现钞“全方位、一站式”标准化或定制服务，其业务广度和深度均处于国内领先水平。目前，天津已吸引了包括渣打银行中国法人总部后台营运中心、中国农业银行北方客户服务中心、中国建设银行信用卡北方运营中心等多家金融后台机构落户。

杭州：在软件信息业和金融服务业上具有明显优势，近年来一直主攻金融服务外包，力求打造国际金融服务外包交付中心。在发展金融服务外包中，杭州重点发展金融软件外包、金融专业技术性外包和高端金融业务流程外包，建设金融支撑体系的研发基地和高端金融流程的服务基地。杭州还专门成立了金融外包联盟和对日、对欧美外包联盟，全力促进金融服务外包的发展。

上海：目前被视为我国承接国际金融服务外包潜在竞争力最强的区域之一。从综合环境和产业发展的成熟度而言，上海在金融信息服务的基地建设、企业集聚、后台服务、产业环境建设等方面均走在全国前列。2003 年开发建设的上海市金融信息服务基地是全国首个以金融机构后台服务部门为主要服务对象的金融信息服务机构集聚区，目前已集聚了众多金融机构后台服务部门，如中国人民银行支付系统上海中心、中国银联产业发展基地、中国平安保险全国客户服务及后援中心、招商银行信用卡中心等。

武汉：建成了城市主题产业园——光谷软件园（全国第二大智力密集区）。以主题产业园区开发和运营为主体，以建设项目产业链式综合专业管理与服务为特色，打造开发投资、建设管理、品牌营销、园区服务四大服务能力。其中的光谷金融港，发展定位是全国中部金融中心、国际金融后台服务中心。光谷金融港以“聚集金融产业链，创新城市综合体”为目标，旨在引入国内外金融机构，整合金融后台产业集聚发展核心要素，以金融机构降低后台运营成本为首要目标，实现金融机构后台中心集聚式发展，引领区域产业升级，打造全程金融产业链。园区内已引入多家电信运营服务商，拥有接驳国内、国际的通信网络，可以实现 24 小时全球同步商务办公，属于低碳主题产业园。设立于光谷金融港的后台中心，极具成本竞争优势，综合成本比长三角、珠三角、京津唐环渤海地区低 30% 左右，为入驻金融机构提供个性化、专业化的全程服务，可以满足不同类型、不同规模企业发展的空间要求。

总体来说，我国在岸金融服务外包呈现起步晚、成长快、后发状态，社会制度和法制环境近期不能顺利对接。存在人才瓶颈、知名度不高、国内国际竞争激烈等现状，但发展速度较快，发展定位明确，产业布局较好。

5.1.2 中国离岸金融服务外包发展

于 20 世纪 80 年代，随着改革开放政策的实施和中国香港、中国台湾劳动成本迅速提高，中国以其低劳动成本和基础设施的不断改善开始成为外国跨国企业生产制造环节离岸外包的主要承包地。中国企业则在参与国际商业运作的过程中不断学习和进步，从承接来料加工的劳动密集型外包业务起步向承接技术密集型业务迅速提升。

近年来，在全球金融服务外包市场体系中，中国正越来越受世人瞩目，由于在综合成本、基础设施建设、投资环境等方面具有优势，中国被认为会成为继印度之后的全球第二大金融服务外包中心。中国各级政府部门也出台鼓励措施，大力发展服务外包产业。各地也都在积极争取发展辖内的金融外包业务，建立专业服务园区，推出本地区的优惠政策。经过各方努力，中国在承接离岸金融外包业务方面已经取得了一定的成绩。一些跨国金融机构以自建方式推进在华外包项目，同时，中国也已经聚集了各路金融外包业巨头。本土的外包服务商大多数是从传统的软件公司或系统集成商转型而来，越来越多的本土外包服务商已经获取了国际认证或资质，从而逐渐缩小了与国外竞争对手之间的差距，有能力参与大型离岸合同的竞争。

毋庸讳言，中国是经济全球化的积极参与者和直接受益者。在全球化的离岸外包领域，中国是理想的承接地和受包方。制造业的离岸外包，我国的地位至关重要；服务业和 R&D 产业的离岸外包，我国的地位也举足轻重。

（1）制造业离岸外包，中国最受青睐。改革开放以后，中国的来料加工业便得到长足的发展。时至今日，中国在制造业领域已经成为全球公认的理想的离岸外包承接地。中国经济改革的实践赢得了全球制造业国际分工的重要地位。1995 年中国在全球制造业总产出中所占的份额为 5%，远低于美、日、德等国；到 2007 年则上升为 14%，与日本并列第二，落后于美国；2010 年达到 19.8%，跃居世界第一；2013—2016 年连续四年保持世界第一大国地位。中国制造的商品遍布全球：大到汽车、轮船，小到针头线脑，从家庭居所到办公地点再到公共场所，随处可见中国制造的商品，甚至教堂里使用的宗教礼器、圣物也是中国制造的。“中国制造”之所以倍受欢迎，因为它们价廉而物美。中国人力资源丰富，人力成本低廉，各种配套设施齐全，经济政策优惠，政治稳定，人文环境美好，因而作为制造业离岸外包的理想承接地而倍受青睐。令人欣慰的是，中国的制造业雄心勃勃，正在从加工制造环节向中高端制造推进，与 R&D 创新相配合，有望在不远的将来，在全球制造业价值链中占据更高的地位，从“世界加工厂”真正成为“世界工厂”。另外，中国在承接多元化的离岸外包项目的同时，也向相对发达的地区进行反向发包。在企业调研中了解到，中国机床制造业的不少关键部件多发包给美、日等发达国家生产；联想集团公司也曾基于战略发展的需要将大批制造合同离岸外包给中国台湾地区的企业。

（2）服务业和 R&D 产业离岸外包，中国很受期待。与强大的制造业离岸外包相比，中国的服务业和 R&D 产业的离岸外包在总量上要小很多；但与全球服务外包产业蓬勃发展的势头相比，中国的服务和 R&D 外包产业的发展同样有后来居上的趋势，中国很受期待。不少跨国公司在追逐利润和建立区域优势的驱动下把目光投向了中国，包给中国企业的 ITO 和 BPO 项目数和项目额逐年递增，势不可挡。中国各级政府也积极响应新一轮国际产业转移浪潮的召唤，在外包服务园区建设、软硬件服务设施配套等方面投入很大。可以预见，由于中国有完整的产业体系、强大的配套能力、广阔的市场前景及丰富的人力资源储备等优势，中国的服务外包产业将赢得广阔的生存空间，在全球服务外包市场的地位不断提高。目前由于专业 R&D 承包商群体的出现，市场需求和供应两旺，R&D 全球化势头迅猛，研发产业的离岸外包快速增长，从发达地区包往印度、中国等欠发达地区的比重不断增大。研发项目的创新程度和授权程度都在增加。世界范围内，印度是研发离岸外包的主要目的地，中国、菲律宾、爱尔兰、瑞士等国家也很受青睐。尤其是中国，因其特有的经济实力、庞大的人才市场和不断优化的商业环境等因素，在 R&D 全球化进程中占得先机。

5.2 中国金融服务外包市场

5.2.1 中国金融服务外包发包市场状况

1. 中国金融服务外包以境内发包商为主

近年来，境内金融外包市场逐步成熟，发包主体涵盖了银行、保险、证券、财务公司、信托等金融业各个领域，其中主要集中在银行业和保险业。表 5-1 显示了一些金融机构外包项目的情况。

表5-1 部分国内金融机构外包项目

编号	金融机构	外包项目	服务供应商
1	国家开发银行	核心IT系统集成	文思创新
		系统集成与开发	神州数码
2	光大银行	应用软件开发及维护 IT咨询	软通动力
3	招商银行	系统开发、升级及维护	文思信息
4	中国民生银行	银行卡业务	银联数据
5	中国人寿	文档影像数据处理	浙大网新
6	中意人寿	寿险理赔解决方案	华道数据
7	安邦保险	电子商务平台建设	软通动力
8	英大信托	系统开发及实施、IT规划	软通动力

资料来源：根据相关外包服务供应商网站的信息整理而得。

2. 银行业发包状况

从我国银行的不同类型看，股份制商业银行占据较大的后台服务外包比例，其次是国家开发银行和四大国有银行。从外包业务类型看，银行外包业务主要集中在ITO和BPO领域，KPO涉及范围还比较窄。银行ITO业务主要包括软件开发、银行信息系统管理、系统备份、灾难恢复、应用系统开发和维护等；银行BPO业务主要涉及信用卡外包、财务外包、人力资源外包、后勤保障外包、呼叫中心外包等；银行KPO业务目前主要包括数据信息分析、研发外包等。

3. 保险业发包状况

我国保险业务增长速度较快，未来将可能成为全球最大的保险市场，释放巨大的外包需求。目前保险业外包以ITO为主，BPO、KPO业务将伴随着保险业的迅速发展而得到广泛应用。保险业的ITO业务主要集中在保单出单系统、财务系统、风险管理系统等IT系统的建设规划；保险BPO业务主要包括新契约录入、保单打印、保单送达、定损、理赔等非核心业务，核保等核心业务并未选择外包；保险KPO业务主要涵盖保险精算、保费调整等。

4. 证券业发包状况

随着证券业的快速发展和证券市场的激烈竞争，特别是中小证券公司为了降低成本、提高服务质量，会选择将越来越多的后台业务外包给专业服务供应商来处理，证券业外包将是未来金融服务外包的一个发展趋势。现阶段，我国证券业外包主要涉及ITO和BPO，KPO业务较少，具体内容包括，集中交易系统等软件系统的开发和维护、呼叫中心、结算、各类增值服务及业务培训、证券托管服务等外包。

5.2.2 中国金融服务外包接包市场状况

1. 承接金融服务外包以在岸为主，离岸为辅

（1）在岸市场占主导地位。目前国内金融服务提供商的服务对象主要是国内客户，这与印度外包市场高度依赖海外市场的发展模式完全不同。2010 年金融 BPO 市场规模在岸与离岸之比为 10∶1，国内金融业 IT 合同有 86% 是本地发包商。在前 20 家国内金融服务提供商中，只有 6 ～ 7 家公司以离岸外包为主，其余绝大部分主要承接国内金融机构后台业务（见表 5-2）。

表5-2　2010年我国服务外包企业最佳实践前20强

排名	企业名称	业务类型
1	文思信息技术有限公司	在岸、离岸相当
2	东软集团股份有限公司	离岸为主
3	海辉软件（国际）集团	离岸为主
4	软通动力信息技术（集团）有限公司	在岸、离岸相当
5	浙大网新科技股份有限公司	离岸为主
6	东南融通	在岸为主
7	药明康德新药开发有限公司	离岸为主
8	华道数据	在岸为主
9	大连华信计算机技术股份有限公司	离岸为主
10	中软国际有限公司	在岸为主
11	索迪斯	在岸为主
12	浪潮集团有限公司	在岸为主
13	新宇软件（苏州工业园区）有限公司	在岸为主
14	北京立思辰科技股份有限公司	在岸为主
15	成都颠峰软件有限公司	在岸为主
16	北京华盛天成科技股份有限公司	在岸为主
17	大展集团	离岸为主
18	信雅达系统工程股份有限公司	在岸为主
19	中讯软件集团股份有限公司	离岸为主
20	大庆市华拓数码科技有限公司	在岸为主

数据来源：中国外包网。

我国的金融外包还有很大市场空间。随着国内金融机构关注核心业务的创新发展和整体经营效益的提升，开始越来越多地尝试外包。此外，与国际金融机构相比，国内金融机构信息化起点低，在金融业务流程方面仍存在人才、经验和技能缺口，也更多地采用与服务提供商的战略协作方式，这些都加快释放国内金融机构的外包需求。

（2）离岸市场逐步开拓。随着我国金融业对外开放步伐加快，跨国公司金融机构转移速度加快，以及国内金融服务供应商能力的提升，未来时期，金融外包离岸业务规模将逐渐扩大。目前，我国金融服务离岸发包市场主要集中于日本、北美、西欧等发达国家，日本和美国是我国两个最大的离岸市场。

2. 金融服务外包业务结构以ITO为主，逐步向BPO、KPO延伸

从业务类型来看，金融ITO市场规模最大，业务范围最广，已遍及整个金融业；金融BPO发展速度较快，规模仅次于ITO；金融KPO将成为新的增长领域。国际数据公司IDC发布的数据显示，2015年中国银行业工厂解决方案市场的整体规模为225.2亿元人民币，较上一年增长23.5%，保持稳定增长的良好态势。

近年来，金融BPO业务规模、业务种类逐渐扩大，已经从简单的单据录入、数据处理等低端业务向研发设计、客户服务、财务会计、理赔等高端业务过渡。同时，金融KPO业务也有一定程度的增长。以银行业为例，其对软件和服务的需求规模占比日益提升。随着金融企业需求层次的提升，除IT基础设施服务外，BPO和KPO都将成为新的增长源，如泰康人寿和新华人寿的电话营销中心均采用IT外包的方式。一些保险机构和基金管理机构在外包IT业务的基础上，逐步扩展到外包战略管理、法律服务、投资管理、基金单位定价及托管、核保和理赔、人力资源、财务管理等。

3. 我国金融服务外包企业发展状况

1）金融服务外包企业呈现金字塔结构

目前，我国金融服务外包企业主要有三种类型：（1）国际金融服务外包公司，如：埃森哲、HP、IBM、FDC、TCS、凯捷、Unisys、Infosys、Wipro、塔塔、萨蒂扬等；（2）本土金融服务外包公司，如万国数据、华道数据、银联数据、文思创新、浙大网新、东软、博彦科技、中软国际、海辉软件、软通动力、东南融通、中讯软件等；（3）国内外金融机构的自建中心。由此形成了金字塔型结构，最上端以国际巨头为主，中间层次以我国本土企业为主，第三层次则是以众多的中小型国内企业为主。

2）跨国金融服务外包企业示范效应明显

随着外资银行、保险、证券等金融机构进入我国的速度加快，将带来国际服务提供商的跟进。跨国服务提供商通常具有很强的业务流程咨询能力、IT系统实施能力，外包项目以涵盖复杂环节的整体流程外包为主，发包商与接包商形成了长期稳固的战略合作关系。跨国服务提供商带来了成熟的外包运营模式和管理理念，对本土服务商产生示范效应，提升了整体服务质量。

3）本土金融服务外包企业市场开拓能力增强

一方面，以文思创新、软通动力、博朗软件等为代表的一批企业国际市场开拓能力明显增强。他们依靠同欧美等跨国IT企业的合作，获得了产品本地化、软件测试等离岸业务，从而获得更多的欧美离岸外包机会。从企业文化、语言能力、服务交付标准等各个方面，积极同欧美市场对接，正获得越来越多的欧美金融机构认可。从市场前景来看，美国企业倾向多国外包的动机，为我国供应商进军欧美市场提供了机遇。另一方面，以华道数据、万国数据等为代表的一批企业，通过专注国内市场不断充实自身的竞争优势。这类供应商长期同国内金融机构保持良好合作，建立了牢固的地位与影响力。在发展国内市场的同时，将逐渐开拓海外市场，支撑企业新的成长。万国数据是国内起步最早、规模最大的数据中心专业化服务公司，是我国灾难恢复服务外包的领军企业。目前，已经在北京、上海、广州、深圳、成都等地运营管理多个数据中心，开创了国内银行、证券、保险外包服务先例。

4）金融外包价值链不断攀升

我国金融外包企业逐渐拓展价值链高端业务。如，中讯软件公司通过长期承接日本大和证券等金融机构的外包业务，由简单编码逐步扩展到需求分析、概要设计、系统维护领域，并形成了面向银行、保险、证券等行业性的解决方案。一些金融服务提供商已经逐步通过服务创新提高附加值，主要表现为拥有更先进的服务理念、更多元化的服务模式、更强的交付能力，以及提供更高附加值的咨询业务。

5.2.3　中国金融服务外包区域布局状况

近年来，国内各大银行、国际金融机构越来越多地设立后台服务中心，促进了金融外包快速发展。全国有众多城市提出建设金融后台服务中心，其中北京、上海、杭州、苏州、深圳、广州、大连、成都、西安、武汉、天津、济南、南京、重庆等城市发展较快，并逐步形成特色。北京、上海以承接高端金融业务和研究为主；大连、深圳、广州主要承接日、韩等国和我国香港的金融服务外包；天津、杭州、南京以承接国内金融服务外包为主；成都、重庆、西安、武汉、长沙、济南、昆山等城市具有明显的成本优势。这些地区的发展经验是，政府政策大力支持，通过建设金融服务外包园区或基地，引进和培育金融外包企业，培养金融外包人才，推动金融外包快速发展。

5.3　中国金融服务外包发展特点

全球金融服务外包的蓬勃发展为我国提供了两大机遇：一是根据 WTO 协议，随着我国银行业的全面开放，越来越多的金融机构在华设立外包服务中心，为国内金融服务外包商提供了发展机会。二是国内金融机构也越来越多地借鉴国外同行的成功经验，选择合适的外包商，将非核心业务剥离，提高自身经营效率。但总体而言，目前我国金融服务外包发展仍处在起步阶段，发展潜力巨大，并呈现以下发展特点。

第一，我国金融服务外包行业还处在比较初级的阶段，参与服务外包的机构的实力比较弱。

我国正在进行产业结构调整，总体来说，我国的第三产业的发展仍然处于比较初级的阶段，这就导致我国的金融业和服务业整体水平较之发达国家还有不小的差距。我国的金融服务外包行业目前是以承包为主，以金融信息技术外包为主，以提供较为低端的金融服务为主，以金融业务流程外包为辅，以提供较为高端的金融服务为辅。但是随着近些年来的发展，我国金融服务承包商中出现了一些实力不俗的企业，如华道数据，主要从事离岸外包业务，提供的金融服务有保险业后台解决方案、银行后台解决方案、财务会计共享等业务。华拓数码是我国最早成立的、规模最大的提供数据扫描及相关配套业务的金融外包企业之一。这些企业的实力正在逐年增强，规模逐渐增大，业务水平逐年提高。

但是，我国的这些公司与国外一流的承包公司相比，差距依然十分明显，如美国的 IBM 公司，在全球 160 多个国家开设分公司或是服务中心，区域覆盖北美、欧洲、亚洲。又如埃森哲公司是从事管理咨询和技术服务的外包企业，在全世界 50 多个国家设有分支机构，全球员工达到 18 万余人。除了这些来自发达国家的外包公司，我国在国际服务外包市场上的主要竞争对手印度也有很多从事金融服务外包的世界级大型外包公司，如位于全球著名的服务外包城市印度的班加罗尔的 Infosys 公司，在世界 500 强企业中名列前茅，全球员工已达 10 万多人。由此可以看出，我国承接金融服务外包的企业要想赶上这些国外大型公司的规模和实力，还有很长的路要走。

第二，我国本土金融服务外包企业承接的业务比较低端，附加价值也比较低。

金融服务外包行业所涉及的业务主要有三种，即信息技术外包、业务流程外包、知识处理外包，这三个层次技术含量不同，附加值不同。由于我国的金融行业发展时间较短，金融企业作为发包商所外包的业务都是较为基本的一些信息技术外包，承包商由于实力和规模都和印度等国家有差距，所以承接的金融外包业务也基本都属于较低业务层次。有些实力较强、规模较大的企业也承包一些业务流程外包方面的业务。但总体来看，在我国承接大多数业务流程外包和知识处理外包业务的都是国际上大型跨国公司或金融企业在我国的分支机构。由于我国企业的接单能力较差，许多承包的业务都不是直接来源于国外的金融企业，而是从这些企业在中国的分支机构中获得的，使得我国在这些业务上损失了一部分利润。此外，我国企业与发包商的合作并不深入，也就是说我国大部分的企业与发包商的合作关系仍停留在简单的承包发包上面，没有形成深入的战略合作关系。因此，我国的企业在提高自身实力的同时，还要与国际标准接轨，更要加强与承包商的深入合作，这样不仅能够拓宽市场，还能形成更为稳定和长期的合作关系。

此外，我国金融企业的发包业务主要集中在IT领域，从行业总体上来看，外包的规模和范围还都比较狭小。近年来我国的金融公司在选择承包商时已经将眼界从国内公司转向了国际知名的服务外包公司，如国家开发银行将IT硬件和软件系统维护承包给惠普公司。我国金融企业的发包业务大部分属于较为低端的业务流程外包和信息技术外包，整体发包经验不足，市场也不是很完善，但是越来越多的金融企业将自身推向外包市场推动了我国的金融服务外包市场的发展。

第三，我国金融服务外包产业和业务流程外包及信息技术外包相似，金融服务外包产业向重点城市和区域布局。

由于金融服务外包主要涉及金融领域和IT领域，因此在金融和IT业比较发达的城市发展尤其迅速，如我国的北京、上海、大连三个城市就占有我国金融服务外包发展业务量的一半以上。我国二线城市近年来金融服务外包发展同样迅速，如杭州、南京、成都等城市。这些在信息技术外包和业务流程外包领域上发展较好的区域和城市，在金融服务外包领域同样发展势头良好。不同的区域和城市有着各不相同的优势，一线中心城市，如上海、北京、深圳、广州，这些城市以较为高端的金融服务、咨询业务为目标；而天津、杭州、南京的金融业发展快，信息技术基础较好，适合发展金融服务外包中的信息技术业务；像武汉、济南等城市人力资源丰富，成本较低，信息技术发展良好，适宜作为我国金融服务外包产业的后备基地，成为我国金融服务外包产业的坚固后方。

总体来说，我国已经形成了特点鲜明、各具优势的四类外包城市。第一类是外包战略中心城市，包括北京、上海和广州，以金融服务中心、高端咨询和研究为主。第二类是生产工厂型城市，包括天津、杭州、南京，由于同上海或北京相邻，主要承担基础框架生产的工作，成为国内外包产业的生产工厂。第三类是具有国际地缘优势的外包业务中心，包括大连和深圳。第四类是成本优势外包中心，包括西安、武汉、济南、成都等，主要以二线城市为主。

第四，我国本土的金融服务外包企业主要承接本土的金融机构的外包业务和少量国外金融企业的金融业务。

当前我国金融服务外包仍以在岸外包为主。中资金融服务外包提供商中，绝大部分仍以承接国内金融服务机构的外包业务为主。海外跨国金融机构和国际大型服务外包提供商在中国设立的外包机构和基地中，以我国排名靠前的 50 余家外资控股金融服务外包提供商为例，在完成本机构分派的分包业务的同时，还大量承揽中国金融机构外包订单。

从我国承接离岸金融服务外包的区域分布看，主要承接的是日本、韩国等邻国的近岸外包。国内较具代表性的服务外包企业中，软通动力日韩业务占 65%，欧美业务只占 35%；大展集团日本业务占 1/3，是最大的一块，其后依次为北美、欧洲和中国；东软对日外包业务占 90%，欧美业务只占 10% 左右。

目前，在我国的金融服务外包市场上有三类从事金融服务外包的公司：一是我国本土的从事金融服务外包的企业；二是跨国金融公司在中国建立的分支机构，三是跨国服务外包公司在中国建立的分支机构，如惠普全球软件服务中心、IBM 科技有限公司等，这些公司由于知名度高，企业实力强，软件硬件设施完备，因而对金融服务外包发包商的吸引力较大。三种类型的企业发展状况不同，我国的本土企业实力和规模较小，而其他两种类型的企业规模和实力强于我国的本土企业，因而占据了大部分附加值较高的业务流程外包和知识处理外包业务。从事服务外包的跨国企业有着享誉世界的声誉、雄厚的财力和技术基础，客户数量大，订单金额高。而金融机构在我国的分公司又有着天然的客户来源，这些机构会承接母公司在全球或者特定区域和国家的金融服务支持业务，同时也承接一些中国企业的外包业务。由此可见，我国的本土的金融外包企业面临着较大的生存和竞争压力。

第五，随着国际产业转移加快、发达国家和国内金融离岸外包需求增加，我国服务外包业已步入快速发展轨道。

从服务外包业增长来看，我国服务外包业呈现高增长态势，目前离岸外包规模仅次于印度居世界第二位。2011—2015 年服务外包合同金额以 447 亿美元增长到 1309 亿美元，年均增长 31%。从我国大型金融服务外包企业营业收入变化看，大部分以金融服务外包为主业的外包公司，年均增速都在 100% 左右，而印度软件外包企业年均增速为 30% 左右。从我国大型金融服务外包企业人员规模变化看，也呈现出快速扩张的局面。从我国大型金融服务外包企业分支机构数量和地域分布变化看，无论是以金融服务外包为主业的公司，还是兼营金融服务外包的企业；无论是以在岸外包为主的外包公司，还是以离岸外包为主的外包公司，虽然设立时间普遍不长，但网点铺设速度很快，不仅在国内重点城市广泛布点，而且在发包方最集中的欧美和日韩等设立了分支机构或办事处。如华拓数码、东南融通、文思创新、软通动力等，在国内的沿海发达城市和美国、加拿大、澳大利亚和日本等都设有分支机构。随着我国金融外包业务发展速度的加快及发包主体范围的逐渐扩展，我国金融服务外包市场规模会越来越大。

第六，我国金融服务外包未来发展具有较强的竞争优势。

我国在承接金融服务外包业务方面具有以下竞争优势。一是我国社会政治稳定，经济持续快速发展，投资环境良好，集聚了众多金融服务外包机构。目前我国既有埃森哲、IBM 等世界著名的 BPO 公司，也有如 Infosys、塔塔等来自印度的公司。二是我国拥有大批专业技术人才，人才储量大。三是我国在人力资源、能源、基础设施方面享有较大的成本优势。四是我国拥有良好的基础设施，特别是在电信、交通领域基础设施堪称一流。五是我国拥有广大的国内市场，跨国公司纷纷在我国建立起客户群，香港和上海正在成为整个亚洲的金融中心，以市场带动的服务外包趋势势不可挡。六是我国在地理位置上处于亚洲的中心，经济发达的日本和韩国都靠近我国，文化相似，日、韩两国企业发放金融外包业务首选是我国。目前，上海、北京、深圳等金融发达城市及邻近上海的昆山已先后规划建立了金融服务外包基地。上海率先于2005年7月将上海银行卡产业园确定为上海市金融信息服务产业基地，商务部和上海市政府陆续出台了鼓励政策，着手将其打造为国内首家金融外包业务示范基地，并把上海建成国际跨国金融机构的亚太总部所在地和服务全球的后台基地。近年来，外资银行亚太区外包中心正在逐步向上海转移，在沪外资银行尤其是大型银行和专业性较强的银行，已经在境内投资关联公司开展外包业务，业务种类和业务量都在逐步增加，这些分行或公司，将被打造成外资银行亚太区服务外包的操作中心。北京、深圳、昆山也先后规划建立了朝阳区金盏金融服务园区、罗湖金融配套服务中心和花桥国际商务城。上海、北京、深圳、昆山已成为我国金融服务外包发展的重要基地。

5.4 中国金融服务外包发展优劣势分析

5.4.1 中国金融服务外包发展优势分析

金融服务外包的发展与信息技术外包和业务流程外包关系紧密，而我国的信息技术外包和业务流程外包正在飞速发展，而且潜力巨大。此外，我国金融服务外包市场发展空间巨大，近年来金融外包总额增长加快，金融业快速发展使后台服务大量释放，通过后台业务的分离及科技的创新使金融服务外包得到更快的发展。信息技术外包和业务流程外包发展的优势同样也是金融服务外包发展的优势，我国的政治稳定，经济发展平稳快速，人力资源丰厚，人力成本低廉，通信网络的技术设施较为完备，我国有着广阔的内需市场。这些优势都在促进我国金融服务外包的发展，此外，由于金融服务外包指向的是金融业，因此一个国家或者地区的金融业发展状况同样影响金融服务外包的发展，近年来我国金融业稳定发展，经过几十年的建设，我国形成了比较健全的金融体系和制度，我国金融体系的主体是商业银行、证券公司、保险公司，同时我国还建立了中国银行业监督委员会、中国证券监督委员会、中国保险监督委员会等监督管理机构来维护和监管我国的金融业发展。我国的银行业现在由4大国有控股银行、13家股份制商业银行及其他的城市银行等组成，经过多年的发展，我国的4大国有控股银行全都成为世界前500强企业。我国的保险业同样发展势头良好，2010年我国保险业的收入超过1万亿元人民币，我国的中国人寿、中国平安这些中国保险企业的领军品牌都位于世界500强企业的前列。我国金融业经历过东南亚金融危机和美国次贷危机的洗礼，并且在两次金融危机中表现稳定，都是安全渡过危机，表现出强大的稳定性。金融业的稳定快速发展是我国金融服务外包业发展的强大动力。

（1）生产要素。在基础设施方面，我国的基础设施建设如网络规模、通信系统和交通运输等都达到了较高的水平。基础设施建设的飞速发展，极大地削弱了服务外包的时空限制，大大拓展了服务产品的地域范围。

在人力资本方面，我国拥有丰富的、成本低廉的劳动力，但人才结构比较失衡。其中，拥有超过200万日语、韩语方面的人才，具有其他国家难以比拟的优势。麦肯锡调查发现，在劳动力服务质量或者差距允许的情况下，发达国家发包商通过离岸服务外包选择发展中国家提供服务，可获得65%～70%的成本节约。同时，因为金融服务外包是一个比较新兴的产业，硬件和诸如人才模式、理念等软件方面还不够完善，导致具有相应的行业背景、专业技能过硬、管理经验丰富的复合型高级外包人才相对匮乏。在技术方面，云计算、移动商务等新技术的应用，加快和推动了金融业资源的整合与外包服务的创新。外包服务供应商可以在云计算的平台上，细化一些新的产品和服务，能够更好地服务金融机构。

（2）需求。金融是现代经济的核心，是经济发展的加速器。在金融资源重新配置过程中，可以按产业结构的调整、经济增长方式转变的现实要求，把未来的资源应用到当今的经济转型中。当前，混业经营的全能型金融集团已成为中国金融行业发展的一大趋势，业务内容创新与服务模式创新将会层出不穷，我国金融外包产业将会迎来一次行业的黄金发展时期。依据《2012—2015 年中国金融外包行业市场前瞻与投资战略规划分析报告》分析，我国的金融外包服务正从以后台集中外包为特征向以前台营销业务外包为特征过渡，业务机会增多，发展潜力巨大。

（3）关联和辅助产业。软件和信息技术服务业与金融服务外包业息息相关，金融服务外包业的快速发展，离不开软件和信息技术服务业的技术支撑。“十二五”期间，我国的软件和信息技术服务业致力于在拥有自主知识产权的基础软件、业务支撑工具和核心技术上取得重大突破，技术水平和产业化能力进一步提高，在应用领域提供放心、安全和可靠的解决方案。软件开发与测试等方面的水平的提高，有利于信息技术的业务流程外包及研发服务、知识产权服务等知识流程外包向规模化、高端化方向纵深发展。

（4）企业战略、结构和同业竞争。在市场方面，金融服务外包行业由于所处市场的特殊性，进入障碍大、成本高，竞争还不够充分；在交易主体上，我国本土金融服务外包供应商与发包方之间的关系仍处于浅层次的短期合作，主要以承接低端业务、提供低成本的人力资源和基础设施等服务外包为主；同时发包方基于公司秘密的需要和对中国本土金融服务外包供应商的服务能力和水准存在疑虑，倾向于将一些操作性、层级较低的业务外包给供应商。因此，合作双方尚未建立起较高层次的战略性、联盟性合作模式。

（5）机遇。经济全球化、区域合作化及贸易一体化，使得全球离岸金融服务外包业务加速向成本更低的发展中国家转移。早在 20 世纪末，印度就已经开始大力发展本土的金融服务外包业务，逐渐成为世界上最大的承接国。然而，2008 年的金融危机爆发后，市场有向成本更低的中国进行迁移的趋势，这给中国金融服务外包业务的发展提供了千载难逢的机遇。另一方面，未来全球金融秩序的调整也给中国金融服务外包业务带来了良好的机遇。预计未来 10 年内，随着中国综合实力的不断强大，以及“金砖五国”的发展壮大，发展中国家争取国际金融秩序的诉求不断增强，全球金融业将面临较大的变革，这在一定程度上给我国的金融服务外包业务发展提供了巨大的成长空间。

（6）政府。我国政府十分重视服务外包的发展，先后确定了广州、深圳等服务外包示范城市，并从电信、金融、税收等方面出台了多项政策，大力支持金融服务外包产业的发展。如 2009 年 3 月，工信部下发了《关于支持服务外包示范城市国际通信发展的指导意见》，该意见鼓励基础电信企业创新服务模式，优化资源配置，从网络设施建设与维护管理等方面为外包企业和园区提供优质高效的通信服务保障；2009 年 9 月，银监会发布了《关于金融支持服务外包产业发展的若干意见》，提出要加大金融对产业转移和产业升级的支持力度；2010 年 7 月，财政部、国家税务总局和商务部联合下发了《关于示范城市离岸服务外包业务免征营业税的通知》，规定从 2010 年 7 月 1 日起至 2013 年 12 月 31 日，对注册地在 21 个示范城市内从事离岸服务外包业务的企业取得的收入免征营业税；2013 年 2 月银监会印发了《银行业金融机构信息科技外包风险监管指引》，指出银行业金融机构应当建立信息科技外包管理组织架构，制定外包管理战略，定期进行外包风险评估，通过服务提供商准入、评价、退出等手段建立及维护符合自身战略目标的供应商关系管理策略；2016 年 7 月下发《中国银行业信息科技“十三五”发展规划监管指导意见（征求意见稿）》，要求银行业金融机构健全完善信息科技外包管理机制，提升外包风险管控水平；2017 年 6 月人民银行发布了《中国金融业信息技术“十三五”发展规划》，提出加强金融监管部门间、金融机构间合作和资源共享，规范外包服务，鼓励金融机构联合同业及其他行业单位开展交流合作。鼓励金融机构间加强合作和资源共享，研究建立金融机构、高校研究机构和科技公司共同参与的交流合作机制，构建高端金融信息技术智库。

5.4.2 中国金融服务外包发展劣势分析

1. 金融服务外包业务发展不平衡

当前我国金融服务外包业务还局限于对金融 IT 的业务外包，不仅如此，我国整体金融服务外包的业务范围就很有限。这一方面是由于当前国际上服务外包是一个新兴行业，另一方面还是由于我国自身经济等多方面的综合原因。由于金融 IT 服务外包的技术成本过高，因此金融机构在选择外包时，IT 外包的主要吸引点就在于对于企业成本的降低。但是，由于我国整体上对于金融服务外包的认识不足，并且我国自身金融 IT 外包人员的技术水平有限，因此金融 IT 业务外包在我国的发展还需克服很多困难。尽管我国四大国有银行具有雄厚的资金支持，对于金融 IT 外包项目并没有成本上的问题，但是，需求者自身的 IT 业务人员就具有相当雄厚的技术实力，在 IT 系统维护和软件开发上具有较高的技术水平，对于银行核心业务的 IT 系统，由于存在保密性，银行难以外包，而对于银行的非核心业务，金融外包企业与银行自身的业务水平差距较大，致使银行最终仍是选择自己解决，因此，在寻求外包方时过高的标准定位就致使金融外包企业无法承接业务。相对而言，承接金融外包业务较多的是大中型非国有控股的商业银行，地方性银行由于资金有限，金融外包的成本并不能对这类银行构成吸引力，因此，我国整体的金融服务外包结构存在发展失衡。

2. 金融服务外包市场体系不够完善

现在我国金融外包市场上较为活跃的外包承接企业主要为外资或是合资的大型 IT 企业，而我国的本土企业相对较少，这主要是因为我国本土的金融外包企业的业务水平仍然有限，相对于国际上金融服务外包发展较为成熟的大型跨国企业，我国的发展水平还是相对落后的。一方面，由于我国的金融外包行业也处于起步阶段，国家还没有对金融服务外包，乃至整体服务外包行业制定较为权威的行业标准与规范，这就致使众多的外包企业在业务完成质量上参差不齐，有高有低。没有统一的国际化标准，对金融服务外包有需求的企业就无法准确地确认我国金融外包承接企业所完成的服务质量，因而对我国的本土企业失去信心。另一方面，由于我国没有在服务外包行业设有相应的监管机制，而针对金融领域的外包业务，保密性、金融知识产权等方面的监管措施是十分重要的，我国金融外包企业由于缺失统一的行业监管，致使发包方的利益无法得到合理的保障，当出现各种纠纷时，无法通过相关的法律规定进行裁决而导致双方由于不必要的问题而耽误过多的精力与财力，因此出于对防御风险与处理纠纷机制的考虑，发包方也将谨慎选择我国金融外包企业作为服务的承接方。

3. 金融服务外包市场开放度相对较低

当前我国的金融市场的市场准入机制仍然很不健全，只允许少数的银行办理离岸业务，这样的市场制度导致大多数中资银行是无法进入离岸金融市场进行业务往来的。我国在金融服务外包方面仍是领域中的初学者，有很多方面仍需要向国际上在金融服务外包领域拥有先进技术与管理水平的大型企业学习，因此离岸金融服务对于我国金融服务外包的发展是有促进作用的。通过在离岸服务过程中，与海外金融机构的业务往来与合作，促使我国的银行等金融机构在实践中增强金融服务的综合素质，提升我国的金融品牌在国际上的影响力，对我国发展金融服务外包具有积极意义。

4. 金融服务外包风险监管水平较低

金融服务外包由于其本身的特点，因此在伴随着低成本优势的同时也蕴涵着巨大的风险，这些风险包括外包失败的风险、外包收益分配的不确定性风险及违约风险等。面对种类如此繁多的外包风险，我国的金融服务外包市场机制仍然很不健全，没有统一的监管机制与风险防范机制，这样的现状导致很多因我国低成本优势吸引而来的外包发包企业也为此望而却步。而国际上对金融外包企业早已制定了相关法律条文进行约束与规范，我国金融服务外包的风险监管体制与国际上的明显差距将严重阻碍我国金融服务外包的发展。

5.5　中国金融服务外包发展趋势

1. 金融产业生态化趋势释放大量服务外包机会

随着中国金融业的快速发展，金融业呈现出核心业务和非核心业务、前台业务和后台业务、标准流程业务和非标准流程业务加快分离的趋势，原有自主运营的产业链正逐渐向专业化方向发展。国内金融机构开始更多关注自身核心业务的发展创新和整体经营效益的提升，逐步形成了金融机构专注核心能力、服务供应商提供其他专业服务的金融产业链生态环境。这种生态化趋势为提供专业化服务的服务外包提供商提供了更多的发展机会。

2. 金融业转型使得金融服务外包发展呈现多元化趋势

随着服务智能化、技术工程化等趋势及日益激烈的市场竞争，金融机构亟需整合内外资源，推动商业模式改革和产品升级，促使金融服务外包的业务范围不断扩大，层次进一步提升。主要表现为：外包由低端业务向高端业务、后台业务向前台业务、非核心业务向核心业务延伸拓展的趋势；金融服务外包企业的服务对象也由传统的金融机构向所有开展金融业务的企业，如电子支付、财富管理咨询、金融社交商等扩展；很多中小金融机构，包括社区银行也开始将其客户呼叫中心、应付账款服务、支票图像复制、数据录入管理、ATM 机服务、E-banking 服务等外包。保险和基金管理业的许多机构在传统 IT 业务外包基础上，也选择将其部分核心业务，如投资管理、基金单位定价及托管、核保与索赔支付等外包。

总之，在新金融的发展和引导下，金融服务外包也呈现以业务延伸扩大为核心的多元化发展态势。

3. 技术创新和金融创新为金融外包业务平台化服务提供了可能

IT 技术、互联网技术的空前发展，大数据、云计算、移动互联、人工智能等新兴科技带来新的金融服务外包模式。尤其是以云计算为代表的新一代信息技术为服务外包提供了新的增长空间，使金融业务打破了空间、地域的限制，为金融机构在全球范围内实施服务外包提供了技术基础，形成了以技术应用为核心的平台化服务。在金融业发展的大趋势下，平台化既是金融机构的需求，也是金融服务商的主要服务方式。金融机构的国际化、市场化、信息化、混业经营等都离不开互联网平台，而新兴技术的快速发展也为金融服务外包的平台化服务提供了多种可能。在云计算的浪潮下，基于“云”平台和“云”模式的“云外包”日趋成为外包行业发展的主流和趋势，外包企业将建立标准化的统一的外包服务处理平台，通过标准化，模块化和流程化将服务集成到统一云平台上，在数据库里面进行统一处理。这种全新的外包服务及交付模式的出现，将给金融服务外包领域带来颠覆性的变革。另外，人工智能服务，可以与大数据的量化投资模型相结合为投资者提供智能化投资决策，而且在客户服务领域完善客户服务、形成标准化、模型化服务流程。此外随着移动互联网的兴起，移动互联平台成为当前金融机构争先开拓的新领域，移动 APP 的开发和应用也将成为金融服务外包企业的重要业务版块。IDC 预计，到 2020 年 80% 服务外包项目都与“云”有关。如果采用云服务，作为银行主要运作成本的 IT 构架的运维成本会大幅降低。蚂蚁金服的报告认为，金融云把单笔支付交易成本降到 1 分钱左右，单账户成本已经降到 1 元以下。

4. 数字化金融为金融外包带来了新的机遇

信息化已经成为现代金融体系运行的一大基石，是金融稳定发展的基础，对金融企业的发展和创新具有非常深远的意义。通过互联网及信息技术手段与传统金融服务业态相结合的新一代金融服务，即为数字金融。数据正在成为金融服务外包机构最重要的资产，数据分析能力将成为金融服务外包机构的核心竞争力。尤其在当前的大数据时代下，从海量数据中进行数据挖掘、数据分析、数据应用等金融服务外包也将推动金融服务外包产业从产业链低端向高端的升级发展，云计算、移动互联等新兴技术的发展也为金融服务的数字化发展提供了强有力的技术支撑。利用大数据服务，可以通过整合大量数据，有效甄别用户信息，降低金融机构获取信用的成本，促使传统模式下难易度量的风险显性化。将金融机构的客户信息资源进行分类整理，并根据其消费偏好挖掘客户消费需求。目前国内仅有少数金融服务外包企业开展数据挖掘和分析业务，且业务领域较为低端。随着金融业的信息化发展，数字化金融服务也将实现加速发展。IDC 研究表明，2017 年全球 67% 的 1000 强企业都将把数字化转型作为公司战略的核心。数字化转型正在驱动服务外包向纵深发展。

5. 金融服务外包呈现以集成服务为核心的趋势

面对宏观经济及金融业的大变革、全新的特征和趋势，尤其是激烈的市场竞争，金融机构转型升级的需求愈发强烈，因此金融机构不再单一满足于供应商的一项服务或一个产品，它们更倾向于寻找具有安全性、可信赖性和能提供综合解决方案的合作伙伴。同时，着眼于自身的升级和持续发展，金融服务外包商也正在寻找拥有更高附加值，能够实现更高利润和长期合作的对象。因此，以集成服务为主要方式的战略合作成为金融机构和服务外包企业之间的新型合作模式。集金融后台建设、维护、更新和优化服务，集信息录入、数据分析、客户挖掘、市场销售等各业务链的一体化的金融服务正在成为主流。金融服务外包商也在长期合作中实现从简单的承接服务到金融服务外包专业解决方案提供商的转变。

6. 金融服务外包凸显以个性定制为核心的特征

为适应金融机构服务个性化、专业化的发展趋势，金融服务外包行业也正在向着定制化和个性化的服务及解决方案方向前进，网络社区、众包都将成为重要的途径和方式，整体行业将呈现明显的社会化特点。这就要求金融服务外包商采取更加灵活的方式，或者实行产业链的全面覆盖，或者在某个领域做专做强，做“小池塘里的大鱼”。构建具有标准化的平台和流程的服务产品，根据为客户实现的业务绩效，并结合所应用的技术产品来实现外包项目的价值。此外还要增加社交媒体等手段，广泛应用微博、微信等新媒体或自建社交平台，实现与客户资源共享，并广泛利用社会集体智慧的力量来共同完成一个项目。目前社会化已初见端倪，未来随着金融机构的精细化需求和开放性程度的提高，金融服务社会化将成为必然趋势。

7. 从“+互联网”到“互联网+”行业深度融合趋势

IT（信息技术）、CT（通信技术）、OT（运营技术）、RT（机器人技术）将进一步与金融行业融合，提升效率、降低成本、提升用户体验、加强监控。一批互联网金融科技巨头通过提供金融科技外包服务，跨界进入金融服务外包产业，将金融植入各种生活场景中，打造各自的金融生态圈。四大国有银行已纷纷与这些巨头联姻，他们深度合作，涉及业务、技术、创新等多个领域，金融机构和互联网金融科技企业的合作见表5-3。

表5-3　金融机构和互联网金融科技企业的合作

合作双方	合作内容
建设银行与蚂蚁金服	双方将共同推进建行信用卡线上开卡业务，以及线下线上渠道业务合作、电子支付业务合作，打通信用体系
工商银行与京东金融	双方将在金融科技、零售银行、消费金融、企业信贷、校园生态、资产管理、个人联名账户、物流及电商等领域合作
农业银行与百度金融	双方将开展人工智能和Fintech的联合创新，包括：金融大脑、客户画像、精准营销、反欺诈、客户信用评价、智能投顾及智能客服等领域的具体应用，共建金融科技联合实验室
中国银行与腾讯	成立金融科技联合实验室，重点基于云计算、大数据、区块链和人工智能等全面开展深度合作，共建普惠金融和科技金融，后续还将搭建“总对总”的金融科技云平台

本章小结

为深入研究金融外包在我国的发展情况，本章详细介绍了我国金融外包发展历程与市场发展状况，虽然我国金融外包起步较晚，但发展迅速，并在各个方面有着得天独厚的发展优势。当然，我国金融外包还存在承接业务低端、处于发展初级阶段等不可忽视的缺陷，具体表现为：金融服务外包业务发展不平衡；金融服务外包市场体系不够完善；金融服务外包市场开放度相对较低；金融服务外包风险监管水平较低。但在我国稳定的政治环境中，金融外包的竞争优势巨大。

我国政府高度重视包括金融服务在内的服务外包产业发展，近年来从财政资金、税收优惠、人才培训、平台建设、海关监管、特殊工时、知识产权保护等多个方面出台了一些列政策，并先后认定了上海、北京、大连等31个城市为“中国服务外包城市”。在相关国家政策的有力促进和监管下，我国金融服务外包产业在新阶段将沿着健康、快速的道路取得新的发展。

练习与思考

1. 中国金融服务外包经历了怎样的发展过程?
2. 中国承接金融服务外包有哪些天然优势?
3. 中国金融服务外包发展趋势如何?
4. 我国承接离岸服务外包的驱动因素和阻碍因素各是什么?

案例5.1

海辉软件与某欧洲顶级投行的共同成长之路

海辉软件的发展历程

海辉软件的故事，是从大连海事大学校园内几间低矮的小平房里开始的。1996 年，曾就读于大连海事大学计算机专业、毕业后留校任教的李远明，在母校创建了海辉软件公司。在这之前，李远明在日本川崎重工大连子公司担任中方经理，从事对日软件开发，海辉软件最初的其他七个员工，也是他一起从川崎重工带出来的。

在初建的几年中，海辉一直以面向日本市场的软件外包业务为主，并于 2003 年成为中国第一家整体通过 CMM 5 认证的外包企业。2003 年 11 月，海辉在亚特兰大开设了分支机构，开始开拓欧美市场。2006 年以后，海辉经历了领导团队的变革，创始人李远明和其他几位元老逐渐淡出，惠普中国前总裁孙振耀成为海辉的执行董事长，惠普前执行副总裁卢哲群出任 CEO，其他几名高管也多出身于微软、IBM 等跨国企业。海辉软件也是中国服务外包市场上仅有的由国际化的管理团队逐步替代创业团队的案例。国际化的职业经理人团队为公司注入了国际化的领导力。海辉组建了战略部门，并通过系列收购完善了全球交付的能力。2010 年 6 月，海辉软件正式登陆纳斯达克，融资超过 7 400 万美元，从此掀开了新的发展篇章。在众多投资机构分析海辉的报告中，海辉拥有显赫背景的国际化管理团队都作为重要的竞争优势被提及和关注。海洋软件的主要发展历程如图 5-1 所示。

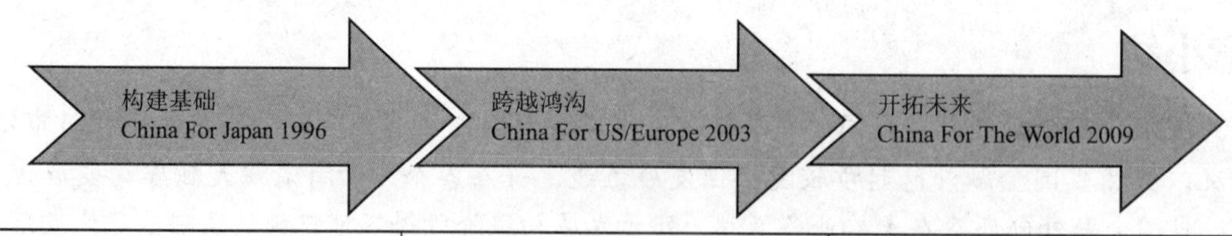

基于对服务品质的不懈追求获得日本客户的信任	构建全球领导力并通过并购加速在各自领域的部署	持续扩展全球领导力，进一步拓展中国市场
1996年——在大连创建	2003年——在美国亚特兰大成立子公司	2009年——建立无锡交付中心
1998年——在东京设立合资公司	2005年——收购北京天海和香港Teksen公司	2009年——在广州收购BPO中心
2002年——成为GE在中国认可的第一个全球开发中心	2006年——收购新加坡T-est公司	2009年——收购新加坡Alliance Spec
2002年——在东京设立子公司	2008年——收购美国Wave公司	2010年——收购北京Horison公司
2003年——中国第一家整体通过CMM5级认证的IT外包企业		2010年——收购美国云计算公司Echo Lane
		2010年——在纳斯达克成功上市

图5-1　海辉软件的主要发展历程

经过十多年的发展，截至 2010 年年底，海辉在亚洲已经拥有 8 座交付中心，在全球设立了 16 个分支机构，能够以 40 种语言提供服务，人员规模达到 5 000 人，年收入近 1 亿美元。

合作背景

作为一家久负盛名的百年企业，这家欧洲顶级投行是当今世界上最有影响力的金融服务集团之一。它在 50 多个国家设有办事处，覆盖了全球各大金融中心，年营业额超过 1 000 亿美元。仅在亚太地区就拥有超过 7 000 名员工。

2007 年，该银行香港 IT 中心同原有的服务供应商结束了合作，但需要将原有项目的核心团队人员转移到新的服务供应商继续为自己提供服务。在选择外包之后，能否留住原来的核心团队人员，成为客户选择服务供应商的重要考量。海辉软件同另一家国际顶级服务供应商展开了激烈的竞标。即将 IPO 的独特优势，使得海辉可以提供更加灵活的留人方式；同时，海辉在成都用 3 个月时间帮助一家全球顶级制造业企业建立了从 0 到 120 人的全球交付中心的经验，进一步打动了客户。凭借这两个关键的因素，海辉获得了这个宝贵的项目，开始了与客户共同成长的历程。

合作方式及进化路程

顺利中标，仅仅是长征走出了第一步，面对一个高标准的全球金融客户，海辉的挑战才刚刚开始。项目团队由接手时的从零开始，通过招聘、并购等方式逐步壮大。该项目的直接客户是该银行在香港的 IT 运营中心；终端用户则覆盖了其在全球的多家分公司，包括欧洲的英国、法国、德国等，美洲的美国和巴哈马，亚太的日本、中国内地、中国香港、新加坡和澳大利亚。为此，海辉开始在深圳建设离岸交付中心，成立研发团队，同时在香港也设置了一支小型团队，专门负责听取客户的需求。

起步阶段，为了尽快建成符合客户要求的开发中心，海辉从大连抽调技术专家，并派到客户处同他们一同工作，以适应和吸收客户的业务运维流程。配合客户需要的开发技术，他们在很短的时间里组建起了 Java 和 Oracle 团队。从项目的第一天起，海辉严格遵守客户安全标准，顺利通过了客户每一年度的安全专项审计。

作为这家知名投行选择的第一个中国服务供应商，海辉承接了客户的全球财富管理系统和客户管理系统，以及包括网上银行、订单系统在内的综合应用。从 2007 年到 2009 年上半年，海辉团队以维护工作为核心，主要响应客户提出的需求，为各个业务系统增加新的功能。在这一过程中，团队的技术实施能力迅速提升，对客户业务的理解也更加深入，双方的磨合进展平稳。每 3 ~ 6 个月，海辉就能够为客户的系统提供一个升级版本，保障了客户业务的顺利拓展。

项目演进到 2009 年下半年，出现了进一步深化的契机。该银行原有的客户管理系统，面向各个地区有不同的版本。随着集团在全球市场的业务发展，分散的系统开始显现出诸多弊端，导致了高昂的维护成本。此前，客户自身团队曾多次尝试进行系统整合，但其内部的资源面临以下两点难以克服的困难。

（1）遗留系统数量庞大、关系复杂。客户原有系统由几十个子系统组成。过去每个版本的说明文档，都只包含了当次升级的新加功能，几十个版本的文档堆砌在一起，过于零散和混乱；各地区系统间又存在不同程度的差异，让问题更加复杂。

（2）系统性能与开发难度的平衡。这次系统整合有开发环境配置和运行环境配置两种技术途径。前者指的是面向某地区的程序将按照该地区的特定配置来编译，最终交付给该地区的系统不会包含影响性能的冗余逻辑；后者则指为各个区域均提供相同的运行版本，区域差异通过运行时配置文件来实现，这样尽管降低了开发难度，但却带来了额外的资源开销。

客户难以解决的问题为海辉提供了深化项目的契机，获得了这个系统整合与开发的外包合同。海辉团队通过下列的方式解决了项目中的难点。

（1）将所有的项目文档从头梳理，逐个版本地分析比对，理清了系统功能升级的脉络。

（2）收集了各地区系统的功能，相同部分进行整合，差异部分通过配置来切换。

（3）为了达到系统性能的最优，海辉选择了开发环境配置的方法。为此，海辉也投入了更多的资源，从集团内部集中抽调了一批有多年项目经验的架构师，解决了实施过程中的一系列技术问题。

这套新的客户管理系统，在功能层面实现了60%完全通用，在技术层面实现了超过90%通用。客户在澳大利亚的分支机构，即将成为新系统的第一批用户。

经验总结

海辉软件董事长孙振耀说："外包服务和产品不一样，产品是客户不会做才买，可是外包服务是客户会做，只是交给你来做，所以通常一开始的时候，客户比你懂。我们做外包服务是客户先教我们。"在与客户合作的3年中，海辉完成了从客户的学生到合作伙伴的跨越，从单纯的为客户提供低成本的人力，到为客户提供价值与能力，在与客户共同成长的过程实现了自身能力的升级与进化。

客户获得的价值

• 通过与海辉的合作，完成了服务供应商的平滑切换，并保证了IT系统对业务发展的持续支持。

• 显著地节省了成本，同时相比于其他国际知名的服务供应商，海辉提供了更优的性价比。

• 伴随着海辉的能力成长，除了运营成本的降低，客户还得以实现系统整合，获得了更高层面的价值。

"海辉软件一直是我们有力的合作伙伴。这个项目进展良好，取得了令人欣慰的成果。"

——该欧洲顶级投行全球技术总监

海辉获得的价值

• 通过同这家全球顶级金融客户的合作，提升了自身团队的服务能力和技术水平。

• 积累了宝贵的金融核心系统业务经验，为进一步拓展面向金融行业的服务做好了准备。

• 在C2000金融买家中确立了良好的声誉，成为客户可以信任的合作伙伴。

"海辉在金融外包领域有丰富的经验。我们希望国外的金融企业了解到，中国的海辉软件同他们的想法是一致的。"

——海辉软件副总裁姚锦胜

（资料来源：南京财经大学（昆山）花桥现代服务业研究院．金融服务外包生态系统研究．北京：中国金融出版社，2012）

第 6 章

金融服务外包业务

本章导引

金融机构的服务外包业务，从起初简单的准事务性外包，到如今涵盖信息技术服务外包（ITO）、业务流程外包（BPO）、金融数据处理、金融营销、财务会计等全方位的金融业务。金融信息服务外包的业务内容涉及信息系统、业务流程、财务、人力资源等相关领域。

如今在全球范围内，金融服务外包正处于行业生命周期的高速成长期，服务外包的业务种类不断增加，市场规模日益扩张。全球领先的服务外包机构埃森哲对金融服务外包的业务有一个分类（见表 6-1）。根据接包方地理位置的不同，分别有在岸外包、近岸外包和离岸外包。根据外包业务类型的不同，分别有信息技术服务外包、业务流程外包、营销外包、资产管理业务外包、知识处理外包等业务。在金融信息化的进程中，IT 服务外包占据着主导地位。业务流程外包市场发展潜力大，正经历着从非核心业务外包到部分核心业务外包的转移，从较低端业务外包向高端业务外包发展的过程。商业操作与 IT 捆绑外包的趋势，促进了 FITO 与 FBPO 相互结合的外包业务。知识处理外包则涉及数据处理、市场分析等高端的外包业务。根据发包方的行业不同，分别有银行业、保险业、证券业、投资业等不同金融行业的服务外包业务。银行业是外包业务开展最早也是外包市场最成熟的外包服务领域，银行业务外包涉及 IT、数据处理、自助服务、e-banking、呼叫中心、应付应收账款、HR 培训、知识创新、新产品设计开发等业务。保险业的外包则涉及从保费收取，到理赔、保单出单、信用控制等业务的流程外包。另外，资产管理外包，营销外包等新的外包形式不断涌现。对于接包企业来说，既有专门从事金融服务外包业务的第三方独立企业，也有大的金融企业自建的海外服务外包中心。

表6-1 金融服务外包的业务类型

类型	业务		内容
信息技术外包	IT基础设施		整个基础设施管理流程，从网络接入和桌面管理到远程技术支持。这一类别包括IT支出管理、数据中心服务、服务中心、安全服务、通信服务等
	IT应用	定制软件开发	软件开发服务，通常是作为一个应用系统，而不是一个软件产品本身
		软件研发	供客户销售的整套软件的整体开发
		软件本地化/全球化	软件内容翻译为多国外语
		软件测试	定制和集成的测试手段，包括手工的和自动化的
		应用软件外包	应用软件维护和支持
	嵌入式软件外包		嵌入其他产品中的软件的开发
业务流程外包	财务与会计		一般涵盖采购到支付（procure to pay）流程、订单到现金（order to cash）流程和记录到报告（record to report）流程
	人力资源		跨越整个雇佣周期的人力资源活动和管理流程
	培训与教育		技术培训和软技能培训的行政和事务方面的内容，包括培训内容的外包和开发
	采购		从货源寻找到付款（source to pay）流程，包括采购支出管理
	客户关系		客户关系管理等功能，包括呼叫中心和呼叫中心管理
	供应链/物流		订单管理、仓储、履约和库存管理、运输管理和退货管理等功能
	设施管理		维修支持、建筑物电气和通信系统支持等服务，在某些情况下还包括建筑物开发服务
	与具体行业相关的外包	服务	某些特定服务，如金融服务行业的信用卡服务和航空业的预定和收入管理。这些服务是特定行业所持有的——换句话说，它们无法应用于其他领域
		研发	通常面向制药和生物技术行业，几乎涵盖新药品开发的整个过程。通常侧重于药物的安全性和有效性测试，其中包括临床前试验及临床试验、数据管理、新药物的应用，及其他技术服务的外包
	知识流程外包		目前被市场研究和金融研究等活动主导。在动漫、数据分析、教育、工程、法律、医药、税务服务等领域有很大的潜力，并有机会加强有价值的劳动力属性，例如创造力和判断力

6.1 金融信息技术外包

金融信息服务外包（financial information service outsourcing）中，金融信息技术（IT 服务）的外包占据了主导地位。我国的金融信息服务外包中，大部分是 IT 服务外包，如中国银行与美国海博通集团公司（HYPERCOM）之间的 POS 网络外包合同，原深圳发展银行与万国数据服务有限公司的灾难备份外包合同，国家开发银行与惠普 IT 系统服务外包合同。随着信息技术的快速发展，金融业务的开展对信息系统的依赖性越来越强，金融业对信息系统的需求越来越大，金融行业的服务水平与信息系统基础设施及应用软件系统的质量息息相关。然而金融企业本身，在信息技术的专业性和创新性上并没有优势，因此将金融信息技术业务外包给专业的服务外包提供机构，成为金融企业业务外包中最主要的业务类型。

6.1.1　信息技术外包

信息技术外包是指企业专注于自己的核心业务，而将其 IT 系统的全部或部分的信息技术服务功能外包给专业的信息技术服务提供商。自从计算机在 50 年前进入商业应用领域，各种形式的信息技术外包就一直存在，但是直到最近 15 年信息技术外包服务才盛行起来。外包赋予了组织应对快速变化的全球经济所必需的灵活性，同时也使组织在竞争激烈的市场环境中能将精力集中于组织的核心竞争力上。信息技术服务提供商通常在规模经济、经验及对最新技术的掌握等方面具有明显的优势，而这些优势是单个组织的信息技术部门所难以媲及的。美国著名的管理学家彼得·德鲁克曾预言：“任何企业中仅作后台支持而不制造营业额的工作都应该外包出去，任何不提供向高级发展的机会和活动、业务也应该采用外包的形式。”

信息技术外包根据不同的划分方法可以划分为不同类型。

按照信息技术外包的程度可以将信息技术外包划分为：整体外包和选择性外包。整体外包将大部分的 IT 职能外包给承包商，而选择性外包是指有选择地将几个信息技术职能外包。整体外包相对来说风险较高，并且往往持续时间长，花费时间、精力和资金较多。另外整体性外包可能会削弱发包机构信息技术的灵活性。

根据客户与承包商建立的外包关系可以将信息技术外包划分为：市场关系型外包、中间关系型外包和伙伴关系型外包。市场关系型外包中，发包方可以在众多承包商中自由选择，合同期相对较短，而且合同期满后，能够在成本很低的情况下，换用另一个服务承包商完成今后的同类任务。伙伴关系型外包相对来说是长期的关系，是指客户与同一个承包商反复订立合同，并且建立了长期的互利关系。而在市场关系和伙伴关系两端之间的，就是中间关系型外包。

根据外包的战略意图可以把信息技术外包划分为：信息系统改进（improvement of system）、业务提升（busineas impact）和商业开发（commercial exploitation）三种类型。信息系统改进型外包是指组织通过外包提高其核心的信息系统资源的绩效，提高资源的生产能力，实现技术和技能的升级，引进新的 IT 资源和技能，实现 IT 资源和技能的转换，从而达到其改进的战略目标。业务提升型外包的主要目标是通过外包使 IT 资源的配置能有效地提升核心层面业务的绩效，要求在引进新技术和能力时重点考虑业务因素而不是技术因素，更好地整合 IT 资源，开发基于 IT 的新业务能力，实施基于 IT 的业务变革与基于 IT 的业务流程。商业开发型外包是指通过外包产生新的收入和利润或抵消成本，例如出售现有的 IT 资产，开发新的 IT 产品和服务，创建新的市场流程和渠道，建立基于 IT 的新业务，从而提高组织 IT 的投资收益。

按照价值中心的方法可以将信息技术外包划分为：成本中心型、服务中心型、投资中心型和利润中心型外包。成本中心型外包是指通过 IT 外包在强调运行效率的同时使成本最小化。服务中心型外包是指通过外包在使成本最小化的同时建立基于 IT 的业务能力以支持组织的现行战略。投资中心型外包是指通过 IT 外包使组织创建新的基于 IT 的业务能力、建立长期目标并给予长期的关注。利润中心型外包是指通过IT外包向外部市场提供IT服务并获得不断增长的收入且为成为世界级的IT组织获得宝贵的经验。

6.1.2 金融信息技术外包的概念

金融信息技术外包是指金融企业战略性地选择外部专业信息技术和服务机构，代替内部部门和人员来承担企业IT系统或业务系统的运营、维护和支持服务。

金融信息技术外包主要包括基础技术服务外包、系统操作服务外包和系统应用服务外包等。基础技术服务包括技术研发、软件开发设计、基础技术或基础平台整合或管理整合等业务。系统操作服务包括银行数据、信用卡数据、各类保险数据、保险理赔数据、医疗体检数据、税务数据、法律数据的处理和整合。系统应用服务包括信息工程及流程设计、管理信息系统服务、远程维护等业务。

银行的服务外包在金融信息服务外包中处于主导地位，而在银行服务外包业务的结构中，ITO业务是最主要的外包业务类型。银行的信息系统，不仅包括核心业务处理系统，还包含支持服务、呼叫中心、客户服务中心、网络银行等新型的信息系统，以及数据分析系统、办公自动化系统等。随着金融信息化进程的不断深化，银行服务对信息系统的依赖性越来越强，信息系统在银行经营中的地位越来越重要。银行信息系统外包的领域主要包括银行信息系统管理、应用系统软件开发和维护、系统备份和灾难恢复、银行通信网络管理等。银行信息技术外包的模式，正从软件配套服务，发展成为完整的外包服务供应链。银行与服务商也建立起战略合作关系，而不再仅仅是传统的服务交易。

案例6.1

平安数科以互联网+为契机，提升客户体验和价值

背景介绍

十二届全国人大三次会议上，李克强总理在政府工作报告中首次提出“互联网+”行动计划，利用互联网平台和信息通信技术，把互联网和包括传统行业在内的各行各业结合起来，在新的领域创造一种新的生态。

平安集团作为一家综合金融服务提供商，在年初，马明哲董事长就提出了“四个市场、两朵云、一扇门”互联网金融格局，围绕“医、食、住、行、玩”等需求，从生活切入，搭建互联网金融平台。在传统业务领域，集团也在利用移动互联、云计算为代表的现代科技，探索出“互联网+保险”新模式。

平安数据科技在互联网+领域的创新

平安数据科技，以下简称平安数科，作为平安集团的大后援，员工数量超过1万名，公司布局全国，在四川、广东、安徽、河南、江苏等省的9个地区设立集中作业中心；提供的外包服务包括客户服务、信审催收、财务服务、人力资源服务、文档等，涉及保险、银行、投资、互联网等领域。近两年，平安数科的客户也从整个集团扩展到集团之外，向外部优秀企业提供外包服务。

在整个行业和集团向互联网+转型的道路上，如何更好地向客户提供更专业的服务外包服务，以适应环境变化和客户需求？这是平安数科不断思考的问题。一方面，平安数科在原有的服务基础上，不断创新，及时调整服务模式，满足客户在互联网 + 新形势下的服务需求；另一方面，平安数科也在拥抱互联网 +，利用互联网的平台进行商业模式的创新，为客户提供增值服务。

为满足客户互联网 + 变革中的多样化需求，平安数科不断调整自己的服务模式，帮助客户实现变革。在服务渠道上，平安数科提供立体式、多样化的客户服务渠道。在原有电话客户服务的基础上，新增了微信、微博、视频等渠道，满足客户的多样化需求。

推出新一代电话客户联络平台，实现 95511 智能语音导航

针对电话客服"进门难"的问题，平安数科规划新一代电话客户联络平台，打破原有从 IVR 菜单节点入手改造模式，从用户需求出发，规划整体语音导航功能设计，实现菜单扁平化。

导航整体设计遵从尊重客户意愿，布局整体导航流程如下：拨打 95511—选择进入智能语音系统—人机交互，利用语音指令获取对应服务—发生错误时，系统做出及时有效响应—完成后，离开智能语音系统。95511 智能语音系统实现后，将会在以下方面提升客户体验。

一、提供客户更多选择：在入口方面，采用分键接入和导航入口两种选择，客户可根据需求自己选择；在出口方面，根据业务办理完成情况，提供返回 IVR 菜单、返回导航首层等差异应对。

二、节约客户等待时间：通过人机交互直达节点、优先处理高频业务和支持模糊表达；客户不用按键只要说话就可办理业务，系统将通过语音识别需求，直接转接到相应的客服节点。

三、提升错误应对效率：区分错误场景，差异引导；柔和的状态下纠正错误。当语音无法识别时，将转接到人工服务平台服务。

目前智能导航语音系统已在上海地区试行，未来将在全国推行，提升客户服务体验和满意度。

应用众包思维模式，构建数据录入互联网众包平台

平安数科利用互联网 +，拥抱变革，进行商业模式的创新。在当前互联网 + 的大势下，平安数科深刻理解到互联网与工业融合的创新日益活跃，各种新模式、新业态层出不穷，只有深度融入互联网思维，主动创新，方能在互联网时代纵横捭阖。因此，平安数科应用众包思维模式，构建数据录入互联网众包平台，改变传统的数据录入作业模式。

传统模式下，为了将每天数十万张表单上填写的内容转化为电子数据，需要数百名员工以手工录入的方式完成，投入多、效率慢。而在互联网众包模式下，建立文档业务一体化平台，拓展学校、游戏、众包等业务处理轻渠道，将数据录入工作转化为游戏录入、网购优惠互动、学校生产性教学等多种场景并存的处理模式。通过这寓教于乐的平台作业，实现文档业务多渠道处理，平安数科用积分管理将生活、生产相衔接，用积分互通引入了外网流量。

未来，平安数科将在此平台上进一步深化互联网的应用及流量挖掘，打造完整、全面开放的数据交易平台，实现分包商和下流散户的自主挂牌交易，真正实现流量为王的互联网运作。为平安集团和客户提供新的客户体验，进一步创造新价值。

互联网 + 给平安数科带来了机会，以互联网驱动商业价值，更大化地为客户提供增值服务，将是制胜王道！平安数科相信，以客户为中心，提升客户体验，为客户创造价值是永不过时的服务理念。

金融信息技术外包也是保险业外包中最主要的业务。为了降低成本，更专注于主营业务，保险业的服务质量对IT服务外包的依赖程度越来越高。保险业IT服务外包的主要目的，是使内部技术人员更专注于战略项目，建立具有竞争优势的项目，降低经营成本，加快新技术的投资与应用，实现IT技术应用标准化，减少相关人员或避免企业经营的短处，减免对IT设施和IT人员的再投资，将资产和人员移出资产负债表。保险业的IT外包，还可以提高保险公司市场反应灵敏度等。国际大型保险公司基本都实施了FITO，通常与著名的IT外包商签订长期、高额、大规模的外包服务协议。其实无论是大型保险公司，还是中小型规模的保险公司，使用IT离岸外包实现降低成本的潜力都很大。

案例6.2

保险业信息服务外包的案例

ING再保险公司与CGI签订合同，将各项再保险业务管理系统离岸外包，节省成本60多万美元。

美国大都会保险公司2000年为了提高其保单处理效率，加速出单速度，通过外包解决了自动承保和风险开发系统问题，自动化承包和风险分析系统提高了承保的自动化水平，降低了核保成本，专业核保人员减少，企业可以专门关注更为复杂的保险业务，满足客户对金融服务的需求。

CAN保险公司与AskMe公司签订离岸外包合同，建立了信息技术平台，一改以往公司内部信息交流不畅的状况，加快了承保速度，降低了承保风险。例如，南美长期寿险公司通过IT离岸外包，大幅缩短了新产品开发周期，保费收入和保单数量大幅增加。

全球排名第10的英国保险集团保诚从1999年开始将IT业务都转移到全资控股的离岸外包公司，包括服务器、网络，主体架构、邮件服务等多种IT服务。

加拿大的宏利保险公司与IBM签订了IT外包协议。宏利还将数据服务离岸外包到香港，以提升灾难恢复的能力。

韩国最大的保险公司之一韩国寿险，将IT建设外包给了IBM，10年的合同金额达3.4亿美元。

国际知名的保险精算咨询公司通能太平与EDS签署了为期10年、价值3.65亿美元的IT外包合同。

（资料来源：杨琳，王佳佳．金融服务外包：国际趋势与中国选择．北京：人民出版社，2008）

中国未来金融服务外包的发展趋势，很大程度上与本土的金融信息服务外包企业的发展相关，神州数码和软通动力是我国较具代表性的提供金融信息技术外包服务的公司。神州数码成立于2001年，主要承接在岸金融信息服务外包，为国家开发银行、建设银行、中国银行、广东发展银行、交通银行、华夏银行等2 000多家国内外客户提供金融信息技术的外包服务，如银行核心业务系统的开发及IT解决方案等。软通动力也成立于2001年，是国内为数不多的主要从事离岸金融信息服务外包的服务外包提供商，服务的领域广，为银行业、保险业、信托管理公司、资产管理公司等金融机构提供解决方案，如外汇资金交易系统、银行卡系统、综合核心业务系统、贷款管理系统，以及保险公司的销售服务、核心业务、内部管理、财务管理和决策支持系统等系统的开发和维护等。其客户多为知名金融企业，如花旗银行、瑞穗银行、东京三菱银行、中国银行、建设银行、平安保险、太平洋保险、中国人寿等。其中海外订单占了大部分比重。

案例6.3

中国农业银行分行灾备体系建设

2011 年，中国农业银行启动了分行灾备体系建设项目。此次灾备体系建设旨在建立全行范围内的灾备架构，确保一级分行及二级分行出现灾难情况下核心业务的永续运行。在灾备体系的广域网线路选择中，3G VPDN 线路以其容灾能力和成本等方面的优势，成为方案的主推线路类型。在此次项目中，锐捷网络以完善的 3G 解决方案和高质量的产品，获得总行认可，并成功地服务于 12 个一级分行（辽宁、上海、江苏、浙江、山西、海南、西藏、宁夏、新疆、大连、宁波和深圳）的分行灾备体系建设。

项目背景

如何规避金融机构数据大集中所带来的安全隐患与风险，抵御自然或人为的灾难，早已成为中国金融产业的重大课题。按照“平战结合、等级容灾”的指导方针，中国农业银行总行进行了从总行数据中心、一级分行、二级分行及以下机构三个层面开展全行灾难备份系统基础工程的研究建设，旨在逐步构建全行灾难备份系统，切实保障不同层面发生灾难的情况下，在较短时间内恢复重要信息系统的生产运行。

3G 无线技术是运营商近年来提供的一种高速数据传输的蜂窝移动通信技术，该技术的显著特点就是同时支持话音业务和宽带高速上网、可视电话、数据传送等丰富的数据网络业务，能够提供高速、实时的数据传输，能够很好地承载图像、语音和视频等多媒体数据。基于 3G VPDN 线路，可以实现银行终端的自由接入、灵活拓展，便于银行备份体系建设及新业务的部署和开展。

设计需求

在此次分行灾备体系的规划设计中，面向未来核心业务的备份、3G VPDN 线路的安全管理及后续新业务的扩充，主要关注以下几个方面。

可靠性：面向分行灾备要求，能够应对一级分行数据中心及二级分行数据中心出现故障的情况下，支行 / 网点能够实现自动的线路切换，保障灾备状态下核心业务系统的运行。

安全性：针对 3G VPDN 线路的特征，在网络设计时，必须制定出一套完善的网络传输安全和信息安全保证及危险防范措施，以保证数据在传输和处理过程中的安全性。

扩展性：此次构建的灾备体系网络能够灵活、方便地进行网络扩容，满足新业务的不断发展、业务量的逐渐增加、企业网点的增加及调整业务流向的需求。

建设情况

2011 年初，按照灾备体系的统一规划，由总行信息科技部门开展了基于 3G VPDN 线路的分行灾备体系建设的研究和试点工作。锐捷网络结合服务大型国有商业银行 3G 应用的丰富经验，配合总行信息科技部门制定了全面的网络方案，并参与了多个分行的试点测试工作。在项目中配合总行进行了灾备切换相关技术的研究和开发，在后续的总行的 3G 设备选型中，顺利成为总行 3G 网络设备选型的入围厂商。在分行的灾备体系建设中，应用了 RSR10-02 和 RSR10-01G 等多款产品。

在此次分行灾备体系建设中，面向一级分行灾备和二级分行灾备，分别构建了总行灾备中心和一级分行外联 3G 接入两个 VPN 接入平台。在支行 / 网点部署 3G 路由器，在二级分行中心出现灾难的情况下，3G 路由器可发起建立与一级分行外联平台间的基于 3G VPDN 线路的加密隧道，实现核心业务系统直接由一级分行接入，先访问一级分行前置系统，再由前置与数据中心后台应用通信。在一级分行出现灾难的情况下,3G 路由器可自动切换 VPN 隧道，发起向总行灾备中心间的 VPN 隧道，保障支行 / 网点的核心业务通过 3G VPDN 线路直接由总行灾备中心接入，先访问总行灾备区的前置系统，再由前置与数据中心后台应用进行通信。

针对安全管理，总行要求采用端到端的 IPSec VPN 隧道，并使用国密 SM1 加密算法保障数据的安全性。在鉴权方面，总行和各个一级分行均部署 AAA 和 CA 认证系统，全面保障鉴权的实现。

基于“平战结合”的考虑，除了在灾备情况下为网点提供应急的网络接入，在日常情况下，此次构建的 3G 平台为离行式自助设备和移动银行等提供网络接入，方便各个分行基于 3G 线路开展多种特色业务。

建设效益

经过此次分行灾备体系建设，农行全行的灾备水平有了显著的提升。3G VPDN 线路在容灾能力和成本方面的优势，为分行的灾备体系建设和新兴业务的开展提供了切实的方便。

案例6.4

信雅达银行业务处理中心系统

业务处理中心系统（又称为会计业务流程再造、作业中心、前后台分离系统）是对银行传统会计业务处理流程的再造，将原有支行 / 网点下的业务处理职能集中到分行甚至总行营运中心，改变原来以支行为单元的业务体系，变成以营运中心为核心的业务管理体系，系统实行前台分散受理、中心集中处理的管理模式。网点柜台操作人员负责接受客户指令、审核业务正确、采集业务信息，中心操作人员负责根据影像信息进行录入、复核、授权、记账的业务处理模式。银行业务处理中心系统架构如图 6-1 所示。

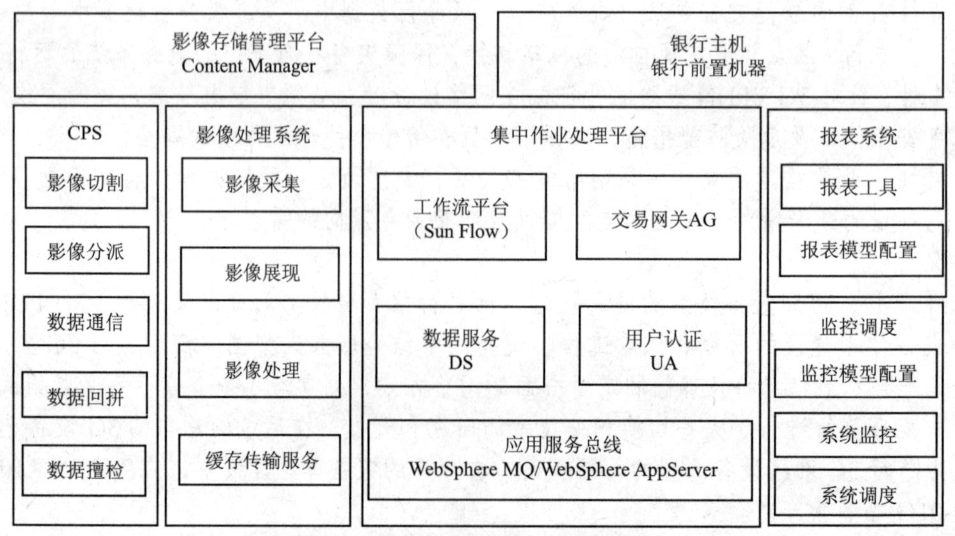

图6-1 银行业务处理中心系统架构

系统取消了原有"一手清"的传统业务处理方式，实现流程处理方式，风险控制由分散到集中，同步对可疑交易及重点业务进行实时分析及监控，并对大额的可疑交易进行授权处理加事中监督，在物理上隔离了操作风险，通过系统制约来控制风险。前台柜员操作压力减轻，为柜面营销、服务提供了更多的可能性，柜员可以把更多的时间和精力用于服务品质提升和服务创新上，利于为客户提供更好、更优质的金融服务。同时，业务处理效率大幅提升，柜面业务受理时间明显缩短，极大缓解了银行排队问题，提高了客户满意度。基于影像工作流技术进行业务流程改造及处理方式优化，达到提高工作效率、降低运营成本的目标，同时对柜员的业务素质要求也大大降低，不仅直接成本下降，同时新业务推广、网点扩张及管理的难度和成本也大大降低。

该系统获得了人民银行科技进步奖，在工商银行总行、中信银行、上海工行、招商银行、广发银行、光大银行、大连银行、宁波银行、唐山商行、贵阳商行、深圳农商行等大型金融企业成功应用。

（资料来源：信雅达系统工程有限公司 .http://www.sunyard.com）

6.2 金融业务流程外包

6.2.1 业务流程外包

业务流程外包（BPO）就是企业将一些重复性或标准化的非核心或核心业务流程外包给供应商，以降低成本，同时提高服务质量，或提升企业的核心竞争力。在典型的 BPO 合同中，外包服务供应商将承担发包公司的某个特定职能。有效的 BPO 不仅仅是将流程外包出去，外包供应商还会对流程进行重组。流程重组包括实施一种新的技术或是以一种新的方式来改进流程。

Gartner Group 对业务流程外包的定义是："把一个或多个对信息技术要求很高的业务流程委托给外部服务商运作，并且由该外部服务商根据双方定义好的和可衡量的绩效考核指标拥有、支配和管理这些流程。"

Accenture 对业务流程外包的定义是："与外部机构签订服务合同，使其对某一流程或职能承担首要责任。"

BPO 业务的类别包括客户服务、技术支持、应用系统支持等前台外包服务，以及人力资源外包、网站内容服务等后台业务的外包服务。

BPO 是一个社会技术业务的创新，提供了企业获得竞争力优势的丰富的新源泉。BPO 也是一个跨学科的创新，需要各种不同的技能才能保证 BPO 的成功。随着全球教育水平的提高，BPO 不再局限于传统的业务，如电话营销中心。如今复杂的业务外包工作需要大量的事先准备和培训，例如，印度的放射线学者在班加罗尔对美国病人的 X 光检测结果进行分析，印度的安永会计师事务所处理美国的捐税收入等。企业通过 BPO 外包的业务越来越复杂，其中包括金融分析、税务筹划等。

6.2.2 金融业务流程外包的概念

金融业务流程外包（FBPO），指金融机构将一个或多个内部职能外包给外部服务提供商，由外包服务商来拥有、运作、管理指定的职能，进行金融机构的需求管理、内部管理及业务运作服务等。例如，银行、证券公司和保险公司将数据信息录入与处理、呼叫中心、财务处理和人力资源管理外包，银行把按揭服务和信用卡业务外包，保险公司把保单管理、理赔、核保、精算和巨灾风险管理等业务职能外包。BPO在金融服务行业中应用非常合适，其业务内容的重复性和交易性，使得BPO易于将这些业务标准化、自动化。

金融机构业务外包范围和内容日益广泛，从简单的文档事务性业务外包开始，逐步扩展到呼叫中心、抵押贷款、信用卡、理赔、核保、保单管理、人力资源、市场营销、资产管理和咨询业务外包，具有从低端业务到高端业务的发展趋势，发包方与承包方之间的关系日益复杂化、高端化和伙伴化，并从"一对一"向"一对多"发展。近年来，欧美国家业务流程外包发展迅速，美国的BPO市场主要集中于金融与健康保险领域，欧美大型银行的业务流程外包主要包括客户呼叫中心、应付与应收账款服务、支票图像、数据管理、ATM服务、e-banking服务等，并将一部分较为核心的业务流程外包，如投资管理、基金单位定价及托管、核保与索赔支付等。很多保险机构和基金管理机构，在外包IT业务的基础上，逐步拓展到外包部分核心业务和战略业务，如投资管理，基金单位定价及托管，核保和理赔，以及人力资源管理和财务管理等，个别公司还将整个产品的全部业务流程外包。BPO最初集中在财务外包，但近年来其他业务流程发展速度加快，如德国，越来越多的信贷机构将贷款业务处理流程服务外包给专业的、不受监管的服务外包提供商。从整体来看，金融业业务外包呈现出ITO与BPO业务捆绑外包的趋势，形成点对点商业链外包的发展格局，推动金融服务外包向更高端发展。欧美大型金融机构，除了将业务离岸外包给海外第三方承包商，也自建或收购外包中心，发展自身的海外附属机构。英国保诚已经在爱尔兰、苏格兰和伦敦、孟买建立了BPO运作基地；英国英杰华（AVIVA）、BT、Lloyds和Zurich也在印度建立了自己的BPO运营基地。

在金融行业普遍存在的业务流程外包方面，数据录入和处理是将客户原始数据信息的录入、修订、打印、邮寄和扫描等业务外包。呼叫中心是指将客户信息技术桌面支持、客户服务投诉信息服务、电话营销业务和其他客户信息服务等业务外包。财务和人力资源管理的外包，主要指将人力资源规划、招聘、薪资管理、财务和人力资源管理外包。

在业务流程外包的新趋势中，出现了国外金融机构将自营运营中心出售给外包服务商的现象。2008年10月，花旗集团的全球处理中心（CGSL）被出售给印度塔塔咨询服务有限公司（TCS），双方签署为期9.5年的外包合同，由TCS继续为花旗集团及其旗下子公司提供各种相关的处理业务，负责花旗集团银行卡、消费者金融、零售银行、货币市场及全球交易服务5项业务。花旗集团也成为第一家将包括核心后台运营处理在内的完整处理流程外包的全球银行。英国Aviva保险集团旗下的全球共享服务中心AGS，2004年开始在印度建立共享服务中心，负责客户服务、保单管理、财务等多项业务流程的处理，并负责对其他离岸外包项目的管理。

6.2.3 银行业的业务流程外包

银行业的服务外包，经历了从简单到复杂，从非核心业务到核心业务的过程，从信息技术外包到业务流程外包再发展到知识处理外包。欧美大银行的业务流程外包，是从部分运营操作开始的，比如客户呼叫中心、应付应收账款服务、支票图像、数据管理、ATM服务、

e-banking 服务等。2000 年以来，业务流程外包最初集中在财务外包领域，近年来在信用卡、数据分析、客户在线服务等领域发展很快。按揭和信用卡业务外包是指银行不直接从事这两类业务的运作，而是委托专门的按揭公司和信用卡公司代为进行。例如，德国有很多“贷款工厂”，这些服务提供商不受监管约束，承接信贷机构的贷款业务流程处理服务外包。“贷款工厂”从事后台服务，涉及贷款、抵押贷款，甚至决定是否发放贷款，不仅提供外包贷款服务，而且提供外包标准零售贷款和非标准业务的审批。外包服务逐步发展到银行内部组织结构的方方面面，外包的业务涉及人力资源管理、客户关系管理、技术基础设施增容、金融产品创新、行业成长分析、营销和业务扩张、战略性合作等，以提高银行的核心竞争力。例如，摩根大通银行将投资研究分析的工作外包。德勤的研究报告显示，投资研究分析业务的外包可以给国际金融机构节省 20%~60% 的成本，外包的收益随着规模的增加而增加。目前，中、后台业务的流程外包比战略咨询方面的外包比例更高。知识处理外包增长迅速。金融机构的知识处理外包，是指将有关的数据分析与挖掘、客户数据分析、市场风险分析与评估、投资决策支持、专项业务咨询、人力资源培训、知识创新、新项目与新产品研发环节外包给外部提供商来完成。随着银行业竞争日益激烈，创新对于竞争能否取胜十分重要，很多银行，尤其是中小银行，因为自身的研究开发能力不足，而将研发环节外包给专门的研发中心。

后台业务外包是银行业务流程再造和优化的重要选择。人工成本和后台营运费用的不断攀升是主要国际金融中心的大型金融企业面临的一个突出问题。前后台分离和信息技术的发展，为金融机构后台运作系统的集中外移创造了条件。由于银行业的信息可以通过信息系统和互联网进行没有距离限制的远程传递，可以替代人工，精简流程，共享信息，实现同步批量处理。越来越多的大银行将众多分支机构的业务系统后台运作处理集中到一个成本较低的地域进行，即”大集中”的方式。后台业务属于典型的资源集中性产业，将后台操作外移，有利于实现流程再造。银行业的实践表明，建立一个适应后台处理业务集中化的数据中心和一个备份中心的投资和耗费，远远低于传统的分布式或多级运作模式。后台业务外包是削减成本的行之有效的办法。大集中处理还具有对金融信息系统数据汇总的优势。在大集中处理方式下，银行前端数据采集可以通过综合柜台系统、银行卡系统、清算系统、信用管理系统、ATM、网上银行、电话银行等多种渠道汇集到一个集中处理中心，这不仅克服了分散系统信息零散、交叉和重复的弊端，而且可以为客户信息资源事后分析处理提供完整依据和便利。例如，东京银行在东京和大阪各设一个中心，从灾难备份的角度考虑，将全球业务的后台处理集中在这两个中心；花旗银行将全球业务的后台处理分为两大区，分别集中在美国和英国的两个中心的主机上：美国道富银行在美洲和悉尼设立了两个数据中心，从时区的角度考虑，支持全球全天 24 小时的实时会计交易处理。

银行信用卡外包是银行服务外包的一个非常重要的领域。银行卡产业链的各个环节，均可以进行业务流程外包。发达国家的银行卡业务流程外包已经涵盖了银行卡的各个环节，发卡机构可以集中精力从事产品研发和账户管理等核心环节，自身无须进行繁琐的业务处理。收单、卡片制作和发送、账款催收、系统维护开发等业务均委托给专业化的外包服务公司。据统计，美国商业银行的银行卡处理工作外包，可以节省 20% 的成本，效率提高 40%。

我国银行业一直尝试银行卡外包业务，目前已有“全生命周期”的银行卡业务流程外包服务。全方位的“一站式”服务，提供了从申办筹建、设计产品、市场营销、交易处理和客户服务，甚至可以提供数据分析和市场定位服务，尤其对缺乏资金和产品开发能力的中小型金融机构很有吸引力。目前国内的银行卡外包服务机构，既可以提供银行卡受理业务的外包，如营销、收单等，也可以提供发卡业务的外包。随着信用卡市场的扩大，国内银行卡后台外包业务的规模也在不断扩大。

2003 年，中国银联的子公司银联数据服务有限公司成立，专门从事银行卡发卡业务外包服务。银联数据提供贷记卡的发卡业务外包服务，并且提供借记卡发卡数据处理服务。银联数据为客户提供了专业化的支持与服务，缩短了发卡过程，节省了运营成本。一般银行自建发卡机构，需要两年的时间，但是运用服务外包商仅需 3 ～ 6 个月。

案例6.5

美国银行的银行卡部业务转型外包

发包企业：由两家美国银行重组后的新机构，现有个人用户 3 300 万，在其他国家有 250 万企业用户。

外包原因：由于银行卡部独立运营，影响先进战略化措施的实施。

外包目标：希望通过业务与 IT 相组合的战略，推进多种先进的战略化措施，以成为更加专业化的组织。

承包企业：IBM。

解决方案：IBM 业务咨询服务事业部为其制订了业务转型计划，按主要业务的战略目标调整 IT 架构和战略。按照 IBM 组件化方法，针对不断变化的市场环境对业务优势和劣势进行战略分析后，对该机构银行卡业务与电子商务部门原有的 60 个项目进行了重新合并与定义。

成果：银行预计，通过减少备份，系统及应用合并，合理化复制，两年期间可节省成本近 4 000 万美元。进一步强化了客户分析和客户关系管理功能，为优质服务和经济高效运营提供了保证。

（资料来源：郑雄伟，曾松 . 国际外包：国际外包全球案例与商业机会 . 北京：经济管理出版社，2008）

我国呼叫中心业务已经发展得比较成熟，业务应用遍及各个领域。中国金融行业是呼叫中心服务最主要的使用领域之一，其中银行业呼叫中心占产值的 20% 左右。呼叫中心已经在银行业普及。例如，工商银行的 95588，农业银行的 95599，中国银行的 95566，建设银行的 95533，而各股份制商业银行也都建立起了自己的呼叫中心。虽然国外银行呼叫中心主要采取外包方式，但国内银行很多还是自建呼叫中心。银行业的呼叫中心业务外包具有很大的潜在市场。2004 年，广东发展银行将信用卡呼叫中心外包给中国电信广州分公司，成为国内银行业首家将呼叫中心业务外包的银行。广发卡的呼叫中心外包获得了成功，提供了优质的服务，处理了更大的业务量，实现了大幅度节省开支、延长服务时间、扩大服务渠道和提高服务质量的目的。

6.2.4 保险业的业务流程外包

全球保险业在金融行业中，较晚开始采用外包，传统上也较少采用外包。然而，随着利润空间的缩小，赔付压力的提升，竞争的不断加剧，监管愈加严格，外包作为保险业的发展战略之一，可以促进资源的合理配置，提升经营效率，增强产品开发与改造等核心业务的竞争优势。保险企业需要降低成本，改进服务质量，并通过重新设计业务流程以获得更高的商业价值，保险业的 BPO 应运而生。

在保险业特有的业务流程外包中，保单管理外包是指将保单的整个生命周期，即从保单设计到销售之后的全部业务流程外包，包括保单出单、保单邮寄、保单变更（投保人、受益人姓名和地址的变更）、保单复效、保单转换、保费计算、新单和续期保费收取、保单期满给付、保单贷款、支取保单收益和退保等。理赔外包是指将理赔受理、查勘、数据输入、状态查询、追踪、确认赔付定价和支付赔付价值等业务外包。代理机构管理外包是指将代理机构佣金流程和客户支持、代理机构桌面技术支持、网络服务支持等外包。核保外包是指将保单风险评估、保单发行、初期保险费处理与缴费等核保业务外包。精算外包是指将精算业务流程整体外包。死亡和巨灾等风险管理外包是指将部分死亡风险较高或潜在赔付风险较大的产品保费收入进行分包，将这类风险外包给再保险公司，美国与加拿大的金融机构新业务有 60% 外包给了再保险公司，北美金融机构 1/4 的有效保单都进行了分包。

全球保险业业务流程外包，在金融业中发展水平较低。保险 BPO 规模虽小，但增速可观，包括核心业务流程外包和非核心业务流程外包，已成为全球服务外包市场上发展最快的业务。保险业务流程外包有由低端向高端转变的发展趋势，财务分析、数据挖掘及研究、承包、理赔和保单管理等高端业务流程外包持续增长。对产品开发、分析和产品定价等高端业务进行流程外包的趋势日益明显。

保险业务流程外包结构中，保险专业领域的特殊流程外包，是保险 BPO 最重要的形式，其中，最主要的形式有理赔流程外包、保单管理流程外包、呼叫中心外包、人力资源管理和财务管理外包等。在理赔流程外包方面，由于成本和费用持续上升，而理赔是一种程序化的业务，并且也不是保险公司战略核心竞争力所在，保险理赔流程外包兴起。Met Life 将理赔流程离岸外包给 ACS 公司，改进了理赔业务流程，使用离岸劳动力，使理赔速度提高，成本降低，准确性提高。The Hartford 和大都会保险公司将理赔公估业务外包。英国的财产、航空、海运和拒载保险公司 Axia Speciality 将保费和理赔流程、出单和信用控制离岸外包。通常，内部建立代位求偿系统成本较外包要高，因此保险代位求偿外包也在逐步增加。例如，大型保险公司将其整个代位求偿部门转移给外包提供商 AFNI 保险服务公司，一年后，外包比保险公司自行代位求偿赚取更多的利润，保户的保费率也降低了。正是因为代位求偿外包提供商可以搜集到较保险公司更多的信息，所以获取了多赢的局面。

保单管理流程外包是保险 BPO 的主要领域，由于保单管理不直接与客户接触，只需以较低的成本提供服务，保证最基本的质量。保单管理外包市场增长最快的是美国和英国，其中健康险和寿险保单管理 BPO 发展尤为迅速。美国国际集团将保单管理流程外包给 RIS 公司。Fortis Family Life 将保单管理外包给外包提供商 Liberty Insurance Services。英国 Pearl Group 将不再销售新单，而将寿险和养老金保单管理流程外包给印度服务外包提供商 TCS 的英国分支机构 Diligenta。

越来越多的保险公司为了提升呼叫机构产能和客户满意度，将呼叫中心外包。因为呼叫中心需要在场地、软硬件设备、数据资源等方面进行一定规模的投入，而且保险企业不具备相关的管理经验，因此保险公司更倾向于将电话营销业务外包给呼叫中心。American General 将呼叫中心离岸外包给 ARO 呼叫中心，发现潜在客户后，就将客户移交给 ARO 进行电话追踪，ARO 将追踪信息反馈给保险公司代理人，由代理人再给客户提供准确报价并签约。ARO

的客户追踪人员受过一定的训练，知道如何与潜在的保户交流，提升了该保险公司的客户满意度及信誉。英国保诚将一个呼叫中心项目外包给印度的呼叫中心。英国英杰华将呼叫中心的电话营销业务整体离岸外包给印度的服务提供商。

由于原有人力资源管理和财务管理系统的成本上升，越来越多的保险公司将人力资源和财务管理外包，例如，英国保诚将人力资源管理外包给 Exult Inc，由 Exult Inc 处理保诚的员工薪酬支付、人员招聘、员工记录、人力资源规划等业务。Royal Insurance 和 Life USA 等均将薪酬管理业务外包。

数据录入等文档管理外包，是时间最早，并为广大保险公司所普遍采用的外包业务。ING 与文档业务外包提供商 RR Donnelley 公司，签署了长达 7 年，价值 4.65 亿美元的文档管理外包合约，内容涉及打印、邮件、扫描、填写等。意大利忠利保险公司将保单记录等文档管理业务外包给 Accenture。数据录入业务的外包，降低了企业的成本，准确率也有所提高。

保险公估公司承接国内财险业务理赔勘查外包业务日益增加，部分大型保险公司已经开始承接海外保险公司跨国理赔业务。由于理赔是保险公司与客户之间最易发生纠纷的环节，是保险公司风险管理的重要环节，因此要减少客户信息不对称，实现理赔公开公正，将理赔过程中的重要环节勘查业务外包给保险公估公司，由公估公司进行评估定损，实现高度专业化、精细化分工，提高保险行业整体运作效率。公估公司作为第三方，站在公正独立的立场上作出公平、公正、客观的评估，不仅有利于获得客户的信任与产业扩张，也有利于保险公司控制成本，减少勘查人员和降低管理费用支出。例如，我国的华安保险公司将其全部理赔业务外包给了当地的公估公司。太平洋财险将深圳分公司和福建分公司的车险业务外包给了公估公司。我国也承接了海外保险公司境内理赔业务的外包。中国人保提供了日本东京火灾保险公司的境内理赔业务外包服务。中国人寿为海外一家著名保险集团提供在中国跨境理赔外包服务。

6.3 金融知识处理外包

金融知识处理外包是指金融机构为提升自身的决策能力和专业化运作水平，要求外部服务商提供全面、及时、综合的市场判断，提出专业的研究成果和解决方案，包括数据信息分析，专项业务领域咨询、投资研究和技术研究、监管报告、专利申请、网上教育等。

金融数据处理外包是指将市场及相关数据信息进行分析，将银行、保险等金融市场的数据分析外包给专业的数据分析机构，如账户数据、客户数据、产品数据、保单数据、退保数据等各类数据的统计、分析、挖掘等。随着金融业的不断发展，国内金融业借鉴国外发达国家业务处理外包的成功经验，尝试业务整体和部分处理外包模式，达到进一步控制风险，提高工作效率，实现利益最大化，缩小与国外优秀银行差距的目标。将金融数据处理的整体或部分外包给第三方专业公司来运营，是国外广泛采用的成熟方法，也是降低业务处理成本、提高业务处理效率的一种业务运作机制。我国金融企业为了实现竞争优势、提高抗风险能力，目前正处在这种业务处理模式外包的初步阶段。

金融数据处理外包中，低端的业务包括简单的数据录入等，中投科技借鉴发达国家先进的外包技术和管理经验，已承接了多个金融数据处理项目，并锻炼与造就了一支管理理念先进、技术水平过硬的运营团队，积累了丰富的金融数据处理服务经验。其数据处理中心采用规模化和流程化运作模式，提供包括原件接收登记、扫描处理、影像质检、数据录入（录入/校验/质检）、资料归档、数据返还等业务处理服务。中心采用了流程化、影像化技术，将各作业过程中的每一个环节用工作流程技术进行处理和控制，不但达到了规范业务处理、控制操作风险的要求，也做到了提高处理效率、实现大规模业务处理的目标。

高端的金融数据处理服务外包，不单单包括了简单的数据录入、校验、质检、展示等业务处理，还包括了对金融数据的分析、财务报表编制、指数编制、收益率曲线生成与分析，为金融决策提供依据。实时的数据处理分析外包减少了各金融机构的工作量，也可以为缺乏金融分析高端专业人才的中小企业提供专业化的金融数据分析服务。以债券市场为例，债券交易员需要对债券的价格和走势作出判断，即使全部公开数据是可获得的，对于这些数据的处理和分析仍需花费大量精力，需要培养众多专业金融人才进行分析，耗费大量成本。

案例6.6

知识处理服务外包提供商—Evalueserve 公司

Evalueserve 公司是一家大型独立的 KPO 公司，拥有 850 名员工，部分业务已转移至中国，在上海设有办事处。

该公司针对终端客户的 KPO 服务需求具备较高的用户化程度，例如在如何进入一个新市场的问题上，会根据客户的具体情况进行精细的研究，根据收集到的完备信息，深入考察市场的容量、细分状况、目标客户行为、竞争对手的行为、战略与标杆等各个方面，进行一系列比较并得出结论。又如，有一家客户出于创新的需要，要寻找一个研究资源最佳的国家，Evalueserve 公司用了 1 500 个小时分别研究了不同国家的情况，给出了较为可行的方案。

Evalueserve 公司的许多客户是欧美公司，在印度进行研究工作，其人力成本方面就能产生更大的比较优势，由此而来的是经济性，对预算有限的中小企业来说相当理想，在 Evalueserve 公司现有的 350 多家客户中，有 200 多家是中小型公司。这些中小型研究企业非常专业化，但限定的范围和面对的细分领域比较狭窄，在这些领域的研究相对缺乏，甚至根本不存在，是一个市场空白。

Evalueserve 公司主要开展业务研究，包括对市场和竞争对手的分析；投资研究，主要针对投资银行；技术研究，包括许多信息技术的内容，并往往把这三者结合在一起，打成一个包提供给客户。Evalueserve 公司主要在金融服务业、健康医疗、信息产业、电信、能源化工、消费品等领域发展，接触的部门包括战略规划部门、营销部门、技术部门、研究部门和数据研究部门等。

（资料来源：张钱江，詹国华 . 服务外包 . 杭州：浙江人民出版社，2010）

6.4　金融营销外包

6.4.1　营销外包业务

营销外包是指依据服务协议，将某些营销职能的持续管理责任转移给第三方执行，真正意义上的营销功能外包在于获得有战略价值的吸引力。企业通过将营销活动尤其是渠道的开发与管理全权委托给一个拥有专门技能和网络的外部机构，自身只是在战略上进行全程监控和规定收益回报的下限，其他的营销风险全部由外包机构承担；如果企业还将生产、人力资源管理、财务管理等价值链环节也外包给了专业的外部机构，企业则可以将核心能力集中于“产品研发＋品牌经营”的关键性领域，以获取巨额“净值”回报。

营销外包的形式包括以下 3 个方面。

（1）网络定制外包。现在越来越多的企业钟情电子商务，建立自己的营销网络，这已成为企业商务现代化的必要条件，但由于这项业务专业性强，技术要求高，各公司自己设计网络，购置硬件和软件，然后再由各供货商分别提供服务，把这些东西拼凑进来，操作起来难度大，成本也较高，因此企业已经普遍将网络定制业务外包。

（2）分销渠道外包。企业将分销渠道的开发与管理全权委托给一个拥有专门技能和网络的外部机构，企业本身只是在品牌的运作上执行全程监控和规定收益回报的下限，除了品牌价值可能受到的影响外，其他的营销风险全部由外包机构承担。

（3）促销策划与实施外包。经典的营销理论认为，企业不仅要生产好的产品，还要在恰当的时间以恰当的方式把恰当的信息传递给消费者。但大部分企业由于在传递信息方面的能力有限，于是把直邮、广告、公共关系等传播业务外包给专门的代理机构和媒体等效率高的单位。

营销外包的作用有以下 3 个方面。

（1）减少常用开支。通过外包，企业能减少所支付薪水，节省计算机等方面的办公费用，腾出办公场所，有利于企业的更好发展。

（2）增强企业的核心竞争力。营销外包不仅能减少成本，它还是公司计划、管理和执行营销的一种有效工具。外包有利于企业集中核心力量，提高生产效率。企业在资源有限的情况下，为取得更大的竞争优势，仅保留其最具竞争优势的功能，而将其他功能借助于整合，利用外部的优秀资源，实现企业内部最具竞争力的资源与外部最优秀资源的结合，从而产生巨大的协同效应，使企业能最大限度地发挥自有资源的效率，获得竞争优势，提高对环境变化的适应能力。

（3）满足消费者需求，减少营销风险。营销外包可方便顾客购买，简化服务的获取，节省时间成本和某些费用，有利于企业更好地为客户服务，减少客户流失风险。由营销服务提供商与客户建立和维持关系，从而减少了关系的不确定性。整合营销传播外包是目前营销外包的主要类型。整合营销传播的主要特征是必须协同使用所有营销传播工具，但在企业实践中，每个营销传播部门都注重本部门的利益，难以实现协同合作。通过营销外包，企业把营销传播任务委托给外部营销传播机构，外部营销传播机构的团队会精诚合作，站在品牌角度与利益相关者沟通。而且外部营销传播机构作为一个营销外包服务供应商不会代表企业的某一个部门的利益，它清楚知道它应该代表所服务企业的整体利益，根据该企业的营销目标、市场定位和营销预算的战略分析，全盘解决该企业的实际问题，从而真正实现以消费者为视角的整合营销传播。

6.4.2 金融营销外包业务

金融营销外包，在保险行业比较普遍，保险公司利用其他机构，销售本公司产品。保险业的营销外包主要分为两类，其一是隶属于自己公司的专属代理机构营销，其二是以保险经纪公司与银行保险营销为代表的独立代理机构代销。专属的代理机构一般只销售本公司的产品，不能与其他金融机构签约，金融机构付给直接营销队伍的费用包括底薪和佣金，而专属代理机构只收取佣金。独立的代理机构可以与多家金融机构签订营销服务外包合同，销售多家金融机构的产品，例如，银行保险营销就是银行利用自身的网点优势和服务优势，同时销售多家保险公司的产品。

保险营销外包能够实现保险公司、客户和银行的多赢。保险营销外包可以优化金融资源配置。对于保险公司来说，通过将保险营销外包，可以降低成本，直销、代理机构销售和银行代理销售中，银行代理销售的销售成本最低。通过银行代理销售保险，保险公司还可以共享银行的客户资源，利用银行强大的网络扩大销售范围和服务范围，借助银行的良好信誉提高自身的信誉。对于客户来说，银行代理销售保险产品降低了保险公司的成本，从而也会促使保险费率下调，实现客户收益。同时可以将保险产品与其他金融产品合作开发，为客户提供更优质全面的服务。对于银行来说，代理销售保险产品可以拓宽利润来源，降低同等规模经营收入下的风险资本要求等。

银行代理销售是保险营销外包的主要形式。其中，银行代理销售保险是保险营销外包的重要形式。这里涉及了“银保合作”的概念。银保合作（bancassurance）就是银行作为保险公司的兼业代理人实现保险分销。保险公司通过银行出售寿险产品、年金及其他投资产品。银保合作是通过共同的销售渠道向同一客户群提供银行与保险产品及服务的一种安排。它是金融一体化下混业经营的产物。银行和保险公司采取通过一体化的形式满足客户多元化金融服务的需求，将银行和保险等多种金融服务联系在一起，并通过销售渠道的共享实现价值最大化的一种战略。银保合作对于银行和保险公司来说是双赢之举，从银行来讲，既可以为客户提供更多元化、全方位的金融服务，提高了客户满意度和忠诚度，还可以使其收入来源多元化。更重要的是吸收保险公司通过承保积聚的巨额保险资金，参与承保。对于保险公司来说，可利用银行已经建立起来的销售网络降低营销成本，提高销售效率，还可以利用银行良好的信誉和客户关系扩大客户群。1995 年我国一些新设立的保险公司，如华安、泰康和新华等，为尽快占领市场，纷纷与银行签订代理协议，开始尝试联手开拓市场，迈出了我国发展银行保险合作业务的第一步。1997 年后，国内开始出现“银保合作”热，各家商业银行纷纷和保险公司签订保险代理协议。国内银保合作范围经过短短几年的发展，已由原来简单的代收保费、代理销售保险业务，逐步拓展到代支保险金、融资业务、保单质押贷款、客户信息共享及个人理财等领域。银行与保险公司的合作不断发展与深化，已成为当今金融保险业的主流趋势之一。

案例6.7

美国某保险公司业务外包

发包企业：美国某领先的保险公司，拥有数百万客户，专业从事保健、护牙、团体寿险、残疾和长期护理险等业务。

外包目标：提高新产品上市速度，不断推出新产品，全面提高服务质量，提高企业运营效率。

承包企业：IBM，IBM 不仅是一家高科技企业，其顾问和 IT 专家还拥有保险业各个业务领域丰富的专业知识。在全球有1.5万名员工专门从事保险系统的工作，为保险业提供全面支持。

解决方案：IBM高素质的IT和保险业顾问以其出色的技术实力和丰富经验，不断强化该公司的解决方案，双方的合作融合了公司全美资源与专业化IT及项目管理的技术力量，对原有系统进行改造，继承相关技术，为新的业务流程提供支持，加快产品上市速度，提高客户服务水平。解决方案的实施采用IBM全球服务应用管理软件（AMS）解决方案交付框架，帮助公司完成CMMI（功能成熟模型集成）3级认证。其他支持还包括项目管理培训、指标跟踪、制定交付规则、知识传授及企业文化调整援助。

成果：IT组织的工作效率提高30%以上，公司的产能与质量得到提高，新的解决方案迅速创造价值，能更加灵活地满足客户需求，员工业务素质得到提高。

（资料来源：郑雄伟，曾松．国际外包：国际外包全球案例与商业机会．北京：经济管理出版社，2008.）

6.5 财务会计外包

6.5.1 财务会计外包的概念

财务会计外包（FAO），是发展较快的一种财务管理模式，是众多外包业务中的一种，是企业将财务管理过程中的某些事项或流程外包给外部专业机构代为操作和执行的一种财务战略管理模式。

6.5.2 财务会计外包的主要内容

外包根据其方式可分为传统财务外包和现代网络财务外包。传统的财务外包主要是将整个财务管理活动根据企业的需要分解成许多模块（如财务报表编制、应付和应收账款管理、现金和银行存款管理、薪金发放及其账册管理、纳税申报、内部审计等），将这些模块中一些企业不擅长管理或对企业核心竞争力不具重大影响力的部分外包给那些在该方面具有核心竞争力的专业机构或人员进行，如将财务资金管理外包给银行等金融机构管理、纳税申报由税务部门代缴、将内部审计外包给会计师事务所等。现代网络财务外包则是企业租用提供财务应用服务的网络公司（如ASP）搭建的网络财务应用平台，通过互联网上的专营网站为企业提供专业的理财服务。这种外包模式是提供专业会计服务的机构与企业通过签订合约达成外包合作。

财务会计外包（FAO）的内容主要包括：

（1）特定过程服务（process-specific service），如应付账款、应收账款、一般会计、绩效管理、差旅费、税务、出纳和现金管理等；

（2）管理保证服务（management assurance service），如内部审计、SOX法案合规、SAS70标准报告等。

6.5.3 财务会计外包的动因

企业之所以要把财务外包出去，一方面是因为自身经验不足，能力与水平不专业。另一方面是出于自身利益最大化的考虑。例如一些新办企业，这些企业的组织机构刚刚建立，内部控制制度很不完善，再加上前期人力、物力、资金投入较大，如果再设置会计系统，招聘专业人员，企业的压力犹如雪上加霜。另外建账需要高水平的专业人员，而这些专业人员对薪金的要求也会相对较高，面对这些困难，财务外包无疑是一个不错的选择。而对于已经正常运转的企业，为了降低成本，实现自身利益最大化，也会考虑将财务外包出去。

进行财务会计外包的动因主要包括：

（1）节约成本；

（2）机构规模和复杂性增加；

（3）缺乏资源；

（4）获得最好的业务人员和技术；

（5）业务模式改革；

（6）专注于核心业务和创新；

（7）获得服务提供商最好的服务；

（8）合规的负担不断增加；

（9）提升财务会计的效率；

（10）服务交付创新等原因。

6.5.4　财务会计外包的意义

（1）降低企业资本性投资和费用成本。

（2）改善企业管理质量，提高工作合规性，增强财务透明度。

（3）突出主营业务，获得接触新技术的便捷途径。

（4）能够更好地管理人力资源。

（5）提供高质量的服务。从事财务外包的服务机构一般都由专业人员组成，在财务领域有一定造诣，把财务交给这些机构来做，出错的可能性就会大大降低。企业也有更多的时间和精力做别的业务，从而提高效率。

（6）提高核心竞争力。外包能使企业避免软件和硬件系统的日常维护带来的困扰，从而真正将资源投放在提高企业管理水平及发展企业自身的核心竞争力上来。

（7）降低风险。将财务委托给专职机构来做，可以降低因会计人员知识掌握不足、业务不精而出错的风险。此外承包商的专业化服务，保证了系统的稳定运行，避免了诸如设备硬件损坏等原因造成信息丢失的风险。

6.5.5　财务会计外包的发展

FAO 的发展经历了从以节约成本为主的第一阶段，到以标准化和离岸外包为主的第二阶段，再到以创新为主的第三阶段。FAO 创新包括技术创新、服务交付创新和进程交付创新。

FAO 业务外包模式：

传统型外包模式：咨询；纯外包。

合作型外包模式：合作外包；国际外包。

商业转型外包模式：合资企业。

FAO 的发展趋势：

（1）进行一种渐进式的服务；
（2）经济危机后，企业有更多减少成本的需求，导致 FAO 业务的增加；
（3）对专业化的要求更高；
（4）企业并购、兼并了共享的服务和技术提供商；
（5）在二、三线城市建立新的服务交付中心。
但是，进入 FAO 行业也有一些障碍：
（1）企业希望能够控制自己的财务；
（2）文化对变革有阻碍作用；
（3）一些业务过程过于专业化，难以外包；
（4）保护原有员工的工作岗位。

6.5.6 财务会计外包的成本和效益分析

财务会计外包的成本分析和效益分析如表 6-2 和表 6-3 所示。

表6-2 财务会计外包的成本分析

信息安全风险	外包增加了会计信息被截取、篡改、泄露的风险
外包决策失误和合作中断的风险	外包决策失误主要包括外包范围确定失当，外包商选择失误等。合作中断风险主要是当外包突然中断，企业可能会缺乏一定的反应能力，导致企业的财务活动陷入困境，财务工作难以正常顺利地开展
增加未来成本的风险	外包使外包商获得更多的企业信息，使企业增加了各种转移风险。而且，外包商可能在承担业务后逐步提高价格，降低服务质量，使企业处于不利局面
失去控制的风险	财务外包使会计信息的处理和存储集中于企业租用的提供网络财务应用平台中，大量不同的会计业务交叉在一起，可能使某些职权分工、相互牵制的控制失效

表6-3 财务会计外包的效益分析

提升核心竞争力	外包能使企业避免软件和硬件系统的日常维护带来的困扰，从而真正将资源投放在提高企业管理水平及发展企业自身的核心竞争力上来
降低和控制成本	外包不需构建网络，节省了大笔硬件设备和软件调试投资，以及日常系统维护成本
提高管理效率	外包打破了管理的空间、时间界限，实现财务工作的在线办公，大大提高了效率
降低和分散风险	外包可根据实际使用服务的情况而逐期发生运营费用，降低了一次性大额资金投入，减少了因投资失误产生的风险。承包商的专业化服务，保证了系统的稳定运行，避免了诸如设备硬件损坏等原因造成信息丢失带来的损失风险
提高会计信息质量	外包减少了会计信息虚假的概率，承包商的专业管理能力提高了信息的质量

案例6.8

某外资企业财务会计外包案例

财务会计职能外包的主要内容包括交易管理、财务管理、总账、财富和风险管理及税务管理。中国财务会计职能外包服务商主要由会计师事务所及财务公司组成，审计公司也会提供少量财务会计外包服务。类似于人力资源职能外包，IT 外包服务商通过财务软件或者 ERP 软件的实施能力，也可以承接类似应收应付账款的处理流程外包。

某美资企业，主要为门窗的生产加工和外销企业，公司规模很大，年销售收入 1.2 亿元，但利润很低。经美国总部财务审计，发现存在存货管理混乱、往来账务混乱、内部控制不健全、成本核算不实、纳税申报出现错误、出口退税延迟导致税金无法挽回等问题。经客户对多家财务公司筛选，决定将部分业务进行财务外包。宜久会计师经过对公司业务流程及内部控制制度的了解，制定并实施了以下步骤：根据公司业务流程，结合财务管理的特点，重新规划并使用了现代化管理 ERP 软件，并进行了相关培训；重新规划了财务工作岗位和职责；重新制定了成本核算流程；使财务管理同企业的业务特点通过 ERP 软件紧密结合。重新规划企业内部控制制度，做到了授权管理、物资管理、资金管理的及时有效。根据企业的财务管理和业务管理的特点，除资金管理 / 催收账款外的其他财务项目：成本核算 / 记账报税 / 往来账款 / 内部财务监控 / 税收筹划 / 出口退税业务全部由宜久财务公司外包服务。通过财务会计外包，降低了成本，公司本身雇佣的财务人员从 6 人减少到了 2 人。直接创造了收益：税收筹划及优惠政策退税 330 万元；成本合理筹划节约流动资金 700 万元；库存管理明晰，盘活资产 520 万元；加强企业往来款账龄分析，盘活资金 1 600 万元；投资分析对比，建议外包加工节约固定资产资金 1 000 万元。

本章小结

金融信息服务外包中，金融信息技术（IT 服务）的外包占据了主导地位。

我国的金融信息服务外包中，大部分是 IT 服务外包。信息技术外包是指企业专注于自己的核心业务，而将其 IT 系统的全部或部分的信息技术服务功能外包给专业的信息技术服务提供商。信息技术外包根据不同的划分方法可以划分为不同类型。按照信息技术外包的程度可以将信息技术外包划分为整体外包和选择性外包。根据客户与外包商建立的外包关系可以将信息技术外包划分为市场关系型外包、中间关系型外包和伙伴关系型外包。根据外包的战略意图可以把信息技术外包划分为信息系统改进、业务提升和商业开发三种类型。按照价值中心的方法可以将信息技术外包划分为成本中心型、服务中心型、投资中心型和利润中心型外包。

金融信息技术外包是指金融企业战略性地选择外部专业信息技术和服务机构，代替内部部门和人员来承担企业 IT 系统或业务系统的运营、维护和支持服务。金融信息技术外包主要包括基础技术服务外包、系统操作服务外包和系统应用服务外包等。基础技术服务包括技术研发、软件开发设计、基础技术或基础平台整合或管理整合等业务。系统操作服务包括银行数据、信用卡数据、各类保险数据、保险理赔数据、医疗体检数据、税务数据、法律数据的处理和整合。系统应用服务包括信息工程及流程设计、管理信息系统服务、远程维护等业务。

金融业务流程外包，指金融机构将一个或多个内部职能外包给外部服务提供商，由外包服务商来拥有、运作、管理指定的职能，进行金融机构的需求管理、内部管理及业务运作服务等。金融机构业务外包范围和内容日益广泛，从简单的文档事务性业务外包开始，逐步扩展到呼叫中心、抵押贷款、信用卡、理赔、核保、保单管理、人力资源、市场营销、资产管理和咨询业务外包，具有从低端业务到高端业务的发展趋势，发包方与承包方之间的关系日益复杂化、高端化和伙伴化，并从“一对一”向“一对多”发展。银行业的服务外包，经历了从简单到复杂，从非核心业务到核心业务的过程，从信息技术外包到业务流程外包再发展到知识处理外包。

全球保险业在金融行业中，较晚开始采用外包，传统上也较少采用外包。然而，随着利润空间的缩小，赔付压力的提升，竞争的不断加剧，监管愈加严格，外包作为保险业的发展战略之一，可以促进资源的合理配置，提升经营效率，增强产品开发与改造等核心业务的竞争优势。

保险企业需要降低成本，改进服务质量，并通过重新设计业务流程以获得更高的商业价值，保险业的 BPO 应运而生。保险业务流程外包结构中，保险专业领域的特殊流程是保险 BPO 最重要的形式，其中，最主要的形式有理赔流程外包、保单管理流程外包、呼叫中心外包、人力资源管理和财务管理外包等。保单管理流程外包是保险 BPO 的主要领域。

金融数据处理外包是指将市场及相关数据信息进行分析，将银行、保险等金融市场的数据分析外包给专业的数据分析机构，如账户数据、客户数据、产品数据、保单数据、退保数据等各类数据的统计、分析、挖掘等。

营销外包的形式包括：网络定制外包、分销渠道外包、促销策划与实施外包。营销外包的作用有以下 3 个方面：(1) 减少常用开支；(2) 增强企业的核心竞争力；(3) 满足消费者需求。

财务会计外包的内容主要包括：(1) 特定过程服务；(2) 管理保证服务。进行财务会计外包的动因主要包括：节约成本；机构规模和复杂性增加；缺乏资源；获得最好的业务人员和技术；业务模式改革；专注于核心业务和创新；获得服务提供商最好的服务；合规的负担不断增加；提升财务会计的效率；服务交付创新等原因。

练习与思考

1. 金融服务外包有哪些种类？
2. 什么是信息技术外包？有哪些分类？
3. 什么是业务流程外包？不同金融机构的业务流程外包有哪些不同？
4. 金融知识处理外包的核心思想是什么？
5. 营销外包有哪些形式？作用如何？
6. 为什么企业要把财务外包出去？财务外包有什么意义？

第7章

金融服务外包决策

本章导引

金融服务成功外包的前提是正确地进行外包决策，即确定哪些业务是金融企业的非核心业务，进行梯度外包，哪些业务适合最先外包出去，确定合适的接包商，这些都是事关全局的战略问题，如果缺乏科学决策而草率实施，则可能给金融企业带来风险甚至战略失误。本章简要介绍外包决策，分析外包决策的主要依据和内容，并具体介绍了如何评估外包决策的成本、风险和效益，以及选择承包商的方法。

7.1　外包决策概述

一个企业在对要不要进行业务外包或将哪些业务外包进行决策时，大致要经历确定目标、环境分析、进行科学决策（包括确定外包业务与外包服务提供商的选择）等一系列步骤。

确定目标是企业进行科学决策的首要一步。不同企业进行服务外包的目标不完全相同，有的以降低成本为主，有的以利用外部的专业技术资源为主，有的以提高服务质量为主，有的则以提高企业的整体核心竞争力战略目标为主。对企业决策目标的要求有：① 目标要科学，要符合企业的实际，符合经济发展的规律；② 目标要符合要求，可以度量、经过努力可以实现；③ 正确处理好多个目标之间的关系，进行业务外包的目标一般不是单一的，通常都会涉及多个目标，会有主要目标与次要目标，要正确选择主要目标，处理好主要目标与次要目标之间的相互关系，不能因主要目标而伤害其他目标，次要目标服从主要目标，局部服从全局，近期目标服从长远目标，要注意目标的连续性及与先前决策目标的配合，充分考虑到它们之间的连贯性与一致性。

环境分析：要对企业、行业与市场环境作细致正确的分析，包括企业内部的环境分析、企业所处行业的环境分析，以及行业市场环境的分析。要作广泛的调研，进行相关信息的收集、处理与分析，要了解和掌握企业及所论业务的有利与不利的因素，企业自身与相关企业的优势与劣势，分析服务外包市场的成熟度，相关业务服务承包商的服务水平、技术水平、管理水平等。

7.1.1 在将业务外包之前你需要知道什么

1. 企业当前业务中的非核心业务

企业的业务活动可以划分为核心活动与辅助活动。非核心业务活动是对企业的最终输出贡献很小或几乎没有贡献的活动，企业业务外包的主要是那些对企业增值很少或不增值的活动或业务环节。

2. 企业未来的发展战略

在企业的战略定位或者业务范围做重大调整的时候，企业需要根据其未来的发展定位重新确定企业的核心业务与非核心业务。以某制造企业决定进行转型，未来只专注于技术研发与市场营销等核心竞争力为例，在这样的发展战略决策下，其原材料采购、库存控制等业务环节将不再是企业的核心业务活动环节，可以将它们转移外包。因此，企业的外包决策要依据企业未来的战略发展定位来确定。

3. 顾客对业务的重视程度

金融企业有许多不同的业务环节与业务流程，不同的业务环节对顾客的重要性与影响力是不同的，有些业务环节运作的好坏对顾客有着重大的影响力，如银行业的前台业务，贷款的发放，它们的低效率运作会对企业的效益和声誉产生重要影响，而它们的高效运作会对企业其他的业务环节运作起着“乘数效应”。企业可以通过观察和了解顾客最关心的问题，针对问题进行追踪，把它们与自身的业务流程进行相关性分析，弄清楚哪些业务流程对问题的影响最大，排出业务流程再造的先后顺序，从而确定出核心的业务环节与流程。

4. 行业发展水平

行业发展水平是分工的基础，它反映了专业化的水平，行业越发展，分工越细，专业化程度越高，企业自身工作的范围越小，企业外包的需求就越高。因此，行业的发展水平是决定企业业务外包的因素之一。

5. 市场竞争状况

市场竞争越激烈，企业利用外部专业资源来提升自身核心竞争力的意识越强。在自身资源有限的条件下，不利用外部的优势资源而要保持自己的核心竞争力是相当困难的，激烈的市场竞争是服务外包产业飞速发展的因素之一。哪个行业的市场竞争激烈程度高，哪个行业业务外包的发展速度就比较快。

7.1.2 企业进行业务外包决策的主要内容

1. 核心能力分析

企业进行业务外包的本质在于保留其具备竞争优势的核心业务环节，而把其他非核心业务流程或环节借助于外部的专业化资源予以处理，以优化企业的资源配置，实现企业可持续发展。企业业务外包是为了集中优势资源，建立企业自身的竞争领先优势。企业将部分非核心业务外包后，外包出去的业务所需的资源由承包企业提供，不再纳入企业整体的资源管理体系，这可以增加企业的柔韧程度，使企业能够更灵活地应对市场的变化。同时，承包企业提供的人员在外包业务上的专业化程度更高，工作效率更高，从而可以为企业提供更优秀的服务。因此，核心能力分析是企业进行外包决策分析的重要方法。

2. 价值链分析

企业进行外包决策的另一种常用的方法是价值链分析。价值链分析从企业内部条件出发，把企业经营活动的价值创造、成本构成同企业自身竞争能力相结合，与竞争对手的经营活动相比较，以发现企业目前及潜在优势与劣势，是指导企业战略制定与实施活动的有力分析工具。考察企业自己的价值链结构，并将它同竞争对手的价值链结构进行比较，可以发现自身拥有多大的竞争优势或劣势，以及是哪些因素导致了这种状况的出现。这种信息对于确定企业业务流程中的核心业务流程非常重要。根据价值链分析，可以确定哪些业务流程是核心业务流程，哪些是非核心业务流程，哪些业务流程可以外包等。

7.2 外包成本、效益和风险评估

7.2.1 外包的成本

企业对某项业务外包的最初动力是为削减经营成本。企业在对某项非核心业务选择是由企业自身承担还是外包时，会涉及生产成本和交易成本。如果选择自身完成，企业必须考虑规划设计、设备配备等因素，需要增加投入成本，同时技术的掌握与更新、员工的招聘与培训等一系列过程都会增加企业的管理成本。如果选择外包，有利于企业减少在设备、技术、研发与人力成本等方面的投入，在生产成本大幅度降低的同时，交易费用会有所增加。但企业可通过利用外部承包商源于专业分工形成的技术优势、规模经营效率和由于地域差别形成的人力成本与资源等方面的优势来降低交易费用。发展中国家的土地及其他资源比较低廉，而发达国家与发展中国家之间劳动力成本的差异更大。例如，在美国雇用一个程序编制员的年薪一般在 8 万美元左右，在印度则只要 1 万美元，而在中国、俄罗斯等国家则更低。此外，在发展中国家招聘优秀员工更容易，员工的职业素养、工作积极性和创新激励能力能提升工作效率和服务质量。

企业在对某项业务外包时的交易费用按时间进程划分，包括下面 5 个阶段的费用。

1. 外包决策费

这是企业对某项业务进行外包第一阶段所需的费用，主要考虑是对该项业务进行外包还是内部完成，如外包，是全部外包还是外包部分流程，进行决策分析过程中所需的费用。

2. 服务商选择费

企业一旦确定对某项业务或业务的某些流程进行外包，需要进入外包决策的第二阶段，选择合适的服务供应商，需要企业搜寻和采集相关服务供应商的信息，通过对信息进行分析评估和比较筛选，以及招投标过程，最终确定信誉好、服务质量优、技术水平高的供应商。这个阶段的费用来自企业为了选择合适的服务供应商所必须支付的人力、时间与资金成本。

3. 签约费

服务供应商选定之后，将进入具体的签约阶段。这一阶段的工作包括合同的起草、谈判、修订、重新谈判与最终确定签约。一份规范合理的外包合同是保证外包成功的必要条件，也是最重要的条件，外包合同的主要作用在于规范企业与服务承包商的行为，防范外包风险，减少外包纠纷，提高外包绩效。合约还要考虑到外包环境的不断变化，如技术进步，企业对外包需求量的变化，行业需求变化引起的价格变化等。可以看出，这一阶段的工作非常烦琐，但必须非常细致认真地对待。企业应该就合同涉及的诸多方面详细地与服务外包供应商进行谈判与协调，在确保合同内容全面的同时，又要使合同具备一定的灵活性，以适应未来环境的变化。这个阶段的费用来自企业为了签订合理规范的合同所必须支付的人力、时间与资金成本。

4. 合约执行费

服务外包合约签订后，将进入合约的执行阶段，企业应及时把外包的业务转移给供应商，必须随时了解和掌握合约执行的情况，对外包服务商进行必要的监督，以便能及时发现问题和解决问题，保证合约的顺利实施。但需要注意的是，不能干涉服务供应商正常的业务运作，以维持与推进与服务供应商的合作关系，或进一步建立合作伙伴关系。在这一阶段的费用主要有：将外包业务转移过程中所需的费用；对合约执行进行管理和监督所需的费用；对供应商绩效进行评估所需的费用；维持与服务供应商关系或进一步建立合作伙伴关系所需的费用。如在合同执行过程中出现纠纷，还应包括处理与解决纠纷所需的费用。

5. 合约的修改或终止费

在情况或外包环境发生变化并有必要对合约进行修订或终止合约时，企业需要与服务供应商进行新的谈判与协商，发生相应的费用，如终止合约，同样需要谈判，或付出相关违约的费用等。

由此可以看出，企业在进行业务外包时，必须综合考虑业务外包所需的各项交易费用。用交易成本的理论来解释，当某项业务外包产生的包括交易成本在内的经营成本大于内部经营成本时，则该项业务的全部或部分应由企业自身来完成，否则就应选择外包。

企业如能同服务外包商建立长期的合作伙伴关系，会有助于降低相关的交易成本。基于长期的合作伙伴关系，合作双方会时常保持沟通，可缩减搜集对方相关信息的费用。良好的伙伴合作关系，可以增加双方相互之间的信任度，降低履约风险。即使在交易过程中产生纠纷，双方为了维护长期的合作伙伴关系，会通过协商解决冲突，避免无休止的讨价还价，乃至提起法律诉讼产生的费用。长期的合作伙伴关系，能有效地节约合约执行的监督成本，长期合作关系可以抑制机会主义行为的产生，因为一次性的背叛或欺诈在长期的合作中会导致相应的报复或惩罚，还有可能导致合作关系的终止。长期合作关系还有利于提高双方对不确定环境的应变能力，降低由此带来的交易风险，这是因为长期的合作关系，会促进伙伴双方的组织学习，提高双方对不确定环境的认知能力，减少交易主体的有限理性所产生的交易费用。

7.2.2 外包的效益

1. 外包效益的构成

外包带来的效益既有使企业拥有原来不具备的能力或技术，也有使企业原有的一些东西得到改善或提升，因此，我们将外包效益分为获得性效益和提升性效益。

获得性效益是指企业通过外包能获得一些企业原来所不具备的资源或能力，包括缓解资金压力、获得内部缺少的资源、获得先进技术和获得组织重组。企业通过外包，将释放出一些原来用于被外包业务的资金，这部分资金可以用来做流动资金，也可以用于投入其他的业务。企业外包的一个重要动因是获得内部缺少的资源。外包在获取外部资源的同时，也能通过对承包方一流的先进技术的利用来实现自身的技术改善。外包给了企业一次重新安排内部各项职能和流程改造的机会，可以使企业获得企业重组。

提升性效益是指外包使企业原来具备的能力和优势等产生改善作用和提升作用，包括集中精力于核心业务、分摊部分经营风险、增加企业柔性、产品质量或服务质量改善和提高管理效率。外包可以使企业减少对非核心业务的投资，使管理者更多地关注核心业务，考虑企业的战略问题。外包通过和承包商合作的方式将经营风险减小。采用外包的企业规模得到了控制，使得企业的柔性增加，能对日益加快的变化做出及时的反应。一般来说，外包企业对承包的业务始终具有专业性，他们能给顾客带来更好的产品、服务和解决方案，从而提高产品质量和服务质量。外包使企业内部的业务比原来易处理，企业员工有更多的精力来处理更少的业务，能克服职能管理失控带来的困难。

2. 外包效益的衡量

对于外包效益的衡量，可通过计算“外包效益机会成本”来进行。外包效益机会成本是企业为获得该效益而愿意付出的代价，也就是企业愿意牺牲的成本。

在曼昆的微观经济学中，决策十大原理的前两条分别是“人们面临权衡取舍”和“某种东西的成本是为了得到它所放弃的东西”。原理一是说“做出决策要求我们在一个目标和另一个目标之间权衡取舍”，原理二是说“由于人们面临权衡取舍，所以做出决策就要比较可供选择的行动方案的成本和收益”。在我们的外包成本效益分析过程中，企业为获得外包效益，也必然要放弃某些东西，这里所放弃的东西就是企业为获得这些收益而花费的成本。因此，我们可以用效益机会成本来衡量可获得的效益，从而和预估外包成本进行对比。在具体操作过程中，由企业的股东代表和高层管理者共同决定每种效益的效益机会成本的大小。

$$\text{外包总效益} = \sum \text{单项效益机会成本}$$

由于各效益之间存在着一定的相关性，并不完全独立，因此应先借用层次分析法中的重要性排序方法对各项效益指标重要性进行排序，在排序的基础上，先确定重要性最高的效益的效益机会成本，然后确定重要性次之的效益的效益机会成本，依次类推，逐项进行。

7.2.3　外包的风险

业务外包中的风险主要有失去核心能力、破坏交互式能力、失去对承包方的控制、增加成本和泄漏公司机密等。

1. 失去核心能力

许多企业在外包过程中缺乏对本企业自身能力的认识，盲目进行外包战略，导致失去对核心能力的控制力。更有甚者，企业错误地将原本的核心能力外包，导致企业的整个发展失去了存在的根本。例如，当年 IBM 公司错误地将个人电脑业务中的核心技术微处理器和操作系统分别外包给了英特尔公司和微软公司，结果导致 IBM 公司在个人电脑领域的优势迅速消亡，被惠普、戴尔等赶上和超过，并于 2005 年整体将自己的个人电脑业务出售给了我国的联想公司。

2. 破坏交互式能力

企业的研发、生产、营销各个阶段是交互式相互影响的，虽然各个阶段的特征及管理原则各不相同，但是随着信息化和网络化的发展，这种交互式的影响必将更加明显。因此企业在运用外包战略的过程中，一旦将部分的传统企业职能外包，必然会影响原有的研发、生产或营销能力，进而破坏整体的交互式能力。

3. 失去对承包方的控制

企业在进行外包的过程中，对供应商（承包方）的控制是非常重要的环节，由于企业和承包方没有产权关系，因此对承包方的控制就显得十分复杂，特别是承包方在掌握了该项能力之后，很有可能不通过企业而直接进入市场，正如同资源观经济学所解释的：市场进入壁垒和资源壁垒不能等同，当承包方掌握了某种关键资源，它完全可以通过控制这种资源而达到突破市场进入壁垒的目的。例如，美国的计算机公司康柏、惠普等将计算机的一些配件，如键盘、机箱、鼠标等外包给我国台湾地区的宏基计算机公司，随着宏基计算机公司对计算机行业的逐渐熟悉，宏基计算机公司推出了自己的品牌计算机，同康柏、惠普等公司在个人计算机行业展开竞争，并迅速在亚太地区抢占了一定的市场份额。

4. 增加成本

在业务外包活动中往往会发生大量的隐藏成本。这些隐藏成本主要表现在两个方面：其一，企业有可能低估了对承包商进行监控和管理的成本，虽然企业已经将某些业务外包出去，但企业仍然要对整个过程进行管理以保证外包的成果满足企业的需要；其二，企业没有重视外包工作成果的安装成本，即使企业能够很好地管理外包整个过程，对于外包商提供的服务或产品，企业也有一个内化的过程，这其中就隐藏了许多并行工作费用、再度研发费用、调试费用等成本项目。

另外，企业在同承包商合作期间，可能出现法律争端与诉讼、契约协商等问题，这些都增加了企业的运营成本，提高了外包的风险。

5. 泄漏公司机密

公司安全问题是企业在考虑外包时应考虑的重要因素之一。企业在进行业务外包过程中可能使企业对自己的安全信息失去部分控制，从而可能导致企业机密被泄漏。例如，生产企业在将自己的物流外包给第三方物流公司后，自己的供货渠道和销售渠道可能被自己的竞争对手掌握，从而使企业面临着失去货源和客户的风险。

案例7.2

北美某金融机构IT服务外包

发包企业：北美某金融机构，该机构拥有5万名员工，在50多个国家有1 000多万用户。

服务外包原因：

（1）企业经营理念的转变，由产品销售为主向以销售和服务为中心转移，现有系统无法满足这种转变的要求；

（2）现有系统与技术落后，已对桌面系统的性能和稳定性构成影响。

服务外包的目标：降低成本，提高工作效率，降低其850家分行，1.6万个桌面系统的成本，变更操作系统以满足用户不断变化的需求。

承包企业：IBM（International Business Machines Corporation，国际商用机器公司）。

IBM 1914年创立于美国，现为世界最大的信息工业跨国公司，目前在全球拥有员工30多万，业务遍及160多个国家。近年来，IBM已把提供咨询和收购企业重整服务作为其核心业务。为银行业提供服务是IBM全球服务部的一个十分重要的工作领域，并为全球大量金融机构提供了有力的支持。

解决方案：IBM 全球服务部设计部署了具有高可用性、灵活性和扩展性，支持随需应变业务的中央分行基础设施。解决方案构建了面向销售和商业用户、基于 Web 的典型桌面系统。同时，IBM 提供了由其编写的所有银行应用软件，软件具有门户环境下市场领先的销售功能。解决方案以 IBM WebSphere 应用服务器为基础，在 IBM pSeries 服务器环境下运行。

成果：银行新的分行基础设施可根据需要提供应用和数据，同时可以妥善平衡工作量，减少了服务器中断，系统安全性得到提高。银行管理层预计，今后 5 年内，分行 IT 成本可降低 50%。

（资料来源：郑雄伟，曾松 . 国际外包：国际外包全球案例与商业机会 . 北京：经济管理出版社，2008）

在对风险进行识别、分类、分析之后，需要对风险的重要性进行评估、衡量和排序，列出清单，为后续的风险控制提供依据。

7.3　选择外包服务提供商

企业在做出了某业务外包的决策之后，下一步的重要工作就是要选择合适的服务外包提供商。服务外包提供商的选择是外包决策的另一项重要内容。对于大多数企业来说，外包业务的成本占企业服务或产品总成本的 70% 以上，合理地选择服务外包提供商将直接影响企业成本的降低、服务质量与客户满意度的提高，以及企业竞争力的提升。在进行筛选与选择服务外包提供商时，需要建立一整套科学合理的金融服务外包提供商选择的评价指标体系，只有这样才能选出比较合适的金融服务外包提供商。

在选择服务外包提供商时，企业要根据自身的外包战略及具体外包业务的特性确定相应的外包商选择的目标，建立外包商评价的综合指标体系。外包商的综合评价指标体系是企业对外包商进行综合评价的依据和标准，企业应根据全面、简明科学、稳定可比及灵活可操作的原则，建立企业所外包业务所需外包商的综合评价指标体系。在外包商选择综合评价指标体系确定之后，再在调查、收集相关服务提供商在服务质量、服务价格、企业文化等方面信息的基础上，选择或设计科学合理的方法对外包服务提供商进行选择，以最终确定进行服务外包的合作伙伴。

7.3.1　选择金融服务外包提供商应考虑的因素

理想的有长期合作可能的服务外包提供商的选择是一个复杂、多准则的非结构化问题，在其选择过程中需要对大量的信息进行有效的处理，为了对不同的服务外包提供商进行比较，首先要设定比较的标准，又因为选择因素的多样性（如成本、质量、信誉等），选择是多目标的，而不同的服务外包企业在不同目标上的价值是不同的，如何对这些目标进行综合以确定最终的选择是一个十分复杂的问题。

因为发包企业同服务外包提供商之间的关系不同于企业同一般商品供应商之间的供求关系，而是一种战略合作的伙伴关系，双方的目的是实现双赢，因此，对服务外包提供商的选择必须全面、系统、科学地考查服务提供商的综合水平，并具有可操作性强的评价指标。以业务外包为决策目的的服务外包，其提供商选择的评价指标既应有与以采购为目的的供应商选择的评价指标，如价格和质量又应考虑到服务外包与采购供应的差异。对于服务外包提供商的评价指标，还应注重服务外包企业的软性指标，如企业文化、企业声誉及合作的灵活性等。具体包含以下因素。

（1）成本因素：主要包括服务外包提供商所提供的价格、企业同服务外包提供商之间的信息成本、交易成本等。

（2）质量因素：主要指质量管理规范，包括产品或服务的质量、设计质量、生产过程质量与管理质量等。良好的质量管理与控制将会降低发包企业的监督成本，减少返工、维护与纠纷，从而节约成本。

（3）企业战略与文化：指服务外包提供商与发包企业在战略、管理体制和文化价值观念上的一致或者兼容程度，这主要有文化兼容性、管理水平兼容性、管理体制兼容性、合作意愿及对资源共同投入的意愿等。

（4）合作经验与商誉：经验主要指服务提供商以往参与类似业务合作所积累的经验与知识；商誉则指服务提供商在以往合作过程中的工作业绩。有丰富经验与良好商誉的合作者知道如何进行合作中的配合，以及如何调整自身以适应合作中的变化。

（5）服务水平与能力：指服务提供商完成合约所需的开发设计能力、管理协调能力、完成合同的准时程度和为整个项目及时提供建议与信息的态度等。高水平的服务与能力将减少发包企业用于沟通、联系及协调的费用。

（6）服务提供商的信息化水平：包括服务提供商的通信网络与通信的硬件设备、数据交换与通信接口标准、接收信息速度、信息处理速度及信息应用速度等。高质量与一流的设施、统一的标准和信息处理能力是提供高质量服务的基础。

（7）服务提供商的敏捷性：包括市场敏捷性、设计敏捷性、服务敏捷性、管理敏捷性、组织结构敏捷性与人力资源敏捷性。敏捷性良好的服务提供商可以帮助企业快速地响应客户需求，提高其对市场需求的反应能力。

（8）服务提供商所处环境：指提供商所在地的政治法律环境、经济与技术环境、自然地理环境、社会文化环境、企业竞争环境、政策导向及产品供应环境。稳定的环境将减少发包企业承担的外部风险及与提供商磋商、谈判的成本。

（9）服务外包提供商的行业从业经验：选择具有丰富的承接金融业务经验的提供商，对于金融机构来说，可以将自身的资源集中于核心业务，提高业务效率；将新的业务外包给具有丰富经验的提供商，可以使金融机构的服务能力迅速达到业界的专业水平。英、美和欧洲公司在选择提供商时，都把“具有行业经验与具有已经证实业绩记录的提供商”放在选择外包提供商的最重要的位置。

（10）服务外包提供商的规模：对于金融服务外包，特别是金融 BPO，外包提供商的规模无疑是一个重要的考量因素，因为，外包提供商的发展是一个循序渐进的过程。较大的规模意味着具有明显的规模效益，代表着具有丰富的行业经验，具有较强的交付能力，而且，较大规模往往还与企业信誉、信息安全等因素有密切关系。这些对于金融机构来说，都是重要的考量因素。

（11）服务外包提供商信息安全管理：对于金融机构来说，信息安全是外包首先要考虑的因素，因此，金融机构首先要选择信息安全管理较好的提供商。一般可以从以下几个方面考察提供商的信息安全管理工作：是否通过 ISO 信息安全管理体系认证并较好地执行；是否在异地建立了灾害恢复和备份中心；是否在信息安全设施方面投入较大等。

这些为在对服务外包提供商进行选择时一般要考虑的因素，具体到企业的某项业务时，考虑的因素会因业务性质、环境、时机、地域的不同有所不同，需要根据具体问题具体分析确定适当的考虑因素，为服务外包提供商的选择作好充分的准备。

案例7.3

金融服务提供商——华道数据

华道数据最初把接包重点放在中国客户上，以锻炼其交付能力，如今正在扩大其在海外的服务。华道数据已成为中国信用卡行业整体解决方案的业界领袖，它宣称已占据信用卡流程外包业务的90%。华道数据成立于1998年，其前身是中国银行业领先的影像系统集成商，它在2003年进行了战略转型，成为一家业务流程外包服务提供商。其管理团队来自国内外顶尖金融机构和专业服务公司。团队成员带来了行业专长和技术知识，以及管理大规模业务流程外包运营的经验。此外，该公司还得到了国际顶尖私募投资基金的强大资金支持。华道数据致力于为银行业、金融服务业和保险行业提供一站式的后台业务流程外包服务。该公司还涉足企业级业务流程外包程序解决方案，包括财务与会计、薪金和采购服务。华道数据目前在中国主要金融枢纽的5个交付中心雇员达2 500多人，其客户中有近30家银行和保险公司。

华道数据的某客户是亚太地区一家快速成长的商业银行。虽然是行业中一个相对较新的参与者，该客户通过该地区36个主要城市370个分支机构组成的网络运营，其信用卡业务已跻身行业中最受认可的信用卡业务之列。该客户在相对较小的规模和经营历史较短的情况下，面对市场竞争压力及其自身客户多样化的需求，需要以更低的成本、更高的效率和更短的周转期提供产品和服务。该客户聘请了一家管理咨询公司重新设计其业务流程，并提供关于哪些流程可以被优化的建议。该咨询公司发现，许多前台、中台和后台功能是重复并且劳动力密集型的，几乎没有增加价值，这表明员工人数的比例安排不当，企业在管理方面存在挑战。该客户决定把重点放在其核心业务上，并通过将非核心的信用卡申请处理业务剥离给第三方，实现价值最大化。尽管在早期的选择阶段价格是一个因素，然而客户对质量、可靠性和数据安全的关注高于单纯的成本节约需求。项目范围包括所有典型的非核心功能——从邮件收发功能到甄别、扫描、索引、质量和信用背景调查、数据采集和存储。这些流程的复杂性、安全性和细分性要求业务流程管理系统部署在三个不同的客户地点。项目进行6个月之后，小组遇到了一个瓶颈：华道数据的后台数据采集能力运行速度和效率远远超过其现场工作人员。华道数据建议将所有中台流程——包括甄别、扫描、归档和信用背景调查——合并到设在上海的一个离岸集中处理中心。利用制造业大规模生产创新的启示，华道数据开始通过并行流水线管理这些流程。于是，客户利用实时视频监控、定期质量检查和突击查访，结合指导委员会对项目实施的监督，保持了质量控制和透明度。项目进行三年之后，客户已成为亚太地区屡获殊荣的信用卡运营商，能够不断推出新的产品和服务，而几乎不用固定资产方面的额外投资。在办公场所租金、职员总数、硬件投资、软件开发、招聘、培训及人均运营成本等方面实现了成本节约。在某些环节，节约幅度同比高达30%。由于改善了服务质量，缩短了产品到市场的周转时间，该客户自身客户的满意度水平持续上升，客户管理层也因此得以专注于信用卡核心业务。华道数据的成功源于准确的定位，将其作为客户核心业务的一个长期战略合作伙伴，而不是一个简单被动的服务提供商。华道数据在信用卡申请处理领域经过实践证明的成功记录，使公司能够捆绑额外的呼叫中心服务—从电话营销、客户支持到礼品递送—为其客户企业增加更多的价值。

（资料来源：埃森哲．服务外包市场研究报告：中国与全球，2008）

案例7.4

金融数据服务提供商——红顶金融

红顶金融提供银行间的债券交易数据分析的专业服务。红顶金融工程研究中心与上海华鼎财金软件公司由一群金融专家、研究机构学者、市场资深操盘者及高新计算机工程人员组成，这些人员均来自国内外知名学府、专业研究机构及大型券商，以发展与引进国外金融工程技术（financial engineering technolog）、并在国内市场实际应用为主要研究范畴；同时，致力于将先进的金融工程技术本地化与普及化，帮助投资者以更科学的金融知识与分析工具，在理性投资的时代轻松地进行投资，而不必被艰涩难懂的金融知识所羁绊。红顶金融工程研究中心成立至今已经参与过中国外汇交易中心“银行间债券指数”的制定，并数度参与债券市场国家级重要指标制定工作及提供关键技术，如银行间债券市场期限结构制作技术、F系统投资组合分析技术等，并协助多家保险、证券、基金等金融机构设计金融产品与构建资产组合。同时，红顶也已成为国际投资者进入中国固定收益市场的基准数据提供商（benchmark provider），透过路透3000Xtra的平台，红顶为全世界数十万个投资者提供中国债券市场每天收益率曲线、期限结构、债券合理定价及可转债分析数据。此外，红顶也已成为亚洲地区金融工程技术的主要提供商，相关技术已经应用于中国香港及中国台湾地区，协助当地投资机构分析与管理每日的投资与资产。华鼎目前设计、开发、销售国内最大的专业固定收益证券分析与管理软件“红顶债券操盘家”“红顶收益赢家”“红顶收益战略家”，以及OMnology本、外币金融交易管理系统，为国内的银行、保险、基金、证券公司提供完善的解决方案及优质的全方位服务。

“红顶收益战略家”的研究对象广泛、分析方法全面，包含了固定收益证券的所有品种的深层次分析。品种包括：债券（国债、金融债、次级债、企业债）、回购（封闭式与开放式）、拆借、可转债、基准利率、指数等。“红顶收益战略家”对所有品种的固定收益证券有着最丰富的分析与定价方法。分析包含：盘中行情、报价、收益率价格转换、久期与凸性计算、从个债分析到整体市场利率分析、从单个券种分析到投资组合等不同类别资产分析等各类分析方法。定价规则有：固定利率债券定价、浮动利率债券定价、含期权债券定价、可调换债券定价、可转债券定价等。所有的分析都做到最细致，并可让使用者改变分析参数，例如，收益率计算可选择央行的收益率计算准则（ACT/365）或（ACT/ACT）的原则，可计算Equivalent Yield。固定利率债券定价可选择使用红顶收益率曲线、红顶期限结构及用户自定义的收益率曲线来作合理定价，可以考虑风险补偿，更好地为固定利率债券进行合理定价。浮动利率债券定价提供四大收益率计算原则、四种久期计算方法，提供大型机构认可的基础利率设定模型。含期权债券定价提供利率二叉树模型进行的期权分析，分析OAS、有效久期（effectlve duration）、有效凸性（effective convexity）等。可调换债券定价计算两只互为调换券的理论价格，计算两只等同债券的套利空间。可转债券定价计算套利空间，提供CRR模型计算的期权理论价与各种期权价值，计算各种 Greeks，提供期权条件触发警示。比较收益率曲线不同时间的变化，比较同一时间的各市场、各品种收益率曲线情况，比较不同年期利率走势。自定义期限结构，设定用户自己参考的收益率曲线与期限结构，可应用于所有用到收益率曲线与期限结构的分析画面中。投资收益风险，分析投资单一品种、类别资产与整体的收益率、久期、波动率、Beta、Sharpe 与 Treynor 指标，回溯历史上任一天的收盘情形、计算当时市值，对浮息债、含权债券进行多种评估。收益率曲线风险，分析未来时点的收益率曲线发生改变时，投资市值的可能改变，计算改变后的市值，并计算持有期收益率。提供方便的数据和图形导出，定期完成工作报告，对数据分析后得出经验结论，以图形说明市场的变化。提供方便的个性化设置的数据导出、图形导出。此外，红顶更累积所有固定债、浮息债、含权债与可转债的所有加值分析数据，方便随时提取与导出，加速制作更有说服力的专业报告。

投资组合管理向来是投资专家与投资分析师的一大问题。“红顶收益战略家”提供完整的投资分析功能，让使用者能轻易掌握投资情形，这些功能包括以下几方面。收益分析：测算投资、类别资产、样本债券的收益率、报酬率。风险分析：测算投资、类别资产及样本债券的久期、凸性、波动率、Beta。收益 + 风险指标分析：Sharpe 与 Treynor。红顶引入的 Key-Rate Duration 可以帮助投资分析师第一时间掌握投资的利率风险频谱，了解投资受到哪一年期利率的影响最大，从而迅速找到风险高的品种，进而提出降低风险的方法。所有的投资分析，都以实时行情为计算基准，不会有采用昨日收盘价的迟滞情形，能让风险管理人员在风险发生的第一时间了解风险情形。“红顶收益战略家”提供最翔实的风险报告数据，种类包含利率风险、价格风险、收益风险、最大损失可能性（VaR）、收益率曲线变动风险，任何一种分析都有细致的分析字段；在分析时间上可追溯历史上任何一天、也可以预测未来任何一天。“红顶收益战略家”甚至还提供了未来风险的情景测算。透过改变收益率曲线的形状，风险分析师可以很容易进行投资未来市值的计算，并且评估持有期收益率的大小，从而充分掌握投资对未来利率环境的适应性。

（资料来源：http: // www.hongding.com.cn/）

7.3.2　外包服务提供商评价设计原则

通过建立金融服务外包提供商选择的评价体系对提供商做出全面、完整、科学合理的评价，该体系设计应该遵循以下原则。

（1）系统全面性原则。评价体系不仅要全面准确地反映服务外包提供商目前的综合实力，还要将各个评价体系与系统的总体目标有机结合起来，组成一个层次分明的评价整体，以全面反映评价对象的优劣。

（2）科学合理性原则。对提供商的评价是否准确很大程度上依赖于评价体系的科学合理性。因此，提供商评价体系的设计应考虑各指标与指标结构整体的合理性。指标体系设计大小必须适宜，也就是说，评价指标体系不宜过大也不宜过小。如果过大、过细，会增加选择提供商的工作量，也使得评价过多地拘泥于细节，增加了对合作伙伴选择的难度。同时，指标体系也不宜过小、层次过少，那样就不能反映提供商的真实水平。

（3）可比性和可操作性原则。对提供商的评价指标体系，应该在不同的提供商之间具有良好的可比性。同时，由于市场的不断变化，不同的提供商都具有自己的特点，因此，要求评价指标应该具有足够的灵活性，这就要求金融机构能够针对市场变化，针对不同提供商的具体情况和不同的合作形式，对指标体系做出灵活调整，从而使得指标体系更具有可操作性。

（4）定性指标和定量指标相结合的原则。要综合全面评价服务外包提供商，就必须采用定性指标和定量指标相结合的方法来建立金融服务外包提供商选择评价指标体系。

7.3.2 外包服务提供商评价技术与方法

国内外对供应商（价值链视角）、提供商（制造业、服务业外包）选择的评价技术和方法很多，主要有以下几种。

（1）招标法。这种方法是由金融机构根据企业外包业务的具体情况，提出招标条件，由服务外包提供商进行竞标，然后由金融机构决标，与提出最吻合金融机构条件的提供商签订合同，建立服务外包合作关系。该方法在金融机构 IT 外包中较多采用。招标可以是公开招标，也可以是指定竞标。公开招标一般对投标者的资格限制较少；而指定竞标则由金融机构预先选择若干个可能的合作伙伴，再进行竞标和决标。招标方法竞争性强，使金融机构能够在更加广泛的范围内选择合适的服务外包提供商。但招标方法存在手续繁杂、耗时较长等缺点。

（2）协商选择法。这种方法是由金融机构根据以往合作经验，从服务外包提供商中选出几个比较优秀的合作伙伴，同他们分别进行协商沟通，然后再确定适当的合作伙伴。这种方法简单易行、操作方便，发包方与提供商已做了较好的沟通，双方就发包的基本条件达成一致意见就可以确立外包关系。目前，国内有些银行将相关业务外包给华道教据就采用了这种方法。

（3）直观判断法。这种方法是由金融机构根据征询和调查所得到的相关资料，金融机构高层在结合对服务外包提供商进行分析、评价的基础上，做出一个选择判断。这种方法主要是金融机构高层倾听和采纳相关经验主管的意见，或直接由相关业务主管凭经验做出选择判断。

（4）层次分析法。层次分析法（analytic hierarchy process，AHP）是一种将定性与定量分析相结合的多目标决策研究方法，是将人的主观判断用数量形式表示和处理的系统分析方法。该方法的特点在于将一个复杂决策问题分解为若干因素，建立相应的递阶结构目标、子目标（准则）、约束条件等来评价方案，通过两两比较的方法确定判断矩阵，然后把判断矩阵的最大特征根对应的特征向量的分量作为相应的系数，最后综合给出各方案的权重（优先顺序）。AHP 能够用于多因素决策环境，其层次结构反映了人类思维的基本方式。该方法具有科学性、系统性、灵活性和实用性等特点，在许多评价的实际操作中得到了广泛运用。

7.4 对外包服务提供商进行有效管理

金融机构按照一定的标准和要求选择金融服务外包提供商，双方通过努力建立了融洽的外包合作关系，但如何管理好双方的外包关系就成为双方共同关心的话题。

本节从契约、信任、激励与监督和协调等方面来研究对金融服务外包提供商的管理问题。

1. 契约治理形式

代理理论认为，管理的主要目的是选择最优效率的合同（契约）以管理代理人与委托人之间的关系。而金融服务外包双方从本质上来说就是代理人与委托人的关系。因此，金融服务外包合同就为外包双方各自的权利、义务和责任形成法律条文约束和制度框架。

契约是金融服务外包关系管理的重要组成部分，它提供了金融服务外包关系的有效治理形式，并且可以通过各种条款对双方行为进行约束。契约治理形式是服务外包关系管理的最基本的形式，金融服务外包关系管理中通常都是以契约方式来建立双方的合作关系的。例如，契约中的服务内容和服务质量的描述可以减少机会主义，契约中的奖励和惩罚条款可以使得双方机会主义的行为得不偿失，契约中的弹性条款等有利于外包双方对外部不确定性作出合理的处理。一份完整的金融服务外包契约一般包括以下内容。

（1）对服务的描述。这部分要明确金融机构和服务提供商之间的关系，双方各自应该承担的义务。明确金融机构发包业务中包含哪些内容，有哪些现实和未来的需求；同时，要明确提供商服务的基本内容、服务标准和质量，以及服务提供商需要履行哪些承诺来保证服务高质量地完成。

（2）对服务质量的描述。一般来说，金融服务外包提供商都有关于服务质量控制的基本指标，但有些指标对金融机构监控发包业务的质量没有实际意义，因此，在实际发包业务的过程中，金融机构要根据具体发包业务来提出符合金融机构业务需求的服务水平指标。

（3）日常管理机制。确定外包关系中双方的管理机构、管理方式及人员配备情况，并且就外包关系中信息的沟通方式、沟通程序及沟通时间等做出安排。该管理机构负责对外包双方关系进行管理和协调。

（4）惩罚和奖励条款。为了使金融服务外包提供商能够较好地完成金融机构发包业务，需在合同中订立惩罚和奖励条款，对符合双方目标的行为提供正向激励，对不符合目标的行为要进行惩罚。在合同中可以约定服务外包提供商如果没有达到合同约定的服务质量时发包金融机构可以扣除部分服务费用或要求赔偿损失；同时，也可以规定当提供商服务质量超过约定的水平时应该给予提供商一定的经济奖励。在金融服务外包活动中，只有将惩罚和奖励结合起来才能够真正将金融机构和提供商的利益有机结合起来，从而能够促使提供商有提高服务质量的内在动力。

（5）争议解决机制。即如果发生争议应该依据哪些规则和程序进行协商解决。金融服务外包合同与一般意义上的合同不同，不是仅仅规定争议发生时申请仲裁或提起诉讼条款就能够解决问题，因为如果执行这些条款就意味着外包交易的失败和双方的损失。为此，金融服务外包合同一般都规定在提供商提供服务外包过程中双方对一些具体事件的处理方式和基本原则，使双方发生争议的问题可以通过规范化的途径，在双方充分交流的前提下，尽量解决争议问题，从而使得服务外包业务能够顺利完成。

（6）弹性条款机制。在外包合同中除明确规定各项条款外，应该在不确定的问题上保留灵活性，即对将来可能发生的各种问题规定一些处理问题的程序和方法。

（7）结束机制。在金融服务外包合同执行的过程中，可能由于各种原因，服务外包合同需要提前结束，给双方带来一些损失。因此，在合同中一般要明确规定服务外包的结束条件和结束后双方专有投资的归属等问题的解决方式，这样可以避免在提供商结束服务时发生纠纷。

2. 信任关系的建立

由于金融服务外包环境的复杂性和不确定性，契约不可能对未来的可能事件作出明确的处理，可能会造成契约条款的不完备，而信任机制可以弥补契约的不完备性。因为凡是有合作的地方都需要信任，信任是外包双方长期合作关系的基础，信任已成为外包关系管理的核心，信任对于提高伙伴关系的绩效具有很大影响。

但由于金融服务外包双方存在信息不对称，在外包合作中可能存在信任程度降低或者信任危机，为此，建立金融服务外包双方的信任关系就显得十分重要。金融服务外包双方信任关系的建立可以减少交易成本，更好地促进双方之间的合作关系，提高外包效率等。

由于信任一般是源于先前双方管理处理的经验，是双方主观的感知，是双方对情景的依赖，因此，金融机构一般需要根据对提供商的信任感知并结合在实际合作过程中观察到的结果来调整对提供商的信任感知。另外，金融外包双方还需要从以下几个方面来建立和维护信任关系。

（1）金融机构对服务外包提供商的信任度进行评估。金融机构对服务外包提供商进行信任度评估时，往往是建立在与提供商进行长期交往的基础之上，只有这样才能作出比较准确的评价。当然，评价是建立在对提供商信息比较了解的情况下，因此，需要付出一定的信息搜索成本和从第三方获取信息需要支付的额外成本等。只有在所显示的提供商信息值得信任的情况下，才能够与之建立起相互信任的合作关系。

（2）双方应建立共同维护信任关系的机制。金融服务外包双方之间的信任建立在长期合作的基础之上，但在合作过程中，难免有一时疏忽而给对方造成不诚信之感。因此，在金融服务外包关系中，双方都应该高度重视信任机制对维护双方外包关系的重要性，特别是提供商更应该要注意履行自己的承诺，努力维护双方的信任合作关系，双方建立定期交流与沟通信息、维护信任关系的机制。

（3）提供商树立良好企业形象，主动展示自身的可信任度。由于金融服务外包行业是一个比较特殊的行业，金融企业的业务外包可能涉及商业机密，为此，提供商在某种程度上应该主动展示自身的可信任度。例如，提供商可以主动向金融机构传递合作双赢信息，希望与之建立长期战略合作关系；主动向金融机构展示自身诚信记录，以前合作伙伴的评价和市场声誉等；主动提供第三方机构资质和信誉证明，提供以前成功建立的信任关系经典案例等，为双方建立长期合作的信任关系提供基础。

3. 激励与监督治理形式

委托—代理理论中关于“不对称信息”和“对称信息”的描述极大地丰富了激励与监督机制问题的研究。激励是委托人在非对称信息条件下影响代理人的手段；监督是委托人在对称信息条件下影响代理人的手段。这与金融服务外包中发包方和提供商的激励与监督治理问题是一致的。

在金融服务外包业务中，由于存在信息不对称，金融机构一般不能观察到提供商在实施具体外包业务时可能偏离原先在合同中的承诺。从经济学角度来说，不对称信息具有价值，提供商在没有获得相应报酬的情况下不会将自己私有的、具有一定价值的信息主动提供出来。为此，金融机构可以在设计报酬合同时，通过报酬机制对提供商的行为产生一定的引导作用，对提供商的私有信息进行合理的补偿，从而使得提供商能够主动按照合同履行承诺。

虽然金融机构不能以准确和及时的方式知道提供商的行为，但金融机构可以通过制定一整套的监督方案，避免提供商偷懒行为的发生，使得提供商的行为符合金融机构的外包目的。由于金融业务外包监督需要支付成本，金融机构就会在支付给提供商费用和监督投入之间做出权衡。一般来说，金融机构对提供商的监督有基于结果的监督和基于行动的监督。基于结果的监督是金融机构对金融服务外包提供商对外包业务执行的结果进行评价，并在此基础上向服务提供商支付报酬。对于金融外包业务中其执行结果的绩效评价指标比较模糊时，一般难以采用这种方法。在这种情况下，可以采用对提供商执行流程的行为进行监督评价。在金融服务外包业务中，最典型的是呼叫中心（call center）外包业务。呼叫中心服务外包流程的绩效一般是通过金融机构客户满意度等指标来体现的，由于客户对银行等金融机构的评价是一个总体的评价，所以，难以准确和客观评价，其最终结果也比较模糊。但金融机构可以利用现代科学技术，建立提供商服务流程程序、行动规则等方面的可测度指标来监督提供商与客户的交流等活动，并对其服务质量进行测评。

在金融服务外包的实践中，金融机构可以根据金融服务外包的结果和行为的监督难易程度来选择采用基于结果的监督还是基于行为的监督。

4. 协调治理形式

在金融服务外包过程中，金融机构与提供商之间难免发生冲突或利益碰撞，如果不能及时协调，可能给双方带来更大的损失。正如McFarlan等所说：“外包联盟类似于婚姻，进入容易，维持或解除困难。”由于如果终止双方合作关系可能会给双方造成较大损失，因此，如何利用恰当的协调方式解决问题，是维护金融服务外包关系成功的关键因素之一。

根据组织行为学相关理论，组织间的协调机制一般可以分为形式化协调与非形式化协调，二者在组织间的关系协调中相互补充、各有侧重。因此，在金融服务外包关系治理过程中，选择好适当的协调方式对于金融服务外包合作关系的成功具有十分重要的意义。

由于形式化协调方式是预先确定标准、进度、计划及沟通机制等，这些都是合同的组成部分，合同中明确规定了双方应该遵守的行动准则。形式化协调主要依据书面形式化的标准、进度、计划等进行结构化会晤或者非人际沟通，通过评审会议等形式对双方所发生的冲突进行协调。

但由于形式化协调方式对于一些突发事件的处理相对于非形式化的协调方式有许多不足，在面临不确定性事件时，形式化沟通经常会失败，在这种情况下，非形式化协调就成为必要。在金融服务外包过程中，非形式化协调最常用的是面对面的沟通方式，它有助于解决冲突，有助于建立信任和主动协作关系。同时，面对面的沟通也会减少发包方和提供商之间的模糊性，提高了解决问题的效率和透明度。

金融服务外包双方关系的管理涉及外包关系的稳定性，关系金融机构的外包业务能否顺利实现，因此，对外包服务提供商进行有效管理就成为金融机构一项非常重要的任务。

7.5　如何签订业务外包协议和开展业务外包谈判

签署正式合同之前，需要把“源合同”的概念搞清楚：所谓源合同，是指由一系列文档构成的合同，这些文档包括附有价格表的主文档和相关的法律文件、条款书、计划表、流程图等各种文档。

签署合同的双方必须把构成“源合同”的各个文档梳清理顺，清楚地认识与外包业务有关的各种关系，为合同的最终拟订做好充分准备。谨慎而又细致的准备工作是外包成功的基础。

合同签署中一项非常重要的工作就是撰写文档。完成这一工作需要花费大量的时间和精力。其中，需要慎重考虑的关键之处主要有以下三点。

（1）价格。价格是发包企业愿意为获得特殊经验、业务专门知识或主要需求目标所支付的费用。

（2）合作关系持续时间。即发包企业寻求的是一种长期稳定的合作关系，还是希望经常变换外包承接商。

（3）潜在承接商数量。即客户追求的项目服务是高度专业化的还是比较普遍的。

本章小结

一个企业在进行外包决策时，要经历确定目标、环境分析、进行科学决策等步骤。在将业务外包之前需要知道企业当前业务中的非核心业务、企业未来的发展战略、顾客对业务的重视程度、行业发展水平、市场竞争状况等。企业的业务外包决策主要包括核心能力分析和价值链分析。

企业外包决策评估主要包括外包成本、效益和风险评估。企业在对某项业务外包时的交易费用按时间进程，可以分为外包决策费、服务商选择费、签约费、合约执行费、合约的修改或终止费五种。

通过建立金融服务外包提供商选择的评价指标体系对提供商做出全面、完整、科学合理的评价，需要一整套的综合评价指标体系，该体系设计应该遵循系统全面性原则、科学合理性原则、可比性和可操作性原则、定性指标和定量指标相结合的原则。评价技术和方法主要有招标法、协商选择法、直观判断法、层次分析法。在选择金融服务外包提供商时，还应考虑选择具有丰富行业从业经验的金融服务外包提供商、规模较大的提供商及信息安全管理较好的提供商。

契约治理形式是服务外包关系管理的最基本的形式，金融服务外包关系管理中通常都是以契约方式来建立双方的合作关系的。金融服务外包双方信任关系的建立可以减少交易成本，更好地促进双方之间的合作关系，提高外包效率等。金融机构可以在设计报酬合同时，通过报酬机制对提供商的行为产生一定的引导作用，对提供商的私有信息进行合理的补偿，从而使得提供商能够主动按照合同履行承诺。金融服务外包双方关系的管理涉及外包关系的稳定性，关系金融机构的外包业务能否顺利实现。

练习与思考

1. 企业进行业务外包决策的主要内容是什么？
2. 怎样评估外包成本、效益和风险？
3. 选择外包服务供应商评价指标体系设计的基本原则是什么？
4. 请简要介绍评价外包服务供应商的评价技术与方法。
5. 选择金融服务外包提供商需要考虑哪些因素？
6. 如何对外包服务提供商进行有效管理？
7. 请谈一谈你对签订业务外包协议和开展业务外包谈判的认识。

第8章

银行业务外包

本章导引

金融服务外包是外包的重要组成部分，而银行业服务外包在金融服务外包中占据主导地位。银行业早在20世纪70年代就涉足外包领域，但没有呈现出像最近几年这样迅猛的发展态势。金融业的开放，给我国商业银行的发展带来契机，同时也意味着挑战。本章在简要介绍银行业务外包原因的基础上，重点介绍银行业务外包的模式，我国银行业务外包的类型，以及银行常见外包业务面临的风险和风险控制策略。

8.1 银行业务外包概述

8.1.1 银行业务外包的原因

银行业务外包是银行在持续经营的基础上，依据议定的标准、成本等，以合约的方式将原先由自身承担的业务（或事务）利用供应商（银行的附属实体或银行以外的实体）来完成，以实现其组织自身持续性发展的一种利益互动、分工协作的战略管理方法。

银行业务外包发展初期的推动因素是银行通过利用服务商的比较优势和规模经济来降低成本，采用先进的技术。发展至今降低成本已经不是银行业外包的唯一目的，银行已将外包作为一种战略选择，通过外包获得自己内部所不具备的资源，更好地控制风险，提高自己的服务水平，通过重新设计商业流程获得更高的商业价值，使自身的业务和成本更具灵活性。商业银行进行业务外包是由外部和内部的原因共同造成的，其原因分析框架如图8-1所示，具体分析如下。

1. 商业银行业务外包的外部原因

1）科学技术的迅猛发展

信息技术和互联网对银行业务外包的支持和促进作用表现在：一是互联网的延展性和灵活性使地理位置对银行的约束化于无形，银行的业务可以无限制地延伸到任何时间、任何地方，使得银行业务的跨时空开展有了技术保证。二是计算机技术、通信技术、光电子技术、自动控制技术和人工智能技术等的发展大幅度降低信息处理成本，提高信息传播速度，增加信息储存容量，保证信息在传输过程中的安全，为银行与外包商之间安全、快捷的交流和传递信息提供了技术支持。

2）经济全球化、金融一体化

经济全球化主要表现在三个方面：贸易自由化、生产国际化、金融一体化。经济全球化带动资本、信息、技术、劳动力、资源在全球范围内流动，使生产、服务、贸易、投资在全球范围内融和、依赖、制约、竞争，整个世界连成了一个巨大的市场。在这样的浪潮中银行想在“闭关自守”中获得发展是不可能的，只有通过业务外包与别的企业建立战略联盟，协调合作，互利互惠，才能获得长久竞争优势，享受全球化带来的好处。

3）市场环境的迅速变化

目前，由于资本市场的长足发展，融资“脱媒”现象日益突出，银行业的竞争更加激烈。任何一家银行都需要为客户提供最周到的服务才能在竞争中占有一席之地，而一家银行又不可能面面俱到。通过业务外包，银行可以把具有不同资源优势的合作方整合成反应快速、灵活多变的动态联盟，各方资源共享、优势互补、有效合作，共同应对激烈严峻的市场挑战。市场变迁越激烈，银行越是需要通过服务外包来增加其业务活动的灵活性。

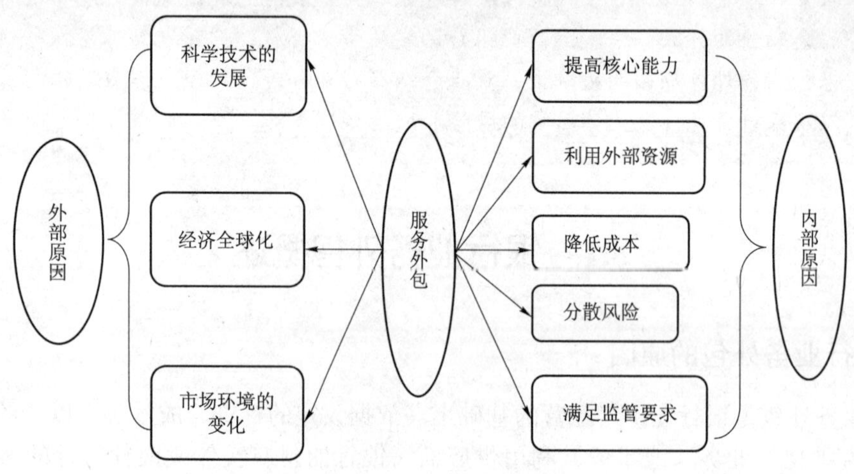

图8-1　银行业务外包原因分析框架

2. 商业银行业务外包的内部原因

1）银行业务外包跨越了传统的银行功能界限，使银行集中有限资源增强核心竞争力

业务外包使得商业银行的目光聚焦于增长和利润，而不是过多地关注整个银行这部机器的运作，可以集中有限的资源，建立自己的核心能力，并使其不断得到提升，从而确保其能够在日益激烈的市场竞争中长期盈利。例如，商业银行在信用卡业务中可以把自己非常有限的资源集中于一个特定的领域，即按照客户的特定需求，为客户最快地提供定制的解决方案，而把宣传、销售和售后服务等业务外包给专业公司去完成，并与他们建立起战略伙伴关系。这样，商业银行就能利用自己有限的资源，不但享有了规模经济的好处，而且可能在短期内迅速地成长为信用卡市场的大供应商。

2）银行业务外包可以使银行获得内部所不具备的外部资源，寻找新的利润增长点

随着高新技术的迅猛发展，各种技术在银行业中的运用越来越广泛，银行本身又缺乏各方面的技术人才。通过业务外包，银行可获得供应商的智力投资及外包伙伴的创新能力和专

业技能，银行可以实现其自身不易实现的新产品开发或市场开拓等业务，满足客户多方面灵活变化的需要。例如，近年来，发达国家的一些中小银行由于不熟悉或不经营某些投资业务，不能满足广大储户对股票、债券、保险、期货等多方面的投资要求，于是这些银行纷纷将储户要求的此类投资业务外包给专业化的投资机构，既避免了这些储户向经营多种投资业务的大银行转移，保住并扩大了自己的业务量，提高了服务质量，又可与专业化的投资机构建立合作伙伴关系，在金融市场上进行合作竞争。通过业务外包实际上是将商业银行价值链中的劣势环节用其他企业价值链中具有比较优势的相应环节来代替，是不同企业价值链之间比较优势的组合，在全球范围的业务外包实际上是在全球范围内开发和利用优势资源。

3）银行业务外包可以使银行在最广泛的业务流程中降低成本，提高效率

根据比较成本优势法则，每家银行都有其在某些业务和产品开发方面的相对优势，而在其他方面处于相对劣势，例如，在信息技术产品开发方面，即使银行自己开发的产品和专业公司的质量不相上下，但成本也可能大大超过专业公司。而且信息技术的快速发展，投资需求大，一旦投入，为了维持其产品的质量优势还需要相当大的后续投入。银行通过业务外包可以减小自身规模，精简组织机构，从而降低由于规模膨胀带来的管理成本；更重要的是，通过减小规模和精简组织，可以减轻由于规模膨胀而造成的组织反应迟钝、缺乏创新精神等问题，使其能更加灵活地应对竞争。可以预料，在今后相当长的时期内，商业银行这种为适应竞争而精简组织、实现扁平化管理的外包会得到很大的发展。

4）银行业务外包可以分散银行经营管理和产品开发中的风险

（1）降低产品风险。通过业务外包，商业银行可以与相关公司建立战略联盟，利用其战略伙伴的优势资源，缩短金融产品从开发、设计、生产到销售的时间，减轻在较长的时间里由于技术或市场需求的变化所带来的产品风险。

（2）降低投资风险。由于外包合作伙伴各方都可以利用其原有的技术和设备，因而能够从整体上降低项目的投资额，从而降低投资风险。此外，由于各方都可利用各自的优势资源，有利于提高产品或服务的质量，提高新产品开拓市场的成功率。

（3）实现风险共担。通过外包，商业银行在与外包商共同开发新产品时，实现了与他们共担风险的目的，从而降低了由于新产品开发失败给商业银行造成巨大损失的可能性。

5）银行业务外包是商业银行满足监管要求的一个有效策略

目前银行业外包发展的另一个重要推动因素就是《巴塞尔新协议》对于监管的要求，使银行意识到集中资源的必要性。随着各国对银行监管要求的不断提高，新的规则迫使银行更多地关注业务透明和风险管理。银行管理者必须在满足这些要求和节省成本之间找到平衡。有效的风险管理远远不止于对现有的管理措施和控制方式的简单修改，在很多情形下要求设计和应用复杂的风险管理模型、详细的数据分析、监管报告和对交易过程的跟踪。这些为了服从监管要求而产生的成本增加了银行控制成本、提高效益的压力。在很多案例中，业务外包都是一个行之有效的方法。外包提供商有专业的风险管理模式和模拟系统来实施最优化风险管理战略，使得银行不用花大量资金进行这些软件基础设施的开发和维护。对于进行全球经营的银行，很多情况下，银行将业务外包给具有较小恐怖风险的国家，来保证财产的安全和业务的连续进行。

8.1.2　银行业务外包利益相关方

（1）发包方——银行。银行是外包服务的发包方，是受监管实体，银行的外包活动必须

受到监管机构的持续管控。作为发包方，银行可以根据培育核心竞争力的需要，将不同业务外包：① 银行的日常运营事务或职能（如法律事务、业务营销、内部审计、后勤业务、人员培训、安全保卫等）。② 与 IT 相关的业务或职能（如 IT 中心、软件开发、通信、呼叫中心、办公室支持业务等）。③银行产品及与其密切相关的后台操作（如信用卡业务、ATM 处理程序、与支票和交付有关的服务、信托业务、投资分析、消费信贷业务，贷款检查、e-banking、应付账款业务操作、凭证保存、不动产评估、数据处理与报表分析等）。

（2）服务提供方——供应商。供应商是提供外包服务的一方，是指承担受监管的发包方——银行外包业务的实体。供应商的类型与外包的模式有关。联合论坛工作组经过讨论认为，外包定义应涵盖对附属机构的外包。银行可以将业务发包给银行的全资控股机构（如花旗银行在印度和其他国家建立了全资外包机构）、银行的合资机构、第三方（与银行之间没有股权关系）、非直接第三方（将全部或部分业务转包给其他供应商）。杨大楷（2007）认为，银行业务外包呈现 5 种发展模式：① 大型银行——综合化经营模式。大型银行可以将业务外包给银行的全资子公司或支行（项目管理中的矩阵模式），也可以外包给社会金融服务行业的专业公司或专业化经营的中小型银行。② 中小型银行——专业化发展模式。与其他专业公司一起承接其他银行的业务外包或其他行业企业的银行事务外包。③ 实力银行成立的专业公司，以银行内部信息技术部为基础，联合外包信息技术公司组建新公司，在服务于本银行的同时，承接其他银行外包的业务。④ 金融服务专业公司——逐步参与银行的各个业务环节。⑤ 非金融机构——通过合作合资进入银行业务价值链。可见，银行业服务外包可以是银行将某项业务（或业务的一部分）转交给自己的附属机构操作，或由供应商进一步转移给另一供应商（有时被称为“转包”），可以是不相关的第三方。合同应包括供应商将全部或部分外包业务转包的前提条件。在适当的情况下，如供应商要将全部或部分外包进行分包，则应事先取得受监管实体的同意，且合同条款应保证受监管实体的风险控制力不能因分包而受到影响。

（3）监管方——监管机构。监管方是指授权银行从事受监管的外包业务并对其进行监管的机构。各国的金融服务外包监管当局不同，如美国的联邦储备银行、银行联邦金融机构检查委员会（FFIEC）、货币监理署（OCC）等，英国的金融服务管理局（FSA），德国的联邦金融监管局（BaFin），瑞士的联邦银行委员会（SFBC）等。此外，还包括一些国际组织，如欧洲银行监管委员会（CEBS）、巴塞尔银行监管委员会（BCBS）。我国的监管当局是中国银行保险监督管理委员会。

8.1.3 银行业务外包的主要模式及其选择

1. 银行业务外包的主要模式

外包过程中，不同的商业银行根据自身情况采取不同的外包模式。通常银行根据自身业务特点、发展阶段、资本实力、客户需求等方面的情况，选择不同的外包商和外包模式。因为不同银行的情况各异，所以采取的外包模式也各种各样。现列举三种基本外包模式，如图 8-2 所示。

1）一一对应型

传统的外包模式是服务商为银行提供一对一的外包服务。这种外包服务是目前外包市场的主要模式。有的银行为了分散风险而将一项业务拆分开来外包给不同的外包商，这种形式虽然风险较低，但是银行的成本会相对较高，所以不是外包的主流形式。采取这种外包模式的银行很多，如摩根大通银行将自己的主机运行、数据中心、数据和语音网络等信息技术基础设施外包给 IBM 公司，并将全部业务系统连同约 4 000 名员工一起移交给 IBM。我国的国家开发银行将网络、硬件、业务系统和后台管理系统分别外包给了中国电信、网通、惠普和神州数码。

	一一对应型	强强联合型	中心依附型
模式	一对一，多对多	两个企业中心	一个中心，多个依附单元
竞争动力	资源互补	核心能力互补	长期、紧密的协调以达到资源互补，统一行动
稳定性	最强	较强	一般
模式图示			
代表性案例	摩根大通银行	JP摩根、美林	日本三菱银行、足利银行、十六银行、常阳银行、百四十银行

图8-2　银行业务外包模式解析

2）强强联合型

这种外包模式是指由两家拥有核心技术、实力强大、进行独立决策的银行形成战略性协作联盟，它们各自的能力单独发挥效益不如合作后发挥的效益大，只有通过密切合作才能创造出最大的竞争力。任何一方不得干涉另一方在联盟以外的其他活动。这样，银行在将业务外包过程中自己也成为外包服务提供商，例如 JP 摩根、美林等，把自己的业务资源优势与合作者共享，有效地开发了共享服务中心业务。

3）中心依附型

这种外包模式是以一家拥有核心技术的银行或组织为中心，其他银行围绕在这个虚拟中心的周围，共享这个虚拟中心的资源，IBM 公司将其称为“随需应变”的外包模式，这种模式虽然处于起步期，但是它将外包的价值实现推上了一个新的台阶。

日本有四家银行在初步尝试这种模式。日本的足利银行、十六银行、常阳银行和百十四银行利用三菱银行提供的核心系统，将他们 IT 基础设施中的基本组成部门外包给 IBM。在接下来的三年里，IBM 在日本将建造一个共享的区域银行系统。这个通过外包建立的地域性银行共享系统能够保证银行在业务经营中的灵活性，提高效率、捕捉新的商业机会。同时这个系统建成后，日本其他银行也可以将自己的业务外包给 IBM 来共享这个系统。IBM 采用了“随需应变”的处理模式，即按银行使用的服务量来付费，增强敏感度，获得更大的业务经营弹性。参加的银行将通过外包省出的大量资源集中于建立自己与客户的关系，提高服务水平，进行一些服务创新以增强竞争力。这个区域银行共享系统的发展从存款、贷款和外汇交易系统开始，接着扩展到一些其他的系统，包括客户服务功能和共享的全球金融网络系统。这种“随需应变”的外包模式与传统的外包模式的不同在于传统的外包模式提供的是一对一的个性化服务，而“随需应变”的外包模式提供的是一对多的标准化服务。在传统外包模式下，银行和服务商在外包服务开始时就确定好服务价格，按照这一预先订好的价格付费。而“随需应变”的外包模式是按照服务使用量的多少来付费，执行相对弹性的价格。这种模式使得银行从固定的成本结构变为可变的成本结构，银行只需要为所需要的服务量付费，而不需要为所需要的服务承担庞大的固定成本。因而使得银行更加具有灵活性，随着市场的变化随时调整自己的业务结构，在激烈的竞争中游刃有余。我国的中小型银行在塑造其核心竞争力时，可以借鉴这种“随需应变”的外包模式。

2. 我国银行外包模式的选择

目前我国商业银行采取的外包模式主要局限于一一对应型。服务商为银行提供一对一的服务，或者银行为了分散风险将一个业务流程拆分开来外包给不同的服务商，这种模式的外包较其他模式简单易行，由一家银行根据自身需要和规模就可以选择外包商来完成。其实我国商业银行可以大胆尝试各种适合自身的外包模式，在外包模式的选择过程中需要考虑的因素很多，如业务性质、银行规模、成本对比、外部环境等。

1）业务性质

在选择外包模式时需要考虑外包业务的性质，不同的业务可以采用不同的外包模式，一些事物性业务，如后勤、采购、数据处理、呼叫中心的外包就可以简单地采用一对一外包。银行在数据共享、业务拓展、技术开发等方面的业务可以采用强强联合型。中小型银行的消费者信贷业务、IT 业务、信用卡则可以采用中心依附型外包模式。银行在作决策时要慎重考虑外包业务的性质，选择最合适的外包模式。

2）银行规模

我国的银行，尤其是大的股份制商业银行在实施外包战略时可以尝试强强联合型的外包模式。在这种模式下，商业银行在业务外包过程中自己也成为外包服务提供商。两家银行之间可以互享对方的优势资源，扩大业务面和客户量，面对跨国银行的竞争时能够更加从容地应战。而中心依附型的外包模式则适用于我国的中小型银行和城市商业银行。这些银行自己实力有限、管理水平和自身的技术开发能力较弱，业务量也局限于一定的范围或地区。这类型银行由于业务量小，将某一项业务单独外包给服务商不一定能够产生预期的外包效果，且外包前期的调查投入较大。这些银行可以联合起来依附于一个大的商业银行的服务平台，然后统一将业务外包给外部的服务商来做。这种外包模式建立起来比较困难，却是我国中小型银行在发展过程中可以尝试的外包模式。

3）成本对比

成本始终是银行作任何决策时需要重点考虑的因素。有些业务的规模效应明显，参加的银行越多成本越低，如贷款的信用调查业务。而有些业务外包的成本则不会随着模式的变化有太大的变化，如法律咨询、后勤服务等。银行在外包前要对各种模式的成本进行比较，同时要注意每一种模式的成本支付方式是不一样的，如一一对应型的外包能够在外包前就清楚地估计外包成本。而强强联合型和中心依附型则会随着业务的发展有所变化。银行要在外包前对各种模式的成本有一大致的估计，做到心中有数。

4）外部环境

因为外包是将银行内部的业务外部化，必然会与银行外部的环境产生联系。不同的模式与环境联系的紧密程度也不同。专业化程度、服务商能够提供服务的规模和水平都影响着外包模式的选择。我国目前商业银行的外包市场不够发达，专业化水平不够高，相应的法制环境不健全，对服务商没有客观全面的评级制度等，这些都制约着我国商业银行外包模式的选择。

8.1.4 银行业务外包的发展情况及趋势

随着中国银行业与世界的接轨，部分国内银行开始效仿外资银行将部分业务外包出去的做法，但还处于起步阶段，有待逐步完善，主要集中于 IT 相关业务、信用卡业务。

国内银行在信息技术外包方面，2002 年 10 月，高阳公司与深圳发展银行签订灾备外包服务协议，该合同持续 10 年，总额约 3 亿元，成为国内银行业第一个 IT 系统外包大单。

除了上述 ITO 业务外，有些银行开始尝试 BPO，人事用工、信用卡的销售、邮寄卡片、后台处理、催收、理财业务宣传、市场开拓、客户接洽、贷前调查、贷后检查等业务也纷纷外包。这不仅是一条降低成本的捷径，更为重要的是，外包是银行从产品导向到客户关系导向的转变，包含了银行业务流程再造、核心竞争力提高等方面的内容。事实上，中国已经迈开了向全球 BPO 中心前进的步伐。

在知识流程外包出现之前，商业银行的外包基本集中在业务流程外包、信息技术外包和人力资源外包上。其中，又以信息技术外包和人力资源外包最早使用，毕竟上述外包业务并不涉及过多的业务流程，而涉及业务流程的外包往往要更深的培训支持、更多的管理对接和更长的处理周期。2008 年后，随着国内大中型商业银行的集约化、规模化改革，业务流程外包逐渐有了发展的空间，而且有长期快速增长的趋势。2010 年后，随着知识流程外包在金融业的应用，使得商业银行更多地思考自身的定位、优势与能力之间的关系，并不断尝试应用到业务实践中去。事实上，业务流程和知识流程外包兴起已经大幅拓展了传统银行外包的范围，给予各类外包服务公司更大的平台和更广阔的空间。而且，即便是一家区域性的第三方公司，在当地银行分支机构试点成功后，则可能面临全省或全国范围承接该项业务外包的机遇，前景十分广阔。在可以预见的将来，商业银行会不断发展核心业务，拓展可外包的领域，实施更为严格的风险管理措施，使得银行外包业务呈现几何级数的增长。

8.2 我国银行业务外包类型

根据金融外包业务的可适用性进行分类和分析，有三类金融业务可以考虑在中国的银行业务中推广，其中有些业务已经在一些地区或一些股份制银行中尝试。

8.2.1 简单且标准化业务外包

第一类业务，同时也是应该首先考虑的外包业务类型应该是那些相对简单而又标准化的操作，同时又是对整个金融服务业务的价值增值贡献相对较少的。这类业务有两大特点：其一是远离金融服务核心业务，不直接产生利润，不形成核心竞争力；其二是外部资源丰富，专业服务市场发达，竞争激烈，价格便宜。因此，这部分业务“外包”的成本远低于“自制”的成本。这些业务外包也基本上被现在国内的金融机构所认同，并开始逐步大规模实施，主要有以下几种。

（1）后勤保障外包。内部后勤保障工作是最适合、也是最应该外包的业务。后勤保障包括职工餐饮、清洁卫生、安全保卫、邮件发放、水电安装、交通服务、设备修理、法律服务等多项内容，银行机构都可以外包给物业管理公司，这样机构在享受专业公司一流服务的同时节省了大量人力资源和费用。现在，国内绝大多数银行，特别是国有银行都开始把这部分业务外包给专业性公司或自己的三产企业进行操作。

（2）信用卡的账单打印、日常业务数据的录入、呼叫中心和数据处理等事务性部门外包。这些业务基本没有附加值、没有太多的技术含量，但琐碎繁杂，也是可以外包的业务内容。在国内，我们可以看到现在收取的纸质信用卡账单等多数为银行外的专业印刷企业外包的。

（3）库款押运外包。在国外有由几家银行共同入股的专业金融押运公司，通过专业押运公司押运库款，能有效降低押运费用，共同分担现金押运风险。这种方式我国沿海许多银行已经进行了尝试，并取得了很好的外包效果，对银行的效益增长有较大益处。

（4）个人信用调查外包。目前我国的个人信用体系尚未建立，虽然有关方面已经在努力当中，但与目前商业银行对个人开展贷款业务的需要相比还差很远。国内有一些专业的咨询公司已在提供这方面的服务。有些银行也尝试着将这部分业务外包。如北京银行将二手房、耐用品等多项个人信贷业务提供个人信用调查服务外包给北京泛亚达投资管理公司，个人住房消费信贷业务的信用调查业务外包给北京惠泽信安商业顾问公司。据悉工行、农行和光大银行也有这方面的尝试。

8.2.2　非核心业务外包

第二类可以考虑的业务类型是银行类金融机构的非核心业务，这类业务的特点是与客户低接触、已经标准化或日趋标准化，如财务会计、信息处理、票据交换、银行信息技术系统的运作。大多专业信息技术公司已能够为这类业务提供质优价廉的服务。

（1）IT 业务外包。银行外包是指银行以合同的方式，在规定的服务水平基础上，委托服务提供商向银行提供所需的部分或者全部功能。随着我国银行业改制深化和银行间竞争的日益加剧，银行的信息基础设施和业务系统不断进行升级和发展，使得部分银行尤其是中小型银行内部信息技术部门很难跟上业务发展对信息系统建设的需求，而银行外包的出现能够很好地解决上述问题。外包使银行能够以更富有效率、低成本、低风险的方式完成信息技术任务，在构建银行核心竞争力、节约项目成本费用、加速信息化建设的进程中发挥着不容忽视的作用。银行 IT 外包一般主要包含软件研发及开发服务外包、软件技术服务外包、信息系统运营和维护服务外包、基础信息技术服务外包与技术性业务流程服务外包等类别，具体内容见表 8-1。

表8-1　银行IT外包类别与内容

序号	IT外包类别	主要内容
1	软件研发及开发服务	为银行的运营/生产/供应链/客户关系/人力资源和财务管理、计算机辅助设计/工程等业务进行软件开发，定制软件开发、嵌入式软件、套装软件开发，系统软件开发、软件测试等服务
2	软件技术服务	软件咨询、维护、培训、测试等技术性服务

续表

序号	IT外包类别	主要内容
3	信息系统运营和维护服务	银行内部信息系统加成、网络管理、桌面管理与维护服务、信息工程、地理信息系统、远程维护等信息系统应用服务。
4	基础信息技术服务	基础信息技术管理平台整合等基础信息技术服务（IT基础设施管理、数据中心、托管中心、安全服务、通信服务等）
5	技术性业务流程服务	银行业务流程设计服务、银行内部管理数据库服务、银行灾难备份数据库服务等

（2）人力资源外包。人力资源和 IT 通常是银行类金融服务机构投入最大的两个领域。而这两个领域的外包正是国际金融服务机构在外包实践中最为流行的。在人力资源方面，我国的机构普遍存在人力资源管理部门不健全、成本高且作用发挥不充分等问题。将人力资源业务外包有利于突破原有的管理模式，获得专业指导，为人力资源管理注入新的活力。但是，目前我国的人力资源外包还停留在操作层面的人力资源外包，因为如果高级人才的选拔也进行外包，就会使得内部人心不安，不利于留住人才。另外人员培训和工资的发放也是可以考虑外包的内容。

案例8.1

加拿大帝国商业银行的人力资源管理外包战略

2004 年，加拿大帝国商业银行（Canadian Imperial Bank of Commerce，CIBC）和 EDS（Electronic Data Systems）的人力资源管理外包合作被英国《银行家》杂志评为年度科技大奖。

总部位于多伦多的帝国商业银行是加拿大第二大银行，总资产 2 730 亿加元。2001 年，帝国商业银行与总部设在美国德州的 EDS 公司签署了总价值 1.56 亿美元，长达 7 年的人力资源管理外包合同，分别建立名为 HR@CIBC 的员工门户网站、电子薪酬管理系统和电子化人力资源管理系统，帮助其优化人力资源管理职能。

帝国商业银行购买 EDS 公司先进的人力资源管理系统的费用，与维持银行自身旧系统的费用相差无几。表面上看，帝国商业银行将内部人力资源管理部门产生的费用支付给了 EDS 公司。但是，帝国商业银行通过外包获得了凭借自身能力无法达到的效果，同时，将潜在的风险转移给了外包服务商。

过去，加拿大帝国商业银行的每一条业务线都有自己的人力资源管理流程，人力资源管理系统既具有多样性又相对独立。如今，EDS 为该银行全球 37 000 名员工和 9 000 名退休人员，分别提供了 24 项和 7 项人力资源管理工作，包括工资发放、福利管理、劳动力管理和绩效管理等。帝国商业银行的人力资源管理系统更加规范化和统一化。外包带来另一个重要的变化是人力资源管理自助服务水平的提高。现在，绝大部分人力资源管理工作由 EDS 公司和银行员工完成，而不再需要大量的专职管理人员，大大缩减了人力资源管理部门的规模，实现了资源和成本的节约。

帝国商业银行在全球范围内的 5 000 多名管理人员可以利用电子薪酬系统，自助完成年度的绩效考核程序和薪酬支付程序。同时，他们可以运用该系统进行实时分析和查看结果。在不同部门之间，各级管理者也可以接收下级员工的薪资申请，或提交薪资申请给上级管理者。通过 HR@CIBC 系统，员工可以报名参加各种福利计划，改变受益人，每年或定期更新各自的福利项目选择。而电子化人力资源管理系统提供全部的人力资源管理应用程序和工具，包括职位发布、招聘培训、福利管理和工资支付等。

（资料来源：王晓晨 . 商业银行人力资源管理外包研究［D］. 青岛：中国海洋大学，2008）

案例8.2

花旗集团在并购过程中的人力资源管理外包

2001 年 5 月，花旗集团宣布即将收购墨西哥第二大银行 Banamex，力争跻身全球最佳金融机构之列并成为墨西哥最佳金融集团。这宗 127 亿美元的交易是当时美国公司在新兴市场最大的一笔跨国并购交易。该项交易中，约有 36 000 名 Banamex 员工和 6 000 名花旗驻墨西哥的员工面临整合，涉及人力资源可行性研究、并购裁员计划制定、企业文化整合及人力资源政策与操作方案制定等工作，人力资源管理迅速成为并购方案中的一项关键要素。

由于人力资源问题直接影响到整合工作及项目小组的处理方式，花旗集团在整合过程中始终关注人力资源问题，其中包括有效地进行人员定编和人力资源架构调整工作。按照并购方案，花旗集团与 Banamex 人力资源小组需要在八周内完成可行性研究和组织架构图绘制，同时解决人员定编、劳动关系及裁员等问题。花旗集团深刻认识到人力资源管理对于成功的企业并购至关重要，聘请翰威特（Hewitt）咨询公司作为战略伙伴，共同整合各项人力资源工作及并购愿景规划，共同完成此项并购交易。

由于此项交易属于反向并购，即 Banamex 的员工人数远远超过花旗集团驻墨西哥的员工人数，因而，营造积极的氛围对于并购交易取得成功而言至关重要。而且，Banamex 自身经营状况良好，在墨西哥备受青睐。翰威特在“遵循当地习惯、保留并购对象特征”的原则下，帮助花旗集团与 Banamex 确立了共同的愿景和目标。此次并购活动的人力资源项目小组下设 14 个分组，分别负责福利方案、沟通方案、薪酬方案、国内调动、员工政策、外籍员工、外包机构、劳动关系、领导技巧、组织设计、分支机构、系统设置、培训方案、工作环境等人力资源工作。

作为墨西哥历史上最迅速的一项并购交易，花旗集团合理的并购方案广受银行内部和金融业界的好评。在年终员工意见调查中，86% 的 Banamex 员工对并购表示满意。此项交易还被《拉美金融》期刊评为“年度最佳交易”。同时，本次并购交易完全符合花旗集团经营目标的要求。2001 年，花旗集团超额完成了节资目标，并于 2001 年第四季度成功地增加了 4.39 亿美元的主营业务收入。此外，公司还增加了墨西哥市场中的份额，其中包括 2% 的企业银行业务和 17% 的个人银行业务。包括高管层到基层员工在内的所有人员均将此项交易所取得的成功归于妥善的人力资源管理。2002 年 1 月，翰威特继续帮助花旗与 Banamex 建立了一套通用的薪酬与福利方案，其中包括整合医疗服务、养老金计划、员工贷款计划、年终奖及基本工资计算公式。

（资料来源：王晓晨 . 商业银行人力资源管理外包研究［D］. 青岛：中国海洋大学，2008）

（3）市场调查外包。市场调查一直是国内银行的一项薄弱环节。长期以来，金融服务机构在推出新产品时往往缺乏有效的市场调研，更多时候跟风而进，结果某些金融产品在推出不久就被淘汰，或是推广没有起色，经济效益更是无从谈起。如果银行能够委托资深专业调查公司进行市场调查预测，相信对提高机构决策的科学性肯定会有所帮助。现在国内的一些股份制银行试探性地聘请一些专业性的市场调查公司或咨询公司对其新产品的推广进行调研和分析。

（4）内部审计外包。内部审计外包是指管理层将本企业的内部审计职能全部或部分地委托给会计师事务所或其他专业人员实施。随着入世后金融业竞争日趋激烈，金融服务机构在履行职责过程中也将更加重视内部控制的有效性和风险管理水平的高低，从而对内审人员的要求也越来越高。因此，针对特定项目实行内部审计外包，不仅符合成本效益原则，而且可以有效规避因内审人员专业技术缺乏、内审制度缺陷而带来的内部审计风险。

（5）ATM 业务外包。目前 ATM 外包的范围包括 ATM 日常运行维护、清机加钞、现金整点清分、ATM 机安全防范等，设备和系统建设由设备供应商和系统集成商完成，建设完成后，由统一的一家或多家服务商分区域提供 ATM 机日常维护和正常运行所需要的服务，目前 ATM 业务外包核心为将银行解放出来专注于金融业务，同时使银行自身风险降低，而服务质量得到了保障。其表现形式主要是：维持设备采购、安装及集成等银行现有内部流程和标准不变；统一营运外包商负责售后服务在内的所有后续服务。目前 ATM 业务外包内容有以下四类。

（1）押运配钞。

国内银行外包业务发展最成熟的是库款押运专业化，银行系统运钞由原来的各家银行自行押送向专业守押的转变，例如金盾押运及其他的专业的第三方押运服务商，开启了我国金融系统服务外包的先河。

（2）设备日常的维护。

ATM 机的日常维护由设备供应商和系统集成商来完成，从本质上讲，也可以算是维护服务外包的一种。但因设备品牌繁多，各设备供应商提供的服务水准不统一，从而使得银行 ATM 的开机率越来越难以保证。所以寻找合适的服务外包商，将其业务日常维护业务外包，是一项合理的措施。

（3）清机加钞。

国内部分银行已对 ATM 的清机、加钞业务也开始尝试进行外包，由服务商联合保安押运公司将 ATM 机的清机、加钞业务承接下来，银行只需要提出技术标准及业务需求，并且通过日常的监管和对服务商的考核达到提高效率的目的。

（4）安保防范。

随着银行经营策略的改变，离行式自助服务区的增多，针对 ATM 机的犯罪率日益增加，银行投入了大量的人力、物力进行安全防范，安全问题和抢劫案件还是时有发生，部分银行尝试将离行式 ATM 机的安保防范工作外包给服务提供商，使银行由风险承载方转变为风险监管方，有效地转移了安保风险，确保了银行 ATM 机的运营安全。

案例8.3

中国银行深圳分行自助银行ATM业务外包

中国银行深圳分行于 2006 年 1 月开始在全市范围内率先尝试自助银行外包模式。由于这是国内ATM机的首例外包，双方缺乏合作经验，于是中国银行把地铁沿线的离行式ATM机作为外包的首批试点。

中国银行深圳分行的外包服务商是威豹公司。根据协议，威豹公司负责ATM机的清机、加取钞、监控、日常清洁与保养。对每个服务项目，双方都制定了严格详细的操作方法。例如，就清机加钞这一环节，具体操作流程如图8-3所示。

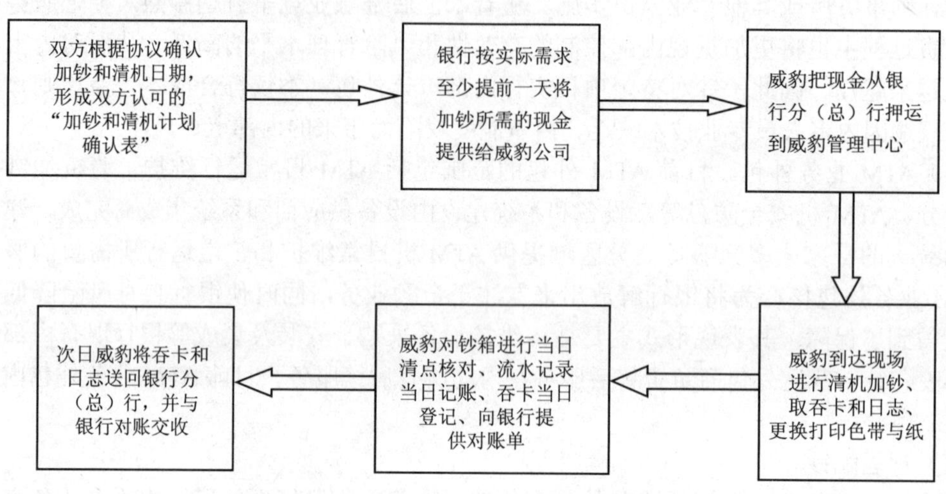

图8-3 威豹公司ATM机操作流程

如果出现计划外临时清机、加钞、紧急取卡甚至司法取证等情况时，均按照安全原则进行处理。银行提前将有关资料送达威豹公司，后者确认后派人赶往目的地执行。除此之外，若涉及第三方人员执行任务，银行方面需要派遣工作人员与第三方人员一起同威豹公司办理交接。

如何进行账务核对。威豹公司为每台ATM机设置了日库存现金登记，并同时设立总账。如果出现长款短款或假币情形，威豹公司会采用书面形式通知银行，然后配合银行调查。将银行分行或总行调拨的现金、单台ATM机的回笼现金金额与日记账进行比较，如果出现长款，威豹通知银行，双方书面确认后，威豹公司把长款金额打入银行账户。如果出现短款，威豹方面自查没有问题后，通知并配合银行进行调查，短款先进行挂账处理，等银行书面确认后再从银行账户扣除相应金额。如果短款属于威豹方面的原因造成，则威豹负责赔偿相应金额。如果在现金中发现疑似假钞，威豹的工作人员将该钞送回银行，同时将疑似假钞的金额从银行账户扣除。

（资料来源：邓小勇．我国商业银行业务外包研究［D］．北京：首都经济贸易大学，2010）

8.2.3 核心业务外包

第三类业务类型是指那些属于支持性的核心业务，同时还具有很强的特殊性，或者需要某些很强的技术支持，而金融服务机构目前尚不具备这种强大的技术支持能力，比如在信用卡业务中有些比较特殊的欺诈检测、对争议账款的处理、营销外包及标准化贷款业务。

1. 信用卡业务外包

信用卡业务已经成为许多大银行的主要业务和重要利润来源，例如，花旗银行由信用卡业务带来的收益几乎占到其纯利润的 20%，同时，信用卡业务可为车贷、房贷等其他信贷业务拓展提供业务平台并带动借记卡业务和行内存款的相应增长，在个人金融业务日益成为现代商业银行业务核心的今天，信用卡业务已经成为银行抢夺高端客户的一大利器。信用卡系统作为一个业务管理系统，初期投入成本巨大。因此，一方面，信用卡的发卡成本呈边际递减趋势，存在规模效应；另一方面，中小型商业银行在信用卡投资门槛前望而却步，心有余而力不足。我国已发行信用卡的城市商业银行不足 10 家，占城市商业银行总数的比例还不足 1/10。在已发行信用卡的城市商业银行中，除上海银行外，其他银行均采用了信用卡外包方式。据调查，美国有 68% 的信用卡业务都是通过非商业银行机构来实现的。由于信用卡在国内是比较新的业务，中小型银行在这方面相对较弱，所以，在这个时候就应当考虑把这些内容外包给专业公司。同时，银行又可以通过外包来迅速学习和掌握这些新业务和新技术。

案例8.4

G银行信用卡业务外包

2007 年前，G 银行信用卡所有的运营业务均由其正式编制员工开展。但从 2005 年开始，信用卡业务发展的增长开始加速，新增发卡量年增长率接近翻倍。业务量的剧增固然可喜，银行信用卡业务迎来了发展的黄金时期，但对 G 银行信用卡运营业务产生以下挑战。

（1）业务量翻倍意味者扫描录入、信审、制卡等运营工作量加倍。为应对急剧增加的业务量，G 银行信用卡中心通过增加人员编制数量和采用加班方式增加员工工作时间的手段应对。

（2）运营设备配置也必须在短时间内配套增加，如增加扫描设备、电脑设备、电话线路配置、服务器硬件配置、网络带宽、制卡设备、办公场地等，一系列问题必须同步解决。

（3）信用卡发卡业务具有周期性特点，如在节假日前夕、季度末月份是高峰期间，该时段的发卡量会是正常月份的 1 ～ 2 倍，而在春节后期间则是业务低谷期间，该时段的发卡量只有正常月份的三分之一。

（4）G 银行虽然为股份制企业，但主要股东是国有大型企业，基本属于国有控股，且国家对银行业的监管较严，G 银行内部的管理模式属于传统的国有企业管理模式，人员编制增加需要层层上报审批，导致人员编制增加的效率无法与高速增长的业务量相适应。同时，卡片总量不断上升，服务的客户总量不断增加，导致进行客户维护和账户管理的员工数量持续上升，可以预计未来需要进行客户维护和账户管理的员工数量将无止境上升。

（5）为短期内解决上述挑战，必然采取非常规的方式政策和措施，如员工加班、密集的招聘活动和业务技能培训、加大系统运营投入等，导致卡均运营处理成本上升。

面对以上的挑战，G 银行信用卡中心管理层开始考虑是否有更好的方式应对业务量急剧增长的难题。而与此同时，市场上已经出现一些专门为金融企业提供外包服务的企业。管理层敏锐的嗅觉感到这些外包服务企业可以协助银行解决问题。在整个业务外包决策中，银行存在以下困惑。

第一，是否可以外包。由于 G 银行在此之前没有外包实施经验，同业中将发卡流程外包的案例也很少，外包是否可以帮助银行解决上述挑战；银行属于风险控制型企业，许多操作方法都属于机密信息，传统的处理方式都是由银行内部员工完成，业务外包可能会为银行带来巨大的风险；在许多运营操作中，可以接触到客户的敏感信息，如姓名、身份证、电话、地址、单位等信息，有第三方接触到客户信息是否可以保证信息的安全性。

第二，什么类型的业务适合外包。运营业务的种类繁多，包括扫描、录入、信用审核、制卡邮寄、客户维护和账户管理，各项业务的特性不一，G银行一时难以对外包的业务类型进行选择。

为解决以上困惑，G银行对各项运营业务内容从业务核心程度、业务难度、外包市场成熟度、风险评价、银行是否具有核心竞争力和信息安全可控程度六个维度对运营业务进行评价分析，见表8-2。

表8-2 营运业务评价分析表

	扫描	录入	信用审核	制卡邮寄	客户维护	账户管理
业务核心程度	低	低	高	中	中	高
业务难度	低	低	高	低	高	高
外包市场成熟度	高	高	低	高	中	中
风险评价	中	中	高	高	中	中
银行是否具有核心竞争力	低	低	高	低	中	中
信息安全可控程度	中	中	低	中	中	中

通过以上维度分析，G银行在2007年决定将扫描、录入和制卡邮寄业务进行外包操作。外包业务选定后，G银行信用卡中心就开始进行外包商的选择。G银行在市场营销活动、物料采购方面已有选择供应商的丰富经验，在内部已制定一整套采购流程。信用卡中心已设有专门的采购部门，负责供应商的全流程管理，运营业务的外包采购将按现有流程开展。

1）制定业务外包具体实施方案

扫描、录入和制卡运营业务由信用卡中心运营作业处负责，由于以上业务实施涉及系统和信息安全控制，运作处、合规处、系统处、风险处和信控处组成项目实施小组，共同制定业务方案、实施流程和技术方案。

2）外包商准入评估

信用卡中心建立外包商数据库，必须通过准入评估方可考虑进行业务合作。外包商准入评估分为文件评估和现场评估两部分。文件评估包括资质审核、行业经验审核、财务情况评估等；现场评估包括业务实施可行性评估、业务信息安全评估等。经过以上准入评估，扫描录入业务准入的外包商包括华道数据、信雅达、华拓数据、三泰电子；制卡邮寄业务准入的外包商包括珠海金邦达、江苏恒宝、黄石捷德。

3）财务可行性分析

采购处会将业务初步外包方案与外包商进行沟通，获取初步报价信息，提供给财务处对项目进行可行性分析。财务分析内容包括项目ROI分析，以原银行自行开展的工作作为初始比较成本，成本包括人力成本、场地成本、固定资产投入。经财务处初步评估，扫描录入业务外包3年ROI为20%，制卡邮寄业务外包3年ROI为50%。

4）项目招投标

外包商的选择采用招投标方式产生，操作方式如下：

（1）对已准入的外包商发出招标邀请文件；

（2）随机抽选评标评审委员会成员，G 银行信用卡中心建立供应商评标委员会数据库，将信用卡中心中层领导和业务骨干评选为评标委员会成员，每次招标时将在监察室的监督下随机抽选项目评标委员会成员；

（3）评标委员会建立外包商评分标准；

（4）开标评标，全过程在监察室的监督下进行，评委根据外包商提交的标书，按之前设定的评分标准进行评分，评分最高者为中标方。

根据评标委员会的评标结果，最终信雅达成为 G 银行信用卡中心的扫描录入业务外包商，金邦达成为制卡邮寄业务外包商，合作期均为两年。外包商决定以后，业务主管部门运营作业处与外包商开展合同签订、系统开发和业务上线等具体工作。由于是首次外包合作，G 银行更关注的是如何控制外包风险。

在扫描录入方面，G 银行采取以下措施。

（1）要求信息录入外包商除具备完善的硬件保障措施来保证信息安全外，还应对其软环境建设提出严格的管理要求。

（2）扫描工作驻银行现场办公，工作场地设有无死角摄像头；录入采用影像碎片方式进行，由银行负责对碎片进行回拼。

（3）外包商应与公司内参与录入程序开发、使用、维护的技术人员和管理人员签订严格的保密协议，在协议中明确相关人员的权利和义务，规定一定的脱密期等以约束掌握信息录入核心机密的人员。

（4）在合同中明确规定，一旦发生信息泄露，银行有权要求经济赔偿、追究外包商的法律责任等具体内容。

在制卡邮寄方面，采取以下措施。

（1）采用专线传输和硬加密模式，降低数据在传输过程中被泄露的风险。

（2）加强对外包商重点岗位的人员管理，重点岗位包括接触制卡文件解密程序的技术人员和管理人员，要求相关人员签订保密协议，明确违反保密协议的责任，同时银行可对该岗位的人员进行审核。

（3）银行参与制定外包商重要环节的流程，包括制卡操作员的操作流程，外包商的空白卡管理流程，同时定期对外包商空白卡库存进行检查。

（4）在合同中明确规定，一旦发生信息泄露，银行有权要求经济赔偿、追究外包商的法律责任等具体内容。

G 银行在 2007 年将扫描录入和制卡邮寄业务外包后，操作性人员得到大规模的减少。扫描、录入人员由原来的 200 人减少至 5 人的外包管理团队，制卡人员由原来的 30 人减少至 2 人的外包管理团队。经过一定时间的观察，运营业务外包后业务开展平稳，且质量和效率均有所提升，G 银行信用卡中心管理层逐步开始考虑将其他运营业务外包。2010 年，G 银行再用业务核心程度、业务难度、外包市场成熟度、风险评价、银行是否具有核心竞争力和信息安全可控程度六个维度对信用审核、客户维护和账户管理三方面进行评估分析，同时将信用审核、客户管理和账户管理运营业务再作细分，如信用审核细分为：电话查证、信用预审、电话征信；账户管理则按客户延滞期进行细分；客户维护则按业务类型细分。通过六个维度评估后，又将信用审核中电话查证部分和账户管理中法律催收部分进行外包。

目前G银行的信用卡运营业务已进入较为成熟的外包状态，G银行对外包的项目成立专门的外包项目管理团队，定期对外包项目进行管理和考核。外包管理的重点已逐步转变为外包商的日常运营管理，同时G银行在部分业务准备引入多个外包供应商进行竞争，提升管理能力。

（资料来源：林卓恒.G银行信用卡运营业务外包案例分析［D］.广州：华南理工大学，2013）

案例8.5

中国银行与华道数据的服务外包合作

中国银行作为信用卡领域的后来者，面临着快速攀升的业务量与日益苛刻的服务要求带来的服务质量的挑战，而华道数据在信用卡领域的业务包括申请件处理、征信服务、激活和催收，其中，申请件处理业务占国内申请件处理外包市场75%的市场份额，年处理能力超过2 000万份。鉴于华道数据在行业内的影响力，中国银行将信用卡业务流程外包给华道数据，华道数据采取了“现场服务和远程服务相结合”的交付模式。在卡中心现场，华道数据派出了现场作业团队，主要处理那些与卡中心其他部门沟通需求多、掉头时间短、对信息安全敏感度高的作业。在数据处理中心，华道数据利用OCR技术和影像切割技术，由系统对客户的作业进行初步自动处理。然后，作业被传送到员工的电脑屏幕上。员工像在生产线上工作一样，只针对业务的某个具体零件进行加工，极大程度地提高了作业效率，时效性、准确性和安全性都得到了显著改进。最后，经过加工的数据经过加密的安全方式转回卡中心。

中国银行与华道数据经过近两年的合作探索，形成了非常牢固的信任关系，华道数据已经成为该卡中心亲密的合作伙伴和高效的“职能部门”。金融IT外包、灾难备份外包、呼叫中心外包、账单打印外包、理赔外包及保单录入等外包的案例很多，不再一一介绍。

（资料来源：闫海峰.金融服务外包风险管理.北京：经济管理出版社，2013）

2. 不良贷款清收外包

目前我国四大国有银行的资产管理公司就是银行不良资产清收外包的一个变通形式。通过专业化的清收，对银行降低不良贷款率起着很大作用。另外，银行可通过“打包变卖”“打包招标”等外包方式，让外部有能力的人或单位参与不良贷款的清收工作，可在一定程度提高不良贷款清收的效率和质量。

3. 标准化贷款业务

国外很多机构将标准化贷款业务，如按揭贷款等业务外包，有的甚至将普通贷款业务外包（在德国较常见）。在美国，80%的按揭贷款都是通过外包商发放出去的。我国的商业银行目前这方面的尝试很少，中信实业银行重庆分行将部分个人贷款业务外包给重庆融众信用担保有限公司，在我国尚属首例。我国银行可以根据自己的业务发展需要尝试标准化贷款的外包。

8.3　银行外包风险管理

8.3.1　银行外包常见业务的风险分析

银行服务外包是一把“双刃剑”，在成为银行机构竞争利器的同时，也可能由于隐藏信息、市场失效、道德风险、不完全契约等因素引发各种潜在风险，对发包银行乃至其所在国家或地区的金融体系带来冲击。因此，加强银行服务外包监管、建立外包风险识别与防范措施，是世界各国家和地区支持银行发展的一项重要措施。银行外包常见业务的风险有以下四类。

1. 信息技术外包及其风险

金融监管机构和商业银行自身对信息技术外包风险均高度重视并进行研究和防范，一系列管理规范（国际标准）也相继出台。《COSO 内部控制整合框架》中把 IT 外包纳入其指标控制体系，《信息技术—信息安全管理业务规范》也提到了 IT 外包风险管理。归纳当前专家学者的研究及国际标准中的界定，IT 外包风险主要是指 IT 外包过程中信息系统失控导致银行业务不能正常开展从而使金融机构业务和声誉遭受影响的风险。首先是选择服务供应商的风险。选择了不合适的 IT 服务供应商，IT 外包服务质量和服务响应时间将难以保证，IT 外包系统将可能严重失控。其次，存在着过分依赖 IT 供应商的风险（如网络平台或操作系统平台的升级）。随着外包服务范围的日益扩大，商业银行对外包供应商所提供服务的依赖性逐渐增强，逐渐降低了服务的灵活性从而丧失竞争力。此外，如果 IT 外包商不能准确理解金融机构的业务需求或 IT 服务商内部的变更（如系统工程师调离等）可能会影响服务质量，无法保证服务水平。

2. 信用卡外包及其风险

从全球范围来看，将信用卡业务外包给第三方专业机构来建设的模式是一种流行趋势，特别是针对中小型商业银行，外包的优势会比较明显。信用卡业务的外包服务范畴和层次根据不同的需求和阶段而有多种选择，如业务运营外包，主要外包生产操作（如录入、制卡、打印等）、营销等业务。在我国至少有一半以上的商业银行将信用卡账单制作业务外包给第三方的专业机构，承包商承担了信用卡账单信函的打印、封装和投递功能。这首先会导致数据外泄的风险。银行将客户账单数据通过互联网或拷贝到存储介质上交给承包公司，客户账单数据将可能在网络中被截取或在第三方的系统中驻留，而且往往不会被加密存储。同时，承包商配置的打印封装系统往往为分体式，操作人员有机会接触到打印在纸张上的客户隐私信息；信用卡营销外包会造成职业上的风险。例如，信用卡销售人员与金融机构的用户直接面对，互相影响，似乎他们是这家金融机构的雇员。如果这种相互影响与金融机构的政策和标准不一致，就会给金融机构带来职业上的风险。上述信用卡业务外包均存在着持卡人信息泄露的风险，比如说承包商有可能将持卡人的个人信息泄漏给广告公司。2009 年 4 月，相关管理部门联合发文，禁止金融机构将信用卡发卡营销业务外包。

3. 不良贷款清收外包及其风险

对于商业银行产生的不良个人消费贷款，传统的清收方法耗时长、成本高，部分金融机构将不良消费贷款外包给专门的清收机构——第三方。外包清收的品种主要包括个人住房按揭贷款、汽车消费贷款、助学贷款、装修贷款、工程机械贷款等，清收的范围主要是可疑类和损失类贷款。当前，清收外包业务中存在的风险主要表现在两个方面。一是外包清收资金控制存在风险漏洞。在执行过程中，承包商没有在金融机构存放保证金或只存放少量保证金，与清收大量资金的工作职责不匹配。金融机构单方面依据承包商反馈数据进行账务核对，没有与客户进行对账，有可能造成清收资金流失。二是客户资料存在安全问题。承包商在工作过程中掌握大量客户信息，如果外包合同没有对客户资料保密进行详细规定，则存在法律风险。

4. 呼叫中心外包及其风险

商业银行为受理客户咨询、投诉、信息查询等均建有客服中心。由于信息技术的发展，客服中心的处理能力大幅提高，可以通过客户服务平台将银行前台、中台、后台的各套系统进行有机的整合。银行通过电话、网络将各类银行业务（除现金交易外）进行了有效的整合后，客户无需填写过多的单据，可以轻松地通过电话、网络、手机等方式中的任一种方式，便捷地完成所有需要办理的业务，无需排队和浪费时间等候。商业银行将呼叫中心这样的客户服务外包给专门服务机构，虽然可以降低经营成本，但从上面的分析可以看出，可能导致客户数据和隐私外泄的风险。客户向呼叫中心咨询、求助、订购金融服务或金融产品过程中的信息或密码等个人隐私或商业机密，如果被呼叫中心有意或无意地透露出去，可能导致经济损失或影响声誉。此外，还存在着银行客户资料外泄给广告公司的风险。

8.3.2 银行外包风险控制策略

1. 服务外包的动态管理

目前常用的风险管理是非动态的，一般是把控制过程分成若干阶段，分析各阶段潜在的风险因素，从而制定出相应的对策。从表面上看，这种方法也是利用阶段控制理论，但毕竟是以静态的眼光来分析风险，各个阶段之间的风险管理工作缺乏必要和有机的联系，没有把各阶段的工作、工序和风险因素统一起来进行综合考虑，这种解决方法针对性强但是缺乏弹性。采用动态管理可以做到在一定程度上化解风险，简单来说，就是将单一的决策问题多阶段化，以求回避风险、提高决策效率。也就是说，把整个过程按时间、空间等指标划分为若干相互联系的阶段，每个阶段都需要做出决策，其目标是使整个过程的效果最优化。

2. 明确需求，定制服务

实施服务外包之前，应根据自己的任务、人力资源等因素进行具体分析，评估成本效益，听取各方意见，明确那些与核心业务关联性不大，或是难以提供足够的资源支持，或是自己完成成本高、效率低的服务内容，这些因素都是进行服务外包所必须首先考虑的。

此外，还要对整个需求进行分析，包括服务内容、实现方法和预期经济利益的来源。对于已经完成的部分，要有一套合理的评估方法。充分了解服务所要达到的目标，会帮助银行降低风险，并在未来保持有利的竞争地位。

3. 选择合适的外包服务商

外包服务商的选择直接关系到外包业务成功与否。因此应全面考虑外包服务商的财务、人力资源、信誉、管理控制及效率、服务质量，以及是否熟悉业务、价格水平等条件，在审慎分析外包服务商各方面因素后，认真签订外包合约，作为双方共同遵守及管理的依据。有些时候也可以考虑将项目分给若干个供应商完成。将大计划分割成一块块更容易管理的小计划，将可以减少风险。每一块小任务都有特定的目标，可以独立运作。每一块都可以由不同的供应商来提供服务。如此一来，外包服务商就可以不止一家。

当然，选择多家服务供应商也会让银行面临成本增加的压力，但是却可以降低供应商的停滞风险。如果有的供应商无法如期完成他所负责的部分，只要其他大部分计划可以如期完成，就可以将此部分计划交给其他已经完成的供应商。而且，对每一部分计划分别进行审核的时候，往往比面对一个大工程时更容易从中发现问题，进而减少甚至化解风险。

4. 签订合约前考虑周全

选择供应商后，双方应签订详细的合约。合约的内容一般应包含：工作目标及预期效益、合作范畴、运作方式、责任划分、所有权归属、合约修改与终止、付款方式、赔偿问题等。合同签订和服务外包启动前，首先，双方应就外包的工作范围达成一致。这包括服务内容、所有要完成的任务及完成任务的基础条件，这是双方都要非常明确的，否则外包实施时会有很多不清楚的地方，验收时将会出现由于服务范围理解不一致而带来的很多麻烦。其次，要充分预测未来执行合同时可能出现的所有情况和相应采取的对策，并尽可能完全地把它们写进合同中。

5. 保持畅通的沟通渠道

建立良好的沟通机制。银行与外包商的关系是互相依靠、互惠互利的双赢关系，双方在充分沟通与相互理解的基础上，加强合作与协调，确保核心业务流程顺利进行。在银行内部，外包势必会影响到一些工作人员，如集中采购外包，从前集中采购人员为集专业技术、沟通协调、合同谈判于一身的专业人员，由于服务外包，在岗的人员要转变角色，其他不在岗人员要适应工作岗位的调整。因此，沟通工作至关重要。银行在外包的过程中采取一些措施来防范风险。在签订外包合同时，认真研究权利、义务与违约条款，尽可能事先挖出“地雷”。选择外包公司前，充分开展相同软件、相同设备品牌、相同服务的性价比遴选，并引进招投标、专家咨询和路演制度。

本章小结

银行业务外包定义为：银行在持续经营的基础上，依据议定的标准、成本等，以合约的方式将原先由自身承担的业务利用供应商（银行的附属实体或银行以外的实体）来完成，以实现其组织自身持续性发展的一种利益互动、分工协作的战略管理方法。

可以从外部原因和内部原因两个方面来分析银行业务外包。银行业务外包发展的外因是信息技术革命、金融自由化及市场推动二者相互影响和作用的结果；增强核心竞争力，节约成本、提高效率，分散风险等内部原因也推动着银行业务外包的发展。

银行业务外包一共有三个相关方：发包方——银行，服务提供方——供应商，监管方——监管机构。因为不同银行的情况各异，所以采取的外包模式也各种各样，目前主要有三种基本外包模式：一一对应型、强强联合型 、中心依附型 。

根据金融外包业务的可适用性进行分析，可以将中国的银行业务外包分为三类。第一类业务，相对简单而又标准化的操作，同时又是对整个金融服务业务的价值增值贡献相对较少的，主要有：后勤保障外包，信用卡的账单打印、日常业务数据的录入、呼叫中心和数据处理等事务性部门外包，库款押运外包，个人信用调查外包。第二类是银行类金融机构的非核心业务外包，主要有：IT 业务外包、人力资源外包、市场调查外包、内部审计外包、ATM 业务外包。第三类是支持性的核心业务外包，主要有：信用卡业务外包、不良贷款清收外包、标准化贷款业务外包。

银行在信息技术外包、信用卡外包、不良贷款清收外包、呼叫中心外包等常见的外包业务中均存在风险。银行可以通过服务外包的动态管理，明确需求、定制服务，选择合适的外包服务商，签订合约前考虑周全，保持畅通的沟通渠道等控制策略来降低外包风险。

练习与思考

1. 什么是银行业务外包？银行业务外包的原因是什么？
2. 举例说明银行业务外包的利益相关方有哪些。
3. 银行业务外包的模式有哪些？我国主要采取的模式类型及原因有哪些？
4. 银行业务外包的现状是什么？未来的发展趋势如何？
5. 我国银行业务外包有哪些类型？划分依据是什么？
6. 银行业务外包的风险是怎样产生的？请举例说明。
7. 应对银行外包风险的措施有哪些？

案例8.6

国家开发银行：国内金融界首家整体外包金融机构

一、案例简介

随着银行业的改革与开放，国内银行类金融机构面临着日趋激烈的竞争。作为当时的政策性金融机构，国家开发银行（以下简称国开行）按照“办最好银行”的战略目标，业务规模不断扩大，内部机构和业务流程改革稳步推进。然而，金融人力资源匮乏、自身金融力量对业务发展的支持力度不足、信息化建设滞后等问题制约了国开行的业务发展和改革深入。随着员工数量、分支机构数量和金融设备的日益增长，桌面环境的管理变得日趋复杂，国开行内部对金融服务质量和可用性的要求不断增加。在通盘考虑自身需求特点，并借鉴国外同业成功实践的基础上，国开行决定将其他系统包括软硬件的运营维护和管理等外包给专业的金融服务提供商。2002 年，通过招标，国开行将 PC 等设备外包给了惠普公司，并选定三年为一个租赁合同周期。2003 年 8 月，国开行与惠普达成运维外包合作协议。2004 年 2 月，国开行与惠普公司在北京首次签署了战略性金融外包服务合同，将其金融系统包括软硬件的运营维护和管理等外包给惠普。2006 年 6 月，又与惠普公司签署了一份为期三年的长期战略性金融外包合同。国家开发银行与惠普公司的外包协议，成为国内金融界首家整体外包案例，也创下了国内金融机构外包合同期限最长的纪录。

二、案例中应用的风险控制措施

由于外包合作双方的信息不对称，外包市场的成熟度、竞争环境的不确定性及政治、经济、法律因素的影响，外包存在一定的操作风险、契约风险、道德风险与集中风险。因此，银行业务外包时应采取有效的内控措施来降低风险。国开行外包风险控制主要涉及以下几个方面。

1. 确定外包范围方面

国开行充分借鉴了美国商业银行的电子化发展经验和摩根公司 M 框架理论，在进行信息技术外包的过程中，将效益较低的非核心业务 M1 层与 M2 层外包，利用外包商的规模效益来降低成本，进而集中精力将有限的资源放在其核心业务 M3 层的建设上，既降低了外包面临的各种风险，也提升了自身的核心竞争力，这种稳健的外包方式有效预防了风险的产生。

2. 选择付款方式方面

2003 年 8 月之后，虽然双方的运维外包协议每年只签署一次，但付款却是 3 个月做一次评估后再付款，这大大减少了可能产生的风险。

3. 外包商的选择方面

2002 年，国开行通过公开招标的方式将 PC 等设备外包给惠普公司。在选择外包商时国开行充分意识到外包商规模、信誉的重要性，这在一定程度上决定了本次外包成功。

例如，上述 3 个月的付款方式实际上给国开行和惠普双方都带来了相当大的工作量，如果在服务到期后，国开行的服务款项未及时打入惠普，从法律意义上讲，双方的合作期就意味着暂停，而一旦国开行的系统出现问题，服务商即使不及时响应，也没有法律责任。但实际上出现这种概率的可能性极低，因为合作双方谁也不愿因自己的一时疏忽，毁掉了双方合作与信任的基础。此外，为了做好外包服务工作，惠普派驻了十几个人常驻国开行，他们的办公室就设在国开行总行的 3 层，拥有国开行总行的出入证，俨然已是国开行的一员。而且，惠普外包服务组对所有问题的解决工作都做到了在 4 小时之内的响应，并实现了全程跟踪，一直到维修结束，客户签字确认为止，并有详细的过程记录。可见选择一个规模大、发展前景好的公司至关重要，如果是小的公司，外包风险自然就很大。

4. 保证技术团队的稳定性，化解人力风险方面

在连续性的技术服务外包过程中，银行面临的一项重大风险来自外包公司专业技术团队的稳定性。技术人员的频繁调换将直接影响系统的高效与稳定运行，难以保证客户的利益。对此，国开行提出了自己的解决之道：一是以合同方式进行控制，即按照相关法律、法规严格约束外包公司；二是实行人才买断，即与外包公司签订协议，实现技术人员的劳务买断，掌握技术人员的管理权。保证外包公司技术团队的稳定性，促进外包业务的持续运作，化解外包过程中的“人”力风险。

5. 合同期限的选择方面

一般而言，一台 PC 的更新换代周期是 3 年。至于软件，企业购买的本身就是使用权，并不具有产权。因此国开行选定 3 年为一个租赁合同周期。另外，从 2003 年 8 月双方达成运维外包合作协议后，双方的协议是每年签署一次的，这样无疑增加了合同的灵活性，减少了对外包商的依赖。

6. 外包实施和监理方面

2005 年 4 月，《国家开发银行电子设备外包服务管理办法》正式施行。这是国开行营运中心起草的一部内部规章。这部管理办法前后修改了 26 稿，借鉴了国外银行的外包经验及国开行的服务实践，并邀请一家知名咨询公司作了修改和完善。按照《国家开发银行电子设备外包服务管理办法》，服务承包商应于每季度初 5 个工作日内，及时向营运中心提供有关的外包服务工作计划，由其对计划进行审核、确认。外包服务工作计划获得审核通过后，服务承包商依照审核后的工作计划开展服务工作。外包服务工作计划执行完毕后，每季度末，营运中心对服务承包商本季度工作计划的执行情况进行总结和评价。

7. 对外包商的考核和评价方面

国开行对外包服务商的评价有具体的量化指标。一般而言，会有经常性的内部的民意测验。如果测试的分数低于某一个标准，就会扣服务商的钱。另外，依照外包服务合同附件《服务保障措施》和《服务满意度控制》中相关条款的约定，营运中心将采取定期服务报告、审

核会议、用户满意度调查、服务投诉统计等方式，对服务承包商所提供的外包服务进行监督和考核，每3个月对服务商水平进行一次评估。而且，营运中心还根据签订的服务条款建立优质服务通告板，显示对外包服务商服务周期的评估结果，实现外包服务水平的跟踪评价，供管理层了解与参考。

三、案例中金融服务外包风险控制的启示

金融服务外包已是一种国际趋势，从银行角度来看，外包业务不仅局限在金融服务，还包括不良贷款清收外包、信用卡账单制作外包、内部审计外包、人力资源外包等。通过国开行金融服务外包的案例可得到如下有关银行业务外包风险控制的一般性启示。

1. 确定合适的外包业务，防范依赖性风险

银行业务外包具有提升核心竞争力、降低经营管理成本等收益，但也造成了银行对外包公司事实上的依赖性。一方面，银行在制定新的经营管理决策时会受制于服务商的配合程度及完成能力。另一方面，随着合作时间的延长，银行对外包商提供服务的依赖程度不断加大，受其服务质量的影响也逐渐加强，降低了银行经营管理的自主性和灵活性。因此，银行在制定外包战略时要确定合适的外包业务，先将银行附加值较低、成本较高的非核心业务如信息技术外包，从而降低银行对外包商的依赖性风险。随着国内外包市场不断走向成熟，银行应制定长远的外包战略，逐步扩大外包业务范围，选择利润更高的业务流程外包和知识处理外包。

2. 恰当安排合约内容，规避契约风险

外包合作双方签订的合约是银行控制外包风险的最直接、有效的措施。但由于外包市场不确定性因素的存在，银行无法全面掌握承包商的服务质量、信誉水平等确切情况。所以，合约本身也具有一定的契约风险。对此，银行在与外包商签约之前，应针对外包可能出现的各种风险损失，恰当安排合约条款，对涉及的工作目标、合作范畴、责任划分、所有权归属、付款方式、违约赔偿及合约期限等问题做出详细说明，并聘请法律顾问审查合约。从而，当双方出现纠纷时可以依约明确各方的责任及权益，在一定程度上规避合同不完善造成的契约风险。

3. 选择优秀的外包商，降低委托—代理的道德风险

银行与外包商之间本质上是一种委托—代理关系，合作双方的信息不对称容易诱发道德风险。作为利益主体的代理人——服务商可能会实施损害银行利益的自利行为，如“偷工减料、放松管理、泄密信息”等。因此，在国内外包服务市场发展并不完善，相关法律、法规不健全的环境下，银行在选择外包商时要充分考虑服务商的财务、信誉、人力资源等条件，对外包商进行严格筛选。只有选择了专业水平高、服务质量好、信誉卓著且优秀的外包商作为合作伙伴才能最大限度地降低银行业务外包的道德风险，增强外包成功的可能性。

4. 严格管理外包服务流程，严防内外合谋的操作性风险

外包商既是银行的合作伙伴和风险共同体，也是追求自身利益最大化的“理性主体”，在承接服务的过程中会通过寻租来追逐利益，从而导致外包的招标及运作过程存在内外合谋的操作性风险。一方面，服务商为了获得业务的承包权会实施勾结银行管理决策层的寻租行为；另一方面，在外包服务的实施过程中会出现银行内部员工泄露机密等问题。因此，银行要严格管理外包服务的操作流程，通过集体决策的方式避免个人滥用权力，严防内外合谋的操作性风险，从岗位权责方面杜绝内外勾结、暗箱操作的可能性。

5. 对外包商服务进行跟踪评价，防范战略风险和信誉风险

服务商若不严格按照合约履行义务，而是依据自身利益自行处理外包业务，将会偏离银行的整体战略，导致银行利益受损，使银行面临一定的战略风险。此外，外包商提供的服务质量和标准难以令客户满意，或以银行的名义对客户开展合约外的业务都会增加银行的信誉风险和损失。因此，在外包商服务的过程中，银行应成立负责检查外包业务和战略决策的机构，建立外包服务的风险内控制制度，细化外包监控、审批等环节，降低战略风险。还应建立外包服务评价体系，对客户进行服务跟踪调查，及时掌握客户满意度和外包商服务质量，防范业务外包中的信誉风险。

6. 建立外包应急机制，控制集中风险

在业务外包实施过程中，外包商会因破产、技术人员变动或其他不可抗力因素而无法按时、按质地完成服务，从而使银行面临突发的、影响整个机构运营及整体战略规划的集中风险。所以，银行在实施外包战略时，要建立外包应急机制，针对服务商可能发生的各种意外情况设计应急计划和预案，如将大规模的外包业务承包给不同区域的、无业务关联的服务商，控制突发事件带来的集中风险，降低集中风险造成的损失。

（资料来源：闫海峰 . 金融服务外包风险管理 . 北京：经济管理出版社，2013）

第9章

保险业务外包

本章导引

为了实现战略目标及节约成本，全球保险业越来越多的业务活动正在从自行承担转为外包服务商承担，保险业务外包在我国迅猛发展，这对于公司快速适应竞争需要、抢占市场份额起着举足轻重的作用。那么到底什么是保险业务外包？保险业务外包都有哪些类型？本章将在了解保险业务外包内涵和动因的基础上，详细介绍保险业的IT外包、BPO业务外包和KPO业务外包管理。同时，分析保险业务外包可能带来的风险及防控措施。

9.1 保险业务外包概述

9.1.1 保险业务外包的内涵

保险业务外包是指保险企业持续地利用外包服务商（为集团内的附属实体或集团以外的实体）来完成以前由自身承担的业务活动。保险企业将一些非核心的、次要的或辅助性的功能或业务，甚至部分核心业务外包给外部专业服务机构，利用他们的专长和优势来提高整体效率和竞争力，降低成本，分散经营风险。从狭义的角度看，比较典型的外包有：查勘理赔流程中的部分或全部工作委托给保险公估机构办理。从广义的角度看，外包还可以包括以下内容：保险个人代理人、保险代理公司和经纪公司及兼业代理机构销售保险产品，保单派送，客户回访，车辆道路救援，会计报账，人力资源管理，信息系统维护，员工继续教育，保险公司跨产品线建设的后援中心和资产管理等。

保险业的竞争不断加剧，利润空间缩小，赔付压力提升，监管愈加严格。在此大环境下，保险业务外包越来越受青睐，尤其是在欧美国家，已经发展得相当成熟，几乎成为大中型企业降低成本的必要手段。比如荷兰国际集团（ING），由荷兰国民人寿保险公司和荷兰邮政银行集团合并组成的综合性世界金融巨头，保险作为其核心业务，品种已经超过百种。该公司先后将保险业务的业务流程管理由企业内部转向外包，借此为企业减负，提升工作效率及降低成本。在日常的服务管理中的一些事宜，如处理保险业务咨询、服务申请、投诉、赔偿，也逐步外包给外包服务商。通过外包进行业务流程重新设计，获得了更高的商业价值。

9.1.2　保险业务外包的动因

外包是一种企业战略手段和经营组织形式。近年来，保险服务外包快速发展，呈现出较强的生命力。保险机构之所以要进行服务外包，主要在于外包可以降低成本，增加价值；利用外包提供商的专业技能和知识，提升服务水准；释放保险公司资本金和相关潜能；提高内部管理电子化和自动化程度，加快保险公司对灾难理赔等市场反应速度，提升服务效率等。具体来说，保险业务外包的动因有以下几个方面。

1. 增强企业核心能力，实现在规摸收缩中扩张

根据核心能力理论，外包的本质在于企业保留其具备竞争优势的资源核心，而把其他资源借助于外部优秀的专业化资源予以整合，以优化企业资源配置，实现企业自身持续性发展。保险机构外包战略是将一些非核心业务实施外包，收缩公司日常经营活动范畴，最大限度地发挥其在风险管理与资金运用领域的核心能力，将内部资源集中使用，投入其擅长并具有比较优势的经营活动中，实现内涵式经营扩张。

2. 改善企业组织结构，提高运作效率

根据委托代理理论，保险机构作为委托人，通过制定一种最有效的制约关系，以最小的代理成本实现效益最大化。保险机构实施外包可以改变传统的作业方式，使得组织运作中时间和流程上处于先后关系的有关职能和环节发生改变，进而形成空间上的分散性和时间上的并行性，使得组织结构呈现扁平化特征，有助于迅速反映市场信息，提高公司运营效率。

3. 发挥规模效益，降低经营成本

根据规模效益理论，外包服务商通过承揽较多的同质外包业务，可以实现规模化、专业化经营，极大地提升工作效率。对外包服务接包商而言，通过不断丰富与保险机构的合作经验，改善业务质量，承接更多的保险机构或更大范围的外包项目，从而进一步促进保险外包市场的发展。保险机构通过实施外包战略，可以节省固定资产投资，优化人力资源配置，减少由于资产专用性而引致的沉没成本，降低资产风险，改善人员冗杂局面。

9.1.3　保险外包的业务类型

保险外包按业务类型可以分为：保险信息技术外包、保险业务流程外包、保险知识流程外包。保险信息技术外包主要包括保单出单系统、财务系统、风险管理系统等 IT 系统的建设规划方面。保险知识流程外包主要包括保险营销、新契约录入、保单打印、保单送达、定损、理赔、资产管理等核心和非核心业务外包。保险知识流程外包主要包括保险精算、保费调整等。

按外包经营的形式可以分为：

（1）企业内外包，如保险集团公司跨业务线设立的后援中心和资产管理公司；

（2）行业内外包，如通过保险个人代理人、保险代理和经纪公司及兼业代理机构销售保险产品；

（3）行业外外包，如第三方管理机构参与医疗健康保险的客服、理赔工作流程和对客户资源进行管理。

9.1.4　我国保险业务外包的发展现状和趋势

我国保险业务增长速度较快，越来越多的保险机构开始认识到外包对于公司快速适应竞争、抢占市场份额的积极作用，外包已越来越多地渗入保险公司的经营之中。例如：平安、太平等保险集团逐步把各子公司的后援服务功能剥离、集中起来，甚至成立专门的子公司，统一为集团内其他公司提供后援服务；各家保险公司销售保险产品时银邮渠道的比重不断上升；医疗健康保险的客服、理赔等部分工作交由具备丰富经验和资源的第三方管理机构管理等。

目前保险业外包以ITO为主，BPO、KPO业务也随着保险业的迅速发展而得到了广泛应用。保险业的IT外包主要集中在保单出单系统、财务系统、风险管理系统等IT系统的建设规划。保险BPO业务主要包括保险营销、新契约录入、保单打印、保单送达、定损、理赔、资产管理等核心和非核心业务，保单设计、核保等核心业务并未选择外包。2003年开始，国内保险资产管理公司相继成立，保险机构将传统的内部投资管理业务外包给资产管理公司，实施资产负债的匹配管理，提高了资金安全和增值效率。2015年开始更多的保险公司开始试水投资管理业务外包。保险KPO业务主要涵盖保险精算、保费调整等。

我国基层保险机构实施外包的领域主要有三个方面：IT技术服务（如系统开发与维护）、业务具体操作（如保险销售、保单打印、信息录入、保单派送）、协议合作项目（如理赔查勘定损）。理赔是保险公司风控非常重要的一环。保险公司将理赔工作的全部或有选择地交给保险公估公司做，可以提升查勘率，降低赔款，提高理赔工作的质量。

从组织形式(即纵向)来看，保险公司作为相对独立的法人，自主经营、自负盈亏，构成了市场主体之间的竞争。但从保险公司的同一个职能部门或功能模块(即横向)来看，这些部门、模块或由企业自身承担，或由集团公司内另一家专门企业统一承担(即所谓的内部外包)，或彻底由外部的专门组织承担(即所谓的外部外包)。于是，在保险公司与外包组织或外包组织之间产生了竞争。如果保险公司的某一职能部门或功能模块普遍采用外包服务，其工作效率和服务水平的高低就在很大程度上取决于外包服务的水平。而采用外包方式开展经营的保险公司之间的竞争部分转化为外包组织之间的竞争，导致外包组织之间的竞争在保险公司市场竞争中所占的比重越来越大。这是市场经济深入发展、专业化分工不断深化在保险业的具体体现，也是保险业发展的必然趋势。

总体来说，目前我国保险业务外包市场需求巨大，呈现出自发性的快速发展态势，保险产业的链条在逐渐拉长，保险外包正逐渐转向战略性、长期性深入合作。但是国内保险外包市场仍处于发展初级阶段，政策规范体系不是很完善。

9.2 保险业务外包管理

9.2.1 保险信息技术外包(ITO)管理

ITO属于外包的一种细分种类，是指企业以合同的方式委托信息技术服务商向企业提供部分或全部的信息化服务功能。信息技术外包常见的内容有信息技术设备的引进和维护、通信网络的管理、数据中心的运作、信息系统的开发和维护、备份和数据恢复、信息技术培训等。信息技术外包的主要风险是信息安全风险。一般来说，保险业信息技术外包的常见内容有信息系统开发与实施、信息系统维护、技术支持和网络管理。

信息系统是保险企业信息化的体现，所有的活动、业务都要通过信息系统来实现，信息系统是保险企业的核心竞争力之一，谁拥有更快、更好、更稳定，处理能力更强的信息系统，就会赢得更多的客户。信息系统要随着企业业务的发展不断地调整和优化，逐步完善自己的功能。现在企业普遍面临较大的竞争压力，新的市场机会稍纵即逝，为了能够在市场上处于有利地位，必须迅速地使信息系统能够适应业务的快速变化。

案例9.1

某保险公司信息技术外包案例

一、某保险公司信息技术外包项目简介

随着互联网的快速发展和普及，通过互联网开展业务及提供客户服务成为很多企业的一种必然选择，某保险公司也不例外。公司已经在几年前建立了一个平台来提供此方面的服务，但由于技术及用户需求的快速变化，原来的平台已经不能满足业务需求。所以公司决定升级网上平台。公司决策层认为，外包商更专注于信息技术本身，更倾向于跟随技术潮流的发展；与外包商合作，也有利于引进新技术，促进公司自身技术发展。因此公司决策层决定把此业务外包。公司为此成立了项目组，项目组负责制定外包策略，确定外包内容，选择外包商，对外包人员进行管理，确保项目按时按质完成。

外包商对网上平台的功能进行了全新的设计，并在视觉布局上作出重大改进。新的网上平台的功能包括：向客户展示所有可以在网上销售的保险产品，涵盖寿险、健康险、产险、车险等全系列产品。用户根据自己的需要,在网上平台选择合适的产品,完成整个购买的过程。一些售后服务，比如续保缴费也可在平台进行。可以给客户签电子保单，客户支付实时完成。客户用自己的用户名及密码登录至平台后，可以查看自己的保单信息、投连险收益、分红数据等，并可对保单中的部分信息，比如居住地、联系方式、受益人等，进行变更。项目上线以后，成为公司面向客户的最主要的在线销售和服务平台，对公司业务发展产生重大影响。

二、项目外包的成熟做法和经验

在工作中，项目组严格按照公司的信息技术外包策略进行管理，取得了较好的效果。

（1）确定外包内容

公司将信息系统按其与核心业务的关联程度进行了分类，从密到疏依次分为核心类、支撑类和辅助类。核心类包括直接与核心业务相关的业务系统,有保单处理系统、业务通道接入、财务系统等；支撑类包括非核心类但与企业的经营活动密切相关的系统，如数据仓库、决策支持、分析系统等；辅助类则包括对企业的经营起到辅助作用的其他系统，如企业门户、电子邮件等。表9-1是对系统开发流程不同阶段是否外包的决策。

表9-1　某保险公司信息系统的分类

	规划	需求	设计	开发/实施	运营维护	退出
核心系统	×	×	×	√	×	×
支撑系统	×	×	×	√	○	×
辅助系统	×	×	○	√	√	×

注：√表示外包，×表示不外包，○表示视情况而定。

由于网上平台涉及在线销售和客户数据，所以在系统级别上定义成核心系统。按照公司

的外包策略，对于核心系统，只有开发实施属于可以外包的范围，其余的工作全部要由公司自己的人员来完成，据此确定项目的外包范围为系统开发。

（2）严格筛选外包方

如果选择一家不具备足够技术能力的公司来实施项目，轻则导致项目的开发质量不够，重则导致项目的失败。项目组对项目的外包方进行了认真的筛选，对入围的厂商的服务能力进行评估，确定了评估的详细指标，确保入围的外包方有足够的能力完成后续的开发工作。人力成本也是作为选择外包商的一项重要指标。项目组对外包商派驻的人员进行了严格的甄选。项目组界定了项目实施过程中的知识产权归属，双方的权利和义务，保护了公司的合法权益。公司层面与外包商签署的合同中，包含保密协议，规定了双方应该遵守的关于信息保密的要求。

经过几年的摸索和总结，公司形成了对外包管理的一些成熟做法，从总体上促进了外包管理的良性发展。

（3）对人员实行现场管理

为了便于管理，公司对外包人员采用现场管理的办法，即所有的外包人员都必须到公司指定的地点集中办公。外包过程中常见的信息安全风险有：外包人员恶意破坏网络；在开发的信息系统中植入恶意代码；盗取数据；破坏信息系统的正常运行。上述这些信息安全风险无不会使企业面临严重的安全风险。某保险公司对外包风险进行有效识别并加以分类，根据企业自身的实际情况，制订有针对性的管理措施，采用恰当的技术手段，建立事先、事中和事后三道防线，严格防控了信息安全风险。

（资料来源：薛忠胜 .A 保险公司信息技术外包中的信息安全风险控制研究［D］. 上海：华东理工大学，2014）

9.2.2 保险业务流程外包（BPO）管理

业务流程外包作为保险业发展战略之一，可以促进资源的合理配置，提升经营效率，增强产品开发与改造等核心业务的竞争优势。全球保险业务流程外包的发展水平在金融业中较低。保险业务流程规模虽小，但增速可观，包括了核心业务流程外包和非核心业务流程外包，已成为全球服务外包市场上发展最快的业务。保险业务流程外包有由低端向高端发展的趋势，财务分析、数据挖掘及研究、承保、理赔和保单管理等高端业务流程外包持续增长，对产品开发、分析和产品定价等高端业务进行流程外包的趋势日益明显。

保险业务流程外包结构中，保险专业领域的特殊流程，是保险 BPO 最重要的形式。其中最主要的形式有营销外包、核保外包、保单管理流程外包、理赔外包、再保险外包、代理机构管理外包、呼叫中心外包、人力资源管理和财务管理外包等。

保险营销外包即保险公司利用其他机构销售公司产品，在保险行业比较普遍。保险业的营销外包主要包括两类：其一是隶属于自己公司的专属代理机构营销；其二是以保险经纪公司与银行保险营销为代表的独立代理机构代销。专属的代理机构一般只销售本公司的产品，不能与其他金融机构签约，保险公司支付给直接营销队伍的费用包括底薪和佣金，而专属代理机构只收取佣金。独立的代理机构可以与多家代理机构签订营销服务外包合同，销售多家金融机构的产品。例如，银行保险营销就是银行利用自己网络优势和服务优势，同时销售多家保险公司的产品。

电话营销、网络营销、微信营销日益兴起。保险公司为了节省人力、物力将这类销售手段也交给外包公司。如支付宝中的保险服务、微信钱包中的保险服务等。

保单管理流程外包是保险 BPO 的主要领域，保单管理不直接与客户接触，只需要以较低的成本提供服务，保证最基本的质量。保单管理外包将保单的整个生命周期，即从保单设计到销售之后的全部业务流程外包，包括保单出单、保单邮寄、保单变更、保单复效、保单转换、保费计算、新单和续期保费收取、保单期满给付、保单贷款、支取保单收益和退保等。

理赔外包是指将理赔受理、查勘、数据输入、状态查询、追踪、确认赔付定价和支付等外包。由于理赔成本和费用持续上升，而理赔是一种程序化的业务，并且也不是保险公司战略核心竞争力所在，所以保险理赔流程外包兴起。保险公司承接国内财险业务理赔查勘业务日益增加，部分大型保险公司已经开始承接海外保险公司跨国理赔业务。理赔是保险公司与客户之间最易发生纠纷的环节，是保险公司风险管理的重要环节，要减少客户信息不对称，实现理赔公开公正，将查勘外包给保险公估公司，由公估公司进行评估定损，实现高度专业化、精细化分工，提高保险行业整体运作效率。公估公司作为第三方，站在公正独立的立场上作出公平、公正、客观的评估，不仅有利于获得客户的信任，也有利于保险公司控制成本，降低费用支出。

从保险行业来说，理赔工作原来是保险公司的业务管理中的一项重要及主要的工作，但近几年涌现了大量的理赔公估行，有些保险公司将理赔流程中的部分工作外包给理赔公估行，以精简人员，节省人力成本，并腾出精力进行其他工作，如产品开发、市场开拓等。理赔工作流程可以划分为出险后的查勘、定损、理算、核赔。大部分保险公司将核心环节定损、理算、核赔都统一在保险公司内部自做，而对于查勘环节，则做法各有不同。如果一个企业从事某种业务的成本高于外包的成本，那么，该业务应该外包，反之则应自做。

越来越多的保险公司为了提高呼叫中心产能和客户满意度，将呼叫中心外包。因为呼叫中心需要在场地、软硬件设施、数据资源等方面进行一定规模的投入，而且保险业不具备相关的管理经验，因此保险业更趋向于将电话营销业务外包给呼叫中心。原来保险公司跟集成商、设备厂商、软件商、运营商这些各种各样的环节去打交道，而且涉及到 IT 部门、业务部门、采购部门。通过服务外包的方式，可以让外包商去整合上述的所有资源，提供一站式服务，来帮助保险公司提升效率，降低成本。

代理机构管理外包是指将代理机构佣金流程和客户支持、代理机构桌面技术支持、网络服务支持等外包。核保外包是指将保单风险评估、保单发行、初期保险费处理与缴费等核保业务外包。精算外包是指将精算业务流程整体外包。再保险外包是指将部分死亡风险较高或潜在赔付风险较大的产品保费收入进行外包，将这类风险外包给再保险公司。

案例9.2

健康险理赔外包案例

目前，越来越多的理赔纠纷产生。为了减少理赔纠纷，一些保险公司走理赔外包的路线，保障理赔的公正公开，以下是某寿险公司健康险理赔外包方案。

在保险理赔过程中，如何准确认定保险责任、确定保险事故损失，防范骗赔风险，都需要理赔人员具有良好的专业水准和丰富的实践经验。随着业务的递增，流程手续复杂、繁多，后台投资大，客户对于此类业务将面临成本增加、业务高峰与波谷人员流动性大、返回时效低等问题，直接导致客户满意度及核心竞争力下降。

为解决上述问题，针对健康险理赔业务，细化流程，其中包括收件、初审、分类、拆单、扫描、影像文件上传服务器、质检、单据装订、复印、邮寄、入档、进入档案室移交、LOOKUP（将多份案件划分为单份案件）、文件分发、录入、药品库级别分类判断、药品剂型用量合规审核、药品赔付比例界定、合规检查审核、医疗机构库级别判断、理算审核、小额理赔案件保险责任认定。按照业务需求开发一套完整的保险数据处理平台，建立了各种医保规则、各省市医药及医院级别等信息库，从而为客户将业务做到标准化。

某公司通过将健康险理赔外包，使客户满意度提高，运营成本降低。理赔周期缩短到三天内，准确率提高到99.9%，并且解决了高峰期业务量过大的问题。

（资料来源：向日葵保险网，http://www.xiangrikui.com/jiankang/qita/20141227/410742.html.）

9.2.3 保险知识流程外包（KPO）管理

知识流程外包是业务流程外包的高智能延续，是最高端的一个类别，一般来说，它是指将公司内部具体的业务承包给外部专门的服务提供商。知识流程外包的中心任务是以业务专长而非流程专长为客户创造价值。知识流程外包将外包产业推向更高层次的发展，更多地寻求先进的分析与技术技能，以及果断的判断。知识流程外包更加集中在高度复杂的流程。这些流程需要有广泛教育背景和丰富工作经验的专家们完成。工作的执行要求专家们对某一特殊领域、技术、行业或专业具有精准、高级的知识。保险知识流程外包的业务类型：保单设计、保险精算、分类保险市场研究、保险数据分析、风险分析、数据挖掘、保险公司财务分析、电话调查、网上调查、客户满意度研究、保险消费者调查、保险数据管理、保险知识产权保护等。知识流程外包服务使保险企业缩短了从保单设计到市场的导入时间；提供有关市场、竞争情况、产品和服务的研究；提升组织业务管理的有效性。

9.3 保险外包风险管理

9.3.1 保险外包风险识别

外包是把双刃剑，在可以改善保险机构经营状况的同时，若处理不当，也会形成严重的风险隐患。具体风险表现在以下几个方面。

1. 丧失自主创新能力，形成战略风险

以IT技术研发为例，保险机构实施外包后，虽然有效利用了外部资源，但是从另一角度讲，公司却失去了自主创新的机会，无法掌握IT系统的核心技术。此外，随着日后使用过程中出现的系统维护、系统升级等问题，基本完全需要依靠外包服务商，形成技术上的依赖性，且后期维护成本支出大幅增加。

2. 侵害客户隐私权利，形成合规风险

外包服务商在与保险机构合作的过程中，通常会掌握一定的客户信息或商业秘密，若外包服务商缺乏内控约束，这些信息资料便极有可能泄漏给保险机构的竞争对手或其他组织，使保险机构商机泄漏，使客户隐私权利遭到侵害，最终会使保险机构承担相应的法律责任或经济损失。

3. 集中选择外包服务商，形成系统风险

通过业务外包来提高效率及实现规模经济的过程中，势必会出现特殊式的风险集中问题。当有限数量(有时仅一个)的外包服务商为多个保险机构提供服务时，操作风险相应集中，可能带来系统性风险。保险公司将其某项业务外包给第三方，可能会因为疏于对外包商服务运行状况的追踪，或者因缺乏专业能力而无法对外包商的服务进行有效的检查，从而失去对外包服务项目的进度、成本、发展动向实施有效的控制和把握。

例如，多个保险机构与某档案管理外包服务商进行合作，公司档案资料集中存放在同一地点，若外包服务商出现灾害等特殊情况，会造成资料大规模损毁。再例如，紧急业务援助人来自同一援助公司，当该外包服务商发生业务中断时，则保险机构无法履约向客户提供的承诺援助服务。

4. 应急机制不完善，形成退出风险

保险机构长期依赖外包服务商，逐渐丧失了对转移业务的接续能力。当外包服务商突然终止合作关系，退出外包市场时，保险机构极可能会因接续工作不到位而引发服务质量出现严重问题，当应急机制不完善时，会形成退出风险。例如，保险机构将保单销售外包给某航空售票点，并委托其负责管理和维护客户信息，当该航空售票点出现特殊情况终止了与保险机构的合作，重要有效单证及客户信息便可能存在流失的风险。

5. 外包服务商游离监管范畴之外，形成获取信息风险

部分保险外包服务商是不在监管部门管辖范围内的。监管部门对保险机构履行监管要求的能力可能会因此受到影响，无法获得有关外包业务的账簿、记录及其他资料。例如，保险机构将人力资源进行外包，某外包服务商在对保险代理人培训的过程中存在误导性传授，涉嫌传销。若监管部门需要对该外包服务商的培训资料、讲授内容进行核查，便可能存在无法获取信息的风险。

保险业务外包的风险归类见表 9.2。

表9-2　保险业务外包的风险归类

风险类型	风险内容
战略风险	保险机构未能对外包服务商实施适当监督或缺乏充分的专业能力对其进行监督 外包服务商按照自己利益行事，从而可能有悖于保险机构经营的整体战略目标
信誉风险	外包商提供的服务存在质量问题，与客户的互动不符合保险机构的规定或标准（在道德或其他方面）
合规风险	外包服务商泄露客户隐私 存有欺诈问题 应收账款质量恶化
操作风险	外包服务商出现技术失误 对技术失误核查成本过高 外包商无法对相应责任提供足够的补偿
退出风险	由于外包服务商不适当地退出引起的市场风险

续表

风险类型	风险内容
合同风险	履行合同的能力缺乏保障 对于离岸业务，选择管辖法律是关键因素
获得信息风险	外包协议影响保险机构向监管部门及时提供数据及信息
集中和系统风险	某一外包服务商垄断性承揽行业同质项目，造成风险的集中

9.3.2 保险外包风险控制

对外包风险的控制，应当注意以下几个方面的问题。

（1）增强对保险业务外包的监管力度。充分考虑市场发展状况，区分不同业务重要性质与潜在风险程度，对外包项目进行必要的备案或批准。要将外包业务纳入对保险机构评估的重要组成部分。监管部门要对外包业务进行检查，主要内容应涵盖审验外包合同的完备性、抽查外包服务办理的具体记录、评估外包服务商风险控制应急机制等。

（2）规范外包合同，加强保险机构对外包服务商的制约能力。外包合同是保险机构管理外包服务商的重要手段，恰当的合同条款可以降低违约风险或减少在业务范围、特性、服务质量方面的分歧。监管部门通过制定指导性的外包合同框架，提高保险机构应对外包风险的能力。指导性外包合同框架应至少涵盖：明确界定外包的业务范畴，包括适当的外包服务形式及分类；合同既不能阻碍受监管实体履行监管义务，也不能妨碍监管部门行使监管权力；受监管实体必须确保能够从服务商处获得有关外包业务的账簿、记录及信息；在必要情况下，合同应包括终止条款及执行终止规定的最短期限；合同应包括服务商将全部或部分外包业务转包的前提条件。

（3）对客户信息和保险机构的商业秘密保护做出专门规定。应该要求保险机构和外包服务商在外包过程中严格遵守有关商业秘密及个人隐私数据保护的法律法规等。应该要求保险机构采取适当措施，在涉及客户信息被披露时，应该告知客户并征得客户同意，并且要求外包服务商对所接触的客户信息和商业秘密严格保密，不得故意或无意对未授权人士泄密。要求保险机构与客户、外包服务商之间通过外包合同或者专门的保密协议确保客户保密信息和保险机构商业秘密的安全。

（4）对保险机构选择外包服务商提出指导性意见。应要求保险机构在选择外包服务商之前制定标准，以评估备选外包服务商是否具有履约的能力。对于无法满足标准的服务商，原则上不允许保险机构实施相关业务的外包。

（5）强调保险机构对可能涉及的影响外包合同履行的各种意外情形的处理措施。如对外包服务商发生破产、遇到不可抗力无法完成外包事务、内部技术或骨干人员的变动等制定具有可操作性的制度化政策。应急政策须包括替代表现欠佳的服务商的选择成本。

案例9.3

埃森哲承包美国一保险公司信息技术外包项目案例

一、案例背景

A 保险公司为美国一家著名的提供健康险的保险公司和其他几家从事类似险种投资的公

司一起合资成立的保险公司。所有进行投资的公司均在其美国的各个细分市场中提供各种健康保险产品和服务，其历史已超过 60 年。

随着中国加入 WTO 后带来的前所未有的机遇，这家保险公司意识到可以利用其在美国的经验和全球发展的最佳实践在中国寻找未来的发展机会。因此，在中国正式成立全资子公司，并期待通过这次起步不断扩大其在全球健康险市场中的领导者地位，并且也为中国带来最符合中国人需要的各种健康险品种。

外包决策 :A 保险公司需要在中国投资的初期建立 1 个数据中心和 2 个办公室，并采用其在全球统一使用的 ERP 管理软件对其中国的客户和业务进行管理，并希望通过专业化的流程来为客户和股东们创造价值，提高利润，降低成本，进而保持和赢得更多客户。为此，A 保险公司对其 IT 系统提出了四个业务目标 : 第一，它要能提高公司的横向销售能力，以便获取更大的资金份额 ; 第二，它要尽可能地实现自助服务，使员工的精力投放到销售上来 ; 第三，它的角色要从保险服务的提供者转变为保险概念的领导者 ; 最后，它要能坚持在压缩成本的情况下继续运转，并通过调整树立起越来越恰当的客户服务目标，改善市场营销效力，进而提高经营效率。领导层决定外包其 IT 管理项目。

对承包商的选择 : 由于没有在中国进行投资的经验和专业的 IT 管理人员，面对这些雄心勃勃的目标，A 公司希望能够通过具有中国本地化实施经验的著名咨询公司为其量身打造既遵循其全球标准又适合在中国长期发展的解决方案，并会同时将实施后建立的数据中心和办公室等处的 IT 基础架构和 ERP 应用程序交予富有长期 IT 运营经验的外包公司或咨询公司的外包项目部门。

二、外包范围及双方责任

在本案例中，A 保险公司通过招标，经过严格的审核程序，最终选择在中国具有丰富 IT 实施经验和强大的 IT 外包团队的埃森哲 (中国) 有限公司为其 IT 基础架构的实施和运营的承包商。

在这项外包合作项目中，埃森哲和 A 保险公司的责任如下面所列。

1. 埃森哲 (中国) 有限公司

埃森哲的外包责任范围如表 9-3 所示。

表9-3 埃森哲的外包责任范围

服务范围	客户责任	埃森哲责任	主要的项目交付文档
网络维护	• 负责硬件供应商的最终选择，合同及付款事宜 • 提供网络维护过程中对广域网、局域网、防火墙、远程访问设备的变更的批准	• 协同客户进行所需软硬件的采购 • 提供对数据中心和两个办公室的广域网、局域网、防火墙安全及用户远程访问接入设备的支持和维护	• 网络月度性能报告 • 网络重大事故报告 • 网络月度变更报告
数据中心维护	• 负责硬件供应商的最终选择，合同及付款事宜	• 协同客户进行所需软硬件的采购 • 提供对企业级应用程序的支持和维护 • 提供对数据中心和两个办公室的硬件设备的支持和维护，服务器系统的事件跟踪	• 数据中心月度性能报告 • 数据中心重大事故报告 • 数据中心月度变更报告
语音系统维护	• 负责硬件供应商的最终选择，合同及付款事宜 • 提供对IP电话的安装、迁移和变更等所需的批准	• 协同电信运营商进行线路的支持和维护，以及出现事故时的协助	• 语音系统月度性能报告

续表

服务范围	客户责任	埃森哲责任	主要的项目交付文档
技术呼叫中心	• 通过提供给A保险公司的专线号码联系技术呼叫中心	• 提供对两个办公室的工作人员的第一层的技术支持	• 技术呼叫中心月度报告
桌面系统维护	• 提供对台式机和笔记本电脑的安装、迁移和变更等的需求 • 负责硬件供应商的最终选择，合同及付款事宜 • 提供对现场技术支持和电脑镜像更新所需的批准	• 协同客户进行所需软硬件的采购 • 提供对台式机、笔记本电脑、办公打印机和标准软件镜像的支持和维护 • 提供对硬件维护所需的现场技术支持	• 现场技术支持月度报告

2. A 保险公司

（1）客户将承诺提供支持项目所需的必要资源和管理，并在有效时间内完成验收流程。

（2）客户将在有效时间内做出对项目所需的决定和批准。

（3）客户将向埃森哲提供 A 保险公司或其客户正在使用或即将计划使用的所有软件。

（4）客户将负责提供埃森哲在项目中所需的第三方产品，并无需埃森哲支付额外费用，以保证埃森哲完成合同中规定的各项义务。

（5）客户将负责决定是否接受埃森哲提供给其的各种建议，以利于埃森哲完成合同中所提出的项目所需交付的各种文档的需要。

三、外包风险因素确定

通过对外包中的双方责任的分析，以及实际运作中遇到的问题的研究，分析了部分风险因素及各种风险可能带来的后果见表 9-4。

表9-4　A保险公司的外包项目中的风险因素

类别	维度	子级指标	级别	风险的后果
战略风险	A保险公司丧失竞争力	金融服务外包市场不成熟	低	外包无法提高公司的竞争力，但在中国IT外包已有一定基础，此风险本案例不适用
		与A保险公司的战略计划、战略目标不相符，不恰当区分A保险公司关键业务及外包的关键业务	高	外包战略目标制定若出现方向性错误，则严重影响公司在中国起步并进一步发展的可能性
	A保险公司丧失灵活性	可供A保险公司选择的供应商数量少	低	中国提供IT外包的服务商较多，此风险本案例不适用
		外包合约缺乏灵活性	高	合约若过于严格化，没有灵活空间，则会使公司对外包的控制无法因势利导
		IT供应商选择不当	中	供应商选择不当则会使服务质量下降，从而可能对核心业务带来一定影响
业务风险	A保险公司成本上升	外包合约不完整，A保险公司缺乏对IT外包服务的详细定义	高	若合约中对服务的定义不明确，则会使供应商有机可乘，减少服务范围，增加A保险公司成本
		A保险公司外包经验不足	中	若从未有过外包经验，则会在外包的控制上走弯路，本案例A保险公司的母公司在美国有类似经验

续表

类别	维度	子级指标	级别	风险的后果
业务风险	A保险公司信息控制下降	控制不力导致对安全和系统资源的安全性造成危险	高	IT系统的安全性出现问题将使核心业务受到影响
		商业机密的泄漏	高	公司和客户的机密出现泄露将会影响公司的利益，以及在行业中的声誉
	供应商服务质量下降	A保险公司对供应商合约缺乏管理	高	对合约的管理不善将导致供应商的服务质量可能下降，从而影响核心业务的开展
		A保险公司缺乏控制和报告程序，尤其是一体化应急处理流程	高	无法及时发现问题将会增加A保险公司的潜在损失
	A保险公司人员流失	A保险公司与供应商文化冲突	低	A保险公司选择欧美企业在中国的子公司，因此文化差异较小
		双方贡献度量不均，士气低落	低	A保险公司和供应商分工不同，影响较小
技术风险	A保险公司技术落伍	供应商缺乏专业技能	高	供应商专业技能不足将会影响服务质量，进而影响A保险公司竞争力
		IT供应商能力不足	高	供应商能力不足将会影响服务质量，进而影响A保险公司竞争力
		IT供应商经营不善	高	供应商经营不善将可能带来外包业务的未按时终结，从而带来损失
		A保险公司经营的不确定性	中	不确定性将使IT外包开展过程中出现太多的不稳定性
	A保险公司丧失技术创新能力	A保险公司忽视信息技术特性	中	对信息技术的不准确把握将会使外包决策出现失误
		A保险公司保留培养IT能力不足，过度依赖供应商	中	没有培养自己的IT能力将无法正确管理和判断供应商提供的服务质量

四、外包业务的管理和风险控制

根据以上外包风险因素的分析，我们将对其中风险等级高的风险进行归纳，并提出相应的业务管理和风险控制的措施建议。

1. 战略风险

在这一风险类别中，高风险主要在于外包业务的选择和A保险公司的整体战略发展方向是否一致，并且是否有一个灵活的外包合同以帮助公司及时调整战略方向，因此，A保险公司在风险控制上应做到以下几点。

（1）对本公司的IT系统进行分析，选择对主营业务影响不大的部分先进行外包，继续保留自己对核心系统的控制权。本案例中，A保险公司最终只是将数据中心和两个办公室的IT基础架构部分外包给埃森哲，对于处理自己核心业务的ERP和数据库软件，依然由美国总部进行管理。

（2）对外包合同的签订不要着急，因为现在在中国IT外包业务依然是卖方市场，IT外包服务提供商为了能够得到业务会尽量配合，所以，可以先签订临时合同，一方面进行供应商质量的考察；另一方面可以做到随时对业务内容进行调整。

2. 业务风险

在业务风险中，如何降低外包的运营成本，同时又保证服务质量，还有保障公司和客户的信息安全，是最需要注意的环节。

（1）明确合同条款，尽可能列出希望外包的所有内容，并且可以利用价格基本谈妥的时间点在追加一些看上去对供应商影响不大，但是却会增加A保险公司成本的项目，从而进一步降低A保险公司的预算成本。

（2）定期地根据合同的要求检查供应商的工作，并要求供应商按时提交合同中提及的需要提交的各种应付文档，以保证服务内容和服务质量保持一致，并且随着时间的推移和供应商业务的熟练，进一步要求供应商提高服务质量，也是一种"变相"的节约成本。

（3）要求供应商指定唯一的服务提供联系人，通过这个联系人加强双方的联系，也可以通过一个联系人去管理一个外包服务提供团队。既节约了沟通成本，又加强了质量监控。

（4）对提供服务的外包供应商，须在提供服务之前填写保密协议，以保证当公司的机密被泄露时拥有追究法律责任的权利。

3. 技术风险

技术风险中，最主要的就是供应商能力的确认、控制，以及自身核心技术的保障，因此，在这方面需要做到以下几点。

（1）在选择供应商时，需要让竞标者提供确信的资质证明，以及从事过和A保险公司同一行业中其他公司的项目经历，以保证供应商有能力提供A保险公司需要的服务。

（2）需要了解供应商内部人员的培训机制和项目交接方式，以保证不会由于供应商内部人员更换所带来的技术断层。

（3）对于和A保险公司的核心业务密切相关的IT系统，如处理保险业务的ERP及其数据库系统，必须掌握在本公司的IT部门手中，以保证外包业务出现问题时对核心业务的影响最小化。

从本案例中，我们还可以发现金融系统与其他行业外包风险的不同，金融机构信息系统具有安全性高、精确性强、建设成本高、维护成本重等特点。银行的信息系统中所保存的资料，如客户信息、交易情况、资金变动等对金融机构而言都是至关重要的，一旦发生外泄，后果将是灾难性的。虽然在进行IT外包时，如我们分析中所提到的，金融机构都会与IT外包公司签订一些保密协议，但将自己的东西交给别人管理毕竟不那么让人放心。既然是最机密的资料，就要求有最先进的技术来维护，IT承包商无疑比金融机构内的信息部更有实力承担这一重任。这一永恒的矛盾就需要管理层们谨慎抉择。此外，外包的服务是否及时、到位也是金融机构考虑的一个重要问题。例如，系统性能是否符合要求；软件、硬件升级是否及时；系统出现故障时能否在最短的时间内加以解决；需要外包的技术人员进行技术支持时，能否快速响应；系统升级时，外包公司会不会无理提高费用等。相对于其他行业来说，金融机构的业务对信息系统有更高的要求。特别是要求24小时运作的信息系统，任何偏差都是致命的。

（资料来源：王俊．中国金融服务外包及其风险管理的研究［D］．上海：上海交通大学，2009）

本章小结

保险业务外包是指保险企业持续地利用外包服务商来完成以前由自身承担的业务活动。保险企业将一些非核心的、次要的或辅助性的功能或业务，甚至部分核心业务外包给外部专业服务机构，利用他们的专长和优势来提高整体效率和竞争力，降低成本，分散经营风险。

保险外包的业务类型，有企业内外包，如保险集团公司跨业务线设立的后援中心和资产管理公司；行业内外包，如通过保险个人代理人、保险代理和经纪公司以及兼业代理机构销售保险产品；行业外外包，如第三方管理机构参与医疗健康保险的客服、理赔工作流程和对客户资源进行管理。

保险业务外包管理分为：保险信息技术外包（ITO）管理、保险业务流程外包（BPO）管理、保险知识流程外包（KPO）管理。

保险业务外包的风险复杂多样。可以通过增强对保险业务外包的监管力度、规范外包合同、对客户信息和保险机构的商业秘密保护做出专门规定、对保险机构选择外包服务商提出指导性意见、强调保险机构对可能涉及的影响外包合同履行的各种意外情形的处理措施等来防范保险外包业务的风险。

练习与思考

1. 保险业务外包的内涵是什么？
2. 保险外包的业务类型有哪些？
3. 试分析保险业 IT 外包、保险业 BPO 业务管理外包、保险业人力资源管理外包的业务流程。
4. 保险外包的风险有哪些？该如何防控？

第 10 章

证券业务外包

本章导引

伴随着证券业的快速发展和证券市场的激烈竞争，证券公司为了降低成本、提高服务质量，会选择将越来越多的业务外包给专业服务供应商来处理，证券业务外包将是未来金融服务外包的一个发展趋势。本章在简要介绍证券行业外包业务的基础上，着重介绍了证券业务外包的种类和风险，并具体介绍了公募基金外包业务的流程。

10.1　证券业务外包概述

10.1.1　证券业务外包的内涵

证券业务外包的宗旨是要券商有效运用自身核心能力，关注战略环节，而把一般性的业务交给外部服务公司去做。通常，保留下来的业务最能体现券商的竞争优势，具有高附加值，而外包的则往往是具有低附加值的后勤、人事及不能体现领先优势的一些信息技术和标准化了的业务。在证券业务外包中，外部服务公司无异于券商的“家政服务公司”，它使券商从众多并不十分在行的活动及大量普通的事务性业务中解脱出来，集中注意力于最核心的业务，从而避免了券商经营在精力和财力上的分散。券商寻求外部服务公司的支持时，也弥补了自身资源的不足。

10.1.2　证券业务外包的原因

首先，证券业务外包可以降低成本。为了能够快速进行网点布局和业务调整，证券公司通过将信息系统开发外包的方式，低成本地解决了信息系统开发和维护环节的各类问题。

其次，证券业务外包有助于解决客户资金安全问题。在证券行业进行第三方存管后，由于证券公司客户资金管理架构的变化和银行系统的监管和制约，客户资金挪用已经不可能发生，客户资金管理基本成为一项规范化的日常业务，各公司都已彻底下放了客户资金管理权限。但由于多银行存管模式，客户资金管理和清算业务的工作量较独立存管时期高很多倍，证券公司有内在的业务效率提升的要求。若有证监会认可的专业机构向证券公司提供该类外包服务，则证券公司就不会再过多考虑客户资金安全问题。

最后，监管政策的逐步放开鼓励证券业务外包发展。证监会在 2007 年就已经同意中国证券登记结算有限责任公司发放可进行代理结算业务的甲类结算参与人业务资格，以促进证券行业的结算外包业务。根据国外证券业的发展趋势，监管机构已经认识到未来证券行业进行外包的必要性。

10.1.3　我国证券业务外包发展现状及特点

我国证券市场从 1990 年上海证券交易所成立起至今已有 20 多年的历史，证券市场的规模已经超过 GDP 总量的 50%，我国的证券化率已经达到一定的水平，证券行业在国民经济中的地位举足轻重。

2005 年中国证监会推出了股权分置改革，国内资本市场的规模迅速扩大，各大证券公司为了适应业务和监管的要求，在证券运营系统方面投入了巨额的资金，建立了庞大的信息系统，涵盖了经纪业务、投资顾问业务、资产管理、融资融券、期货 IB、CRM 管理系统、OA 办公系统、交易柜台系统、手机炒股系统、合规审计系统、风险管理系统、财务管理系统、清算系统等，耗资巨大且每年的折旧摊销和升级维护成本居高不下。证券公司无论规模大小，都在极力追求"麻雀虽小，五脏俱全"的架构。2007 年的超级牛市令证券公司的盈利出现史无前例的丰厚，在行情和市场需求的双重推动下，证券公司对信息系统和运营体系的投入也超常规的扩张。2007 年下半年，美国次贷危机引发的全球金融危机全面爆发之后，国内资本市场也受到严重影响，股票指数逐级下跌，市场交投不断萎缩，同时也波及证券公司的经营业绩。在市场、成本、人才、规模等多方面因素作用下，证券公司的利润空间受到佣金率下降和成本上升两方面的挤压，使得这种求全求大的架构难以维系。

面对这样的局面，国内的证券公司在业务外包方面已经有了积极的进展，虽然规模和成效尚不能与其他金融同业相比，但是却已悄然形成了一种趋势。

国内证券公司的业务外包主要集中在 IT、金融产品销售、研究咨询、人力资源及法律和财务审计等方面。服务提供商主要包括：IT 产品供应服务商、金融同业（银行、保险、信托、基金）、第三方销售公司、物业公司、产品采购及长期存在合作关系的战略合作组织等。

除了上述非核心业务以外，有部分的核心业务也有外包的情况，如保荐券商通常会把上市公司招股说明书中发行人基本情况、历史沿革、业务和技术、募集资金投向、未来发展与规划等章节外包给其他中介机构或第三方机构。另外，甚至有投行将上市辅导、尽职调查等业务流程也外包出去。

我国证券业务外包的特点主要有以下几点。

1. 以信息技术外包为主

国内证券公司的业务外包仍然处在信息技术外包为主的阶段。在 2006—2007 年的大牛市中，各证券公司因业务需要加大了 IT 系统方面的建设和投入，绝大多数的证券公司投入了几千万乃至上亿的资金进行系统改造，此后，为了防范交易风险，又持续不断的对信息系统进行扩容和升级，导致产能严重过剩。由于证券行业的监管及业务发展需要，每年不断有新的业务增加，信息系统也要根据业务发展上线新的业务系统，使得 IT 的投入不断加大，规模叠加，成本居高不下。

2. 业务流程外包尚处在初级阶段

由于证券经纪业务中，除了开户、销户及一些重要的新业务开通或者重要信息变更需要客户本人到证券公司营业部现场办理以外，绝大部分的业务都可以通过电话、网络或者预约上门等非现场方式办理。手机炒股、网络炒股、呼叫中心、短信通知服务等成为券商服务客户的重要手段。而这些就是业务流程外包的范畴。从证券业内的情况看，呼叫中心几乎所有证券公司都有，不乏全国短号统一客服。但是真正做到呼叫中心外包的还是比较少，主要集中在排名前十位的大型证券公司，比如平安证券、光大证券、华泰证券等。而除了结算外包、财务外包等更为高端的业务流程外，尚没有这方面的公开案例。然而，作为成本中心的清算存管、计划财务、人力资源等后台部门，如果能实现外包，将大大降低证券公司的成本，提高运营效率。

3. 知识流程外包仍需市场培育

国内具有综合类券商牌照的证券公司都设有一定规模的证券研究所，这些证券研究所主要业务是为本公司的证券投资和经纪业务客户提供证券投资咨询服务。随着国内证券投资基金及机构投资者的不断壮大，越来越多的证券公司研究所开展了“卖方研究业务”，即为这些机构投资者提供专业的投资报告。证券公司的研究机构历来就是成本中心，研究员的薪资非常高，而且还有大量的调研费用，然而这些支出对于证券公司的经纪业务及自营业务的支持和贡献并不成正比。证券公司对知识流程外包缺乏足够的认识，仍需要一段时期的市场培育。

4. 核心业务外包存在监管隐患

对于证券公司来说，在业务外包初期就把部分核心业务外包，可能存在着一定的风险和隐患。投行的业务流程由承揽立项、上市辅导、尽职调查、制作申报材料、发行承销组成。理论上讲，每一个业务环节都可以外包给在细分领域更具经验的其他机构负责。券商保荐机构要掌控整个流程、保证项目质量。但是由于缺乏质量监督体系，因此这样的外包还是存在相当大的风险。虽然投行业务外包能够在很大程度上节约成本、提高效率，但是并不能达到分散风险、保证质量的目标。

10.1.4 我国证券业务外包应注意的问题

1. 外包战略问题

证券公司应制定适合公司 IT 规划的外包战略。证券公司具有各种各样的能力，也有一定的专长。但不同的能力与专长的重要性是不一样的，那些能够给企业带来长期竞争优势和超额利润的能力和专长，才是企业的核心能力。核心能力是企业增强竞争力、获得竞争优势的关键，也是成功企业的竞争优势得以长期保持的原因。通过人力外包将非核心的活动外包给外部的服务商，通过与服务商的联盟与合作，可以集中企业有限的资源发展核心业务，以提升企业核心竞争力。

2. 外包范围问题

随着应用开发外包服务范围的日益扩大，外包供应商参与项目的规模越来越广，程度越来越深，证券公司对供应商的依赖度逐渐加强，则外包人员供应商的经营风险、战略调整、人员变动等风险会直接影响到开发的项目。

证券公司应根据其外包战略确定与其风险管理水平相适宜的外包范围。

证券公司可以进行人力外包的工作一般具有如下特征。

（1）基础性：对于证券公司来讲，外包的活动一般属于传统业务活动的基础部分，公司管理工作的下层建筑。公司将这些基础性工作外包给专业机构操作，以便自身腾出时间和精力投入到更专业和核心的工作中去。

（2）重复性：具有重复性的活动，不仅体现在活动自身的具体内容中，更多表现在公司对此项活动要求的重复性。

（3）通用性：这种活动不是针对某一个企业，而是满足于这一类服务需求，是社会通用的，而不是公司特有的需求。

在实施 IT 人力外包前，必须对公司的项目进行分析，考虑其是否具有基础性、重复性、通用性的同时，还应考虑项目的重要性，并对项目的重要性进行分级，配合公司 IT 战略确定 IT 项目的外包范围。

3. 信息安全管理问题

金融行业的生命是信誉，若客户数据资料和隐私得不到保护，就会削弱客户和市场对证券公司的信心，另外，如果忽视知识产权的保密性，则无法在业务快速创新的市场竞争下体现差异化服务，无法快速地最大限度地满足客户对 IT 的需求，保持业务在市场竞争中的领先地位。因此，外包管理中，对于知识产权与保密工作需要格外重视，IT 部门设专人管理外包人员进场、退场，对外包人员进行统一的安全管理规定的培训，与其签署保密协议，对于保密协议做到三重保险（银行—供应商、银行—外包人员、供应商—外包人员）。对外包人员进行集中单独的管理，对外包人员使用的电脑和工具进行统一的分发与配置，与公司的员工使用共同的平台。对于内部重要资源和信息做到不相关的人看不见、改不了、带不走。使用技术手段达到对知识产权的保护，保证安全不泄密。

4. 外包人员激励机制问题

证券公司应建立对外包人员的激励机制，对外包人员的薪酬和职业发展要留有空间，与外包人员的考核制度配套使用，不但能保证外包队伍的稳定，而且也是外包团队积极性和创造性的有力保障。

10.2 我国证券业务外包类型

随着证券行业的高速发展和不断壮大，业内分工越来越细，以 BPO 方式进行全方位的跨行业合作已成为未来发展的必然趋势。国内证券业大规模开展服务外包合作的主要业务有数据分析业务外包、客户管理业务外包、呼叫中心业务外包、信息系统外包、人力资源外包及各类增值服务。

10.2.1 数据分析业务外包

数据分析业务外包是指企业将价值链中原本由自身提供的具有基础性的、共性的、非核心的 IT 业务和基于 IT 的业务流程剥离出来后，外包给企业外部专业服务提供商来完成，通过重组价值链、优化资源配置，降低成本、增强核心竞争力。

提出数据分析业务外包管理请求的组织将数据管理任务委托给专业外包企业后，可以集中精力从事其核心业务，既降低了运行成本，又可以提高组织运行效率；提供数据外包管理服务的企业则可以通过获得大量数据外包业务的类似订单，对不同客户提供类似的服务，减小开支，取得规模经济效益，获取利润。

10.2.2 客户管理业务外包

客户管理业务外包的内容主要包括客户分析、客户关怀、订单履行及管理和客户技术支持。中国的客户服务职能外包最早由IT硬件厂商带动，将客户中心及现场支持服务进行外包，相对其他职能领域起步较早。

客户管理业务外包需求的来源主要来自电信、离散制造（家电、IT等设备厂商）及金融行业。服务已经成为现今企业不可或缺的业务职能，同时也需要大量的专业资源；而客服中心在绝大多数企业作为成本中心，企业通常用成本、运作效率及客户满意度作为客服中心的关键绩效指标，因为越来越多的企业正在考虑或者已经将客户中心外包给专业的呼叫中心运营公司。因此，客服中心的外包成为客服职能外包的主要内容，而对于离散制造业，企业考虑到成本及地域覆盖能力，正在将客户现场服务进行外包，发包商可以利用IT系统监控服务的状态、质量及客户反馈。

10.2.3 呼叫中心业务外包

呼叫中心业务外包是指企业用户委托呼叫中心外包服务商全面管理或部分管理呼叫中心的业务，即由呼叫中心外包服务商，利用其现有的呼叫中心的设备、座席、人员和运营管理经验，以租赁的方式，向企业用户提供座席出租、座席外包，或接受企业用户的委托提供外呼服务及人员外派服务，承接企业用户的呼叫中心的建设和运营管理，为企业用户的市场营销和客户服务工作提供支持。

呼叫中心业务外包始于20世纪80年代，在西方发达国家，呼叫中心是各类企业活动的重要组成部分，是企业完善营销网络、提高服务质量、增强竞争力的重要措施之一。外包业务的企业将其运营的一个或几个环节交给外包服务商来做，而自身则专注于最具核心竞争力的那部分业务。

呼叫中心业务外包省时省力省财，能为企业用户免除呼叫中心建设投资成本，缩短其产品投入市场的时间，迅速地开展业务和客户服务工作；有助于企业用户降低成本和运营风险，集中精力发挥自身的优势，专注发展其核心产品；有助于企业用户免去呼叫中心的日常运营管理工作，直接获得高水平的客户服务；有助于企业用户灵活、自主地经营，随时扩大或缩小其服务规模，尤其对巡展、短期产品销售的企业用户具有很大的帮助。

10.2.4 信息系统外包

信息系统外包是指借助外部力量进行信息系统开发、建设的信息系统建设方式。具体来说，就是企业在规定的服务水平基础上，将全部或部分支持生产经营的信息系统作业，以合同方式委托给专业性公司，由其在一定时期内稳定地管理并提供企业需要的信息技术服务的行为。企业通过外包，可以整合利用外部最优秀的信息技术资源，从而达到降低成本、提高资金利用效率、充分发挥自身核心竞争力和控制经营风险的目的。

证券公司租用外包公司提供的集中交易系统、通信线路、通信设备等IT信息系统，并购买专业运维支持服务。该类外包可在证券公司原有系统架构基础上进行改造，或者将原有系统和设备折价记入外包费用。外包业务发展到一定程度后甚至可以提供营业部门计算机的租赁服务。

10.2.5　人力资源外包

人力资源外包，简称 HRO，是企业根据需要将某一项或几项人力资源管理工作流程或管理职能外包出去，由第三方专业的人力资源外包服务机构或公司进行管理，以期降低经营成本，实现企业效益的最大化。外包内容包括：人力资源外包、人力资源管理外包、薪酬外包、薪酬管理外包、薪资外包、福利外包、薪酬福利外包、工资外包、社保外包、社保代缴、个税代缴、人事外包、人才外包等。

人力资源外包作为一种提高企业人才管理效率的形式逐渐流行，而且很受企业管理层和人力资源主管欢迎。国际上很多大公司基本上都已经把HRO作为企业发展的一个战略来考虑，中国的很多大中型企业也已经接受了 HRO 对企业的战略意义。

案例10.1

澳大利亚投行的人力资源管理外包

澳大利亚最大的投资银行麦格理银行（Macquarie Bank）于 2007 年 1 月与美国埃森哲咨询公司（Accenture）签署合约，将其部分的全球性人力资源管理职能委托给埃森哲完成。

麦格理银行拥有超过 9 000 名员工，其中约三分之一的员工在澳大利亚以外的地区工作。麦格理银行认为此次外包活动的主要目的并不是减少成本。将银行人力资源管理的后台职能，包括工资支付、行政管理等工作外包出去，麦格理银行希望通过战略性考察银行人力资源，为国际雇员提供更优质的人力资源管理服务。

澳大利亚的其他银行也试图将人力资源服务中心迁移至印度等发展中国家，以实现削减劳动力和削减成本支出的目标。人力资源服务中心的转移进一步加强了澳大利亚银行机构的外包力度。2007 年，澳大利亚最大的银行澳大利亚国民银行（National Australia Bank，NAB）与埃森哲公司展开了人力资源管理方面的合作，外包的主要内容是一些人力资源管理后台职能。

（资料来源：王晓晨．商业银行人力资源管理外包研究［D］．青岛：中国海洋大学，2008）

10.2.6　各类增值服务

外包公司根据证券公司的业务需要，开展各类创新业务、深度业务培训、风险控制、咨询服务、专项研发报告、法律合规服务、财务会计服务。由于后台知识库平台优化、客户投资偏好分析及各类咨询推送，均需要后台信息系统的支持跟进，外包公司在承接前五项的外包业务后，通过完善服务体系和提高服务质量，会逐步推出该类增值服务。

10.3　证券业务外包风险管理

证券业务外包的实质是券商与外部企业之间资源或利益的交换，这固然为改进券商价值的每个环节提供了更多的机会，但由于这种资源或利益的交换是在两个不同的利益主体之间进行的，它们的利益既有相互一致的一面，又有相互冲突的一面，从而使得这种资源外取的过程难免包含着一些风险。

10.3.1　证券业务外包风险识别

1. 业务选择风险

证券公司的业务外包，其中一个最为重要的问题就是什么业务可以外包。如果按照外包的基本定义来划分外包业务的性质，则是要确定核心业务与非核心业务，因为外包的重要作用是直接提升企业的核心竞争力。为了使企业能够集中优势资源，提升核心竞争力，所以要将一些非核心业务外包出去。然而在我国证券公司的业务外包发展过程中，对外包业务的选择存在着盲目追求“大而全、小而全”的问题。

证券公司的核心业务主要是经纪业务、资产管理业务、投资银行业务、投资顾问业务、卖方研究业务、融资融券业务、证券投资业务、固定收益业务等。为了支撑经纪业务，证券公司投入了网点建设、柜台系统、庞大的营销团队等，收入核心是它，但是成本核心也在于此。而且传统的保守思维认为，后台掌握了大量的财务、人员、客户等信息，是证券公司的核心机密所在，不能暴露给第三方。所以无论证券公司的规模大小，都把支持通道业务的后台体系牢牢地控制在本公司。

然而信息系统的软、硬件投入，每年有巨大的折旧摊销吞噬当年的利润；庞大的运营部门人力成本普遍高于前台的业务人员的薪酬支出；大量的客户开户档案，常年累积，消耗了大量的营业部经营空间，文档管理的成本也成为后台运营成本的重要组成部分。虽然很多证券公司在总部层面的信息技术部门已经有了不少外包业务，但是很少有证券公司考虑到他们的分支机构、分布在全国各地营业网点的电脑信息部门、运营管理部门的业务外包问题。这些二级机构仍然处于“小而全”的状态。

2. 政策制度风险

法律完善是业务外包发展的保障，而我国证券公司在2000年以前从未有业务外包的模式出现，许多原有政策和惯例对业务外包构成一定的影响。证监会对证券公司的信息系统、资金管理方面有一系列的规章制度，证券公司外包业务都是参考之前政策要求。但是随着市场的扩大，对于外包代理公司和经纪公司的法律地位仍没有相关条文认定。从监管角度看，证券业务外包的承接公司不断出现，会带来证券业务外包市场的蓬勃发展，必然要求证券公司业务向高度规范化方向迈进。虽然业务外包并无太大的法律障碍，但是证券监管部门的针对性制度仍显缺乏。

3. 质量保障风险

国内证券公司的业务外包普遍存在质量监管标准不明确、质量保障体系不完善等问题。在外包服务商资格审查环节缺乏制度和标准。一方面是外包业务的提供商的选择范围不大，服务和产品的同质化现象严重，即使供应商的服务有问题，证券公司也很难再找到更好的服务商；另一方面，证券公司对外包服务商的管理方面缺乏定期的外包项目综合效益、质量层次及相关影响的评价体系。在业内，交易系统瘫痪事件时有发生。虽然券商事后以客户能提供交易委托证据为条件，对无法交易的股民作出相应赔偿，但还是有很多投资者因无法提供合法依据而自行承担行情波动的损失。作为该交易系统的服务商事后也只是作了系统升级更新，因为券商如果换系统要付出更大的代价，所以类似事件也就不了了之。

4. 管理风险

证券业务外包主要面临的风险包括：战略风险、声誉风险、合规风险、操作风险、监管障碍风险、信用风险、国家风险、合同风险、退出策略风险、集中和系统性风险等十大风险。然而在管理上述风险中，我国还缺乏比较系统的、行之有效的风险管理体系。对于外包服务供应商的资质评估、市场准入、市场退出、风险预警、风险处置等问题，政府及相关主管部门尚未出台针对性的法规加以规范。证券公司对于实施业务外包尚未形成明确的审批流程、风险预警、风险处置的管理制度。

5. 专业人才风险

在证券外包行业，专业人才极其匮乏。特别是随着这几年证券市场的快速发展，证券行业的创新品种不断涌现，在清算和交收制度方面的改革也不断深入，证券公司的前台与后台业务对从业人员的专业化程度要求越来越高。各项业务的专业化程度逐步提升，对清算、运营、风控等部门均需要大量专业人才。该类人才由于应用范围窄、专业化程度高，其培养需要一个较长的时间周期和成本，人员变动对业务影响较大，人员的招聘成本较高。因此当这些业务的外包需求量不断提高的时候，外包服务机构的人员专业能力面临着巨大的考验，因此专业人才队伍的建设问题就显得尤为突出。之前主要的手段是海外引进，但是人才的成本和质量问题依然存在。而国内企业和高校的人才培养机制依然不完善。

10.3.2　证券业务外包风险控制策略

1. 确定核心业务，逐步外包非核心业务

我国证券行业的核心业务主要是前台各项业务，后台业务中，除了合规审计外，其他业务均可定义为非核心业务，可进行外包处理。信息技术部门的业务外包比较多，但是在存管清算、计划财务和运营保障方面的外包案例非常少。因此加强这些方面业务的外包研究是当前证券公司提高运营效率、降低成本的重要突破方向。可以根据业务发展的需要，在确保业务质量与合规性的前提下，逐步外包非核心业务。

但是对于一些核心业务的外包一定要慎重，特别是关系到投资者保护方面的业务问题，必须依照证券监管部门的要求，严格业务流程，保证项目关键数据的真实和法律法规的严肃性。不能盲目追求效率和成本而不顾合法合规问题。因此核心业务外包必须慎之又慎。

2. 加快制度创新，完善顶层设计

2012 年的券商创新大会，推出了《关于推进证券公司改革开放、创新发展的思路与措施（征求意见稿）》及一系列规则的征求意见稿，这项“创新纲领”包含了提高证券公司理财类产品创新能力、加快新业务新产品创新进程、放宽业务范围和投资方式限制、扩大证券公司代销金融产品范围、支持跨境业务发展、推动营业部组织创新、鼓励券商发行上市和并购重组、鼓励券商积极参与场外市场建设和中小微企业私募债券试点、调整完善净资本构成和计算标准、人才激励机制和适当性管理要求等十一个近期举措，其中也不乏为券商业务外包提供了发展路径。《证券法》的修订将充分考虑创新大会之后各大证券公司自下而上的合理化意见和建议，因此证券公司及证券相关中介服务机构应该抓住这次机遇，提出更多具体、系统的业务外包方案，为管理层对业务外包法规制度的顶层设计提供更为丰富的内容和素材。特别是作为行业的自律组织——证券业协会，证监会应该授权协会对于证券公司的业务外包进行整体的体系策划，并承担行业标准制定、准入资格管理、纠纷仲裁等职责，为证券公司业务外包提供运营指导，提升我国证券业务外包行业的整体水平。

3. 大力培育本土外包服务机构，同时引进海外服务企业

从总体上来看，我国本土的证券外包服务企业在技术水平、人才队伍素质、风险控制能力等方面与海外公司水平差距较大，承接外包业务大多以技术含量低、风险小的低端业务为主。这是由国内本土证券服务外包承包商规模小而散的特点决定的。大力培育具有规模的本土外包服务机构是发展证券业服务外报的重要手段。同时为更好地培育行业发展，应该适度引进海外高水平的外包服务机构，特别是同处于金砖国家的印度，全球外包产业最发达的地区。我们要通过引进这些地区的外包同行，通过学习和竞争，提高本土企业的外包业务水平，为证券业的发展服务。

4. 建立和完善风险监管体系，保障服务质量

从国际角度看，美国、印度等金融服务外包较为成熟的国家和地区，均有专门的法律或监管规定来规范金融服务外包业务。我国金融服务外包行业发展至今，2009 年国家出台了《六部委关于金融支付服务外包产业发展的若干意见》，2010 年银监会颁布了《银行业金融机构外包风险管理指引》，但证券行业的相关指导意见和指引未有发布，因此，证券行业需要进一步完善相关法律和监管体系，这对于建立和完善证券外包业务的风险监管体系有重要的意义，对于外包过程中的发包选择、风险防范、监管关注事项等都能提供详尽的提示，使证券公司的外包业务服务质量得到有效保障，券商可以有明确的操作依据，避免法律上的不确定性和监管盲点。

5. 建立多层次的外包人才培养体系

随着证券行业的进一步发展，对业务外包人员的专业化要求也越来越高。人才培养主要是国内高校，外包专业多设在职业技术学院、独立学院和部分普通高校，主要侧重培养软件外包人才，而设立金融服务外包人才的普通高校很少。因此从培养模式和机制来看，应该采用“行业协会 + 高校 + 企业 + 专业第三方机构”的联合培养模式，行业协会与高校结合，进行专业课程的设计，高校负责专业课程的教学，企业委托高校进行定向培养，企业为学生提供实践和实习的基地，学校聘请行业专家兼职授课，行业协会设立专业资格证书，由第三方培训机构进行资格培训，协会组织考试颁发专业资格证书。从而构建多层次的外包人才培养体系，实现“产业 + 人才”的良性发展。

10.4　公募基金的外包流程

10.4.1　公募基金前、中、后台鉴定

基金管理公司针对基金业务和资本市场的关系，会把内部的业务运营流程分为前台业务、中台业务和后台业务，根据我国典型公募基金管理公司的内部业务流程示意图来看，前、中、后台分布和交互关系如图 10-1 所示，三者之间相互联系，互为依托。

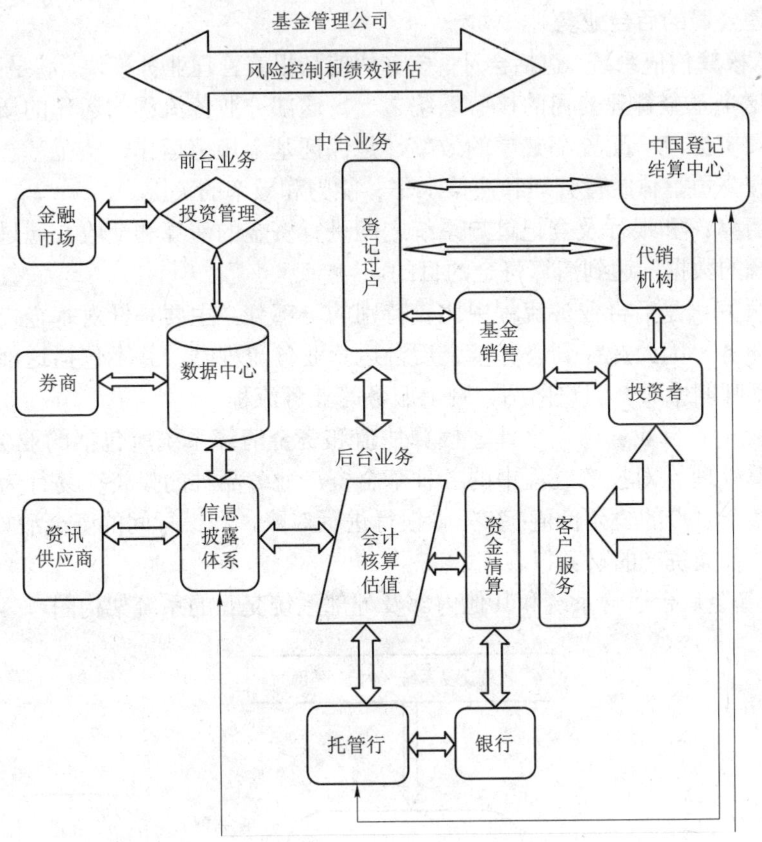

图10-1　基金管理公司前、中、后台分布和交互关系图

1. 基金管理公司的前台业务

（1）投资管理：基金管理人根据自己的投资策略，通过和外部金融投资市场、券商和资讯供应商进行交互，对自己的投资交易行为进行管理，并获得收益的一个过程。

（2）数据中心：通过和外部系统及内部投资管理系统的交互，围绕投资相关的各个系统而产生的一系列的全资产数据的整合，不是简单的数据备份和复制，可以帮助投资经理提高成本估算的准确性，同时进行有效的投资绩效管理。

（3）信息披露体系：XBRL，可扩展商业报告语言，是可扩展的标记语言在财务报告信息交换中的一种应用。XBRL 模式的信息发布不仅仅可应用于规范基金信息披露，同时也是基金公司内部的文件、信息规范化发布的方法之一。

2. 基金管理公司的中台业务

（1）登记过户：投资者基金账户的管理，基金单位的注册和登记过户，基金交易的确认和清算，代理红利发放，建立、保管基金持有人名册等业务。

（2）基金销售：有直销和代销两种方式。直销就是由基金管理公司直接向投资者销售基金产品，包括直销网点、电话交易、小代办机构、网上交易等形式。代销就是基金管理公司向代销机构支付代销费用，通过代销机构的网点来进行基金销售，现在主要的代销机构包括银行和获得基金销售资格的第三方销售机构。

3. 基金管理公司的后台业务

（1）会计、核算估值系统：包括会计、核算估值与报表管理业务模块，满足监管部门要求。这部分功能是这个基金管理公司的核心系统之一，这部分业务流程的运作的质量，决定了整个基金管理公司资源统一配置和共享的效率，是保证基金规范运作，防范基金投资风险，全面提升基金管理公司整体经营管理和决策水平、能力和效率的关键。

（2）资金清算：和银行及登记过户系统之间进行资金的清算和交收。通过处理销售系统和登记过户系统的数据，达到清算资金的目的。

（3）客户服务：是后台业务流程中比较特别的一部分，主要是针对基金投资者提供的客户关系维护的服务，因此在提到公募基金后台运营业务流程时，并不包括这部分的业务。客户服务主要包括呼叫中心、门户网站、网上服务等业务流程。

基金管理公司后台业务中，会计、核算估值和资金清算系统所包括的业务流程主要有：全过程财务核算处理；对投资过程中的各种基金资产业务品种的投资交易行为和各种投资组合提供估值和某个时点的公允价值；和托管银行进行对账，和银行间的资金清算；生成符合监管要求的各期、各类资产的财务报表。

图 10-2 是基金后台运营系统和其他内部及外部系统交互的系统架构图。

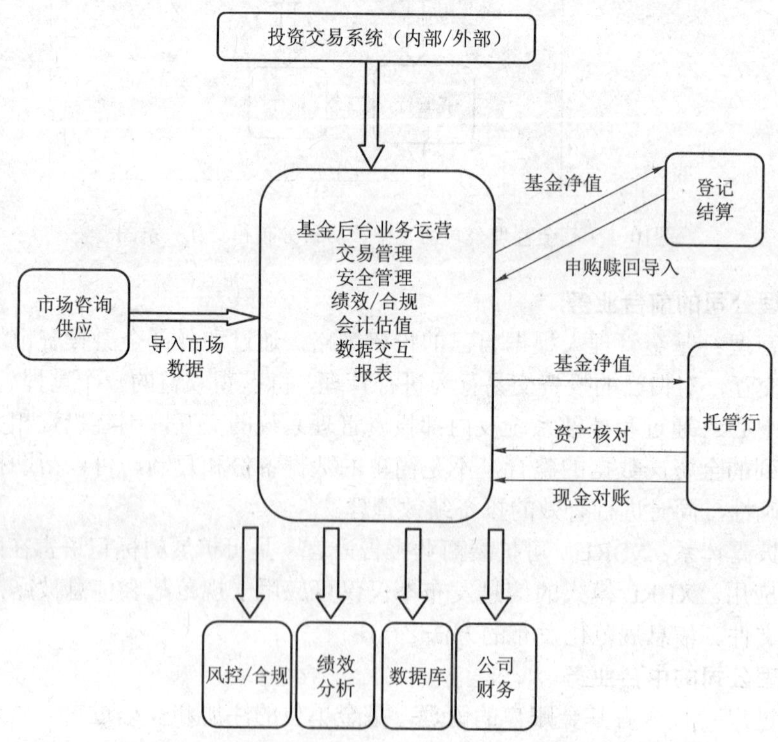

图10-2　基金后台运营系统和其他内部及外部系统交互的系统架构图

从图 10-2 我们可以发现，公募基金的后台运营作为基金管理运营的核心，和内部投资管理系统、登记过户系统、数据中心，以及外部的交易系统、资讯供应商、资金托管银行、券商、登记结算中心、外汇交易中心等金融中介机构进行交互，是公募基金管理公司内部涉及面最广、最复杂的系统。首先，基金后台运营系统需要从资讯供应商导入价格、汇率数据，从投资交易系统导入市场交易数据，从登记过户系统中导入申购赎回信息；然后对导入的数据进行处理，进行会计核算生成凭证，计算基金每日净值，并生成监管部门要求的相关报表。在进行会计核算的同时还可以进行现金流预测和绩效分析，为投资管理服务。

10.4.2　公募基金后台运营现状

我国公募基金的后台业务流程外包业务中，主要包括表 10-3 中的三个方面。基金后台会计、核算估值和资金清算业务流程现状，主要有以下特点。

表10-3　我国公墓基金后台业务流程外包内容

后台业务	基金会计	总账维护 证券定价 基金估值 交易对账 日/月度报表
	资产托管	资产保管 清算结算 可用现金管理 处理失败交易 交易对账 收入、税收管理
	过户代理	客服中心 申购、赎回处理 账户注册 处理税收 计算佣金 客户报告

1. 处理业务越来越复杂

对于基金中的另类投资，已经占了基金总资产的 8%，而这部分投资是指除了股票、债券等产品以外的，非公开交易以 OTC 为主要交易方式的投资，包括私募股权投资、风险投资、房地产、FOF 基金等品种，而这些投资，因为所涉及的会计准则和法律监管都不尽相同，这就意味着在后台进行会计处理会非常复杂。

2. 流程外包越来越普遍

越来越多的基金管理公司将流程性的业务外包给低成本的公司和地区，而对于一些复杂重要的业务，比如基金会计和托管业务，他们更倾向于外包给本地区的、处理流程专业、成本相对较高的外包服务公司。

3. 外包服务提供商的主要来源

现有后台会计、核算估值和资金清算业务流程外包服务提供商的主要来源有两类，并以第二类为主。

一类是规模大、后台业务能力强的基金公司剥离后台运营业务，通过并购重组，整合市场资源，扩大份额，成为专业的后台业务服务机构。

另一类就是从事基金托管业务的商业银行，这些银行剥离了业务，重新定位，专门为机构投资者提供投资管理服务，包括提供后台业务流程外包服务。

这两类后台业务流程外包服务提供商，为基金行业带来很多益处，帮助基金公司免去在技术方面的长期重大投资，由此可以专注实施战略发展计划，如收购新业务或在全球扩展业务；淘汰过期的IT设施和系统；节约资源开拓新的分销渠道，制订新的投资策略；化解风险；改进成本管理和控制。

10.4.3 公募基金后台业务流程外包现有模式

1. 业务模式

投资管理外包服务承接商可以提供各类产品和服务，而这些产品和服务会通过不同的组合，形成符合基金管理公司现状和需求的业务解决方案，这些方案如表10-4所示。

表10-4 基金公司业务解决方案表

方案类型	说明	业务内容
服务组件方案	根据客户需求量身定制个性化服务	交易管理 柜台交易衍生产品处理 对账处理
全方位服务解决方案	核心投资运营服务	交易管理 柜台交易衍生产品处理 组合记录备存及会计 现金管理 公司行动处理 对账服务 数据管理
增值服务	为客户提供额外利益的选择性服务	业绩分析 客户报告 客户数据仓库
后台服务	传统的外包解决方案	外汇处理 基金会计与管理 托管服务 过户代理服务

2. 操作模式

从基金会计外包服务的操作模式来看，外包服务提供商在承接基金会计外包业务后，一般会把运营点分为两部分：一部分是当地的客户服务，以呼叫中心为主，主要职责是处理客户提出的需求，并将处理完的基金会计结果向客户展现；而另一部分就是设立在其他区域的基金会计处理中心，分几处设立基金会计处理中心，一方面是出于节约成本的考虑，一般都会选择人力成本低而外包服务又相对成熟的地区，另一方面选择多个地区进行数据的处理和备份，保证了数据的安全性。

外包服务承接商对于客户信息和数据及外包业务流程处理体系，都采用严格的信息安全和风险控制的管理模式，如图 10-5 所示。

3. 风险控制模式

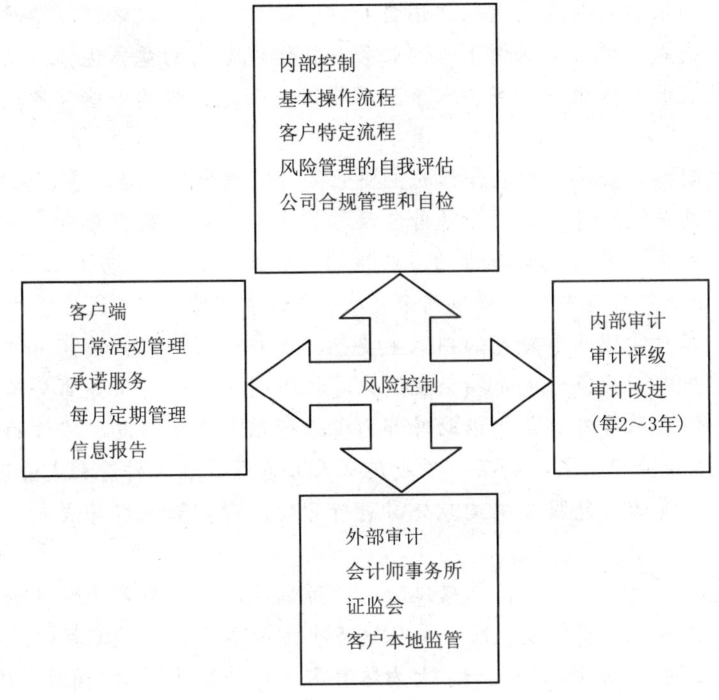

图10-5　风险控制模式图

1）内控体系

内部控制：公司内控部门对董事会和管理部门负责，对全公司的整体运营进行持续的评估监控，并定期进行严格的内部审计，以保护资产的安全、完整，确保公司的各方面运营符合相关法律法规和规章制度。

信息安全管理体系：对所有软、硬件应用，网络应用进行实时监控，确保公司所有业务领域的信息安全。

业务持续计划：设立完备的灾难恢复方案，包括在不同的办公地点设有灾备中心，对关键性业务数据、流程予以及时记录、备份、保护；还有定期的演习，以及各部门的业务持续计划，确保公司业务的持续运营。

2）外控体系

外部审计：定期接受第三方审计公司的审计，以及政府、地方监管部门的监管。

客户端：定期发布管理报告展现项目进度。

基金行业会计、核算估值和资金清算业务流程作为基金整体运营过程中关键而非核心的业务，在外包过程中涉及业务处理流程的科学性和业务数据的安全性，通过在外包服务承接商内部设立这一系列的内控和外控体系，从根本上加强外包业务流程运作过程中的风险控制，保证了共同基金管理公司的业务数据安全。

本章小结

证券业务外包的宗旨是要券商有效运用自身核心能力，关注战略环节，而把一般性的业务交给外部服务公司去做。通常，保留下来的业务最能体现券商的竞争优势，具有高附加值，而外包的则往往是具有低附加值的后勤、人事及不能体现领先优势的一些信息技术和标准化了的业务。

国内证券业大规模开展服务外包合作的主要业务有数据分析业务外包、客户管理业务外包、呼叫业务外包、信息系统外包、人力资源外包及各类增值服务。数据分析业务外包是指企业将价值链中原本由自身提供的具有基础性的、共性的、非核心的IT业务和基于IT的业务流程剥离出来后，外包给企业外部专业服务提供商来完成，通过重组价值链、优化资源配置，降低成本、增强核心竞争力。客户管理业务外包的内容主要包括客户分析、客户关怀、订单履行及管理和客户技术支持。呼叫中心业务外包是指企业用户委托呼叫中心外包服务商全而管理或部分管理呼叫中心的业务。信息系统外包是指借助外部力量进行信息系统开发、建设的信息系统建设方式。人力资源外包是企业根据需要将某一项或几项人力资源管理工作流程或管理职能外包出去，由第三方专业的人力资源外包服务机构或公司进行管理，以期降低经营成本，实现企业效益的最大化。

证券业务外包的风险主要有业务选择风险、政策制度风险、质量保障风险、管理风险和专业人才风险五类，相应地，要控制风险也要从这五个方面着手，要确定核心业务，逐步外包非核心业务；加快制度创新，完善顶层设计；大力培育本土外包服务机构，同时引进海外服务企业；建立和完善风险监管体系，保障服务质量；建立多层次的外包人才培养体系。

练习与思考

1. 证券业务外包的内涵是什么？
2. 为什么要证券业务外包？
3. 我国证券业务外包发展现状如何？有什么特点？
4. 我国发展证券业务外包应注意哪些问题？
5. 什么是客户管理外包？
6. 什么是呼叫中心业务外包？如何看待呼叫中心业务外包？
7. 证券业务外包有哪些风险？
8. 如何应对证券业务外包的风险？

案例10.2

招商证券托管外包业务

1. 招商证券及托管外包部简介

招商证券1991年8月创立于深圳，是百年招商局旗下的金融企业。经过二十多年创业发展，已成为拥有证券市场业务全牌照的一流券商。业务领域跨越境内境外市场，覆盖证券、期货、证券投资基金、直接股权投资等多个领域。公司具有强大的综合实力，各项业务始终处于行业第一梯队。于 2009 年在上海证券交易所首发上市，截至 2016 年 5 月，公司市值 747 亿元，目前是中证 100、上证 180、沪深 300、央企 100、上证治理等多个指数的成分股。

自 2008 年证监会对证券公司进行分类评级以来，招商证券一直获评为 A 类 AA 级券商，并获“2012 年中国最佳证券公司”“最佳中国品牌 50 强”等称号，2010 年获得了第七届深圳市市长质量奖，成为国内第一家推行卓越绩效管理模式并获得政府管理奖的证券公司。招商证券拥有多层次客户服务渠道，在国内设有 100 家营业部，同时在香港设有分支机构；全资拥有招商证券国际有限公司、招商期货有限公司、招商资本投资有限公司，参股博时基金管理公司、招商基金管理公司，构建起国内国际业务一体化的综合证券服务平台。招商证券还建立了覆盖全面、技术领先、安全、稳定、高效的信息系统体系。其中，主要核心交易系统均通过自主开发的形式实现；建立一套以安全为根本的运营保障机制。

招商证券托管外包部于 2013 年 7 月成立，负责统筹公司的托管业务开展，为公募基金、私募基金等机构客户提供托管、机构运营外包、代理结算等服务。托管外包部为独立部门，不挂靠或从属于公司的任何部门，与公司资产管理、自营、经纪、投资银行等业务部门相互隔离，能够确保管理线独立、经营场所独立、人员独立、制度独立、机房独立、网络独立，从而保证利益隔离和信息隔离，保证了托管业务运作的独立。

2. 招商证券开展托管外包业务的优势

（1）服务内容优势

产品设计增值服务：私募基金的产品设计、合同拟订，招商证券最先提供此项增值服务。

非标产品的设计与运作：市场上第一家开展非标产品（PE、VC、委托贷款、应收账款、各类受（收）益权、带回购条款的股权性融资等）设计与运作的托管机构。

牛网机构投资者服务平台，实现私募净值披露与排名，实现管理人与托管人、运营服务机构的无缝对接：市场上唯一一家在公司主页设置服务平台的公司，私募基金可在公司网站上披露基金净值，投资者可以在公司网站上查询自己的资产情况，可以实现管理人、托管人、运营服务机构的无纸化对接，有效降低成本和提高效率。

OTC 私募基金份额转让：通过私募基金份额场外柜台转让方案，私募基金份额可通过 OTC 柜台市场进行转让，解决私募基金流动性不足的问题。

（2）创新业务支持

融资融券业务支持：市场上第一家能支持私募基金开展融资融券交易的托管机构，而私募基金原来受限于通道和银行不能进行融资融券交易。

创新产品设计支持：支持复杂创新产品设计；国际上主流的私募业绩报酬方法；FOF/MOM 产品设计；套利产品的设计。

创新产品交易支持：支持各类复杂交易，如 ETF 套利、期限套利、商品期货、期权交易、跨境交易等。

（3）产品销售支持

产品代销：业内第一家代销私募自主发行产品的公司，在公司托管平台上运作业绩优异、排名靠前的产品可推荐给公司零售总部进行销售。

产品配资及销售：正与多家银行、基金公司和第三方财富管理机构商谈私募产品优先级配资及销售事项，有望在不远将来解决私募产品的渠道问题。

（4）技术系统的优势

投资交易系统：提供专业的私募基金投资交易系统供私募机构使用，可节约私募机构采购交易系统的成本。

核心系统自主开发：开展托管外包业务的核心系统均为自主开发，可最大限度满足客户的个性化需求。

（5）与第三方财富管理机构的合作

招商证券托管业务已经与国内排名前列的第三方财富管理机构建立了深入的合作关系，可以在第三方机构产品销售支持上给予私募极大的帮助。

3. 私募基金托管与外包业务简介

招商证券是业内领先的私募基金综合化金融服务提供商，向私募基金客户提供一整套资产托管和基金行政外包服务：从产品创设、基金托管、份额登记、净值计算、交易、清算在内的一揽子综合金融服务，覆盖基金全生命周期。

招商证券具有量身定制的商业解决方案、优质的服务质量和成熟的技术。招商证券向客户提供一整套资产托管和行政管理外包服务，从交易结算、账户管理到资产保管服务。通过客户建立合作伙伴关系，提供定制化和灵活的商业解决方案，满足机构投资者的需求。客户不仅受益于招商证券资产托管和行政管理外包服务的丰富而多元的知识基础，更可受益于优质的增值服务。招商证券跟踪分析资产托管和行政管理外包服务行业相关业务发展趋势，提供并推荐服务，以提高客户的业绩为目标。招商证券私募基金托管与外包业务运作架构如图10-6所示。

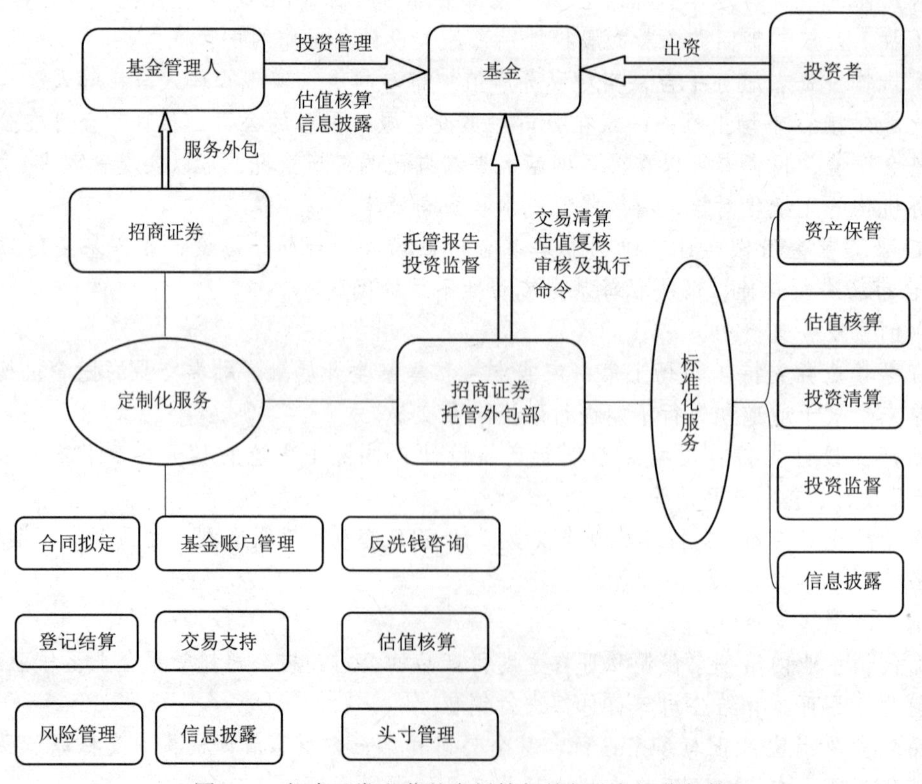

图10-6　招商证券私募基金托管与外包业务运作架构

第 11 章

金融后台业务外包

本章导引

金融业前后台的分离为金融后台业务外包提供了便利的条件，降低了成本，使其能够集中核心优势、获取新技术，提高了服务质量，增强了企业运营的灵活性，为金融业后台业务外包带来了更大的动力。在我国许多城市把建设金融后台中心，发展金融后台服务外包作为城市转型升级重要方面。本章对金融后台外包进行简述，主要介绍了国内外金融后台业务外包的发展情况及发展趋势，对主要的金融后台外包业务进行了详细说明。

11.1 金融后台业务外包概述

11.1.1 金融后台业务外包的内涵

金融后台业务，是指与银行、保险、证券等金融机构的前台业务相分离，并同时为其前台业务提供支撑和服务的业务范畴。其中，金融机构的前台业务主要是指业务经营及营销业务，而金融后台业务主要包括数据分析和处理业务、呼叫中心业务、研发业务、后勤保障业务、理赔业务、档案管理业务、人力资源培训业务、客户服务业务等。

目前，伴随着经济全球化的发展、信息技术的进步及金融市场竞争的日益激烈，全球金融机构的前台和后台业务在时间和空间上呈现出加速分离的趋势，金融业务的分工进一步细化，金融后台业务的服务范围也越来越广泛。金融机构前后台业务的相互分离和细化，是金融自由化的一种表现形式，并且与金融服务外包有着密切的联系。

11.1.2 我国金融后台业务外包发展现状

如今，金融后台服务与金融机构前台经营分离，金融后台服务外包正成为金融业发展的一大趋势，随着国际金融机构纷纷进驻中国，金融后台也开始逐步落户中国。这也使金融业务进一步摆脱了空间和地域的限制。

1. 金融后台业务外包业务结构逐渐呈现 ITO 和 BPO 并重的格局

在国家政策支持下，目前我国金融企业的后台外包已从过去以 ITO 为主逐步演化成 ITO 和 BPO 并重的格局。

随着金融企业需求层次的提升，除IT基础设施服务外，ITO和BPO都将成为新的增长源，如太平人寿、泰康人寿和新华人寿的电话营销中心均采用IT外包的方式。很多保险机构和基金管理机构，在外包IT业务的基础上，逐步拓展到外包部分核心业务和战略业务，如投资管理、基金单位定价及托管、核保与理赔、人力资源和财务管理等。

总体来看，金融后台服务外包呈现ITO和BPO并重的发展格局，推动金融后台业务外包向纵深发展。

2. 金融后台服务外包接包商形成了金字塔型的供应结构

从金融后台服务外包的接包商来看，国内形成了金字塔型的供应结构，最上端以国际巨头为主，如IBM、HP、塔塔、Infosys等为主，中间层次以中国本土企业为主，如中软国际、海辉软件、文思创新、软通动力、中讯软件、东软集团、浙大网新、海隆软件、博彦科技和神州数码等，第三层次则以众多的中小型国内企业为主。

我国外包服务接包商大多企业规模小，行业仍在相对低端业务领域竞争，但部分国内外包服务接包商已逐步通过创新提高自身产品和服务的附加值，并介入IT外包价值链的高端，如BPO、KPO领域及咨询业务，主要表现在拥有更先进的服务理念，更复杂和多元化的服务模式，更强的交付能力，以及提供更高价值附加值的咨询业务。

从技术等级来看，目前国内已有数千家软件与外包企业获得CMM（软件能力成熟度模型）/CMMI（软件能力成熟度模型集成）认证，仅次于美国，远超于印度，其中有一部分还通过了CMMI-5（软件能力成熟度模型集成5级）认证。

3. 移动通信服务和云计算为该行业带来新的发展空间

科技发展对金融后台服务外包产业影响深远，以云计算为代表的软件即服务、平台即服务、基础设施即服务等多项技术和商业模式的创新将带来用户外包需求的增长，并不断驱动产业的快速发展，基于移动通信的服务也将为行业带来新的增长机会。如工、农、中、建等各家银行都开通了手机银行、网上银行、掌上银行等。通过手机可以实现查询银行卡的账户、信用卡账单、还款、转账、买基金、电话缴费等各种服务，带来了银行新的业务增长点。在上海金融学院举办的“智慧金融”（金融云的应用探讨）论坛上，专家指出，移动终端将替代银行卡成为重要载体，未来金融服务必将是基于无卡的金融服务生活，对于客户，可实现随需、随时、随身的银行服务，银行将是全面、周到、贴心的“智慧”银行形象。

4. 金融服务外包接包商将更多地服务于国内客户

与印度IT外包市场高度依赖海外市场的发展模式完全不同，中国国内的IT外包合同有绝大部分来自本地发包商。越来越多的国内客户出于节省成本和提高效率的考虑愿意将一些业务外包出去，形成了快速增长的国内IT服务外包需求，金融服务外包接包商将更多地服务于国内客户而非海外客户。

11.1.3 我国金融后台业务外包的主要制约因素

虽然国内金融后台业务外包领域已取得很大成果，但也应看到其中存在的主要制约因素。

1. 缺乏专门的服务外包法律法规，监管制度尚不完善

一方面，我国尚未出台专门的服务外包法律法规，金融服务外包产业发展过程中出现的问题、纠纷和风险，缺乏相应的法律保护。例如，金融服务外包过程中，客户最为关注的客户数据保密与安全保障，以及金融服务外包接包商存在欺诈行为、不能严格按照发包方要求标准提供服务、没有按时按质完成所承建的外包项目且无力补偿等问题，都缺乏相应的、针对性很强的处理程序和机制。

另一方面，国内的监管机构尚未建立起有效的风险防范措施和监管制度。比如，银行的数据处理中心可否外包给外资企业、可否放置境外等，缺乏明确的、严谨的法律、监管规定。日本、韩国等国家就明确规定其银行的数据处理中心不能放置于境外。目前，我国只有人民银行发布的《中国金融业信息技术“十三五”发展规划》银监会出台的《商业银行信息科技风险管理指引》《商业银行操作风险管理指引》《电子银行业务管理办法》和《银行业金融机构外包风险管理指引》等文件，作为金融外包监管的政策依据。证监会和保监会还未确立完善的金融服务外包监管机制。

2. 发包方与接包方合作尚未上升到风险共担和战略性、主动式合作

一方面，国内金融机构缺乏完善的接包方准入评级体系，完善的后续评价体系和风险监测体系，使金融机构无法定期对外包业务的综合效益、业务质量层次的提升及业务外包对核心业务的影响进行综合评价。

另一方面，目前接包商还是严格按照发包方的要求和标准，完成发包任务，基本上是被动接受任务、被动提供服务，因此，双方关系仍停留在风险较低、层次不高的层面，需要建立起深入的战略合作伙伴关系。在做新项目时，为了满足终端客户的需求，发包商与接包商对于真实的需求同样是模糊的，需要双方都边做边学边挖掘，才能表达客户真实需求。双方在建立战略性、主动式合作方面还有待提高。

3. 人才供需严重错位，制约着产业发展

人才是接包商核心竞争力关键因素之一。接包商从 ITO 转向 BPO 和 KPO 时，只有保证充沛、丰富、合格的人员供应，才能保持人力成本的巨大优势。目前中国高等学校服务外包的人才培养方案和产业需求脱钩，由于人才短缺造成的企业隐性成本不断上升，制约着这一产业的发展。通货膨胀、人民币升值、人力成本高等问题也正在削弱接包商的竞争力。

11.1.4　国际金融后台业务外包的重要经验

金融后台与服务外包体系，是指为了顺应信息技术迅猛发展及其在金融业的推广应用和全方位市场竞争所导致的金融机构服务流程再造的根本性变革需求，通常由地方政府积极引导、整合当地金融业及相关服务业资源、推动金融后台与服务外包业务发展的综合性系统。金融后台与服务外包体系主要包括：各种社会和自然因素（稳健发展的区域经济，高速成长的银行、证券、保险等金融机构，便利的通信和交通等基础设施，高度发达的教育体系和高素质的金融人才支持体系等）、不断聚集完善的信息技术服务机构、人文生态化的金融后台产业园区、健全的金融外包监管法制环境、完善的知识产权保护制度、优惠的政府扶持政策等。通过研究国外金融后台与服务外包体系建设和发展的重要经验，主要有以下收获。

1. 及时调整外包战略、制定出台产业支持政策

金融后台与服务外包的发展与各国政府的大力支持密不可分，这些国家政府在此次外包浪潮中，充分发挥主导作用，把国际市场提供的机会与本国发展战略紧密结合起来，及时制定出台产业支持政策，从而促进了本国服务外包的快速发展。

2. 完善知识产权保护制度，优化服务外包法律环境

与传统的制造业不同，服务外包业务对一国的制度敏感性较高。通常情况下，生产有形产品的行业对制度的敏感和依赖程度较低，对资本和资源的依赖程度较高，而提供无形产品的服务外包是以人为本的。因此，是否拥有健全的法制环境，是保障知识产权及智力投入不受侵害的根本保证。服务外包的接包方由于不可避免地会涉及发包方的业务经营模式和业务流程，经常会接触发包方的商业机密，这样知识产权保护和信息安全就成为关键问题。因此，产权保护体系的建立不仅仅要依靠企业自觉，更需要政府推动建立包括政策、条例及法律在内的一系列制度保障措施，以确保服务外包发展有一个良好的法律环境。

3. 加强软件基础设施建设，规划建立各类服务外包园区

软件和通信等信息技术是现代服务外包的技术载体和实现手段，通信网络则为服务外包提供了硬件基础设施。因此，金融后台和服务外包体系的基础设施建设水平已成为衡量服务外包环境的重要指标。外包中离岸人力资源管理、数据处理、呼叫中心、远程培训、系统运营维护等都是通过现代信息技术平台来实现的。通信网络与信息技术的发展改变了服务外包的商业模式，为离岸开发、服务交流提供了可能。

4. 重视人力资本规划，多渠道培养外包人才

国外的经验证明，外包服务基地城市是否拥有丰富和可持续的人才资源，是发展服务外包产业的重要前提。在服务外包基地城市里，除了有足够的高校聚集，以提供大量的受过良好高等教育的专业人才外，还要有相应的人才培训机构，来填补高校教育输出和专业工作需求之间的缺口，形成知识型人才密集的智力环境，为外包服务产业提供充足的人力资源保障。因此，各国在发展服务外包的过程中，都非常重视人力资本的规划和开发。同时，还重视教育和培训设施的建设，通过多种渠道来促进服务外包专业人才的供给。

5. 优化服务外包发展环境，完善知识产权保护体系

除了建立起完善的硬件基础设施，商业环境和人文环境等软件条件也是发展金融服务外包的重要因素。商业环境包括政治经济环境、社会开放度及知识产权保护状况等。在选择外包地域时，发包方所考虑的不仅是供应商必须拥有合格的资质、健康的企业文化和一流的人才，还要考虑供应商的历史经营记录、财务稳定性、服务质量等，同时还要考察“软件”环境因素，如当地文化、社会环境等。

11.1.5 金融后台业务外包发展趋势

近年来，金融后台业务外包，已经成为经济全球化背景下大型金融企业降低成本、获取新技术、整合资源和提升企业竞争力的首选途径。金融业务外包的好处是显而易见的：集中资源于核心业务，降低运营成本，获得内部所不具备的外部资源，缩短新服务或产品推向市场的时间，抢占商机，转移风险，利用承包商的比较优势在同业竞争中获利，有利于战略规划，规避法律限制。

目前，金融后台业务外包主要呈现以下几点特征。

从外包内容看，一方面金融 IT 外包仍占主导地位。另一方面业务流程外包（BPO）蓬勃兴起，而且二者有相结合的趋势。当今金融 BPO 的发展，业务内涵已经从呼叫中心、IT 操作、IT 技术支持、数据库操作、软件开发、电话销售、消费者服务、养老金和保险、档案处理、信贷管理、账目 / 工资处理及记账，到金融和会计、财务建模、数据处理与金融报表分析等诸多领域。与此同时，知识处理外包也获得迅速增长。知识处理外包（KPO）是金融机构将自己业务中的人力资源培训、知识创新、产品研发环节外包给外部服务商来完成。随着银行业务的不断创新，使得银行光靠自身的研究开发已不足以保证在竞争中取胜，于是很多银行，尤其是中小型银行将研发环节外包给专门的研发中心。摩根大通银行在这方面早有实践，其外包中心三分之一的员工都在从事投资研究分析。

金融后台业务的另一个显著趋势是“离岸化”，即将业务外包到境外。许多跨国公司试图通过建立离岸交易及服务中心来提高本机构整体的效率。一批世界超级金融机构，包括美国运通、GE Capital 等都向海外大规模地外移了客户呼叫中心与软件开发业务。其他一些著名机构，如 Mellon Financial 及美洲银行，也加入了外包行列。从目前的国际金融后台服务市场看，美、英、德、法等国是最重要的金融业务外包来源地，印度是金融外包的最大受益国。在全球金融业务离岸外包市场中，印度的市场占有率已经达到 80%，年均增长保持在 20% 左右，印度的市场目标还包括东京、新加坡和我国香港地区等亚洲金融中心。很多跨国金融机构都在印度设立了规模浩大的客户呼叫服务中心，印度也从世界许多大银行手中争取到大量的外包订单。

11.2　我国金融后台业务外包类型

11.2.1　呼叫中心（客服中心）外包

呼叫中心外包业务是指企业用户（一般为非通信行业的企业用户）委托呼叫中心外包服务商（这里是指由电信运营商或社会电信虚拟运营商组织的提供呼叫中心外包业务的实体）全管理或部分管理呼叫中心的业务，即由呼叫中心外包服务商，利用其现有的呼叫中心的设备、座席、人员和运营管理经验，以租赁的方式，向企业用户提供座席出租、座席外包，或接受企业用户的委托提供外呼服务及人员外派服务，承接企业用户的呼叫中心的建设和运营管理，为企业用户的市场营销和客户服务工作提供支持。

呼叫中心外包业务始于 20 世纪 80 年代，在西方发达国家，呼叫中心作为 CRM 的一部分，它同研发和销售一样，是各类企业活动的重要组成部分，是企业完善营销网络、提高服务质量、增强竞争力的重要措施之一。外包业务的企业将其运营的一个或几个环节交给外包服务商来做，而自身则专注于最具核心竞争力的那部分业务，这在国外早已成为企业重要的发展战略和管理模式。在中国，呼叫中心外包业务从 1997 年开始出现，目前主要集中在北京、上海、广州和深圳等发达地区。

案例11.1

GD移动客服中心外包项目的发展历程

GD 移动客户服务中心是 GD 移动公司最重要的客户服务窗口，下设的 9 个职能室及 6 个区域客服中心，服务覆盖全省 21 个市。其主要职能是作为公司服务营销的空中部队，负责 10086、12580、电子渠道、电话营销、投诉管理等职能，通过电话服务厅、网上服务厅、掌上服务厅等三大平台，利用电话、网站、短信、彩信、WAP 等方式为客户提供服务。

对于 GD 移动客户服务中心来说，随着市场竞争的加剧、公司业务的发展、公司战略定位的改变，移动 10086 的人工服务需求量在近几年保持了稳定比例的增长。为了确保各等级客户的接通率服务水平，保持高客户满意度，GD移动客户服务中心在生产资源日益紧张的情况下，如何解决日益增长的客户服务需求与有限的服务资源之间的矛盾，尤显重要。另外，外部的政府部门管制、法律法规出台、行业竞争形势等，驱使FS区域客服中心寻求一种新的出路，将GD移动客户服务中心的有限服务资源用在公司核心的战略业务上，考虑选择一种合理的运营模式将非核心业务实行外包。GD移动客户服务中心从2007年起就开始不断探索并实践呼叫中心运营模式，有自控自营、他控他营（简话外包）及自控他营三种运营模式，前一种是自建型模式，后两种是外包型模式。

1. 自控自营

1999年3月1日，GD移动在全省最早统一客户服务热线，开通1860人工服务热线和1861自动话费查询热线。GD移动从成立到2004年，各市各自设置客服中心开展对热线的管理。2004年，全省呼叫中心实行区域化管理，将全省的热线管理集中在6个地级市分公司，撤销其余市公司客服中心。2006年，GD移动组织完成6个区域呼叫中心集中运营工作，实现呼叫中心一体化管理跨越。这期间，GD移动客服中心一直处于自控自营阶段，对自控自营定位为：场地租赁、系统定制、人员派遣、质量控制及日常管理流程化五个方面。自控自营实质就是自建型呼叫中心。

2. 简话外包

2007年初，GD移动开始着手计划实施呼叫中心业务外包，通过全省形成的规模优势统一招标选型，按确定规模的固定座席进行结算，将业务简单、话务稳定、易于管理、投诉较少的非关键话务进行外包，以达到分流话务，降低服务压力，让自有资源投入到高价值的话务，提高运营能力，实现闲时释放低价值话务，忙时话务调配做话务应急，进一步提升服务热线的运营能力、效率和价值，并为电子渠道的分流提供有效时间保障。2007年6月，GD移动客服中心正式启动此项目，通过对客服中心的部分简单话务进行外包，实现保障热线服务水平，提升客户满意度的目标。对外包模式定位为：系统自有，场地、人员等统一外包，运营指导。

3. 自控他营

鉴于简话外包的服务质量不高，不适应业务的长远发展，2008年，GD移动客服中心探索一种新型的业务外包方式——自控他营模式。自控他营是指将公司业务区分为核心业务及非核心业务，对非核心业务进行外包，以便内部集中资源发展核心业务，同时对外包过程进行强控制。目前，GD移动客服中心在6个区域的10086热线服务业务外包全部采用自控他营的模式。

2008年4月起，GD移动客服中心逐步在6个客服中心开展自控他营模式的业务外包，取代了过去的简话外包方式。自此，自控他营模式的规模逐步扩大，承接的业务量和品牌日益丰富。以FS区域中心为例，FS区域的自控他营业务外包项目2009年4月正式运营，刚开始只有6个班组，承接辖区内3个地级市的神州行话务业务。随着业务需求的增长，同时行业政策对自营编制和资源的严格限制，FS自控他营项目不断承接新的业务，截至2013年年底，FS区域自控他营承接了5个地级市的神州行品牌及2个地级市的动感地带品牌的业务。人员规模也从2009年启动时的120人，发展到2013年年底的1 100人，项目预算从2009年的约300万元，到2013年的4 500万元，一个项目已经达到了大型呼叫中心的规模。目前FS客服中心的自控他营业务外包项目已成为GD移动6个客服中心中规模最大、技能最复杂的项目，也是最有代表性的项目。

随着市场形势的变化和公司集中化管理策略的调整，GD 移动的呼叫中心管理不断趋于整合和集中。同时，行业监管及劳动法对用工的要求不断提升，GD 移动自建呼叫中心部分原有的劳务派遣用工模式将不断缩减规模。在这几个背景下，GD 移动客服中心将集中化承接更多的热线服务，如集团专线、家庭宽带等热线服务，收编全省各地级市的热线业务，集中于 FS 客服中心的自控他营项目进行承接。外包项目不仅是客服中心的资源蓄水池，作为自营团队的资源补充，发挥低价值话务承载、资源弹性利用和灵活调度的重要作用，在市场竞争、成本压力和用工制度环境下，外包项目将承载更多核心业务，规模将不断扩充，成为 GD 移动客服中心的重要组成部分。

（案例来源：何国桓 .FS 移动客服中心业务外包项目运营管理分析 . 广州：华南理工大学，2014）

案例11.2

美国国家银行的呼叫中心外包案例

发包方

美国国家银行（ANB）成立于1984年,是由一些成功的农场主和商业人士所合作创立的。在得克萨斯州的银行排名中名列前茅。（ANB）主营业务包括农业、房地产和投资运营信贷，美国国家银行是被公认的在多种的金融服务和亲情服务项目上敢于创新和改革，并走在了同行业的前沿。美国国家银行的宗旨是热情、友好地为客户提供高水平、个性化的专业服务。

承包方

奥迪坚通讯系统有限公司（AltiGen Communications，Inc.）于 1994 年创建于美国硅谷的佛莱蒙特（Fremont），在全美 6 个大城市设有分公司；1998 年进入中国，在上海成立了奥迪坚通讯系统（上海）有限公司作为奥迪坚亚太营运中心；1999 年 10 月成为纳斯达克的上市公司，成为北美增长最快的企业之一。奥迪坚在全球广泛的与研华公司合作，每一套系统都有研华为其提供的 ADVANTECH 工业控制计算机。她所提供的全球领先的基于 IP 的 CTI 应用解决方案 AltiCenter TM 和 IP-PBX 解决方案在全球拥有超过 17 000 套的安装量，有越来越多的行业用户享受着奥迪坚先进、稳定的产品。

外包产生背景及合作意向

美国国家银行的需求是选择一套呼叫中心系统，实现：

（1）提高客户保持度；

（2）增长客户储备；

（3）提高银行个性化服务与客户满意度；

（4）整合统一五个银行营业分部的通讯系统；

（5）优化人力资源分配；

（6）降低通讯系统的运营成本。

外包内容及实施过程

ANB 在采用 AltiGen 的基于 IP 的一体化呼叫中心整体解决方案之前，其呼叫中心系统是传统的基于交换机（PBX）方式的。随着 CTI 概念的深入人心，越来越需要更多的扩展功能，可是，在当时通用的基于 PBX 的解决方案中，ANB 发现没有办法满足客户的需求，直到第三代呼叫中心产品——基于IP的一体化呼叫中心平台的出现。另外，建立和维护基于PBX的呼叫中心系统需要投入大量的财力和人力，不仅如此，而且需要花费大量的时间。ANB发现建立基于PBX的呼叫中心没有办法满足客户的需求了，为了满足不同客户的不同需求，并为客户提供最优质的服务，外包公司所承建的呼叫中心必须是一个灵活多变、方便开发的系统，能够使得每一个呼叫中心都独立运行，但在需要的时候又可以简捷地彼此连接实现通讯，呼叫中心要具备远远大于现有PBX所能实现的交换功能，不仅仅局限于某单个地点，要能够和IP分机进行连接。ANB急需找到更加有效的一种先进的Call Center技术和解决方案。在这种情形下，选用AltiServ® 基于IP的一体化呼叫中心产品就成了ANB最好的选择。奥迪坚呼叫中心平台的高性价比完全可以满足ANB的这些需求，建立维护、扩大容量、增加坐席对于奥迪坚呼叫中心系统来说非常便捷。

外包效果及评价

通过外包，银行的各个方面都有了很大的改善，主要表现在以下几个方面。

据银行业经验分析，客户保有率提高5%，利润增长将近100%。美国国家银行与Altigen的代理商Sysdyne进行了深入的沟通，Altigen的系统完全可以满足改进需求。“以前，如果客户打电话到一个支行，但需要办理的业务在另外一个支行，我们就没有办法转过去，必须让客户挂机，重新拨另一个支行的电话”，ANB执行副总裁兼CFO Mike Murphy惭愧地说。应用了Altigen系统解决方案的VoIP技术来实现各支行间灵活自如的电话拨打和转接。Murphy表示，我们现在只要简单地拨通三位数的分机号就可以把客户转到任何一个分支机构的相应工作人员那里。比如说，一个客户可以拨打电话到我们5个分支的任意一个，我们的服务工作人员都可以拨103把电话直接转给我，这样通过在第一时间直接找到负责的人帮助客户解决问题而大大提高了客户保有度与满意度。

美国国家银行以个性化服务及快速解决问题的强大的服务体系见长，而在同行业当中建立了良好的信誉，ANB希望通过新的电话系统进一步加强客户感知，以口碑传递来扩大银行美誉度。银行通过许多小规模的联络中心来支持客户服务部门，在每个员工的电脑上安装了Altigen的AltiView产品软件，当客户打入电话，在电脑上会自动弹出客户信息。Murphy意味深长地说：“通过应用AltiView产品软件，我们大大提高了工作效率，增加了每天的接入量，当然我们的客户也随之增加了，收入就不言而喻了。客户对我们出色的服务也感到满意并替我们进行口碑宣传。我们把客户的增长归结于服务质量的提高”。

当客户致电ANB总机号码时，他们将听到真人声音的问候：“美国国家银行，我是×××，有什么可以为您服务的吗？”工作人员通过使用Altigen Console软件，所有地方的员工好像是在同一个地方似的。银行计划在将来使用客户主叫号码信息以实现：当一通电话被转接后，客户的主叫号码也能随着电话被转接到任何一个分部。这样，即使电话被转接后，银行各分部均能通过姓名直接问候客户。原来的服务信息也将随之一起转过去，如果有服务问题，银行能够立刻通过电话记录来具体查看，客户致电多少次，哪个人接听的电话及通话时长，并能够为银行提供关于客户电话交互的准确的实时的统计报告资料。另外，系统也能帮助员工对实际录音进行分析，以便应用到未来的实际问题处理上。“Altigen解决方案最显著的效果是每次客户联系我们都是一次高水准服务的体现”，Murphy欣慰地说。

ANB通过连接广域网来整合五个Altigen呼叫中心系统。现在跨区域的电话通过VoIP被转接，总部可直接管理分支系统。Altigen系统还提供了广泛的自我管理工具，让银行可以根据分支机构的需求变化自行调整。为了便于不断更新，ANB经常与Altigen的经销商Sysdyne公司的Frank Cook保持联系。小规模的调整现在一天之内就可完成，以前旧系统的时候，如果要稍作调整都需要不菲的开销，并且还要中断正常工作。

虽然美国国家银行的员工分布在不同的地方，但现在大家可以顺畅地彼此沟通并与客户沟通，好像在一个地方一样，技术好像被隐藏了起来。对于工作人员而言，意味着他们可以成为一个独立的服务组为来自不同地方的客户服务；对于客户而言，他们从不用担心要咨询的相关服务是哪个工作人员或地方来负责的，他们既可以直接拨号给工作人员，也可以直接拨号到银行总部并被快速转接到相关地方。

"自从ANB安装了AltiGen的IP分布式呼叫中心，我们在长途通话费方面，每月可以节约超过1 000美元。一年就有超过12 000美元的结余"，执行副总裁Murphy兴奋地提到。"除此之外，银行每天的日常行政管理也变得简单轻松。这些成本的节约归根结底主要是Altigen解决方案的强大功能和灵活的适应性"，"Murphy强调。ANB也因实施了工作人员服务于不同城市的客户而受益，这个举措也是对人力资源的充分利用。

美国国家银行在关注如何对待客户与员工的过程中不断成长并取得了卓越的成效。当ANB需要更换旧的电话系统时，银行选择了Altigen的呼叫中心系统，他们认为只有先进的技术支持才是高水平服务的有力保证。美国国家银行的事例证明了，如果你的客户觉得你的项目有价值并且服务一流，他一定会继续与你合作并且帮你介绍新的客户。

专业的技术为接受服务的公司和企业提高战略保证，从而也奠定了成功的基础。

（资料来源：美国国际银行的呼叫中心外包案例［EB/OL］（2017-10-1）［2012-11-05］.http：//www.bpo.net.cn/alyj/1036.html）

11.2.2 信息系统外包

信息系统外包或IS外包（information systems outsourcing）是指企业将部分或全部信息系统功能，以契约方式委托外部的信息系统供应商来进行运作。常见的IS外包包括基础设施外包（网络、桌面、服务器、数据库等）、业务流程外包（数据录入、校验、分析、监控等）、应用软件开发与维护外包、系统集成外包、IT人员和服务外包等。

信息系统外包很容易与单纯的软件外包混淆起来。在许多文献中所称的"IT外包"实际上包括两种含义：一种是指以软件技术的开发、测试等为主的技术性外包（即软件外包，通常是由中小IT公司承接大型IT公司的软件开发业务）；而另一种则是本书所说的IS外包。

信息系统外包的特点有以下几个方面。

（1）用户企业（需求方一般为非IT企业）的信息系统是外包的业务主体。而信息系统则是一个人机系统，既与技术相关，也与人的活动、企业的业务流程紧密相连。由此来看，诸如小软件公司承接大软件公司的代码编写等业务不属于IS外包，而是软件外包。

（2）IS外包意味着使用外部组织来处理、管理和维护内部数据，外包的双方是一种供需交易关系。由于外包业务是与需求方企业的经营管理活动紧密相关的，供应方对任务的执行情况直接影响到需求方的运营绩效，因此供应方企业不仅需要懂得相应的IT技术，同时需要了解需求方的业务性质。

（3）IS外包是企业信息化的一个组成部分。为了和企业信息化的整体工作相配合，IS外包应当在企业信息化战略规划的基础上进行。从这个意义上来说，IS外包与企业信息主管及IT部门的工作绩效紧密相关。

由于IS外包是近年来兴起的企业协作方式，对于IS外包的理论研究历史实际上比IT外包要短得多。对于大多数企业来说，在主机时期和客户/服务器时期，基本上都是从企业自身IT建设的角度引进信息技术。在其后的ERP初期，也很少考虑将企业的信息系统外包。因此，对于IS外包中的问题应当如何对应，国内外都还缺乏成熟的理论研究成果。在这种情况下，对于该领域的文献研究进行总结，提出一个理论研究的整体视图，对于我国的IS理论研究和实践都具有重要的启发意义。

案例11.3

各公司对信息系统外包应用

1989年，柯达公司宣布将其几乎全部的信息系统职能外包给IBM和DEC等公司，从此，IT外包市场才开始进入迅猛发展的阶段。

2002年，摩根大通银行与IBM公司达成了IT外包协议，摩根大通银行将其技术基础设施外包给IBM公司。这一协议的签署，大大提升了摩根大通银行的业务处理能力和灵活性，能对瞬息万变的市场做出迅速的反应，同时也使摩根大通银行进一步降低了业务成本，集中精力发展其金融服务。

2005年，荷兰ABN Amro银行宣布与IBM公司及印度最顶尖三家公司达成为期5年、项目金额达22亿美元的IT服务交易。其中，IBM接管ABN Amro银行的大部分服务，包括存储系统、桌上电脑、打印机和个人数字助理工具等管理，印度IT公司Infosys和Tara Consultancy Services（TCS）负责商业应用软件的管理。

Gartner 2010年对全球服务外包市场分析和预测报告指出：2009年全球信息技术外包（ITO）总量达到2603亿美元，其中数据中心占38%，网络外包占30%，应用外包占19%，桌面外包占13%，复合年增长率为6.2%。

11.2.3 容灾备份外包

在灾难恢复建设过程中，外包模式开始凸显优势。中国的灾难恢复建设正逐步从探讨进入实践阶段，并且，部分行业企业已经开始尝试采用外包的方式建设灾难恢复体系。

金融行业在灾难恢复建设上走在前列。2008年，时任中国人民银行科技司安全处处长郭全明在介绍银行业信息系统灾难恢复的现状时说："大型商业银行大多考虑自建灾备中心，中小型银行则考虑采用外包模式建设灾备中心。"

广东发展银行已于2005年开始利用专业服务商实现了灾难备份中心运营外包。自建灾备中心一般选点、建设、实施灾备需18个月以上，成本预算过亿，且建成后还要自行组织人员进行长期的运维管理，是一个庞大的工程。综合比较自建与外包这两种模式，广东发展银行最后还是决定采用外包的模式。

部分政府行业的灾备业务也有望采取外包模式，不过这种外包服务是由政府建设的第三方信息平台来完成的。由于政府各部门的业务具有相似性，所以完全可以建设一个统一的灾备中心平台来提供灾备服务。进行集约化建设、集约化管理以至提供集约化的服务，这是正在建设中的北京市政府信息系统灾难备份中心的未来目标。在灾备恢复业务外包模式下，对于专业服务提供商的选择成为灾备体系建设的关键。

案例11.4

深圳发展银行大集中与灾难备份外包

发包企业

深圳发展银行成立于 1987 年 12 月，是中国第一家向社会公众公开发行股票的商业银行，目前在 18 个经济中心城市拥有 230 多家分支机构，是一家中小规模的商业银行。

外包原因

面对竞争激烈的市场，1998 年深圳发展银行制定了以大集中为特色的电子化三年发展战略，实现在全国范围内建一个中心存储数据和处理国内各分行的业务，总体技术水平和业务处理能力达到国际一流，中国领先的水平。这种采用一个中心的大集中方式在提升企业业务运作能力与水平，提高服务质量的同时，也存在巨大的技术风险，一旦中心出现某种大的故障，受到影响的将是深圳发展银行全国范围的全部分支机构和几乎所有业务。这必将对银行造成巨大的经济损失，客户流失，声誉授损，甚至有可能引起社会的不安定。如自建灾难备份中心，该行面临建设难度大、建设周期长（三年）、资金投入巨大（两三亿元）与专业人员严重短缺的困难。

外包目标

由商业化灾难备份中心提供灾难备份服务，确保最短时间内切换接替现有客户数据中心，同时最大限度地保持客户数据中心和灾难备份中心数据的连续性与完整性。

承包企业

高阳万国电脑系统公司，该公司是中国灾难备份服务行业的带头人，独立投资运营高阳万国灾难备份中心，为客户提供灾难备份外包服务和专业咨询服务。主要面向银行、证券、保险、电信、交通、制造、能源、互联网等大型商业机构和政府机构，为客户提供安全、可靠的专业化数据处理整体外包服务，多样化的数据备份和灾难恢复服务，以及专业咨询与专业支持服务。

解决方案

高阳万国为深圳发展银行采用先进的 EMCSRDF 远程磁盘数据镜像技术，通过 155M 的 SDH（同步数字体系）高速数据链路，实现数据同步实时镜像备份；网络备份采用电信提供的 ISDN 呼叫前整体切换方案，可在短时间内实现深圳发展银行网络的一次切换；应用系统恢复方案是在 GDS 高阳万国灾难备份中心配置了与深圳发展银行能力相当的数据处理及网络系统，以真正实现应用级的灾难备份。

通过多种能够对系统造成巨大冲击的严重故障与重大灾难模拟测试显示，系统各项指标不但能够满足深圳发展银行当前业务需要，而且对未来发展预留了扩充的空间。

成果

深圳发展银行从 2002 年 5 月新系统全部上线时便开始享受灾难备份服务，新系统运行以来，运行一直稳定可靠，并通过了网络切换测试与年度演练切换测试。

（案例来源：郑雄伟，曾松．国际外包：国际外包全球案例与商业机会．北京：经济管理出版社，2008.）

11.2.4 银行卡外包

随着银行卡产业规模的日趋增大，银行卡产品和服务的边际成本越来越低，新进入者投入大量固定资产进入市场后，如果不能在短期内迅速培育出大量客户，将很可能面临长期亏损的风险。而银行卡业务前期投入的成本不菲，拿贷记卡业务来说，从发卡、终端机具、数据处理到风险管理，环节多、链条长，令众多中小型银行在贷记卡的投资门槛前望而却步，心有余而力不足。这种行业进入的“高门槛”，促使银行卡市场中出现了大量为发卡银行、收单银行、商户和持卡人提供发行卡片、交易处理、清算、咨询等专业化服务的企业，开始从事银行卡外包业务。随着银行卡产业的飞速发展和业内竞争的空前激烈，从全球范围来看，发卡机构采用银行卡外包服务模式，通过较小投入发展银行卡业务已然成为一种趋势。

从 1997 年天马信达与中国银行开展业务合作开始，我国银行业一直在尝试银行卡外包业务。目前，国内银行卡外包服务机构提供的服务主要集中在银行卡受理方面，包括商户营销、POS 机具投资、耗材提供、收单系统的开发和管理等方面。在发卡方面，也出现了制卡外包和客户服务外包的趋势。2003 年，中国银联旗下专门从事银行卡发卡业务外包的子公司——银联数据服务有限公司成立，美国 FDR 公司（First Data Resources，第一资讯的子公司）也落户上海，为中小商业银行提供银行卡发卡外包服务的专业化数据处理服务市场逐渐形成。

业务外包是银行应对日益激烈的市场竞争的重要工具，也是银行调整战略实现核心价值的有效手段。除了大家常见的以系统外包为主的信息技术外包（ITO）外，国内银行开始尝试业务流程外包（BPO）。如 2006 年 9 月神州数码与宁夏农村信用社开始业务外包的合作，一年后实现了成功发卡，用事实印证了业务流程外包（BPO）在我国的可行性，标志着中国正式进入了金融服务整体外包时代。随着信用卡资料录入、制卡、催收、后台操作、客户服务等业务分别开始外包，业务外包成为国内银行信用卡业务发展的普遍形式。如北京、上海、广州和深圳等地银行对操作层面的员工开展人事代理外包，招商银行信用卡中心通过外包建立了直销队伍，广发银行也在呼叫中心、催收等业务方面进行外包探索。业务外包不仅是降低成本的捷径，更体现了银行从产品导向到客户关系导向的转变。

本章小结

金融后台业务，是指与银行、保险、证券等金融机构的前台业务相分离，并同时为其前台业务提供支撑和服务的业务范畴。

如今，金融后台服务与金融机构前台经营分离，金融后台服务外包正成为金融业发展的一大趋势，我国金融后台服务外包业务结构也逐渐呈现 ITO 和 BPO 并重的格局，接包商形成了金字塔型的供应结构，移动通信服务和云计算为该行业带来新的发展空间，此外，金融服务外包接包商将更多地服务于国内客户。

虽然国内金融后台服务外包领域已取得很大成果，但也应看到其中存在不足，如缺乏专门的服务外包法律法规，监管制度尚不完善；发包方与接包方合作尚未上升到风险共担和战略性、主动式合作；人才供需严重错位，制约着产业发展。所以我国更应该针对不足吸取国际金融后台外包的重要经验，尽快推进我国金融后台外包发展。

目前，我国金融后台外包业务已经开展了呼叫中心外包业务、信息系统外包业务、容灾备份外包业务、银行卡外包业务。

金融后台的建立，不但全面促进了金融业升级，提高了专业化水平，更加深并拓宽了金融服务外包的应用领域。

练习与思考

1. 什么是金融后台业务外包？
2. 简述金融后台外包的业务有哪些。
3. 简述我国金融后台业务外包发展现状及发展趋势。
4. 怎样理解呼叫中心业务外包？
5. 简述呼叫中心业务外包发展历程。
6. 举例说明生活中的银行卡业务外包。

第 12 章

金融服务离岸外包

本章导引

从全球经济一体化的角度来看，离岸外包已经是大势所趋，日益成为企业界关注的热点。离岸外包作为一种商业概念和企业战略，正在全球各个产业领域流行开来。在全球化和知识经济迅速发展的今天，企业所面临的竞争环境比以往任何时候都要复杂得多，传统的纵向一体化企业已不能适应新的环境而走向衰落，随之“Do what you do best，outsource the rest”成为企业管理的一个新理念而迅速崛起。离岸外包正在成为世界商业发展的趋势，外包战略也正在成为企业发展的一种重要战略工具。跨国公司作为离岸外包的主要实践者和受益者，其全球外包业务对母国和东道国经济正在产生日益重要的影响。

本章主要介绍了金融服务离岸外包的内涵、分类方式、发展动力及趋势，同时对离岸外包业务作出了重点介绍，详细分析了我国发展离岸外包的现状，并针对不足的方面提出了有效改进措施，为金融离岸外包的发展提供了参照。

12.1 金融服务离岸外包概述

12.1.1 金融服务离岸外包的内涵

金融服务外包，是指金融机构在持续经营的基础上，利用外包商实施原来由自身进行的业务活动，外包商可以是发包集团外部的第三方机构，也可以是集团内部的附属机构。金融服务离岸外包，则是指服务外包的转移方与为其提供服务的承接商来自不同国家，外包工作跨境完成。离岸外包有两种形式：一种是通过与海外不受本国监管的外包供应商签订协议进行的外包；另一种是跨国金融机构直接在海外建立自己的附属公司来提供外包服务，从而将利润留在集团内部。

12.1.2 金融服务离岸外包的类型

金融服务离岸外包最早可以追溯到 20 世纪 70 年代，随着通信技术的发展，越来越多的金融机构将业务转移至劳动力成本低廉的发展中国家，于是近年来金融服务离岸外包业务迅速发展起来，主要有以下三种分类方式。

1. 按照外包服务商与金融机构的股权关系分类

金融服务离岸外包可以分为外包给发包方全资控股机构、外包给合资机构、外包给直接第三方及外包给间接第三方四种形式。外包给发包方全资控股机构适用于大型金融机构，由于直接是由母公司管理，较其他方式风险更低，且由于不涉及第三方，在其他条件相同的情况下，可以更大程度节省中间费用。外包给合资机构，由于发包方可以按照股权比例对外包机构实施相应控制，而且风险也相对较低。外包给直接第三方，发包方对直接第三方的控制主要是利用外包协议，管控能力弱，风险较大。外包给间接第三方，也就是金融机构将业务外包给外包服务商，该外包服务商再将业务的全部或部分转包给其他外包服务商。这种外包方式由于数据信息可以在没有发包方监控的情况下转移，风险也最高。

2. 按照金融机构外包内容分类

信息技术外包（ITO），是指金融企业以长期合同的方式委托信息技术服务商提供部分或全部的信息技术服务，主要包括应用软件开发与服务、嵌入式软件开发与服务，以及其他相关的信息技术服务等。金融服务外包起初以 ITO 为发端，至今该业务在外包业务中仍占据重要地位。

业务流程外包（BPO），是指金融企业将非核心业务流程和部分核心业务流程委托给专业服务提供商来完成，主要包括呼叫中心、财务技术支持、消费者支持服务、人力资源管理等。BPO 外包所关注的是支持金融机构内部的运作和客户的后端服务，通过进行业务流程的优化组合，提高整个业务的生产效率和竞争力，从而在更广泛的业务领域内提高利润水平。

知识处理外包（KPO），是指金融企业将知识密集的业务，或者那些需要高水准研究与分析、技术与决策技能的流程委托给专业服务提供商来完成，例如股票分析、市场研究、基金管理、风险评估、金融数据挖掘、债务重组等。与 BPO 外包不同，KPO 外包位于价值链的更高端，需要具有专业知识的高素质人才来完成。

3. 按照金融机构外包业务性质分类

可以分为标准化业务外包和专业化业务外包。标准化业务外包指的是金融机构把事务性较强、标准化程度较高、重复性较大的业务外包。金融机构凭借外包服务商的更加简捷高效的管理策略与管理流程等优势，能够提升自身内部管理技能。专业化业务外包指的是将发展较不成熟、经验十分欠缺、专业性很强、内部发展能力不足的业务外包。

12.1.3　金融服务离岸外包的驱动力

外包最直接的解释是“外部寻求资源”，即把不属于自己核心竞争力的业务包出去。通俗来说，是把自己做不了或做不好或别人做得更好更便宜的事交由别人做。企业在充分发展自身核心竞争力的基础上，整合、利用其外部最优秀的专业化资源，从而达到降低成本、提高生产效率、增加资金运用效率和增强企业对环境的迅速应变能力的一种管理模式。外包这种管理模式是工业经济时代已经形成的社会分工与协作组织在当今知识经济条件下的发展与演化。

早在 20 世纪 20 年代，美国福特公司就开始尝试在产品零部件标准化基础上形成流水作业线，生产具有规模效益的生产组织实践，并实现了零部件供应的外部化。发展到 20 世纪下半叶，标准化、全球化的组装生产规模已普及全球。从工业时代的全球化的协作生产到知识经济时代的战略性外包是一个不断演化的、从量变到质变的连续过程，这种变化有其产生的必要性和必然性。

企业业务的外包必然带来质量、管理甚至技术泄漏的风险，但是自从20世纪90年代以来，外包的浪潮风起云涌成为全球经济的热点，这无疑说明外包是时代经济对企业发展的要求，是企业顺应市场变化，为维护产品或服务竞争优势而不得不采用的管理模式。一般来说，企业在面对如下的压力时，将采取外包策略来保证自身的发展。

1. 未来的不确定性增加

暂且不论日益多变的政治、自然环境，单以经济而言，由于该领域的复杂性，如企业生产环节的增多、销售区域的广泛性、公司雇员文化的差异及产品的兼容性等都可能为企业的发展带来不确定影响。以印度的软件公司为例，近年来许多欧美公司将程序编写、数据处理、电脑输入和会计等业务外包给印度专门的软件服务业小公司。由于印度软件服务业者工资低，专业素质又相对较高，此类业务外包一方面为欧美公司减少了相应服务支出，另一方面又可避免企业多部门间运作的协调问题，既降低成本，又减少不确定性。所以，传统的企业“纵向一体化”的运作模式已经不能适应目前技术更新快、投资成本高、竞争全球化的制造环境。企业要想在这样的环境中发展，只有具有系统掌握外在知识的能力，强化竞争优势才能使企业持续创新以稳居行业的领先地位。

2. 速度的威胁

速度作为一种新型的竞争优势应运而生，如何在最短的时间内以最低的成本提供最大的价值成为企业十分关注的一个问题。对于速度的解释可以有两层含义：一是产品或服务的上市时间要短。美国硅谷流行一句话：“速度是上帝，时间是魔鬼。”硅谷的康乐周边设备公司，创业第四年的营业收入即达到10亿美元，该公司副董事长比尔·施罗德（Bill Schmeder）曾指出：“第一人予取予求，第二人仍有零头，第三人勉强保本，第四人一定赔钱。”对于这样一个简单的道理，事实上许多公司已经尝到晚一步进入市场的痛苦，从而不惜一切代价缩短开发的时间。二是敏捷度，也就是回应外界需求变动的时间。高敏捷度就是快速回应竞争威胁。采取外包，公司可以回避聘用新人、开发基础架构及公司内部抵制新创意等所导致的延误，而能尽快进军市场。接受外包的小公司对于新构想的接受往往比大公司更有弹性、更敏捷、更客观，因为对它们而言创新制胜意味着生存。通过外包行为来实现产出速度的公司也会随之获益。

3. 客户对服务水平的要求不断提高

在产品成本和质量相同的条件下，为客户提供最好服务的公司拥有竞争优势，为特定的群体或个人专门提供定制化的产品和服务将会提高产品的附加值，拓宽潜在市场，吸引更多的客户。当然这需要企业相当多的人力、物力，将自己非主流的业务转由专业的外包公司来完成是一种最好的选择。像IBM公司为了加强信息技术应用服务这一核心业务，已把制造信息技术产品的大部分业务外包给杰比尔电路公司，从而集中了它在全球29万雇员的一半从事信息技术应用服务这一核心业务，使这一服务收入从1996年的160亿美元增加到1998年的234亿美元，到2000年又上升到326亿美元，从而使IBM成为世界上最大的应用软件、硬件和网络技术应用服务承包商。

4. 企业自身资源的限制

一国的人力资本优势取决于该国熟练劳动力的绝对数量而不是熟练劳动力的相对比重。例如虽然印度与中国受过高等教育的人数占受教育的人口总数的比例很低，但其熟练劳动力的绝对数仅次于美国。这就决定了中国、印度与美国相比，熟练劳动力的工资相对较低，这就进一步说明了美国将服务外包到这两个国家的原因。另外，在社会分工日益细化的今天，一个企业越来越不可能拥有维持所有业务竞争优势的全部资源。为了保持在专业领域的领先地位，企业不可避免地会将一些非核心业务外包出去。例如家电业巨擘海尔集团，海尔的产品在国内市场上有相对的竞争优势。然而绝大部分家电零部件，如冰箱的密封圈、电视机插头等都是由外包企业生产的。海尔将有限的资源集中于产品的设计开发、营销梯队的建设、服务体系的健全等核心业务，正是由于诸多外包业务与核心业务的巨大协同效应，使得海尔产品一直在市场上保持着竞争优势。

12.1.4　金融服务离岸外包的发展趋势

1. 金融服务离岸外包的规模增长迅速

2001 年仅有不到 10% 的大型金融机构采用离岸外包形式，而短短五年之后，到了 2006 年，超过 75% 的大型金融机构进行了离岸外包。离岸外包的快速发展使得金融机构海外雇员的数量猛增。

2. 金融服务离岸外包的业务范围扩大，几乎涵盖了金融机构的所有业务领域

最初离岸外包集中于 IT 外包，近年来，BPO 离岸业务也迅速增长，主要集中于业务处理、融资和人力资源管理，同时，高端的 KPO 离岸业务也在增长。近年来离岸外包的结构发生了显著的改变，在 2003 年，三分之二的离岸业务是与 IT 相关的，而到了 2006 年，超过 80% 的离岸业务覆盖了全面的业务。可以说，金融服务离岸外包起步于 IT 外包，成长壮大于 BPO 业务，而未来的发展趋势将是 KPO 业务。

3. 金融服务离岸外包的运作模式发生改变

过去离岸外包以外包给第三方为主，外包给第三方的比重超过一半。近年来，发包金融机构逐渐将 BPO 业务外包给集团海外自建的机构，而 IT 外包仍以外包给第三方为主。BPO 业务更多地涉及金融机构的商业机密，金融机构担心将某些业务流程外包给第三方会丧失对服务的控制权，对第三方过度依赖，加大经营风险，因此，在海外自建机构承接 BPO 业务是更好的选择。

4. 金融服务离岸外包的全球格局初步形成，竞争将越来越激烈

在全球离岸外包市场中，美国、欧盟和日本是主要的外包发包方，而印度是最大的承接方。近年来，印度的领先地位受到其他国家的严重挑战，许多国家和地区已经认识到离岸外包行业巨大的潜在市场规模，及其对经济健康发展的促进作用，利用自身优势竞相进入该领域，力争成为领先的离岸外包目的地。

12.2　金融服务离岸外包的业务

12.2.1　银行离岸外包

最近几年，很多大型银行将中后台的一些业务派送到海外，进行离岸外包，利用海外廉价的劳动力来降低成本。此外，离岸外包还可以借助多个时区的外包提供商延长服务时间，满足全球各地客户的要求。目前离岸外包已经从一般的 IT 外包扩展到金融服务领域，如呼叫中心等。离岸外包通常都是整个业务流程的外包。目前印度是最大的离岸外包中心。国际外包协会预测，中国在未来的十年中有望发展成为另一个重要的离岸外包中心。菲律宾、印度尼西亚等国家也在采取措施积极吸引离岸外包业务。据估计，通过在印度、中国和菲律宾进行离岸外包，美国金融业大约可以节省35%的成本。目前，美国有一半以上的银行都在将自己的部分业务进行离岸外包。

12.2.2 保险离岸外包

金融服务离岸外包市场具有附加值高、知识密集的特点，并对其他细分市场具有示范和引领作用。在美国的金融行业中，银行业较早地在其运营中尝试将非核心业务外包给离岸服务商，旨在节约成本和提高效率，以便将更多资源用于保险产品的开发、创新等核心业务上。

欧、美保险业中最典型的离岸外包类型是客户支持与联络、技术支持、一般性会计处理、数据处理、人力资源管理、保费会计处理、电话呼叫中心、保险文件编码等。离岸外包服务商对于保险公司的核心业务，例如风险管理、保单税务筹划、金融分析、保险资金运用、承保、再保险、监管报备、现金管理等鲜有触及。

近年来，保险公司外包范围有扩大趋势，开始涉及知识、技术密集型的核心业务。例如，当投保人将理赔申请文件提供给保险公司时，该文件将被发送至离岸服务商的数据中心，由离岸服务商根据保险公司事先拟定的审核原则对索赔申请进行审核处理，并将最新处理状态更新至保险公司内部系统。值得注意的是，此时离岸服务商的服务不再局限于基于语音的外包服务，而是试图扩展到非基于语音的外包服务。事实上，该等级保单管理和理赔业务介于保险公司的核心业务与非核心业务之间。

准确选定细分市场。基于英语语言优势，印度和菲律宾一直在基于语言的外包服务中领先我国。然而，我国可以大力发展非基于语言的、附加值更高的外包服务。例如，在信息技术方面，提供软件维护和开发、基础设施管理、数据库构架、网络系统部署等服务；在业务流程方面，提供保费会计处理、保险文件归档、出险现场的图片视频整合等服务；在知识流程方面，提供高端理赔处理、年金和养老金处理、承保咨询、保险资金运用咨询等服务。

另外，我国服务外包业应力争向国际产业价值链的高端提升，重点加大知识流程外包和业务流程外包的占比，尤其需要加强对知识流程外包的支持。知识流程外包是业务流程外包的高级阶段，也被称为知识密集型的业务流程外包，服务商需要在相关领域拥有深厚的知识和技能积累，具有更高的产业附加值。

依法合规防控风险。法律风险的防控和管理是外包交易取得成功的重中之重。离岸外包过程中存在诸多风险。就保险市场而言，很多内部业务已离岸外包，例如信息技术、业务流程和内部审计，并且外包业务已并入整体业务流程。若离岸外包所导致的潜在问题，如外包业务范围厘定、数据安全、知识产权保护等，不能得到很好的解决，则会对保险机构产生很大的风险。因此，如何规避离岸外包中的法律风险，经常为欧、美保险业所关注和讨论，并引起监管机关的关注。

2008年，意大利私人保险监督局（ISVAP）曾出台规定，除承保业务外，意大利保险公司可外包其他主要职能和业务，但当外包主要职能时，须在外包服务协议中特别加入保护性条款，并将该协议报备于意大利私人保险监督局。美国各州知识产权法规也对离岸外包中的知识产权保护问题作出专门规定。

就各外包目的地国而言，在承接高端外包服务时，不仅是服务成本、交付速度、税费优惠等方面的竞争，更是核心业务处理能力、市场定位精确度及法律监管环境的比拼。这需要我国离岸服务商和相关监管机关的共同努力。

12.2.3　IT离岸外包

离岸外包是相对于境内外包而言的，指外包企业与其服务提供商来自不同国家，外包工作跨国完成。自 1988 年柯达将其信息系统职能外包给 IBM 后，IT 外包迎来发展热潮，但在 20 世纪 90 年代初期，IT 外包主要以境内外包为主。20 世纪 90 年代中后期，由于美国经济衰退和“千年虫”问题的出现，美国将很多 IT 业务外包给印度，由此带动了 IT 离岸外包的发展。IT 离岸外包的优势在于有效降低外包企业成本；获取别国优质员工与技术以提高外包项目质量；利用遍布世界不同时区工作团队的特点缩短项目完成周期，提高工作效率。当然，IT 离岸外包也可能增加企业运营的复杂性，导致企业管理失控，这主要源于跨国远程管理的复杂性。此外，还存在语言障碍、文化差异及知识产权条例保障程度差异等问题。但必须肯定的是，在世界经济全球化浪潮中，通过 IT 离岸外包开展国际合作，充分利用国家或地区间的劳动力成本差异获取利益，是企业降低生产成本，提升综合竞争力的有效途径。在 IT 离岸外包浪潮中，发展中国家通过承接发达国家项目而获取了国家经济转型与发展的重要机遇。

12.2.4　节税

为了吸引国外公司和个人，金融服务离岸外包供应商提供了一系列诱人的税收政策，给公司和个人提供了一系列节税的便利路径。一般来说，追求利润最大化的个人和公司可以通过两种途径达到降低税收，减少经营成本的目的。

1. 税收计划

一些金融机构充分利用离岸外包供应商的优惠税收政策建立离岸公司、信托和基金，贯彻税收最小化的财务计划；跨国金融机构通过低税收来降低总税收成本用以制定转换价格（即产品在本国生产，而发票是由其在离岸外包供应商注册的附属公司签发），使得本公司税收最小化。

2. 避税

一些离岸外包供应商通过让外国纳税人在离岸市场建立法律实体来帮助其实现避税的目的，当然这种避税行为对于纳税人所在国而言是非法的，避税当局通过立法对离岸金融活动实行保密制度，如不允许财政部门审查个人或公司账目，这样个人和公司可以利用离岸外包供应商提供的高度保密性服务来隐匿公司的财务结构及应向税收部门报告的收入和资产；而且就这些保密性服务本身来说，一些公司和个人易于利用这种便利进行洗钱活动，隐匿非法所得和进行犯罪活动。

案例12.1

瑞银集团金融离岸业务流程外包

瑞银集团在离岸业务流程外包领域里的高端业务由软通动力来提供，还创建了离岸外包管理体系和不断创新的运行模式。

一、项目背景

瑞士银行公司（Swiss Bank Corporation）始创于1872年，总部位于巴塞尔。1997年12月8日，瑞士银行公司与总部位于苏黎世的瑞士联合银行（Union Bank of Switzerland）公开宣布合并，成立了瑞银集团。当时，新的瑞银集团的总资产达到10 160亿瑞士法郎，有分行357家，分布在全球50多个国家，员工总数27 611人。合并使得瑞银集团成为当时欧洲最大的银行和全球第四大银行，其所管理的客户资产已经达到13 200亿瑞士法郎，奠定了其全球最大的私人银行和全球最大的资产管理机构的地位。现今拥有全球雇员约72 000人，市值达到大约601.5亿美元。

2008年，软通动力通过为瑞士联合银行集团（瑞银集团）服务，成为国内市场上第一个赢得国际著名投行离岸业务流程外包项目的企业。而这是一份附加值非常高的项目：软通动力为瑞银集团全球证券衍生品交易部门提供交易运营服务，业务主要包括交易支持、交易信息获取/录入、交易交割、结算及交易过程中的信息核对与对账。除了为客户提供数据处理服务，软通动力还负责与瑞银集团内部多个部门进行沟通，协调瑞银集团在海外的服务商等工作，其所从事的流程关系到瑞银集团多个固定收益和股权衍生品交易部门的损益情况与声誉。

二、服务能力

1. 完善的信息安全管理能力

投资银行十分注重其自身的信息安全，这不仅是其信誉的保证，更是世界各国金融监管机构的监管要求。软通动力凭借其在信息系统开发领域的优势和建设运营高级保密办公环境的经验，按照瑞银集团的内部标准制定了一套完整的人员、财物及信息安全措施，并在软通动力瑞银离岸外包中心进行全面应用。软通动力瑞银离岸外包中心成为瑞银集团全球网络的一部分，也成为中国为数不多的具有国际一流水平的外包中心之一。软通动力严格执行保密措施，与每一位员工签订保密协议，规范了员工的信息保密义务与相关权利。

2. 创新的反向BOT/B

为降低项目的初始风险，软通动力与瑞银集团共同制定了反向BOT/B模式，即先由瑞银集团建设并指导运营，然后再将其全部转移给软通动力，并向软通动力购买服务。依据这一模式，瑞银集团在中国提供了一个小型外包办公室和软硬件设备，软通动力派遣员工在瑞银集团的直接管理下开始完成一些试点项目，等流程稳定后，再将管理权转移给软通动力。这种风险分担的模式降低了合作双方的初始投资和风险，也极大缩短了业务转移的磨合期。目前软通动力已经顺利接手了所有流程及管理，进入项目的稳定发展阶段。

3. 丰富的金融行业知识

瑞银集团的业务要求软通动力员工对多种衍生产品的风险、定价、生命周期等有比较深入的了解。为此，软通动力除了在确保员工具备相关工作经验或教育背景的前提下，还通过安排参加多种培训和认证考试，来帮助员工系统性地了解更多的行业背景知识。与此同时，软通动力还借鉴先进经验，引入了培训生计划，并通过一整套完整的培训流程和人才培养机制，为后续专业人才储备提供强有力的保障。

4. 同客户一致的企业文化

专业与敬业是投资银行对员工的一项重要要求，也体现在其运作中的各个方面，是其企业文化中最核心的价值观。为了跨越软通动力与客户之间的文化鸿沟，软通动力依照客户员工的标准来要求自己，从部门运营模式到管理理念，从举止、沟通到衣着，都将专业性和敬业精神置于最核心的地位。公司还特意把办公室设在陆家嘴金融中心区，使员工能够在与客户同样的氛围下进行工作，感受并坚持他们的专业品质与敬业精神。

5. 出色的语言能力

为确保能与瑞银集团的全球客户和服务商沟通，软通动力在人员招聘过程中尤其强调应征者的语言和沟通能力。软通动力离岸业务流程外包部门的员工结构中绝大多数是海外留学归国人员和海外华人。公司还配备了英语培训师，用多元化的教学方式来提高员工的英语交流能力。

6. 严格的服务质量控制

按照瑞银集团的业务特点，软通动力制定了一系列能够反映客户服务质量水平的 KPI 指标（key performance indicator）与流程规范 SOP（standard operation process），用定性和定量结合的监控手段对于服务质量进行标准化提高和改造，通过严密监控相关指标保证服务质量能够长期保持在较高水平。与此同时，软通动力还注重与客户之间的沟通，及时获得客户满意度反馈，定期进行阶段性目标设定及结构调整，以帮助软通动力不断地修正对于指标和相关标准的设置，从而进一步提供更为准确合理并能够符合瑞银集团业务特征的服务。

三、客户收益

软通动力为客户创造了价值，为瑞银集团提供了流程创新。软通动力与瑞银集团的合作并非简单的人力资源外包，软通动力的员工不仅要依据客户的既有流程和规章协助客户完成相关的业务活动，更重要的是要帮助客户优化其原有的业务流程并适时提出创新建议，使客户不断提高业务流程效率并且降低相关成本，其相关要求也已经列入双方的合作协议中，这使得软通动力与瑞银集团摆脱了传统业务流程外包项目中纯粹的供应商和采购方关系，进而建立了一种较为紧密的合作伙伴关系。

软通动力与瑞银集团的成功合作，不仅意味着软通动力在离岸业务流程外包领域率先进入了高端业务，而且证明了中国外包服务商完全有能力提供高附加值的高端服务。软通动力日渐成熟的外包管理体系和不断创新的运行模式吸引了众多潜在客户的关注，现今已有数家国际知名投行有意与其开展进一步合作。

（案例来源：刘莉，吴绒，李楠 . 金融外包管理 . 北京：化学工业出版社，2011）

12.3　我国金融服务离岸外包的发展现状及策略

12.3.1　我国金融服务离岸外包的发展现状

近年来，在全球金融服务外包市场体系中，中国正越来越受世人瞩目，由于在综合成本、基础设施建设、投资环境等方面具有的优势，中国被认为会成为继印度之后的全球第二大金融服务外包中心。

中国各级政府部门也出台鼓励措施，大力发展服务外包产业。2006 年，商务部开展服务外包“千百十工程”，即在“十一五”期间，全国要建设 10 个具有一定国际竞争力的服务外包基地城市，推动 100 家世界著名跨国公司将其服务外包业务转移到中国，培育 1 000 家取得国际资质的大中型服务外包企业，实现 2010 年服务外包出口额在 2005 年基础上翻两番。同时还出台了一系列税收、人才培养等方面的优惠鼓励措施，根据服务外包产业集聚区布局，统筹考虑东、中、西部城市，确立了北京、上海、广州、深圳等31个城市为中国服务外包示范城市。各地也都在积极争取发展辖内的金融外包业务，建立专业服务园区，推出本地区的优惠政策。

经过各方努力，中国在承接离岸金融外包业务方面已经取得了一定的成绩。一些跨国金融机构以自建方式推进在华外包项目，中国已经聚集了各路金融外包业巨头。本土的外包服务商大多数是从传统的软件公司或系统集成商转型而来，越来越多的本土外包服务商已经获取了国际认证或资质，从而逐渐缩小了与国外竞争对手之间的差距，有能力参与大型离岸合同的竞争。

12.3.2 我国金融服务离岸外包存在的问题

1. 本土外包业务服务商的规模普遍较小

中国服务外包业的起步较晚，产业集中度低，缺乏与跨国金融机构规模相匹配的国内大型外包服务商，与国外年收入上百亿美元的顶级服务商相比，差距甚大。

2. 人才短缺成为制约离岸金融外包发展的瓶颈

外包服务业是人才密集型产业，其发展的关键取决于是否有充足的合适人才的供应。在全球服务外包市场体系中，印度尽管走在了前列，但人才的短缺成为制约其继续保持领头位置的重要因素。在中国，尽管民众学习外语的热情很高，每年有四、五百万的大学毕业生进入劳动力市场，但适合离岸外包业务，同时具备专业外语水平与专业技能的复合型人才仍然短缺，适合更高端的BPO与KPO业务的人才及复合型高端管理人才更为缺乏。由于大学教学内容与市场需求之间存在差距，使得雇主承担了额外的培训成本。

3. 所承接的离岸金融外包业务层次低

跨国金融机构在我国的离岸外包业务，不管是采用自建方式还是外包给国内第三方服务商的方式，大都以IT外包为主，位于价值链更高端的BPO与KPO业务很少，同时BPO业务的范围较窄，主要是呼叫中心业务。本土的外包服务商在BPO业务方面起步较晚，目前主要面向国内金融机构提供BPO业务。

12.3.3 我国金融服务离岸外包的发展策略

发展金融服务离岸外包有利于优化中国国内产业结构，改善服务贸易逆差格局，特别是在当前国际金融危机的阴影尚未散去、贸易保护主义又有抬头迹象的背景下，大力发展金融服务外包业务，对于增加服务贸易出口收入、促进就业及经济增长具有重要意义。因此，必须抓住有利时机，通过完善政策，优化环境，大力发展我国的金融服务外包产业。

1. 政府方面

1）制定行业总体发展战略

各级政府部门应该扩大对外宣传，树立“中国外包”的品牌形象，改变外界对中国只有劳动力成本优势的印象，把中国打造成未来高端金融服务外包的目的地；对内应注重外包服务的结构升级，在制定各种优惠鼓励措施时，着力引导外包服务模式向更高端的BPO与KPO业务发展。同时，要制定长远的整体发展战略，避免各地区在发展过程中，不顾实际情况一哄而上，在招商引资过程中为了完成指标而恶性竞争，不断突破优惠政策底线。

2）制定相关法律，为金融服务外包创造良好的法律环境

完善的法律体系可以保证外包市场健康有序地发展。要加快研究承接离岸服务外包业务流程涉及的新的知识产权关系，总结业内实践经验并借鉴相关国际经验，改进和完善知识产权立法，降低承接国际服务外包交易成本。对承接国际服务外包涉及新的业务合作形式和关系，包括合同标的、交付方式、产品质量、服务外包出现纠纷时的处理程序和机制等方面新内容，要密切跟踪，及时制定相应的规则，同时，继续做好优化商业环境的法制建设工作，加快完善与国际商业惯例相适应的法律规章建设。

3）建立完善而有效的外包监管制度

金融服务外包监管制度的构建应该遵循合法原则、风险控制原则、保护客户合法权益原则、有效监管原则。中国金融监管机构应充分认识到金融服务外包活动潜在的风险，立足于中国金融服务外包的实践，借鉴国外金融服务外包监管的经验，尽快推出金融服务外包监管的指引文件和规范架构的监管部门。

4）有针对性地提供财税金融支持

一是政府的导向非常明确，二是制定并实施了优惠的税收政策。要大力发展中国的离岸外包业务，政府必须在税收、财政和金融上予以大力支持。比如，可以考虑扩大现有税收优惠的范围，将对软件出口企业的税收优惠扩大到对软件服务业、软件孵化器、软件企业的分支机构及开发软件的硬件企业；增强出口退税的可操作性，简化出口退税手续，缩短出口退税时间；向服务外包承接企业发放政策性贷款，并在出口信贷和出口信用保险等方面给予优惠。

5）重视和加强服务外包的市场研究和数据统计工作

由于国际服务外包是新生事物，相关的市场研究和正规统计相对薄弱，目前有关研究数据主要来源于业内咨询公司研究估计，在一些概念和统计指标上，如 ITO 与 BPO 的界定方面不够清晰统一。政府统计部门、行业协会和学术界应加强相互合作，在研究国际服务外包概念和指标体系基础上开展常规统计，为市场研究及政府管理提供科学依据。

6）加强知识产权保护

商业秘密、商标、专利、版权及相关权利渗透在不同层次的外包环节，因此，跨国公司十分担心外包过程中核心技术的流失。但是，中国一些企业仍然缺乏知识产权保护意识，知识产权保护问题已成为影响中国承接服务外包的重要障碍。政府应尽可能制定法规，降低对侵犯知识产权和商业机密的打击门槛，加大打击力度，加强对知识产权、商业秘密和个人隐私的保护。

2. 行业协会

目前，中国已经建立了软件行业协会，在推动软件外包发展上做了很多工作，但与印度的 NASSCOM（软件和服务公司全国联合会）相比还有很大不足。当前我国从事服务外包产业的企业大多规模小、生产率较低、管理水平不高、技术创新能力薄弱且竞争无序，严重影响了中国外包企业形象和国际竞争力。要改变这种不利的竞争局面，当务之急是建立服务外包行业组织。一是积极搜集信息，对产业发展趋势进行研究；二是将行业发展困境与政府沟通，在政府和产业间搭建沟通的桥梁；三是协调行业内部成员之间的关系，减少和避免国内企业不计成本、恶性竞争的局面；四是整合资源，推进出口联盟建设，形成出口舰队，以共同品牌开拓国际市场，提高整个产业的效率；五是加强宣传和推广，使全球发包企业了解中国承

接服务外包的实力及定位。

3. 外包服务商方面

1）培养外包业务专门人才

大型外包服务商可以和高校或培训机构联手合作，根据对外包人才的具体需求，推出外包人才培养项目，使大量具有相关专业背景的通用人才成为可以迅速进入工作岗位的专门人才。此外，人事部门可以适时进行相应的外包人才资质考试和认证工作。

2）了解客户需求，提高服务质量

对于外包服务商，要想在竞争中做大做强，关键是要了解客户需求，提高服务质量，降低客户风险。外包服务商应充分了解客户所面临的商业挑战，深入了解金融服务特有的业务流程，保证服务质量，同时确保客户数据和信息的安全，消除客户在数据安全与客户信息保密方面的顾虑。在承接外包业务之前，要签订尽量缜密的承接合同，明确服务内容和质量标准，对于承包业务的各种意外情形，如遇到不可抗力无法完成承包事务、内部技术或者骨干人员的变动等情况影响承包合同履行时，应设计必要的应急计划。

本章小结

金融服务离岸外包是指服务外包的转移方与为其提供服务的承接商来自不同国家，外包工作跨境完成。

金融服务离岸外包按照外包服务商与金融机构的股权关系分类，包括外包给发包方全资控股机构、外包给合资机构、外包给直接第三方及外包给间接第三方；按照金融机构外包内容分类，包括信息技术外包、业务流程外包和知识处理外包；按照金融机构外包业务性质分类可以分为标准化业务外包和专业化业务外包。

金融服务离岸外包的业务包括银行离岸外包、保险离岸外包、IT 离岸外包和节税。

近年来，在全球金融服务外包市场体系中，中国正越来越受世人瞩目，在承接离岸金融外包业务方面已经取得了一定的成绩，但仍有诸多受限因素，如：本土外包业务服务商的规模普遍较小；人才短缺成为制约离岸金融外包发展的瓶颈；所承接的离岸金融外包业务层次低。我国应从政府方面、行业协会和外包服务商三个方面寻求突破点制定金融服务离岸外包发展策略。

总体来说，无论从哪个角度分析，企业选择金融服务离岸外包都是合理的、必然的趋势。母国和东道国都会因离岸外包的发展而受益。我国在人力资源和国内市场方面都有很大潜力成为离岸外包的重要承接国。

练习与思考

1. 简述金融服务离岸外包的内涵。
2. 简述金融服务离岸外包的分类。
3. 什么驱动力在驱动金融服务离岸外包的发展？
4. 列举金融服务离岸外包业务并简要描述。
5. 我国金融服务离岸外包存在哪些机遇与不足？
6. 怎样推动我国离岸外包发展？

第13章

金融服务外包风险及防范

本章导引

金融服务外包在带来巨大利润的同时，也夹带着很大风险。其中既有来自企业内部的风险，也有来自企业外部的风险。有些风险是可控的，可以通过风险管理和控制来避免和减小风险带来的损失，有些风险主要通过加强监管来规避。

本章主要介绍了金融服务外包风险的概念，金融服务外包风险类型；金融服务外包风险因素和风险的识别、度量；金融服务外包过程中外包企业、外包服务提供商如何进行风险管理和控制。

13.1 金融服务外包风险概述

13.1.1 金融服务外包风险的内涵

风险是指遭受损失或者伤害的可能性或者后果。因而，风险既可以指某种负面后果，又可以指负面后果的可能性。当有人问及什么是风险的时候，其实他已问了三个问题：什么是风险？有多大的可能性会发生？如果这种风险确实会发生，那么后果是什么？

金融服务外包风险就是金融服务外包活动遭受损失的可能和后果。虽然金融服务外包有很多优势，如降低成本、提高效率、增强核心竞争力等，但由于制定和实施外包过程中会面临许多因素，如合同条款的有效性、合同的弹性、对外包合同的管理、员工士气和信心、专业能力的培养等，对任何一方面的疏忽都可能会使外包面临风险甚至失败，这不仅会使外包收益大打折扣，甚至会导致业务失控和核心竞争力的丧失。因而，只有清楚地识别并有效地管理金融服务外包中的各种风险，金融服务外包才能获得成功，否则将会带来严重的负面影响及巨大的经济损失。金融服务外包风险管理就是要以最小的风险管理成本投入，处理和控制外包过程中的各类风险因素，防止和减少损失，保障金融服务外包业务成功开展，进而达到预期目标。

金融服务外包风险管理包括两个过程：第一是对外包过程中的风险因素进行识别。第二是对金融服务外包过程中的风险因素进行度量。一个完整的风险管理过程包括风险识别评估和风险控制过程。因此，在对金融服务外包风险进行评估之后，应该根据风险评估结果，运用多种经济手段和技术手段对金融服务外包风险进行控制，从而减少、分散和转移金融服务外包风险，保证外包项目顺利进行。

13.1.2 金融服务外包风险类型

1. 巴塞尔联合论坛《金融服务外包》风险分类

根据巴塞尔委员会联合论坛于2005年2月发布的《金融服务外包》，金融服务外包是指受监管实体持续地利用外包服务商（为集团内的附属实体或集团以外的实体）来完成以前由自身承担的业务活动。金融服务离岸外包涉及三方当事人，即金融机构、境外服务提供商和服务的最终用户。服务交付一般采用跨境的方式，以电子交付为主，涉及的服务领域一般可以分为两类：核心业务（如基金管理业及保险业中的投资管理、基金单位定价及托管、核保与索赔支付）与附属业务（如信息技术、后台业务操作、客服等）。依据巴塞尔联合论坛的分类，业务外包的主要风险分为十类，见表13-1。

1）战略风险（strategic risk）

战略风险指承包商依照自己的利益自行处理业务而不符合发包方的总体战略和利益，发包方未对承包商实施有效监督，发包方没有足够的技术能力对承包商进行监督。发包的金融机构缺乏对外包风险的内控制度是导致风险的主要根源，具体表现为外包监管制度不够细化，缺乏可行性研究、审批及执行监控等环节规定，特别是缺乏具体的实施细则和操作流程，以及分析统计制度、执行监督制度、应急报告制度和后评价制度。此外，金融机构在外包管理上主要是按业务条块管理，高管层不能及时、全面地了解外包业务的风险状况。

2）声誉风险（reputation risk）

声誉风险指承包商服务质量低劣，对客户不能提供达到发包方要求标准的服务，或承包商的操作方式不符合发包方的规定做法。比如，在外包过程中，金融机构与外包供应商没有向客户说明双方的关系及职责，供应商可能会以金融机构的名义开展业务，甚至采用非法手段对待客户，容易导致客户投诉金融机构，从而引发金融机构的声誉风险。又如，第三方服务质量低劣，对客户不能提供与发包机构同一标准的服务，第三方的操作方式不符合发包机构的传统做法，等等。

3）合规风险（compliance risk）

合规风险指承包商不遵守有关隐私的法律，或未能充分遵守保护客户资料及审慎监管的相关法规，或没有充分遵从监管制度。最常见的是关于客户数据安全和资料保密的问题。外包过程中，承包商及其雇员有可能违反保密协议，泄露金融机构需要保密的数据、战略性技术或者财务记录等保密信息。同时，承包商在工作过程中掌握金融机构的大量客户信息，如果外包合同没有对客户资料保密进行详细规定，那么存在潜在的法律风险。此外，外包要求金融机构在内部组织和人员结构上要做出相应的调整，这一调整可能需要裁减该项业务的内部人员，由此可能引发违反劳动法律的风险，也可能发生被解雇人员泄露商业机密、带走部分客户的风险。

4）操作风险（operational risk）

操作风险指出现技术故障，或承包商没有充足的财力来完成承包的业务并无力采取补救措施，或承包商存在欺骗或过失，或发包方难以对外包项目进行检查或检查成本过高。服务外包必然导致金融机构业务管理和操作上的改变，这种改变也可能增加金融机构的操作风险。这包括多个方面，如技术失误，没有充足的财力履行责任，公司发现进行检查很困难或代价很大，第三方的做法与外包机构规定的做法不一致，外包协议阻碍了外包机构及时向监管机构提供资料和其他信息的能力，等等。

5）退出风险（exit strategy risk）

退出风险指发包方过度依赖某一承包商，或自身缺乏对有关制度的熟悉而没有能力在必要时收回外包业务，或快速终止外包合同和更换承包商的成本过高。一旦金融机构自身失去业务处理能力，就无法在必要时将外包业务收回，在此种情况下，快速终止外包合同的成本极高。

6）对手风险（counterparty risk）

对手风险指交易对手不履约的风险，也就是外包商违约的风险。它指不适当的承销、错误的信用评级或应收账款质量恶化导致债权人或银行未能得到预期的收益而承担财务上的损失。

7）国家风险（country risk）

国家风险是由共同因素引起的，包括政治、社会和法律环境造成的风险。它影响着绝大多数企业的运营，风险的诱因发生在外包商的外部，承包商本身无法控制它，其带来的影响面一般都比较大。

8）履约风险（contractual risk）

履约风险指承包商不能履约完成合同规定任务的风险。比如，外包合同一般都有较长的期限，随着商业环境及承包商自身的变化，承包机构在能否按时、保质完成合同任务方面存在一定的不确定性。这种风险主要来源于外包合同的不规范。目前实施的外包合同往往比较简单，经常缺乏执行控制、质量控制、权利与义务控制等方面的细化规定，对于在外包过程中发生的新情况、新问题、新风险，没有签署补充协议来明确规定。履约的能力，对跨国外包来说，适用法律的选择很重要。

9）沟通风险（access risk）

沟通风险指外包业务阻碍了发包方及时向监管当局提供数据和其他信息，监管当局理解承包商业务活动有额外的困难。服务外包实际上是将内部操作的部分业务或项目交给第三方，第三方的独立性造成了金融机构与其沟通和交流的困难。此外，我国金融机构监管法规体系尚无关于业务外包的详细规定，大部分外包业务处于监管盲区，监管当局难以获得外包业务数据及信息，也无法对承包商进行现场检查，影响了监管当局及时、全面地对外包业务的合规性及风险控制的有效性进行评价。被监管机构无法及时向监管当局提供数据和信息，监管当局了解承包方业务活动有一定难度。

10）集中与系统风险（concentration and systemic risk）

集中与系统风险指承包商给行业整体带来的风险较大，包括个别企业对承包商缺乏控制，以及行业整体面临系统性风险。与个别风险的管理相比，对系统性风险的监管更艰难、更复杂，需要监管理念、监管方式的一些根本改变。

表13–1 业务外包的主要风险

风险	风险涉及领域
战略风险	服务商按照自己利益行事，从而可能有悖于受监管实体的整体战略目标 未能对外包服务商实施适当监督 缺乏充分的专业能力对服务商进行检查
名誉风险	服务商提供的服务差强人意 与客户的互动不符合受监管实体的整体标准 服务商的活动不符合受监管实体（在道德或其他方面）的规定
合规风险	未遵守有关隐私的法律 未充分遵守保护客户资料及谨慎监管的法规 外包提供者的合规与控制力不足
操作风险	技术失误 缺乏足够财力以履行责任或提供补偿 欺诈或过失 实施检查的成本过高
退出风险	由不适当市场退出引起的风险
对手风险	不适当的承销或错误的信用评级 应收账款质量恶化
国家风险	可能由政治、社会或法律因素引起 商业持续性计划更为复杂
履约风险	履行合同的能力 对于离岸业务，选择管辖法律至关重要
沟通风险	外包协议影响受监管实体向监管当局及时提供数据及信息
集中与系统风险	行业整体的风险集中于某一服务商 风险集中包括以下两个方面： （1）单个公司缺乏对服务商的控制 （2）整个行业的系统性风险

2. 外包企业内部风险和外部风险

在企业的发展历程中，既有源于企业外部的不可控因素所导致的风险，如社会动荡、自然灾害等，也有源自企业内部可控因素所导致的风险。因而按照风险因素企业是否可控，把风险分为企业内部风险和企业外部风险。

1）企业内部风险

来自企业内部的风险包括决策风险、人力风险、财务风险和管理风险。

（1）决策风险。主要包括合同风险和退出策略风险。合同风险包括：合同修订、中止或终止，履行合同的能力及离岸外包中管辖法律的选择。退出策略风险主要是由不适当的市场退出引起的。导致决策风险的原因有金融机构对自己的核心能力和非核心能力的把握不准确或不够重视、战略指导理论落后、环境的变化频繁、发展战略与前期制定的发展计划不一致、公司资源对目标缺乏支持、对所处行业环境的发展规律的认识不够及领导层的新旧更替等。其中，主要原因还是金融机构对自身能力、资源和所处环境把握不准确。

（2）人力风险。包括人员流失、缺乏、失误、欺诈等风险。金融业是劳动密集型的产业，因此人员的稳定性和人才的素质直接影响着金融服务的品质。人力风险包括：由于薪资下降、上下层沟通不到位、离岸外包的语言障碍、文化差异及文化融合度差等原因导致员工产生抵触情绪，人员流失；服务环节的外包导致金融机构内部的服务能力和学习能力的降低、技术水平下降、后备人才缺乏；信息不对称、信息沟通渠道不畅通及机会主义行为导致失误和欺诈等。

（3）财务风险。包括连带风险、外汇风险及操作风险。外包的方式有很多种：合同、战略联盟、以参股或合资企业形式建立合作关系等。在一些情况下存在金融机构与外包商互相投资、参股的情况。这样做可以保持合作关系的稳定性，加强双方目标的一致性，减少机会主义的产生，但是缺陷在于，两者之中任何一方的经营、财务等问题都可能很快地传递到另一方，出现“蝴蝶效应”，产生连带风险。另外，离岸的金融服务外包涉及用外汇购买外包资产及外汇结算的问题，因此，也可能带来汇率风险，同理，还有利率风险。此外，在外包中财务方面可能出现流动性风险，致使外包商缺乏足够财力以履行责任或提供补偿。

（4）管理风险。金融服务外包的管理风险包括合规风险、操作风险和信息风险。其中，合规风险主要指未遵守有关隐私的法律、未充分遵守保护客户资料及谨慎监管的法规、外包提供者的合规与控制力不足等；操作风险主要指对外包商实施检查的成本过高；信息风险则指外包协议影响受监管实体向当局及时提供数据及信息或信息被盗等。导致管理风险的原因还有质量保障体系欠完善性、联络渠道不健全性、外包绩效衡量标准的不科学性、高层领导知识结构和领导能力的欠缺，以及组织学习与知识管理体系、组织结构适应性、信息保密性差等。由于外包涉及的是两个或多个不同的、独立的经济实体，因而，它不是管理的结束，而是新的管理的开始，而在金融领域，管理的对象更为复杂，因此加大了管理难度。

2）企业外部风险

来自企业外部的风险包括系统风险、市场风险、技术风险和服务商的风险。

（1）系统风险。也称不可分散风险，是指影响所有市场参与者的风险。这部分风险是由那些影响整个市场的风险因素所引起的。这些因素包括宏观经济形势的变动、国家经济政策的变动、财税改革、政权的交替、工会力量及社会利益集团力量的此消彼长、媒体导向的变化、不同经济周期的政策的转变等。金融危机、经济危机所导致的风险是系统性风险，波及范围广、时间长，是任何机构都面临并难以控制的风险，只要是在危机发生区域，都会遭受冲击。系统性风险的诱因多发生在企业等经济实体外部，企业等经济实体作为市场参与者，能够发挥一定作用，但由于受多种因素的影响，本身又无法完全控制它，其带来的波动面一般都比较大，有时也表现出一定的周期性。行业整体的风险集中于某一服务商，如外包市场被一个或少数外包商所垄断，那么也极有可能导致风险的集中和扩大，形成系统风险。金融产业是牵动国家经济命脉的关键产业，因此要分析金融服务外包的系统风险就要时刻关注整个社会系统的变化。

（2）市场风险。这个市场指的是外包市场，包括市场结构、市场机制和市场环境的完备程度、市场评价机制的健全程度、市场的利润构成及利润空间等。市场风险主要表现为名誉风险（服务成本和质量问题）。随着外包经验和技术的成熟，外包市场格局发生变化，某些外包商竞争能力加强，从而提高了讨价还价的能力，导致外包成本上升；也有可能是行业标准、知识产权等法规完善加大了外包的进入门槛，导致总成本上升。质量下降可能是由于金融机构对外包商进一步的低成本控制降低了其利润空间，导致外包商丧失服务积极性，也可能是由于外包商人才流失严重，在很大程度上影响了生产能力，从而导致质量下降。

（3）技术风险。包括技术不适用、技术泄密和技术被模仿等造成的风险。如今金融服务的提供越来越依赖于信息技术，信息技术的应用直接关系到金融服务提供的数量和质量，金融服务制造和提供过程与技术的应用是密不可分的，因此，技术风险对金融机构的运作可能产生连带作用。技术风险主要表现在技术不适用和技术泄密两个风险事件上，主要原因是技术标准不统一、技术缺乏连续性和延展性，以及技术安全保密性能差、抗侵袭能力差等。如技术的不断更新可能使得金融机构最先开发的信息系统落后，而不能匹配新技术发展的需要，从而导致系统资源的浪费等。此外，技术本身是有缺陷的，当技术被黑客所利用的时候，就会导致金融机构的巨大损失。

（4）外包商风险。包括外包商锁定风险、法律诉讼和争议风险及评级风险。外包商锁定风险指外包商的选择具有不可逆性。导致外包不可逆的因素有很多，如少量外包商对外包市场的垄断、对外包商的过分依赖性，以及资产专用性高导致重新选择的沉没成本高等。法律诉讼和争议风险可以由多种因素引起，如可能是由于外包商按照自己的利益行事、风险分担和收益不匹配、外包商与客户的互动不符合受监管实体的整体标准、外包商的活动不符合受监管实体（在道德或其他方面）的规定等引起。评级风险指错误的信用评级导致错误地选择外包商的风险。相对于以上几类风险而言，外包商的风险更加隐蔽，主要原因是信息不对称和机会主义行为现象更为严重。金融机构在外包前总是无法完全掌握外包商的真实经营能力、财务状况、技术实力等，也很难在合同中面面俱到；外包后金融机构也不可能完全事前察觉并制止外包商的投机行为，并消除这些行为带来的影响，因此，外包商的选择和控制非常重要。

案例13.1

德意志银行的风险防范经验

德意志银行是全球性的综合型全能银行，在外包方面也积累了丰富的经验，有着自己独特的防范风险的方法。

2002 年德意志银行提出“打造扁平化集团，专注核心业务”的战略构想，开始将剥离部分非核心业务作为业务转型的重要任务。2003 年德意志银行与 IBM 签订了计算中心外包业务，将其计算机中心和 1 000 名员工交给了 IBM 公司。2004 年将公司采购和应付账款等事项外包给埃森哲，由埃森哲提供先进的系统、工具和流程。2005 年将研究业务外包到印度。2006 年年底，德意志银行已经将接近一半的销售及交易后台岗位转移到了印度的孟买等城市，其海外研究人员也已高达 350 人，而且正计划将这一人数增至 500 人，届时其全球研究人员总数（900 人）的一半以上将在海外工作。

德意志银行在风险防范方面积累了如下经验。

（1）在外包非核心业务的同时注意核心业务的控制权，如 2004 年将采购和应付账款等事项外包给埃森哲时，德意志银行保持对供应商的选择和关系维护的权利，并对采购支付行为有同意权和授权权，这样便于管理整个采购和支付过程，控制采购成本。

（2）注意和服务商之间的沟通，减少不必要的纠纷。

（3）在服务商的选择方面，遵循 5C 原则。一是能力（competence）原则，看服务商是否具备高于银行的服务能力；二是保密（confidentiality）原则，重视服务商的技术防护能力，并要求其做出具有法律效力的承诺；三是控制（control）原则，对服务商的控制掌握适度原则；四是成本（cost）原则，时刻关注外包成本，使外包成本不会随着时间、环境和形势的变化而出现不合理的增长；五是竞争力（competitiveness）原则，外包应有利于提高银行的竞争力，而且这在银行内部很难达到或是不能以较低的成本达到。

（4）实施了结构化的运营模式，建立标准化、口径统一化的运作流程，设立战略性区域中心，不同的区域中心负责不同的业务流程，如亚太中心负责应用流程，欧美中心负责管理客户关系等流程，这样可以解决外包发展过程中出现的技术区域性分散状态、运作流程重叠和重复签约带来的问题。

3. 按照外包企业风险的特殊性和多样性分类

金融外包企业是多种多样的，会面临各种各样的风险，根据金融外包基本理论和外包企业业务的特殊性和多样性实际，把外包企业风险一般归纳为决策风险、泄密风险、合同风险、经营风险、利益冲突风险、文化差异风险六种。

1）决策风险

决策风险来自两个方面，一是外包企业在进行外包决策时，必须清楚地界定哪些项目或职能适合外包，即界定哪些技术是本企业具有核心竞争力的技术，哪些技术是非核心技术。如果界定分析不充分，外包项目选择不合适，那么外包可能达不到预期目标，甚至可能给企业带来经营安全上的风险。二是外包企业在进行外包活动时，必然面临服务商的选择问题。按照信息经济学的理论，在服务外包中，企业与外包服务商之间形成了“委托—代理”关系，由于行业存在信息的不对称，外包企业无法真正了解外包服务商的经营业绩、社会声誉、发展状况、成本结构等与自己利益息息相关的资质信息，以致在外包之前无法筛选合适的外包服务商，造成逆向选择的后果。外包商的真实水平往往在合作过程中才能被准确评估。外包后，外包服务商也可能发生未尽力执行受托工作的道德风险。外包服务的质量和效果与服务提供商的优劣有直接关系，因此服务商选择的决策风险，是不可忽视的。

2）泄密风险

企业在外包合作过程中必须向服务商披露大量信息，如企业战略、经营指标、人力资源管理现状等信息，其中，有相当一部分信息是本企业的商业机密。随着企业信息传递范围的扩大，可能会由于外包服务商的“不忠”而导致企业信息资源损失、核心技术及商业机密泄露。一旦外包服务商泄密，势必对企业产生经营上、法律上和职业上的严重后果。

3）合同风险

外包合同是外包企业与另一个法人实体、没有附属关系的第三方之间的一种协议关系。外包合同有效期限通常为 5 ～ 10 年，相当漫长，而在此期间业务需求和环境变化很大，甚至不可预期，服务外包提供商能否按时、按质完成协议任务，这是不确定的。

4）经营风险

为了取得规模经济、提高经营效率或者适应服务供应商不同的经营方式，企业进行服务外包时需要改变某些商业活动，这些改变会产生操作上的风险。在外包过渡阶段，内部人员可能需要在服务供应商的系统内接受培训。人员规模调整和雇员转移到服务供应商那里会产生道德风险和复杂的劳动法律问题。如果对这些问题处理不当，就会引起那些技术高度熟练和熟悉机构实践及要求的职员流失。

5）利益冲突风险

虽然外包企业与外包服务商之间是战略合作伙伴关系，但同时也是风险的共同体。因为二者毕竟是两个不同的法人实体，各自都想实现自身利益的最大化。因此，就会出现外包企业希望外包服务商做得多一些，获利少一些，而外包服务商则希望做得少一些，获利多一些，这就注定了双方会有利益冲突。

6）文化差异风险

外包的功能之一就是提高服务质量，提升客户满意度，但是，在不同文化背景下，顾客需求存在着很大差异。特别是逐渐兴起的离岸外包、跨国间的服务转移，很可能因为发包方与承包方之间的文化差异而影响到外包的效果，甚至导致外包的失败。服务外包风险也存在于接包企业中，其风险主要在于对发包企业依赖性过大，失去核心业务，缺少自主知识产权，被锁定在价值链低端等。

4. 按照不同业务外包结果分类

金融服务外包业务在产生收益的同时，也带来了风险。按照不同业务外包最后可能导致的结果，可以把金融企业外包风险分为履约风险、转变业务风险、机密外泄风险、依赖性风险、职业风险、收益分配的不确定性风险等。

1）履约风险

外包协议是外包企业与另一个法人实体、没有附属关系的第三方之间的一种合同关系。外包协议有效期限通常为 5 ～ 10 年，相当漫长，而在此期间业务需求和环境变化很大，甚至不可预期，服务外包提供商能否按时、按质完成协议任务，这是不确定的。

2）转变业务风险

为了取得规模经济、提高经营效率或者适应服务供应商不同的经营方式，金融机构进行外包时需要改变某些商业活动，这些改变会产生操作上的风险。在外包过渡阶段，内部人员可能需要在服务供应商的系统内接受培训。人员规模调整和雇员转移到服务供应商那里，会产生道德风险和复杂的劳动法律问题。如果对此处理不当，就会引起那些技术高度熟练和熟悉机构实践及要求的职员流失。

3）机密外泄风险

外包有时必须把金融单位的机密资料、账簿和档案透露给第三方，同时，企业的很多信息也将由第三方外包服务商提供。随着信息传递范围的扩大，可能会由于第三方外包服务商的不忠而导致企业信息资源损失、核心技术及商业机密泄露。一旦外包服务供应商泄密，势必会产生经营上、法律上和职业上的严重后果。

4）依赖性风险

金融服务外包在一定程度上使得金融机构对金融服务外包提供商形成事实上的依赖性，这在某种程度上有一定的潜在风险。例如，如果金融机构要求服务供应商改变传统服务，服务供应商是否有能力按照要求完成任务；如果合同签订后，发现服务供应商不能令人满意，则重新寻找服务供应商可能会产生沉没成本。另外，对服务供应商的依赖性增强，也难免会降低金融机构组织学习的能力。

5）职业风险

业务外包实际上是将内部操作的部分业务或项目交给第三人，第三人的独立性造成了银行与其沟通和交流的困难。如果服务供应商是金融机构潜在的客户，服务供应商的问题可能会影响到其他的客户机构。例如，客户服务转接中心，服务供应商的雇员与金融机构的用户直接面对，互相影响，似乎他们是这家金融机构的雇员。如果这种相互影响与金融机构的政策和标准不一致，那就会给金融机构带来职业上的风险。

6）收益分配的不确定性风险

其一，由于存在资产的专用性（无论是地点、物资资产、贡献资产还是人力资源的专用性），因而，对于已签订外包合同的双方而言，他们必定会处于一定程度的双边垄断之中。双边垄断的程度与外包的产品或服务所在的行业竞争激烈程度呈负相关。其二，任何外包的合同都是不完全合同，因为签订外包合同的双方都不可能完全预测到未来执行合同时可能出现的各种情况，以及相应的解决办法；即使可以预测到未来执行合同时可能出现的所有情况和相应采取的对策，也不可能完全没有争议地把它们写进合同中；即使可以都写进合同中，也不能确保所有条款都有可证实性。合同的不完全性与双边垄断的结合将产生一定的准租金，由于机会主义的存在，对于准租金的分配会有很大的不确定性，从而提高了外包收益的不确定性，进而使金融机构承担很大的盈利风险。

案例13.2

民生银行虚假开户事件

1. 事件经过

2008年6月上旬，为了推销网上银行业务，扩大客户规模（尤其是增量客户），民生银行华北营运中心电子银行部（以下简称“华北电子银行部”）与其多个支行配合，在北京高校区的各个大学进行了营销活动。该次活动以大学生为目标客户，通过一系列校园活动推销其网上银行业务。民生银行电子银行部把此项活动外包给了北京市恒宜中天企业形象策划公司（以下简称“恒宜中天”），由后者负责具体实施。恒宜中天的任务就是收集参与活动的学生的个人信息（申请表和身份证信息等），经过整理汇总后转交电子银行部，由后者通过一系列操作（审核、确认、开卡、激活网上银行、再促销等），开拓民生银行的网上银行业务及相关个人零售业务。

营销活动结束后，电子银行部与部分支行配合，利用公安部身份证信息数据库逐一核实了恒宜中天提交的个人信息。如果个人信息通过身份核实，支行采用代发工资卡的方式，把这些个人集合到一起，以团体方式办理民生银行卡；否则，不予办理。

恒宜中天负责该项目的经理在提交上述个人信息的同时，也提交了盖有相关学校学生会公章的确认函（证明学生信息的真实性）。经过进一步身份确认，电子银行部对通过核查的人员开卡，总计开卡10 741张，其中有9 771户开通了个人网上银行大众版。

华北电子银行部为了防范风险，在发卡前对这批集中办卡的人员进行了电话回访。回访的结果让人意外，工作人员发现回访的电话号码绝大部分都不是有效号码（无法拨通、关机、停机、空号或错误号码等）。这引起了电子银行部的警觉，于是立即联系恒宜中天调查此事并要求给予解释。

恒宜中天在一个月后得出了初步调查结果：公司负责该项目的经理在营销推广的过程中发现客户数量无法完成任务指标，于是私自从非法渠道购买了大量个人身份证信息，然后把这些虚假信息提交给银行来完成任务。

事后，华北电子银行部对恒宜中天提交的资料进行了整理，并由各支行逐一核实。最后发现，非客户本人意愿开卡竟然有 10 739 张，这意味着 10 741 张卡中仅有两张卡是真实有效的，其中有 9 771 户属于民生银行的增量客户，其余 1 028 户属于存量客户。民生银行对这两类客户作出了不同处理：对增量 9 771 户进行了销卡、删除客户信息处理，对存量客户进行销卡处理。这一处理过程持续了半年时间，直到 2009 年初才处理完毕。

2. 事件分析

首先，民生银行由于选择了不合格的外包商——恒宜中天，从而导致了这起事件的发生。恒宜中天的项目管理采用“一揽子”模式，即根据整个项目的预算，一次性拨付经费。这样，项目经理便产生了作假的可能，在其职业道德水平不高的情况下，他就会压缩工作成本、截留项目经费从而中饱私囊。恒宜中天替民生银行进行业务推广，但是后者不可能对前者的一举一动进行监督，而且双方的利益并非完全一致，于是发生了上述事件——代理人的道德风险。

其次，此事件暴露了民生银行风险控制机制存在的问题。在事前、事中及事后的一系列控制过程中，显然，民生银行在事前控制出现了问题。对恒宜中天提交的信息，银行方面在数据库中对其进行了核实，这只能说明这些信息是真实存在的，但并不代表信息的有效性且来源合法。银行方面没有对信息的有效性进行检查，造成了第一个环节的失误。然而，银行在事中控制做得比较好，在发卡前进行了电话回访，从而及时发现了问题，制止了风险的发生。否则，发展到事后控制阶段，处理难度可想而知。

在这起事件中，民生银行的声誉受到负面影响。银行作为金融单位，具有极高的公信力，其每一项业务的进行都是在严格审核、周密检查的情况下进行的，所有业务都是程序化操作，所以，公众对银行的信任度相当高。然而，这起事件竟然牵扯到上万人，无疑对其声誉造成了较大影响。在信息发达的现代社会，往往一件小事，就足以引发公众对企业的信任危机，“丰田召回事件”便是明证，到目前为止，丰田汽车的召回量达到了上千万辆，损失近 200 亿美元。如果银行出现类似的情况，遇到大规模诉讼赔偿，后果将可能是毁灭性的。

民生银行的市场份额遭到损失。目前，国内商业银行在信用卡领域的竞争还处于“跑马圈地”的阶段，大量发卡造成持卡人信用质量下降、风险加大，金融危机过后，这种情况已经有所收敛。此次民生银行发行如此大规模虚假信用卡（虽然还没有流入社会），势必对其信用卡品牌造成不良影响，从而被竞争对手蚕食自身的市场份额。

经过这次教训，民生银行电子银行部在操作流程上对开卡进行了规范，禁止中介公司的参与。开通网上银行只能由客户凭本人身份证去支行办理。如果需要办理代发工资业务，则要求单位为员工集体办理。

（资料来源：闫海峰 . 金融服务外包风险管理 . 北京：经济管理出版社 .2003）

13.2　金融服务外包风险识别

13.2.1　金融服务外包风险因素

风险因素是引起风险的原因。外包理论的关键词是：资源 / 成本、竞争力、关系，其中关系包括了企业与外包商之间的关系及他们与整体的社会、经济、政治、文化之间的关系，因此在考察外包风险时也就离不开分析和研究这三个因素及将它们结合起来的各种战略。

影响外包风险的因素归纳起来主要有环境、战略、资源和能力四种。

1. 环境因素

金融机构的外部环境对外包会产生很大的影响，这些环境因素包括宏观环境、产业环境和经营环境。其中宏观环境包括经济环境、政治和法律环境、人口环境、社会文化环境等；产业环境主要指的是产业内的竞争程度、竞争结构；经营环境主要指企业获取必要资源或确保经营活动顺利开展的因素，包括竞争地位、劳动力市场状况等。经营环境比宏观环境和产业环境更容易为企业所影响和控制，也有利于企业主动应对机会和威胁。

2. 战略因素

金融机构的外包策略必须与其整体战略相匹配，整体战略是外包策略的基础，它决定了外包策略，影响着外包对象、外包模式及供应商的选择，外包策略是在总体战略指导下的具体战略。具体来说，影响金融服务外包的战略因素包括外包战略的分析、制定、实施、修改和控制的全过程，包括外包的目的、范围和深度、供应商的评价和选择、外包合同的制定和延续、外包绩效的评价、外包中止或终止等。

3. 资源因素

金融机构的资源包括有形的资产资源、无形资源和组织资源，其中无形资源是企业长期积累形成的，是十分重要的核心竞争力，包括信息资源、人力资源、财务资源、技术资源、市场资源、企业文化、组织经验等；组织资源通过协调配置各种资源，将企业的有形资源或无形资源整合在一起，它蕴含于企业的规章制度、组织结构、业务流程和控制系统中，是企业实现目标的经营风格或行为方式。金融机构的资源条件决定了其能否和如何利用外部资源，进而形成自己的核心竞争力。外包服务商的资源条件也决定着它所提供的服务的质量等是否符合要求，是否和金融机构的目标一致等。

4. 能力因素

金融机构的能力是其配置资源并发挥竞争作用的能力，来源于其有形资源、无形资源和组织资源的整合，包括组织竞争能力、管理控制能力、沟通协调能力、技术创新能力、市场控制能力及将资源转化为能力的能力等。服务提供商的财务能力、技术能力等因素也对其服务质量和水平起着决定性作用。

在金融服务外包的四个影响因素中，环境因素属于外部因素，金融机构难以对其进行控制，战略、资源、能力因素属于内部因素，金融机构可以较为有效地对其进行控制。它们之间的关系是：资源和能力是实现战略目标的支持要素，资源和能力之间是相互作用的，它们除了直接对战略产生影响之外，还可以通过对彼此的改变而间接影响战略；环境的变化会对战略产生影响，并导致资源及能力的变化；战略本身也暗藏着风险因素，委托方和承包商的战略之间也有很大的相关性。因此各个风险因素之间也体现了双方当事人的潜在风险，它们中间任何一个因素的变化都可能打破平衡，导致风险的出现，因此外包风险管理的目标就是保持环境、资源、能力、战略之间的动态平衡。

金融服务外包过程中，存在很多因素可能导致外包失败，如没有设置有关持续改善合同条款的机制，文化与目标差异导致的不相容性，合同缺乏弹性，外包商的机会主义行为，忽视外包关系管理所导致的服务水平下降，指派不合适的人员管理外包合同，员工士气和信心下降，企业失去对有关职能的控制及外包所引起的信息安全性与潜在竞争等。外包失败会给金融机构带来损失，外包失败风险可以界定为负面事件造成的损失与负面事件发生概率的乘积。外包过程中可能发生由于隐藏信息、隐藏行为、市场失效、道德风险、信息猎取、不完善契约和有限理性等引发的隐藏的交易成本和管理成本，包括资源重新配置成本、组织调整成本、投入外包管理的人力成本等。许多金融机构经常低估交易成本和管理成本，而这两项成本通常上升很快。

此外，在外包过程中，金融机构将自己的部分或全部信息提供给外包商开发、运行和管理，期间外包商及其员工有获准接触金融机构秘密及机密资料的权力，这样金融机构的商业秘密及其相关信息就极有可能会泄露给竞争对手，从而使金融机构面临着战略泄漏和知识产权纠纷风险。此外，在开发较大的核心项目过程中，IT 服务商往往比金融机构更具有知识产权意识，将共同的开发项目抢先占为己有，而发生知识产权的纠纷问题，由此还可能导致更为严重的信誉风险和法律风险，从而使金融机构蒙受巨大损失。

案例13.3

汇丰银行的风险防范经验

汇丰银行是全球最大的银行之一，它在外包的风险防范方面积累了丰富的经验，形成了一套行之有效的方法。

1996 年汇丰银行开始了外包业务，在我国广州建立了第一个后台营运中心，负责汇丰银行全球客户的基本信息管理和后勤数据处理等业务。2000 年开始将部分客户支持工作转移到亚洲国家。2002 年在印度孟买建立了第一个软件开发中心，负责其全球软件的研发业务，随后，又将后台业务操作中心建立在印度的其他城市。目前，汇丰银行将总部约 13% 的工作量已经转移到了海外，在我国广州、上海、马来西亚和印度等地已建立了 6 个数据处理中心，中心的工作人员数量高达 8 000 人。

汇丰银行在风险防范方面的经验有以下几点。

（1）外包有着严格的步骤，从立项、可行性研究、相关部门论证、管理层审核批准、监管当局批准到具体外包流程设计、试运行和持续评估等步骤，一步都不能少，严格按照规定执行。

（2）注重风险管理，尤其强调对外包业务的种类和服务提供商的选择。

（3）不盲目追求外包的规模，随着经验的积累，逐步扩大规模。

（4）在与服务商的关系上，强调双方的共同参与和战略合作关系，而不仅仅靠合同来约束。汇丰银行曾将自己的国际金融操作系统的更新交给浦那中心的 80 位工程师来做，同时其内部专家也加入其中，在双方的共同努力下，该项目顺利完成。

（5）采用混合离岸外包模式，把部分业务留在银行集团的内部，而不是完全外包。

（资料来源：孙伟欣. 试论我国金融服务外包的风险防范［D］. 保定：河北大学，2009）

13.2.2　金融外包风险识别方法

对企业来说并非每个风险都需要考虑和控制，因为并不是所有的风险因素都可以导致外包风险。因此风险管理的第一个重要环节是风险识别和分析过程。风险识别指的是风险管理人员在收集资料和调查研究的基础上，运用各种方法对尚未发生的潜在的风险及客观存在的各种风险进行系统归类并查找出来。简单来说，风险识别就是要找出风险及引起风险的主要因素，然后才能在这个基础上对风险的后果做出定性或者定量的估计。

风险识别首先要考虑以下五个方面的问题：第一，哪些外包风险需要考虑；第二，有哪些外包风险事故会导致损失；第三，外包风险事故可能导致多大的损失；第四，有哪些识别外包风险的方法；第五，如何增强识别外包风险的能力。

风险识别一方面可以通过感性认识和历史经验来判断，另一方面也可通过对各种客观的资料和风险事故的记录来分析、归纳和整理，以及进行必要的专家访问，从而找出各种明显和潜在的风险及其损失规律。由于风险具有可变性，因而风险识别是一项持续性和系统性的工作，要求风险管理者密切注意原有风险的变化，并随时发现新的风险。以下简要介绍几种常见的风险识别方法。

1. 头脑风暴法

头脑风暴法是通过专家之间的相互交流，在头脑中进行智力碰撞，产生新的智力火花，从而产生创造性思考，使专家的论点不断集中和精化，从而找出解决某一特定问题的方案。当建立一份综合风险清单的时候可能用到这一方法。

2. 德尔菲法

德尔菲法是美国兰德公司在 20 世纪 50 年代发明的一种专家意见收集法。该方法是在互相独立的基础上，以匿名的方式通过几轮信函征求专家们的意见，然后对每一轮意见都汇总整理，作为参考资料再发给各位专家，供他们分析判断，提出新的论证。如此多次反复，专家的意见渐趋一致，使最终结论的可靠性越来越大。

3. 面谈或访谈法

与那些具有丰富专业经验的各类人员进行面谈，也是一种识别可能风险的重要工具。访谈是可以通过面对面或电话讨论的方式收集信息、寻求事实的一种技术，也可以通过电子邮件等方式进行访谈。访谈的对象也可以是一起有过合作经历的特定人员，当与他们再次合作或有意合作的时候，他们将会对所涉及的可能风险提出自己的见解。

4. 核对表法

把人们经历过的风险事件及其来源罗列出来，制成一张核对表，供识别人员进行检查核对，用来判别某外包项目是否存在表中所列或类似的风险。核对表中所列的内容都是历史上类似的，曾发生过的风险，是项目风险管理的结果。在实际工作中，还需要不断搜集并分析常见的实施改进点、应用操作错误和解决办法清单，对照检查潜在的风险。

5. 流程图法

流程图是一种风险识别的常用工具，借助于流程图可以帮助项目风险识别人员去分析和了解项目风险所处的具体项目环节、项目各个环节之间存在的风险及项目风险的起因和影响。

金融服务外包风险识别的内容包括确定风险的影响因素和风险的来源，描述风险表现形式和确定哪些风险事件有可能影响金融外包。并非所有的风险都是对金融外包产生严重后果的高风险，然而，有时几个小风险的合计也会对金融外包产生影响，因而，就需要我们对一些风险进行跟踪。因此，风险因素识别不是一次就可以完成的事，应当在项目的自始至终不断进行。本章将主要从金融服务外包风险影响因素的阐述开始，进一步找出风险的来源与表现形式，并以此得出风险的作用机理，以便金融机构能够对服务外包所面临的风险有清晰的认识，从而可以识别辨认出这些风险并加以应对。

13.3　金融服务外包风险度量

在识别金融服务外包的风险之后，就要对风险的重要程度进行评估，也就是要在风险识别的基础上，通过一定的方法确定各种风险发生的可能性及它们对金融业务外包的影响程度，并按其重要性进行排序，为金融机构后续的风险控制与管理提供依据，以便金融机构可以将精力放在主要风险防范上，使项目的整体风险得到有效控制。风险评估的方法很多，以下主要介绍三种评估方法。

13.3.1　风险矩阵法

风险矩阵法是在项目管理过程中识别风险、评估风险大小的一种结构性方法。风险矩阵法是 1995 年美国空军电子系统中心提出的，是金融服务外包管理过程中评估风险的一种重要的方法。风险矩阵法的思路是找出业务外包中的风险事件，然后评价外包风险事件的影响等级及风险发生的概率，通过风险等级对照表得出各个风险因素的严重等级，从而采取措施降低风险。

金融服务外包的风险矩阵可由风险影响等级与说明表（表 13-2）、风险发生概率与说明表（13-3）、风险等级对照表（13-4）组成。风险影响等级分为五级，关键（C，critical），严重（S，serious），一般（Mo，moderate），微小（Mi，minor），可忽略（N，negligible）。按照对风险影响等级的说明，如果有历史数据可以获得每种外包风险影响程度的量化结果，就能相应给出影响等级。如果不能进行量化分析，可以用德尔菲法由专家根据五种风险影响等级来给出每种外包风险的影响等级。风险发生概率表是风险发生的可能性对照表，它通常也没有量化的结果，只能由专家根据风险概率的定性解释来得出。根据风险影响等级表和风险发生概率表，可以整理出风险等级对照。表中各外包风险被划分为“低、较低、中、较高、高”五档，从而可以初步确定各种风险的大小等级，最后按照风险类型栏、风险影响栏、风险概率栏、风险等级栏列出每种风险情况，根据风险大小进行相应的风险管理和控制。

表13-2　风险影响等级与说明表

风险影响等级	解释与说明
关键	一旦风险发生，将导致外包目标不能实现，外包失败
严重	一旦风险发生，将导致外包的目标指标严重下降
一般	一旦风险发生，外包目标能部分实现，但受到中度影响
微小	一旦风险发生，外包目标将受到较小影响，仍能实现
可忽略	一旦风险发生，外包目标不受影响，将全部实现

表13-3　风险发生概率与说明表

风险概率范围	定义或说明
0%~10%（含10%）	非常不可能生
10%~40%（含40%）	不可能发生
40%~60%（含60%）	可能在实施中期发生
60%~90%（含90%）	可能发生
90%~100%（含100%）	非常可能发生

注：后面表格风险概率范围表示同此表含义。

表13-4　风险等级对照表

风险概率范围	风险影响等级				
	可忽略	微小	一般	严重	关键
0%~10%	低	低	低	较低	中
10%~40%	低	较低	较低	中	较高
40%~60%	低	较低	中	较高	高
60%~90%	较低	中	较高	较高	高
90%~100%	中	较高	高	高	高

13.3.2　波尔达序值法

对复杂系统风险的评估中，风险矩阵五个风险区域分布的风险结很多，因此很难从对项目失败影响不大的风险区域中分离出关键的风险。为了处理风险结，研究人员将投票理论应用到风险矩阵软件中，提出了波尔达序值法。

设 N 为风险总个数，设 i 为某一特定风险，k 表示某一准则。原始风险矩阵只有两个准则，用 k=1 表示风险影响（I），k=2 表示风险概率（P_0）。如果用 R_{ik} 表示风险 i 在准则 k 下的风险等级，即有 R_{ik} 个风险在准则 k 下级别高于风险 i，则风险的波尔达数可以由下式给出：

$$b_i=(N-R_{i1})+(N-R_{i2}) \tag{13-1}$$

如果风险的序值为 0，说明该风险是最关键的风险序值，为 4 说明另外有 4 种风险更为关键，以此类推。

下面举例说明波尔达序值的确定方法。表 13-5 中，对于风险 R_1，它的风险影响程度为一般，比风险 R_1 影响程度高的风险个数查表可知为 11 个，比风险 R_1 发生概率高的风险个数有 0 个，带入公式，可得 b_1=（21-11）+（21-0）=3，依次可以算出其他风险的波尔达数值：35、29、35、30、23、24、14、24、35、40、20、8、20、20、14、20、31、26、21。比风险 R_1 的波尔达数大的风险的个数为 4，所以风险 R_1 的波尔达序值为 4。同理可推其他风险的序值。序值的大小也就是风险等级的大小，风险等级排序由此得出。

表13–5　金融服务外包序值法风险评价表

风险类别	风险事件R	I	P_O	Rank	排序1	波尔达序值	排序2
决策风险	R_1	Mo	90～100%	较高	1	4	3
	R_2	C	40～60%	较高	1	1	2
人力风险	R_3	Mo	60～90%	高	2	8	5
	R_4	S	90～100%	较高	1	1	2
财务风险	R_5	S	40～60%	高	2	7	4
	R_6	Mi	60～90%	中	3	12	8
	R_7	Mo	40～60%	中	3	10	7
	R_8	Mi	10～40%	低	4	18	11
管理风险	R_9	Mo	40～60%	中	3	10	7
	R_{10}	S	60～90%	高	2	1	2
	R_{11}	C	60～90%	较高	1	0	1
系统风险	R_{12}	C	10～40%	较高	1	4	3
	R_{13}	S	0～10%	低	4	14	10
市场风险	R_{14}	Mi	0～10%	较低	5	20	13
	R_{15}	S	0～10%	低	4	14	10
技术风险	R_{16}	Mo	10～40%	低	4	14	10
	R_{17}	Mo	0～10%	较低	5	18	12
	R_{18}	N	60～90%	低	4	14	10
外包商风险	R_{19}	C	10～40%	较高	1	4	3
	R_{20}	S	10～40%	中	3	9	6
	R_{21}	C	10～40%	高	2	13	9

注：R_1 合同问题（合同修订、中止或终止等）、R_2 退出外包、R_3 人员流失 / 人才匮乏、R_4 失误或欺诈、R_5 连带风险、R_6 外汇风险、R_7 流动风险、R_8 应收账款质量下降、R_9 合规风险、R_{10} 检查困难、R_{11} 信息传递不畅或被盗、R_{12} 限制 / 禁止外包或被迫撤离、R_{13} 风险集中、R_{14} 成本上升、R_{15} 质量下降、R_{16} 技术不适用、R_{17} 技术泄密、R_{18} 技术被模仿、R_{19} 外包商锁定、R_{20} 法律争议和诉讼、R_{21} 评级风险。

从表中可知，波尔达序值法将风险的重要性从高到低排成 13 个等级，确实消除了传统排序的某些风险结。

以上两种方法衡量的是每个具体风险事件的风险的重要性，能为如何分配资源管理和控制风险提供依据，但它不能衡量外包决策的整体风险大小，而多因素层次分析法则可以衡量外包决策的整体风险，为外包业务的选择和实施提供依据。

13.3.3　多因素层次分析法

风险矩阵法衡量的是每个具体事件的风险的重要性，能为如何分配资源管理和控制风险提供依据，但它不能衡量外包决策的整体风险大小；多因素层次分析法则可以衡量外包决策的整体风险，为外包业务的选择和实施提供依据。

多因素层次分析法的步骤是首先要构建评价指标体系，并在此基础上对指标类型进行划分，找出模糊指标和精确指标给定相应的权数，再根据不同的方法进行加权计算，从而得到总体风险评价值。

一个金融服务外包项目的全过程会有很多风险，而引发某个具体风险的因素可能也不止一个，多因素层次分析法需要对每一个引发风险的因素都要有衡量的评价指标，这些指标中有的是可直接比较的精确指标，有的是难于直接比较的模糊指标。对于模糊指标的可能风险程度统一划分为很好、好、一般、差、很差 5 个等级，并将模糊评价指标的 5 个等级分别对应低风险、较低风险、一般风险、较高风险、高风险 5 种状态，记它们 5 种风险状态的评语值为：$\boldsymbol{U}$=（U_1，U_2，U_3，U_4，U_5）=（低风险，较低风险，一般风险，较高风险，高风险）=（100，80，60，30，0），具体评语值可结合实际情况作适当调整。模糊评价指标和精确评价指标的权重之和为 1，模糊评价指标权重向量记为 $\boldsymbol{A}$，精确指标权重向量记为 $\boldsymbol{B}$。企业可组织有关人员对这些模糊指标进行确定与评价，见表 13-6。

表13-6　金融服务外包风险模糊指标评价表

评价指标 评语	很好	好	一般	差	很差	模糊指标评价值
	100	80	60	30	0	∑（评语值×该评语所代表状态所占的比例）
e_1	0.2	0.5	0.3	0	0	78
e_2						
⋮						
e_n						

对模糊指标按照评语结果计算出各自比例，填入表中，计算出各模糊指标的评价值，计算公式为

$$\text{模糊指标评价值}=\sum（\text{评语值}\times\text{该评语所代表状态所占的比例}）\tag{13-2}$$

例如，假设某风险因素 e_1 的评语的概率分布是：很好的概率为 20%，好的概率为 50%，一般的概率为 30%，差与很差的概率均为 0，则该风险因素的模糊指标评价值为

$$100\times0.2+80\times0.5+60\times0.3+30\times0+0\times0=78$$

用同样的方法可以计算所有其他风险因素的模糊指标评价值。最终得出模糊指标评价值向量 $\boldsymbol{C}$。

精确指标评价主要是根据实际值和标准值的比较，并根据评价需要和行业特点规定计分。值得注意的是这些指标中可能会出现负指标，为此，要求精确指标评价值在 0~100 之间，并按如下公式计算

$$W=100-\left|P-Q\right|\times a\tag{13-3}$$

式中，W 代表测评得到的评价指标值，Q 代表实际值，P 代表标准值，a 代表增减系数，即实际值每增加或减少 1 时的评价指标得分的增减值。由以上公式可以得出精确指标评价值向量 $\boldsymbol{F}$。评价指标的总得分按以下公式得出

$$Z=（\boldsymbol{A}，\boldsymbol{B}）\begin{pmatrix}C^{\mathrm{T}}\\F^{\mathrm{T}}\end{pmatrix}\tag{13-4}$$

金融机构可以事先确定 5 个风险等级的标准：例如优良状态 80～100 分；正常状态 60～80 分；轻微风险状态 40～60 分；高度风险状态 20～40 分；危急风险状态 0～20 分。据此从评价指标的得分可以推测金融服务外包的综合风险状态，为风险控制提供决策依据。如所选择业务是否能外包，外包的规模、深度、时间、金额的确定，如何保持与外包商的关系等。

下面举例来说明多因素层次法的使用

案例13.4

某公司产品外包的风险分析

某公司是生产水晶激光人像内雕系统的，要外包产品软件与3d扫描仪生产。经初步的分析与筛选，公司选中了加拿大Inspeck公司作为外包合作伙伴。为做到有效防范外包风险，保证公司的竞争力，公司需要关注整个外包的执行情况，该公司采用多因素层次分析法，对外包风险进行综合评价。公司选定了供应风险、合作风险与合作伙伴风险三个风险，共20个引发风险的风险因素对外包风险进行综合评价，其中有精确评价指标与模糊评价指标，表13-7给出了这些评价的指标，以及由专家给出的各项评价指标在综合评价中各自的权重。

表13–7 公司业务外包项目风险评价指标体系

风险种类	指标种类	指标（A）	权重a/%
供应风险	精确评价指标	A_1质量合格率	8
		A_2合同履约率	8
		A_3订单处理准确率	6
	模糊评价指标	A_4订单完成总平均周期	5
		A_5价格增长率	4
		A_6外汇变动幅度	3
合作风险	精确评价指标	A_7管理费用率	5
		A_8顾客抱怨率	5
		A_9订单增长率	4
	模糊评价指标	A_{10}信息共享度	5
		A_{11}退换货处理	4
		A_{12}双方信任度	6
		A_{13}目标一致性	4
合作伙伴风险	精确评价指标	A_{14}销售增长率	6
		A_{15}销售利润率	5
		A_{16}资本利润率	5
	模糊评价指标	A_{17}主营业务生命周期	3
		A_{18}新产品开发能力	5
		A_{19}市场占有率	5
		A_{20}异常事件处理能力	4

根据表中的评价指标体系，对该项目风险综合评价的步骤如下。

（1）确定模糊评价指标向量$\boldsymbol{C}$和精确评价指标向量$\boldsymbol{F}$

$\boldsymbol{C}$=（A_4，A_5，A_6，A_{10}，A_{11}，A_{12}，A_{13}，A_{17}，A_{18}，A_{19}，A_{20}）

$\boldsymbol{F}$=（A_1，A_2，A_3，A_7，A_8，A_9，A_{14}，A_{15}，A_{16}）

（2）确定模糊评价指标评语集合并赋值

对模糊评价指标采用评语：（很好，好，一般，差，很差）

其赋值为：$\boldsymbol{U}=(U_1, U_2, U_3, U_4, U_5)=(100, 80, 60, 30, 0)$

（3）确定各指标的权重

各指标权重的确定应由有关领域的专家对各风险因素进行分析确定，各评价指标的权重非负，且模糊评价指标与精确评价指标的权重之和为 1，由表 13-7 得模糊评价指标的权重向量 $\boldsymbol{A}$ 和精确评价指标的权重向量 $\boldsymbol{B}$。

$$\boldsymbol{A}=(a_4, a_5, a_6, a_{10}, a_{11}, a_{12}, a_{13}, a_{17}, a_{18}, a_{19}, a_{20})$$
$$=(0.05, 0.04, 0.03, 0.05, 0.04, 0.06, 0.04, 0.03, 0.05, 0.05, 0.04)$$
$$\boldsymbol{B}=(a_1, a_2, a_3, a_7, a_8, a_9, a_{14}, a_{15}, a_{16})$$
$$=(0.08, 0.08, 0.06, 0.05, 0.05, 0.04, 0.06, 0.05, 0.05)$$

（4）确定模糊评价表

企业组织有关人员对这些模糊评价指标进行评价，并对每个指标按照评语计算出各自的比例，结果见表 13-8。

表13-8　模糊评价表

评价指标 评语值 评语	很好	好	一般	差	很差
	100	80	60	30	0
A_4	0.2	0.5	0.3	0	0
A_5	0.3	0.5	0.1	0.1	0
A_6	0.2	0.4	0.3	0.1	0
A_{10}	0.1	0.5	0.2	0.2	0
A_{11}	0.3	0.4	0.1	0.1	0.1
A_{12}	0.2	0.5	0.2	0.1	0
A_{13}	0.1	0.3	0.2	0.2	0.2
A_{17}	0.3	0.5	0.2	0	0
A_{18}	0.2	0.5	0.2	0.1	0
A_{19}	0.2	0.3	0.2	0.2	0.1
A_{20}	0.3	0.4	0.2	0.1	0

（5）按公式 13-2 计算各模糊指标的评价值

例如，模糊指标 A_4 的评价值计算为

A_4 的评价值 $=100\times0.2+80\times0.5+60\times0.3+30\times0+0\times0=78$

同样的，可计算得各模糊指标的评价值向量 $\boldsymbol{C}$ 为

$\boldsymbol{C}=(78, 79, 73, 68, 75, 52, 82, 75, 62, 77)$

（6）按公式 13-3 计算各精确指标的评价值

表 13-9 是公司对各测评指标的标准值与实际值，表中的第四列为各指标的增减系数，第五列为按式 13-3 计算所得各精确指标的评价值。

表13-9 精确指标测评表

精确指标	实际值Q	标准值P	增减系数a	评价值
$A1$	95	100	5	75
$A2$	100	100	5	100
$A3$	95	100	10	50
$A7$	15	10	10	50
$A8$	3	0	20	40
$A9$	15	10	10	50
$A14$	10	10	10	100
$A15$	20	30	5	50
$A16$	5	10	10	50

由表 13-9 得精确指标评价值向量 $\boldsymbol{F}$ 为

$\boldsymbol{F}$=（75，100，50，50，40，50，100，50，50）

（7）按照式 13-4 计算风险的综合评价指标总得分，得

$\boldsymbol{Z}$=68.96

公司在对项目的风险进行综合评价之前，已确定了 5 个风险等级的标准。

优良状态：80 ～ 100 分。

正常状态：60 ～ 80 分。

轻微风险状态：40 ～ 60 分。

高度风险状态：20 ～ 40 分。

危急风险状态：0 ～ 20 分。

根据上述综合评价结果，该公司的该外包项目的风险处于正常状态。

（资料来源：朱力量．业务外包的负险与控制研究［D］．武汉：华中科技大学，2000）

13.3.4 金融服务外包风险度量的案例分析—中国银行湖南省分行

前面介绍了度量金融服务外包风险的三种方法及其比较，下面将通过中国银行湖南省分行的一个金融服务外包案例来对这三种方法具体应用，并加以详细说明，解释这三种风险度量的方法在实际中的应用及其利弊。

1. 案例背景介绍

首先，对中国银行湖南省分行的金融服务外包案例——中国银行湖南省分行电子报表管理系统外包案例的背景进行简要的介绍。

1）中国银行湖南省分行业务系统概况

随着中国银行业务的不断发展，中国银行的业务系统也在逐步实现数据大集中，数据大集中不仅可以减少设备和维护成本，也可以降低业务操作过程中由于数据分散布置而可能存在的各种风险。但也相应出现一些矛盾，如数据报表及综合数据分析的生成，一方面为加强经营管理，报表数量越来越多，种类也变化较快；另一方面，总行数据中心的工作重点以开发和业务系统维护为主，没有更多的时间来快速响应业务报表的生产要求，只能提供一些原始交易数据及一些基本的业务报表。因此，分行各业务部门为实现管理目标，分别向总行数

据中心要求提供带有个性化很强的数据接口，这不仅给总行业务中心造成了额外的工作负担，同时随着接口数量的增加，也会对生产机构的运行产生一定的影响。

经过多年业务系统的建设和运行，分行各个业务系统积累的各类型数据的数据量已经非常大，比如，中国银行湖南省分行的零售数据就超过了1TB，而对于历史数据的运用却没有很好的解决办法，基本上是采用流带、光盘或Lotus -Notes等形式进行存放，需要使用时就通过人工方式进行查找，或在备份机上将历史数据导入，再通过手工输入条件直接在数据库中进行查找或统计。因此，每当上级部门或领导需要收集某些在现有报表中没有的数据时，业务和科技部门的职员将要投入很大的人力和时间进行手工操作。每到月末、季度末、年末需要大量的人力进行手工汇总、报表处理，这样的处理方法不仅占用太多人力和处理速度比较慢，处理结果还往往不能满足业务分析和处理的需要。此外，中国人民银行、银监会和外管局的各种监管报表的定式制作和报送、业务操作类报表勾对是比较迫切的需求；内部管理报表和各种统计分析需求也在逐步增加。所以，统筹规划，分步实施，建立一个全面、科学、灵活的，包含丰富业务应用成果的中行湖南分行数据分析平台，成为中国银行湖南省分行的重要目标。

2）中国银行湖南省分行业务系统存在的问题

随着中国银行湖南省分行业务的不断拓展，信息化应用也在不断地深入，因此也有不少的系统陆续投入生产。这些系统的投产支持了银行业务和信息化的发展，但同时也暴露出一些新的问题，通过对这些系统进行分析，问题主要表现在以下几个方面。

问题一：大量的业务数据很难充分利用传统的业务系统产生的业务明细数据，即使包含着大量对决策非常有价值的信息，但由于其组织方式是面向业务应用而不是面向管理，从中抽取有价值信息的难度比较大，所花费的代价也很高（如投入的IT人员和时间）。而且，随着基础业务系统将来不断地改进和扩充，这些数据将逐渐具备如下特点：异构的数据结构，还有一些数据在带格式的报表文件中；不同的数据库；分布存放；备份到各种介质；数据量极大。这将造成难以全面、综合地掌握和利用在经营过程中得到的信息。

问题二：基于传统联机业务处理技术的查询系统，开发周期较长。

问题三：基于传统联机业务处理技术的查询系统，针对分析人员随时可能发生变化的需求，不能即时地动态生成报表。

问题四：面对海量数据，基于传统联机业务处理技术的查询系统在执行复杂、大量计算的查询、分析、监控方面将表现出极低的效率。

问题五：查询系统与基础业务系统相互干扰。

问题六：多个业务系统，可能导致多个查询系统，使用起来非常不方便。

问题七：不准确的数据，可能误导决策。

问题八：同时从多个查询系统中发掘有价值的数据，需要通过人工的方法汇总加工，这样势必降低时效性和准确性。

问题九：查询系统不仅在统计和报表方面不够灵活和自由，而且缺乏对数据的分析和挖掘功能，不能发现隐藏在数据后面的有价值的信息。

问题十：查询系统不能够监控和预测风险。传统的联机业务处理业务系统是帮助企业运行业务的，它所能提供的传统报表的模式具有一定的局限性，而且由于它的静态性和可调整的困难性，极大地限制了业务的发展。因此，对中国银行湖南省分行来说，目前迫切需要搭建一个符合中国银行特色的商业智能平台，把需要的数据和信息集中起来，统一管理，在此基础上首先满足目前最亟需的报表方面的需求，进而进行多角度、全方位的分析，如绩效考核、大客户分析、经营指标分析、关系营销分析、风险分析等，提升企业的运营能力，增强企业的竞争力；更进一步是对信息灵活地进行深度加工、分析，实现对风险监控、风险预测、决策分析等工作的支持。达到寻找潜在市场、潜在客户和发掘商机的目的，为银行开拓业务、降低风险提供依据。

3）中国银行湖南省分行业务系统的外包商介绍

为了尽快解决好报表方面的问题，中国银行湖南省分行经过反复研究后决定将湖南省分行的电子报表管理系统进行外包，外包商为武汉长天银通应用软件有限公司。武汉长天银通应用软件有限公司，系长天科技集团的成员企业，于1999年6月建成，具有独立法人资格。2000年公司引入创维集团的风险资金，并与IBM、Cisco、华为技术有限公司在软硬件及网络产品领域内展开全面合作，成为区域战略性合作伙伴。这家公司先后开发了中国银行北京市分行的信用卡透支催收平台、授信资产风险监控系统、数据分析平台，中国银行湖北省分行的授信资产风险监控系统、员工工作量考核系统、零售客户经理管理系统、事后监督系统，中国银行陕西省分行的管控系统和稽核系统，中国银行内蒙古分行的数据分析平台等多个金融平台系统。长天银通应用软件有限公司为中国银行湖南省分行今后功能的拓展构建的可拓展的电子报表平台系统主要包括以下七个方面的内容。

第一，建立和实现用户界面统一的接入与安全机制，利用门户技术进行构建。通过提供用户统一的界面，在系统管理层上，实现业务管理的统一、用户管理的统一、业务应用管理的统一及认证分析方面的统一。

第二，建立数据分析平台基础架构及其数据字典（元数据），为分步实施应用系统与分析层次打下全局构架基础，因为元数据关系到整个数据仓库系统的结构和运行，元数据的管理是数据仓库处理模式中的重要环节。

第三，对现有各业务系统产生的报表进行报表电子档案化集中管理，为节省大量的人力成本和办公场地、资源费用，实现网点报表无纸化。

第四，利用科技信息等高科技手段，加强中国银行湖南省分行各业务系统风险监控管理的手段与科学性；实现电子报表科学管理与业务数据勾对功能。

第五，适应中国银行湖南省分行本地扁平化管理需要，为各层次柜员、管理者提供电子报表数据科技信息处理途径；采用有效技术控制机制考虑平台系统对敏感性数据的安全、数据库管理员的系统安全性控制、权限管理等方面，如数据加密、数字签字、密钥管理、网络加密传送与认证等先进的安全技术，有效地防止非法用户的入侵，使操作者无法越权操作。

第六，实现资源共享，积累各业务系统的历史数据，建立中国银行湖南省分行特色管理业务平台，为中国银行湖南省分行各管理机构科学决策管理打下基础。

第七，在所有的操作界面中提供完全的操作交互手段和功能，操作者可以很方便地完成要执行的任务。在交互性方面，利用先进技术手段提供丰富的线索机制、数据与功能的关联特征、操作历史保存机制，在界面上，必须方便操作。

2. 案例风险度量

1）风险矩阵法风险度量

运用前两节介绍的三种方法对中国银行湖南省分行电子报表管理系统外包项目进行风险度量评估，首先采用风险矩阵评估法对中国银行湖南省分行的电子报表管理系统外包项目进行风险度量。由于风险矩阵法中的不同风险发生概率及不同风险的影响等级都需要由专家给出，因此，本书在写作过程中调查了 30 名专家对中国银行湖南省分行的电子报表管理系统外包项目所可能涉及的不同风险发生概率及不同风险的影响等级的意见。专家由中国银行湖南省分行的相关领导、软件公司高级管理人员以及风险评估专家共同组成。对 30 名专家关于中国银行湖南省分行的电子报表管理系统外包项目不同风险发生概率及不同风险的影响等级的调查结果见表 13-10 和表 13-11。

表13-10　外包项目不同风险发生概率的专家选择人数及占比情况统计

	0%~<10%		10%~<40%		40%~<60%		60%~<90%		90%~100%	
	选择人数	占比/%	选择人数	占比/%	选择人数	占比/%	选择人数	占比/%	选择人数	占比/%
决策风险	20	70	10	30	0	0	0	0	0	0
人力风险	30	100	0	0	0	0	0	0	0	0
财务风险	30	100	0	0	0	0	0	0	0	0
管理风险	13	44	16	53	1	3	0	0	0	0
系统风险	30	100	0	0	0	0	0	0	0	0
市场风险	7	24	18	60	2	6	0	0	0	0
技术风险	8	27	17	57	4	13	1	3	0	0
外包商风险	19	63	9	30	2	7	0	0	0	0

表13-11　外包项目不同风险的影响等级专家选择人数及占比情况统计

	可忽略		微小		一般		严重		关键	
	选择人数	占比/%	选择人数	占比/%	选择人数	占比/%	选择人数	占比/%	选择人数	占比/%
决策风险	14	47	15	50	1	3	0	0	0	0
人力风险	5	17	25	83	0	0	0	0	0	0
财务风险	30	100	0	0	0	0	0	0	0	0
管理风险	12	40	17	57	1	3	0	0	0	0
系统风险	30	100	0	0	0	0	0	0	0	0
市场风险	1	3	11	37	15	50	2	7	0	0
技术风险	1	3	10	33	17	57	2	7	0	0
外包商风险	4	13	9	30	16	53	1	3	0	0

从表 13-10 可以看出，大部分专家认为中国银行湖南省分行电子报表管理系统外包项目发生决策风险、外包商风险的概率都比较小，而认为中国银行湖南省分行电子报表管理系统外包项目中存在的管理风险、市场风险、技术风险的概率比较大。所有的专家都认为这个外包项目几乎不可能存在系统风险、人力风险和财务风险。这样的调查结果是基本令人满意的，因为中国政局稳定没有国家风险是自然的事，而对中国银行湖南省分行来说这个外包项目也几乎不可能会有财务及人力资源方面的问题。

从表 13-11 可以看出，专家们普遍认为财务风险和系统风险对外包项目的影响可以完全忽略，决策风险、人力风险及管理风险对外包项目的影响是微小的，而市场风险、技术风险和外包商风险对外包项目的影响则是一般的。因此，从表 13-11 可以看出专家们认为中国银行湖南省分行电子报表管理系统外包项目所可能产生的各种风险对外包项目的影响是比较小的。因此，运用风险矩阵法的风险评定方法再结合表 13-10 和表 13-11 的调查结果可以得出中国银行湖南省分行电子报表管理系统外包项目的风险评定结论，中国银行湖南省分行电子报表管理系统外包项目的风险矩阵法风险评定结论见表 13-12。

表13-12 中国银行湖南省分行电子报表管理系统外包项目的风险矩阵法风险评定结论

	风险发生概率	风险影响等级	风险评定结论
决策风险	0%~10%	微小	低
人力风险	0%~10%	微小	低
财务风险	0%~10%	可忽略	低
管理风险	10%~40%	微小	低
系统风险	0%~10%	可忽略	低
市场风险	10%~40%	一般	较低
技术风险	10%~40%	一般	较低
外包商风险	0%~10%	一般	低

从表 13-12 可以看出，中国银行湖南省分行电子报表管理系统外包项目的决策风险、人力风险、财务风险、管理风险、系统风险和外包商风险都是低的，市场风险和技术风险则是较低的。因此，整体而言，中国银行湖南省分行电子报表管理系统外包项目的风险是很低的。

2）波尔达序值法风险度量

由于风险矩阵法的度量比较粗糙，也没有考虑风险结的问题，所以有必要采用波尔达序值法来对外包项目的风险等级进行度量，在采用波尔达序值法来对中国银行湖南省分行的外包项目所可能产生的各种风险进行等级度量的过程中，首先将中国银行湖南省分行的外包项目所可能产生的各种风险分解成各种风险事件，风险事件仍然用 R_i 来表示，这样做的目的是为了便于度量。由于中国银行湖南省分行的外包项目承包商在国内不需要用外币进行结算，因此项目不存在外汇风险 R_6，同时该项目也不存在流动风险 R_7、检查困难 R_{10} 及人员流失或者人才匮乏风险 R_3。因此，在对中国银行湖南省分行电子报表管理系统这个外包项目所可能产生的各种风险进行风险事件分解时需要在表 13-5 的基础上剔除掉 R_3、R_6、R_7 及 R_{10}，即可用于度量中国银行湖南省分行电子报表系统外包的风险等级。中国银行湖南省分行电子报表管理系统外包的风险等级表见表 13-13。

表13-13　中国银行湖南省分行电子报表管理系统外包的风险等级表

风险类型	风险事件R_i	风险影响程度	风险概率区间	风险等级
决策风险	R_1	一般	90%~100%	高
	R_2	关键	40%~60%	高
人力风险	R_4	严重	90%~100%	高
财务风险	R_5	关键	40%~60%	较高
	R_8	微小	10%~40%	较低
管理风险	R_9	一般	40%~60%	中
	R_{11}	关键	60%~90%	高
系统风险	R_{12}	关键	10%~40%	高
	R_{13}	严重	0%~10%	较低
市场风险	R_{14}	微小	0%~10%	低
	R_{15}	严重	0%~10%	较低
技术风险	R_{16}	一般	10%~40%	较低
	R_{17}	一般	0%~10%	低
	R_{18}	可忽略	60%~90%	较低
外包商风险	R_{19}	关键	10%~40%	高
	R_{20}	严重	10%~40%	中
	R_{21}	关键	10%~40%	较高

根据表 13-13 及式（13-1）：可以计算出中国银行湖南省分行电子报表管理系统外包项目所可能产生的 17 个风险事件的波尔达数。中国银行湖南省分行电子报表管理系统外包项目所可能产生的 17 个风险事件的波尔达数分别为：b_1=24，b_2=30，b_4=28，b_5=28，b_8=13，b_9=20，b_{11}=32，b_{12}=27，b_{13}=21，b_{14}=7，b_{15}=15，b_{16}=17，b_{17}=11，b_{18}=16，b_{19}=27，b_{20}=21，b_{21}=27。比 R_1 的波尔达数 24 更大的风险个数有 7 个，分别是 b_2=30、b_4=28、b_5=28、b_{11}=32、b_{12}=27、b_{19}=27、b_{21}=27，因此风险 R_1 的波尔达序值为 7；比 R_2 的波尔达数 30 更大的风险个数有 1 个 b_{11}=32，因此风险 R_2 的波尔达序值为 1。同样的方法便可以计算出中国银行湖南省分行电子报表管理系统外包项目所可能产生的 17 个风险事件的波尔达序值，各个风险的波尔达序值见表 13-14。

表13-14　外包项目所可能产生的17个风险事件的波尔达序值

风险	R_1	R_2	R_4	R_5	R_8	R_9	R_{11}	R_{12}	R_{13}	R_{14}	R_{15}	R_{16}	R_{17}	R_{18}	R_{19}	R_{20}	R_{21}
波尔达序值	7	1	2	2	14	10	0	4	8	16	13	11	15	12	4	8	4

根据表 13-14 按照风险的重要性从高到低可以把中国银行湖南省分行电子报表管理系统

外包项目所可能产生的 17 个风险事件划分为 11 个风险等级，其中第一等级为 R_{11}，第二等级 R_2，第三等级 R_4=R_5，第四等级 R_{12}=R_{19}=R_{21}，第五等级 R_1，第六等级 R_{13}=R_{20}，第七等级 R_9，第八等级 R_{16}，第九等级 R_{18}，第十等级 R_{17}，第十一等级 R_{14}。由此可见，中国银行湖南省分行的外包项目风险大多位处于低等级的风险状况。

3）多因素层次分析法风险度量

在采用波尔达序值法对中国银行湖南省分行电子报表管理系统外包项目所可能产生的 17 个风险事件进行了风险等级划分后，采用多因素层次分析法对中国银行湖南省分行电子报表管理系统外包项目进行整体风险度量。按照多因素层次分析法的基本思想，首先在波尔达序值法的基础上对中国银行湖南省分行电子报表管理系统外包项目所可能产生的各个风险事件进行进一步的细分，对细分出来的所有风险事件采用一套指标体系进行表示，将这些指标体系中的指标划分为模糊指标和精确指标两种指标类型，通过对 30 位专家的调查，对模糊指标赋予适当的权数，再进行加权计算，这样就可以度量出中国银行湖南省分行电子报表管理系统外包项目的总体风险值。由于项目还没有精确风险数据，因此这里的度量不需要精确指标，根据外包项目的实际情况去除相应风险因素，得到了中国银行湖南省分行电子报表管理系统外包项目的风险评价指标体系，如表 13-15 所示。

表13-15中国银行湖南省分行电子报表管理系统外包项目的风险评价指标体系表

风险类型	事件	风险因素	指标名称	变量
决策风险	R_1	能力、环境、资源把握不准确	能力、环境、资源的认识能力	X_1
	R_2	丧失对核心能力的控制	能力的了解重视程度	X_2
人力风险	R_4	信息失真	信息失真	X_6
		机会主义行为	机会主义行为发生的可能性	X_7
财务风险	R_7	履行职责或提供补偿资金不足	外包资金充足率	X_{11}
	R_8	应收账款质量恶化	恶化程度	X_{12}
管理风险	R_9	监控制度和能力的欠缺	监控制度的有效性	X_{13}
		违反法规的冲动	遵守法规的意愿	X_{14}
	R_{10}	外包业绩衡量不科学	绩效衡量标准有效性	X_{15}
		高管知识结构和管理水平欠缺	高管的能力	X_{165}
系统风险	R_{11}	信息渠道不健全	信息渠道健全性	X_{17}
	R_{12}	经济不景气	通货膨胀	X_{20}
市场风险	R_{14}	外包商讨价还价能力提高	外包商市场控制力	X_{22}
	R_{15}	低成本控制的后果	外包商的利润空间	X_{23}
		外包商生产能力	外包商的生产成本	X_{24}
技术风险	R_{16}	技术标准不统一	技术标准的统一性	X_{25}
		技术缺乏连续性和延续性	技术的延续性	X_{26}
	R_{17}	技术安全保密性能差	技术安全保密性	X_{27}
		信息系统抗侵袭能力差	系统抗侵袭能力	X_{28}

续表

风险类型	事件	风险因素	指标名称	变量
外包商风险	R_{18}	技术容易被模仿	技术被模仿性	X_{29}
		外包垄断、服务商实力悬殊	外包商的竞争力	X_{30}
	R_{19}	资产专用性高	资产专用性	X_{31}
		对外包商依赖性强	外包依赖程度	X_{32}
		更换外包商的前期成本过高	外包进入门槛	X_{33}
	R_{20}	风险分担和收益的匹配性	风险和收益匹配度	X_{34}
		战略目标的冲突	战略目标一致性	X_{35}
		外包商投机行为、不可控行为	投机的可能性	X_{36}
	R_{21}	错误的信用评级	评级的可信度	X_{37}

表 13 -15 所涉及的指标均为模糊指标，因此，先邀请 30 位专家对表 13-15 中的模糊指标变量的各个风险等级给出自己的意见，意见采用百分比的形式。30 位专家对表 13 -15 中的模糊指标变量的风险等级意见见表 13-16。

表13-16　30位专家对表13-15中的模糊指标变量的风险等级意见表

X_i	低风险W_1	较低风险W_2	一般风险W_3	较高风险W_4	高风险W_5
X_1	很强	较强	一般	较弱	很弱
概率	22%	32%	36%	10%	0%
X_2	很重视	比较重视	一般	不太重视	很不重视
概率	56%	30%	9%	5%	0%
X_6	不失真	小部分失真	中度失真	大量失真	完全失真
概率	63%	27%	8%	2%	0%
X_7	很小	较小	一般	较大	很大
概率	44%	41%	10%	5%	0%
X_{12}	没恶化	细微恶化	恶化程度小	较大	很大
概率	75%	20%	5%	0%	0%
X_{13}	很有效	较有效	基本有效	不太有效	基本无效
概率	80%	10%	10%	0%	0%
X_{14}	很强	较强	一般	不太强	不强
概率	50%	24%	16%	10%	0%
X_{15}	很有效	较有效	基本有效	不太有效	基本无效
概率	45%	32%	12%	11%	0%
X_{17}	很健全	较健全	基本健全	不太健全	很不健全
概率	52%	36%	10%	2%	0%
X_{22}	很大	较大	一般	较小	很小

续表

X_i	低风险W_1	较低风险W_2	一般风险W_3	较高风险W_4	高风险W_5
概率	10%	15%	25%	40%	10%
X_{24}	很高	较高	一般	较低	很低
概率	35%	46%	10%	9%	0%
X_{27}	很强	较强	一般	较弱	很弱
概率	51%	35%	14%	0%	0%
X_{28}	很强	较强	一般	较弱	很弱
概率	65%	28%	7%	0%	0%
X_{29}	不可模仿	可能性较小	中等可能性	较大可能性	完全被模仿
概率	20%	31%	45%	4%	0%
X_{30}	很弱	较弱	一般	较强	很强
概率	15%	21%	40%	20%	4%
X_{32}	很弱	较弱	一般	较强	很强
概率	69%	15%	13%	3%	0%
X_{33}	很弱	较弱	一般	较强	很强
概率	62%	25%	10%	3%	0%
X_{34}	很合理	较合理	一般	较不合理	不合理
概率	33%	46%	13%	6%	2%
X_{36}	很小	较小	一般	较大	很大
概率	40%	42%	13%	5%	0%
X_{37}	完全可信	大部分可信	基本可信	基本不可信	不可信
概率	20%	44%	25%	5%	6%

根据表 13-16 中专家给出的风险等级意见，可以计算出各个模糊指标的评价值，如表 13-16 中的 X_1 表示的是外包金融机构对能力、环境、资源的认识能力，X_1 被分为 5 个风险等级，分别是很强、较强、一般、较弱和很弱。实际度量中如果专家认为该外包金融机构对能力、环境、资源的认识能力很强的概率为 20%，对能力、环境、资源的认识能力较强的概率为 30%，对能力、环境、资源的认识能力一般的概率为 40%，对能力、环境、资源的认识能力较弱的概率为 5%，对能力、环境、资源的认识能力很弱的概率为 5%，那么根据前面对 5 个风险等级的赋值及专家给出的 5 个概率值就可以得出 X_1 模糊指标评价值：$X_1=100\times20\%+80\times30\%+60\times40\%+30\times5\%+0\times5\%=69.5$，采用同样的方法，就可以得出除 X_1 以外的其他 19 个模糊指标变量的模糊指标评价值，实际度量中仍然将 W_1 赋值 100，W_2 赋值 80，W_3 赋值 60，W_4 赋值 30，W_5 赋值 0，也就是低风险得分高，高风险得分低。采用上面介绍的方法得出 20 个模糊指标变量的模糊指标评价值之后，通过计算就得到了中国银行湖南省分行电子报表管理系统外包项目的风险模糊指标评价值向量 $\boldsymbol{C}$ =（C_1，C_2，C_6，C_7，C_{12}，C_{13}，C_{14}，C_{15}，C_{17}，C_{22}，C_{24}，C_{27}，C_{28}，C_{29}，C_{30}，C_{32}，C_{33}，C_{34}，C_{36}，C_{37}）。其中，$C_1=72.2$，$C_2=86.9$，$C_6=90$，$C_7=84.3$，$C_{12}=94$，$C_{13}=94$，$C_{14}=81.8$，$C_{15}=81.8$，$C_{17}=87.4$，$C_{22}=50$，$C_{24}=80.5$，$C_{27}=87.4$，

C_{28}=91.6，C_{29}=73，C_{30}=62.2，C_{32}=89.7，C_{33}=88.9，C_{34}=79.6，C_{36}=82.9，C_{37}=72.3。在获得模糊指标评价值向量 $\boldsymbol{C}$ 后，需要获得模糊评价指标权重向量 $\boldsymbol{A}$，$\boldsymbol{A}$ 表示采用 30 位专家对每一个模糊指标评价值的所给出的权重的一组平均值，平均值进行适当的调整已确保和为 1。

调整后的 $\boldsymbol{A}$ 为

$\boldsymbol{A}$ =（A_1，A_2，A_6，A_7，A_{12}，A_{13}，A_{14}，A_{15}，A_{17}，A_{22}，A_{24}，A_{27}，A_{28}，A_{29}，A_{30}，A_{32}，A_{33}，A_{34}，A_{36}，A_{37}），其中 A_1=6%，A_2=5%，A_6=7%，A_7=6%，A_{12}=1%，A_{13}=5%，A_{14}=8%，A_{15}=5%，A_{17}=5%，A_{22}=4%，A_{24}=6%，A_{27}=10%，A_{28}=9%，A_{29}=7%，A_{30}=4%，A_{32}=3%，A_{33}=2%，A_{34}=5%，A_{36}=7%，A_{37}=1%。在获得了 $\boldsymbol{A}$ 和 $\boldsymbol{C}$ 以后中国银行湖南省分行电子报表管理系统外包项目的整体风险可由式（13-4）计算得出，其中 $\boldsymbol{C}^{\mathrm{T}}$ 表示向量 $\boldsymbol{C}$ 的转置，$\boldsymbol{F}^{\mathrm{T}}$ 表示向量 $\boldsymbol{F}$ 的转置，根据案例的实际情况这里的 $\boldsymbol{B}$ 和 $\boldsymbol{F}^{\mathrm{T}}$ 均为零向量，经计算得到中国银行湖南省分行电子报表管理系统外包项目的整体风险为 87.066。参照大多数金融机构确定的五个风险等级的标准：优良状态 80~100 分；正常状态 60~79 分；轻微风险状态 40~59 分；高度风险状态 20~39 分；危急风险状态 0~19 分，中国银行湖南省分行电子报表管理系统外包项目的整体风险评估结果为优良。

3. 度量结果与对策建议

前面采用了三种不同的度量方法对中国银行湖南省分行电子报表管理系统外包项目的风险进行了度量，三种方法的度量结果都显示中国银行湖南省分行电子报表管理系统外包项目是低风险的。但是三种度量方法都有着各自的特点，风险矩阵法在度量中国银行湖南省分行电子报表管理系统外包项目的风险时操作过程是最简单的，结果也是最直接的，但是这种度量的结果却不够精确。多因素层次分析法在度量中国银行湖南省分行电子报表管理系统外包项目的风险时度量结果最为精确，甚至可以给出具体的数值，但其操作过程最为复杂，涉及诸多变量，变量远多于风险矩阵法中所涉及的变量，而且多因素层次分析法需要专家多次进行打分等比较烦琐的操作。因此，尽管多因素层次分析法较风险矩阵法和波尔达序值法的度量更为精确，但在金融机构的服务外包项目中，小型的外包服务项目没有必要采用多因素层次分析法进行风险度量。从三种方法的度量结果还可以看出，波尔达序值法的度量结果实质上是一种过渡性的度量结果。它给出的中国银行湖南省分行电子报表管理系统外包项目所可能产生的各种风险事件的风险等级非常重要。中国银行湖南省分行可以根据风险的不同等级有针对性地制定各种应对外包项目风险的对策，具有很大的实用价值。不难看出，风险矩阵法最为简单，适应小型外包项目的风险度量；波尔达序值法的分析最具有实用性与针对性；多因素层次分析法的度量最复杂，适应比较大型的外包项目的整体风险度量。

13.4 金融服务外包风险的管理与控制

从风险的可控制性看，决策风险、人力风险、财务风险、管理风险、技术风险及外包商风险属于可控制风险，市场风险和系统风险属于不可控制的风险。因此金融服务外包风险控制的内容针对的是可控制风险。不同的企业所面临的风险的相对重要性也是各异的，企业必须根据风险的重要性来分配资源。决策风险、管理风险、财务风险、技术风险体现的是“事”的问题，人力风险体现的是“人”的问题，外包商的风险体现的是“组织”的问题。

13.4.1 金融服务外包过程的风险管理

外包过程中对外包过程的风险控制是整个外包工作的重中之重，直接关系到整个外包工作的成败，是整个外包工作的关键所在。金融业务外包过程包括6个基本步骤，即金融机构竞争力和战略分析、识别最适合外包的金融服务、制定外包需求、外包商评估与确定、协商与签约、项目执行与过渡、关系管理及终止契约。金融机构在外包过程中的上述各个环节均应加强管理，每个步骤都需要认真评估，防范风险。对外包过程的风险控制可以分为以下几个阶段进行。

1. 前期调查分析阶段

这一阶段，金融机构需要弄清几点。第一，要了解外包市场的环境，包括自己当时所处的政治、法律、经济、文化、军事等环境及其变化趋势是否适合外包金融领域，外包市场的竞争结构是垄断还是竞争等。第二，要有正确的自我认识。金融机构的高层管理者要清楚企业核心业务和核心竞争力所在，是否需要重组业务流程、如何重组，如何建立自己的核心力评价体系，哪些业务需要外包并能够外包，对这些业务的控制能力如何，自己的经营目标和外包之间的联系如何等。

2. 评估和确立方案阶段

在此阶段，金融机构的决策层要听取来自企业内部和外部专家的意见，这支专家队伍应该覆盖信息、法律、人事和财务等部门。此外，还要借鉴其他金融机构同类外包的经验，结合自己的特征，在综合各方面的意见之后，确定外包服务等级、规模、原则、行为规范等，它将对以后与外部企业的联系及外包业务的获利和控制起到重要作用。

3. 选择外包商阶段

金融机构选择外包商，要注意外包商是否真正理解项目要求，是否有相关的经验或足够的能力解决问题，它财务状况如何，是否具有良好的信誉、是否有足够的人力资源和储备人才等重要问题。要尽量选择信誉好、技术强、经验足、人力资源丰富的外包商作为合作伙伴。通过项目招标，在公开、公平的基础上选择外包商是国际通行的方法。确定外包商之后，签订合同要给予信用和约束两方面的考虑，合同内容尽量详实、明确，以免日后出现歧异，影响合作。此外，如果外包的业务是非常重要的，那么则尽量不要把鸡蛋放在一个篮子里，在外包商逐渐成熟并有可能“谋反”的时候，适当选择、培育、引进外包竞争对象，促使竞争格局的形成，一方面从长远来看可以降低外包成本，另一方面还减少了被唯一外包商钳制的危险。

4. 外包的实施和监理阶段

按合同规定的条款，金融机构要保持对项目执行的随时监测和评估，及时与承包商交换意见，弥补自身在技术及项目管理经验上的不足。在实施外包初期，要帮助机构内部业务部门运用、适应新的运作方式，建立事前和事后监督机制和风险甄别与警告机制。通过对金融机构与外包商关系的有效管理，促进金融机构与外包商结成稳固的、有弹性的伙伴关系，达到双赢。

5. 退出外包阶段

退出外包可能是因为企业发现该项业务不适合外包，需要重新收回自己管理，或者是因为可以通过合同购买的形式获得更稳定、优质的服务，从而将该项业务完全剥离。这项决策涉及外包进入及运行时投入的资产的专用性问题，如果资产专用性高，那么沉没成本相应就比较高，不适当退出，将导致成本的损失，除此之外，可能使即将显现成效的付出功亏一篑。

13.4.2　外包服务提供商风险控制管理

对外包服务提供商的管理主要是对其投机行为的管理。外包中的投机行为包括企业对外包合作伙伴的依赖度上升而失去对外包业务的控制，外包合作伙伴提高供货价格，外包合作伙伴纵向一体化而成为竞争对手，对收益分配期望值的差异而使后续合同无法执行，外包合作伙伴把企业的核心机密、技术突破、产品研发透露给企业的竞争对手。对于外包商的投机行为的管理主要从以下几个方面入手。

1. 制造并利用竞争控制

对非常普遍的非核心业务，比如后勤、清洁等业务，这些业务可以实现完全竞争控制，利用市场这只“看不见的手”去调节，无需费时费力地评估评审。对于重要的、关键的、与核心业务和核心优势关系紧密的外包，在积累一定的管理经验之后，为防止外包商的垄断，也需要适当选择和培育一个或多个外包商，促使竞争局面的形成，以加强主动控制的能力。

2. 详细灵活的合约控制

可以通过合约的方式来规定自己与外包合作伙伴双方的权利和义务、服务的质量标准、服务费用的支付、技术专利的保护、知识产权的规定、后续合同的续延等。采取合约控制时，应对所关注的问题规定地越详细越好，避免含混不清给外包业务的合作带来麻烦。但是详细并不是死板，规定要能为事前不能预料而后来发生的情况的处理提供合理的实施原则。研究认为外包失败主要是结果难以衡量。建议外包活动应分步进行，可提供一个能获得很少报酬的外包试验项目和一个能获得很大回报的大项目。那些能提供良好质量或能良好履行合同的公司会承接只有很少报酬的外包试验项目，因为他们可以从以后的大项目中得到回报。那些不能提供良好质量或无法良好履行外包合同的公司，将因为他们履行合同的结果而暴露出他们存在的问题，他们就不会接受外包，从而被排除在大项目之外。

3. 相互制约的股权控制

股权控制可以是单方持股也可以是相互持股，它把企业和外包商的利益紧紧联系在一起，可以使外包双方参与到对方的运营之中，加强控制，同时发挥商誉品牌等无形资产的影响，使企业不能随意撤出外包，外包商也不敢轻易实行纵向一体化而成为竞争对手。

4. 必要的管理输出控制

除了可以通过股权参与的形式实现对外包商的管理控制之外，企业可以采用管理输出的形式，在外包商公司安插人员，通过现场管理，及时并大量了解到外包业务的一手信息，避免因时滞或信息失真而导致损失。

5. 公平合理的激励和惩戒

企业可以通过价格激励、订单激励、信息激励、淘汰激励、组织激励、新产品新技术的共同开发等方式，促使外包合作伙伴提高质量水平、供货准时水平和供货成本水平等，调动外包合作伙伴的积极性，消除由于信息不对称或败德行为所造成的风险，实现双赢的局面。除了正面的激励之外，适当的惩戒措施也不可缺少，一方面可以减少道德风险的产生，另一方面在道德风险产生时企业可以获得一定的补偿。一般，惩戒措施可以以合同的形式事前予以规定。

6. 建立外包商的评级准入和监控评价机制

通过完善的外包商准入评级体系，有效对外包商的技术实力、经营状况、社会信誉等因素进行综合评定，以测定外包商资质等级，从而选择竞争实力强，技术有保障的企业作为业务外包合作伙伴。建立外包提供商业务风险监测和后续评价机制，在业务外包的实施和管理阶段，金融机构要保持对外包业务性能的随时监测和评估，定期对外包商提供的外包业务综合效益、业务质量层次的提升及业务外包后对核心业务的影响等做出测算评价，并及时与外包商交换意见，以推进和完善业务外包长期发展战略及相关机制。

13.4.3 外包人员管理

1. 对于文化冲突的管理

文化冲突可能直接导致谈判成本、融合成本、管理成本等增加，利润减少，导致职员之间理解误差、挫伤劳动积极性，造成人才流失、市场分额减少等。文化冲突的根源在于不同文化的差异性，从而导致工作方式、作风、态度及对同一事物的理解上的差异或矛盾。解决这一矛盾的方法有很多，如价值观培训、会议、联谊互动等形式，不论是哪种形式，都是要促进双方的文化交流和理解，找出不同文化的结合点，求同存异，提高员工对外包活动的认可度和接受度，平等对待。

2. 对于外包人员的管理

导致人员风险的因素，一是外包人员的道德风险；二是外包人员的心理风险。

道德风险的发生主要是由于人员的职业道德水平低下，社会道德素质差，具有恶意行为或不良企图，歧视、轻视外包工作，不愿承担工作责任，向对方推卸责任；丧失工作兴趣而消极怠工，帮助竞争对手工作，利用职务之便为自己谋私利等。

心理风险的发生主要是由于外包人员主观上的疏忽与过失导致外包风险事故的发生或损失扩大，主要表现为业务素质差，技术水平不过硬、心理素质差等。

为防范人力风险，企业应根据实际情况，不定期地对外包人员的素质进行审查和培训，除了要提高外包人员道德素质、业务素质、心理素质之外，还要从企业自身找原因，是否企业在外包运作上面存在不足和疏忽，如外包业务相关人员的责任划分是否明晰、外包商的工作人员的劳动计费是否合理、是否能够保证劳有所得、劳动成果是否能够得到肯定、企业中及企业间的学习交流、经验共享的渠道是否通畅等。这些因素都会直接影响到员工的工作情绪、工作积极性、工作新鲜感及工作成就感。

因此，对于外包人员的风险控制同对外包商的管理一样，也要监督和激励并重，建立考核与激励机制，以及相应的外包风险责任制。

首先，要建立有效的外包考核体系，可以准确把握外包人员的素质和能力，衡量其是否适应负责外包工作，以及工作的绩效；了解外包部门履行职责、工作创新的情况，以及完成任务的指标情况。为企业对外包人员进行培训提供依据和参考，对外包工作情况进行有效的监控，对出现的风险进行及时处理，并形成外包部门或外包人员的自我约束和自我激励机制。考核要实现全方位考核，包括企业对外包部门和人员的考核，外包部门内部的考核，合作伙伴对外包人员的考核，外包人员对自己的考核，以及对本企业相关人员的考核。全面的考核为明晰责任、公平奖惩提供依据。考核标准客观统一，考核要素全面且相互独立，考核时间与方式统一，并坚持公平、公开、公正的原则，一视同仁，不带任何主观倾向性。采取同样的标准评价考核体系，全方位地进行考核，并采取科学的方法对考核结果进行整理分析，剔除各种异常值，保障考核结果的准确性，避免由于考核偏差而出现激励偏差，而给外包员工造成不公平的印象。

其次，结合外包考核结果进行适当的激励。激励有正激励和负激励两种，正激励催人上进，负激励对员工产生必要的约束。企业在建立竞争性用人机制和分配机制的同时，综合运用多种激励手段，如福利分配、职务晋升、脱产培训等方面，向在外包中有突出贡献的人员倾斜，而对于不能很好履行职责或给企业带来损失的人员应给予适当的处罚。除了以规章等形式出现的正式制度的激励之外，还有非正式制度形式的激励，如领导的人格魅力、威信及人情等对员工的行为都具有强大的影响力。

最后，要建立完善的风险责任制。为提高外包人员对风险的认识，保护外包活动的安全，规范外包行为，降低风险程度，需要建立外包风险责任制，在企业内部明确外包部门和外包人员的职责和权限。建立外包风险责任制，就要实行职责分离，明确风险责任的主体、风险责任的范围。风险责任包括工作责任、经济责任和法律责任。与责任相对应的是权利，要适当授权给外包人员，外包人员只能在其活动授权的范围内开展活动。授权要具体明确，避免出现问题时没人管或多人管的局面。此外，由于具体经办人员的行为或环境等因素的干扰，会使外包工作偏离预定轨道，因此需要对外包业务进行不定期的审核，审核的途径和内容可不断变化，这对外包人员的道德和心理因素引起的外包风险能起到有效的防范作用。

3. 加强外包业务道德风险监控，防止寻租行为出现

外包金融业务通常涉及金额较大，动辄上千万，市场竞争激烈，寻租机会较多。因此，在金融业务外包过程中要加强监督管理，注意通过运用招投标等方式确保业务外包公平、公开和公正，尽可能通过集体决策方式避免被个别人尤其是金融机构负责人滥用权力，暗箱操作，寻取租金，影响外包业务的质量并产生法律风险。

本章小结

金融服务外包风险就是金融服务外包活动遭受损失的可能和后果。金融服务外包风险管理包括两个过程：第一是对外包过程中的风险因素进行识别。第二是对金融服务外包过程中的风险因素进行度量。一个完整的风险管理过程包括风险识别评估和风险控制过程。

巴塞尔联合论坛《金融服务外包》把金融外包风险分为：战略风险、名誉风险、合规风险、操作风险、退出风险、对手风险、国家风险、履约风险、沟通风险、集中与系统风险。

按照风险因素企业是否可控，可把风险分为来自企业内部的风险和来自企业外部的风险。来自企业内部的风险包括决策风险、人力风险、财务风险和管理风险。来自企业外部的风险包括系统风险、市场风险、技术风险和外包商风险。根据金融外包企业风险的特殊性和多样性实际，把外包企业风险一般归纳为：决策风险、泄密风险、合同风险、经营风险、利益冲突风险、文化差异风险。按照不同业务外包最后可能导致的结果，可以把金融企业外包风险分为履约风险、转变业务风险、机密外泄风险、依赖性风险、职业风险、收益分配的不确定性风险等。

影响外包风险的因素归纳起来主要有环境、战略、资源和能力四种。在金融服务外包的四个影响因素中，环境因素属于外部因素，金融机构难以对其进行控制，战略、资源、能力因素属于内部因素，金融机构可以较为有效地对其进行控制。它们之间的关系是：资源和能力是实现战略目标的支持要素，资源和能力之间是相互作用的，它们除了直接对战略产生影响之外，还可以通过对彼此的改变而间接影响战略；环境的变化会对战略产生影响，并导致资源及能力的变化；战略本身也暗藏着风险因素，委托方和承包商的战略之间也有很大的相关性。

风险识别主要方法有专家个人判断法、头脑风暴法、德尔菲法、面谈或访谈法、核对表法和流程图法。外包风险的度量主要是风险矩阵法、波尔达序值法、多因素层次分析法。

金融服务外包风险的管理与控制包括金融服务外包过程的风险管理、外包服务提供商风险控制管理及外包人员管理。

练习与思考

1. 什么是风险？什么是金融服务外包风险？
2. 金融服务外包风险有哪些分类？
3. 哪些因素会影响金融外包风险？
4. 如何识别金融外包风险？
5. 怎么度量金融服务外包风险？
6. 如何控制外包过程？
7. 对于外包商的投机行为，企业应该怎么管理？

第14章

金融服务外包监管

本章导引

金融界认识到日益增长的对业务外包的依赖可能对金融机构风险管理及经营合规性监控构成挑战。金融监管是控制金融风险、维持金融市场稳定、保护金融消费者利益的重要手段。各国都建立了完善的金融监管机构和监管体制，制定了严格的监管法律法规。本章主要介绍世界主要发达国家的金融监管机构和监管体系，发达国家和国际组织金融服务外包监管法规、监管原则和内容。最后介绍了我国金融服务外包的监管问题。

14.1 金融监管机构及体制

金融监管机构是根据法律规定对一国的金融体系进行监督管理的机构。其职责包括按照规定监督管理金融市场；发布有关金融监督管理和业务的命令和规章；监督管理金融机构的合法合规运作等。

我国目前的金融监管机构包括中国人民银行、中国银行保险监督管理委员会和中国证券监督管理委员会。

美国金融监管体制实行机构型监管和功能型监管相结合，是一种典型的“双重多头”监管体制。“双重”是指联邦政府和各州政府均有金融监管权力，“多头”是指有多个部门负有监管职责。联邦层面的金融监管机构包括：由美联储（FRB）、联邦存款保险公司（FDIC）和货币监理署（OCC）共同负责对商业银行的监管；证券交易委员会（SEC）、商品期货交易委员会（CFTC）和美国投资者保护公司（SIPC）共同负责对证券期货机构及证券期货市场的监管；储贷监理署（OTS）负责监管所有属于储蓄机构保险基金的联邦和州注册的储贷机构；国家信用社管理局（NCUA）负责监管所有参加联邦保险的信用社。美国州政府拥有多方面的金融监管权力，其中最完整的体现在保险行业。美国联邦层面没有保险监管机构，州政府包办了对保险机构的全部监管权。

欧盟2011年起建立新的金融监管体系框架，新的金融监管体系主要由四个监管机构组成。由欧盟成员国中央银行行长组成的欧洲系统性风险委员会（ESRC）将负责监测整个欧盟金融市场上可能出现的宏观风险，及时发出预警并在必要情况下建议应采取的措施。欧洲银行业管理局（EBA）、欧洲保险与年金管理局（EIOPA）、欧洲证券与市场管理局（ESA）分别对银行业、保险业和金融市场交易活动进行监管，它们是泛欧金融监管体系（ESFS）的微观组成部分。金融监管局拥有部分超越成员国监管机构的权力。监管局是欧盟金融监管规定的“守护者”，负责监督成员国执行这些规定。当某一成员国拒不执行欧盟规定时，监管局可向该国监管机构下达指示，在仍得不到遵守的情况下，监管局可跳过成员国监管机构，直接要求相关金融机构予以纠正。此外，监管局还有权对特定金融交易实体、金融产品和裸卖空等金融交易行为展开调查，以评估它们给金融市场带来的风险。根据欧盟相关立法，在出现紧急情况时，监管局将有权临时禁止或限制某项金融交易活动或金融产品的交易，并可向欧盟委员会提出立法建议，永久性禁止这类产品和活动。

日本的金融监管体系主要由三个方面构成：一是金融厅。负责对银行业、证券业、保险业、信托业和整个金融市场进行监管。主要职能为稳定日本金融体系，保护存款者、保险受益人和证券投资人的利益，通过制定政策法规对金融机构和金融交易进行监管，提高金融系统的效率。二是日本银行。主要职能为出于维护金融稳定目的需要，对在日本银行开立账户的金融机构实施现场检查（on-site examination）和非现场监测（off-site monitoring），以评估这些金融机构的业务经营状况、风险管理情况、资本充足情况及盈利能力。三是日本存款保险公司。主要职能为对投保的金融机构进行审查（inspection）以保护金融体系的稳定和存款人的利益。

澳大利亚的金融监管框架于1998年7月1日进行了广泛的改革。改革后，其监管框架不是按金融机构类型进行监管，而是根据职责功能对金融体系进行全面监管。改革之后的澳大利亚金融监管理事会是一个合作主体，其成员主要由澳大利亚储备银行（RBA）、澳大利亚审慎监管局（APRA）和澳大利亚证券投资委员会（ASIC）三个金融监管机构组成。澳大利亚审慎监管局负责监管银行、各类信用社、房屋协会、保险公司、友好协会和养老金基金的大多数成员；澳大利亚证券与投资委员会主要负责金融服务业及公司方面相关法律的实施，以保护债权人、投资人及消费者的利益；澳大利亚储备银行的主要职责是维护金融体系稳定，预防潜在风险，制定并实施相关货币政策，对清算支付体系进行监管，充当“最后贷款人”的角色。三个监管部门各司其职，并共同组成了金融监管理事会，进行机构之间的沟通与协调，共同维持金融体系的高效性、竞争性与稳定性。

案例14.1

澳大利亚监管当局调查银行业务外包

澳大利亚银行的外包业务包括信息技术、信用卡服务、采购、支票、其他电子清算服务、抵押贷款处理及薪酬等。这些外包存在的问题是：如果服务商运作出现问题或不能持续提供服务，那么就可能会给客户资料保密及银行的财务状况及声誉带来风险。

2002年1月，澳大利亚审慎监管当局（Australian Prudential Regulation Authority，APRA）完成了一项针对银行外包的调查，并从当年7月1日开始实施具体的审慎标准。

APRA发现，对外包安排的管理有多种方式：较大的机构通常有专门的外包部门确保本机构外包政策得以执行；另外一些机构则将外包职责交由商业单位。在此情况下，没有专门部门负责监管外包安排，其中的风险也难以得到正确识别与评估。

约有不到三分之一的受调查机构有正式的外包政策。多数受调查的银行能准确表述外包业务的类型或进行外包的原因，但没有标准化的做法。

14.2 金融服务外包监管法规

14.2.1 发达国家的监管立法

目前，一些发达国家已经建立了对金融服务外包的监管标准及立法控制，这些国家包括：澳大利亚、比利时、加拿大、德国、日本、荷兰、瑞士、英国、美国。以下是这几个国家规范金融外包监管的简要情况。相对而言，欧洲国家在金融服务外包及其监管方面都要落后于美国。

1. 美国

美国是最早开始就金融服务外包制定规则的国家。1999 年纽约联邦储备银行就如何防范金融服务外包的风险问题发表了报告，并提出了一套系统的规范做法。纽约股票交易所规则 342、346 和 382 被解释为排除或限制外包，或者是全部，或者是针对受监管个体。《证券交易法》的限制性规定禁止非注册人员从事某些证券业务。银行联邦金融机构检查委员会（FFIEC，美国存贷款机构五大监管当局的联合组织）发布一系列指导方针和公告，明确银行在 IT 业务外包关系中的风险管理责任，并为监管者提供指南。最新的版本特别关注第三方关系中的信息安全风险。

美国关于银行外包的监管指引包括：货币监理署公告 2001-47 号，《第三方关系：风险管理原则》；FFIEC 的《技术服务外包风险管理指引》；联邦存款保险公司的三个技术公告，《选择外包商的有效办法》《对技术外包商操作风险的管理工具：服务水平协议》《管理多方外包商的技术》；FFIEC 的《技术外包商（TSP）监管手册》概括了监督和管理 TSP 关系的风险监管方法。2004 年年中，美国银行监管部门完成了新版的《FFIEC 技术服务外包 IT 检查手册》，这一文件对如何评价一家金融机构建立、管理和监督 IT 外包关系的风险管理水平，提供了指导方针和检查办法。

案例14.2

货币监理署对一家银行及其服务商采取制裁措施

2002 年，美国货币监理署（OCC）对一家加利福尼亚银行及其服务商采取了强制措施。此服务商为该银行在 18 个州及哥伦比亚特区的部分贷款提供发放及回收等服务。

该服务商的问题是未能保全客户贷款资料，其工作人员于 2002 年将这些贷款资料丢弃。OCC 宣称此举触犯了法律及监管规定。

本案例表明当全国性银行将业务转交给服务商但又不能实施有效监管时，其自身将面临风险。

OCC 认为该银行未能安全及稳妥地处理与服务商之间的关系。该银行违反了《公平信贷机会法》《真实贷款法》《安全及稳健标准》《Gramm-leach-Bliley 隐私保护法》（该法规定了客户信息的安全及保密标准）。

针对该银行触犯法律及进行的违规操作，OCC 命令该银行支付民事罚款及终止与其服务商之间的关系。

2. 英国

2004 年年底，英国金融服务管理局（FSA）将银行业外包业务的监管规则纳入了手册，建议银行应建立必要的外包程序，以最小化风险暴露和处理可能出现的问题。这些程序包括：外包战略的制定；尽职检查程序；合同和服务水平安排；变革管理；合同管理；退出战略和应急方案。在每道程序中，都要求在风险估计的基础上设计风险管理措施。英国金融服务管理局制定了对银行和建筑合作社的指导方针。指导方针包括实质和非实质性外包，但主要是针对实质性外包。一家公司进行实质性外包应该事先向金融服务管理局报告。这个指导方针也基本适用于保险公司。

3. 其他国家

德国：2001 年 12 月，德国有关当局发布对所有信贷机构和金融服务机构的指引。这些指引提出了对外包的要求，操作业务的外包应该确保不损害：A）相关业务或服务的秩序，B）管理层对这些活动的管理监督能力，C）联邦金融监管局对信贷机构的合法审计和监督职权。

日本：2001 年日本银行发布金融机构稳健运行文件，制定了对外包风险管理的规范意见。金融服务局发布对金融机构的检查指南，规定了对外包的风险管理检查点。

荷兰：2001 年 4 月 1 日，荷兰银行（信贷机构监管当局）发布《机构和控制条例》，其中一部分是针对业务流程外包的。2004 年 2 月，年金和保险业监管局发布了保险公司外包条例。

瑞士：1999 年 8 月，瑞士联邦银行委员会（SFBC），发布对银行和证券公司的《外包指引》，允许外包可不经 SFBC 明确批准，但须接受年度外部审计。外包必须制定书面协议，并须将外包业务纳入金融机构内部控制体系之中。外包协议必须明确允许金融机构、它的内部和外部审计部门及 SFBC 的检查和控制。不允许外包董事会职能和金融机构的核心管理功能。

澳大利亚：2002 年 7 月 1 日，关于银行外包的“审慎标准”发布并生效。保险行业也被建议遵循这些标准。

比利时：2004 年 6 月，银行、金融和保险委员会（CBFA）发布了银行和投资服务业外包的共同指引。

加拿大：2001 年 5 月，金融机构监管局（OSFI）发布指导方针 B-10，对外包进行规范。2003 年 12 月，又进行了修订。所有的受联邦监管的机构，都要在 2004 年 12 月 15 日以后遵照执行。

14.2.2 国际组织的监管法规

2004 年 4 月欧洲银行监管委员会（CEBS）发布了关于业务外包的一套原则并公开对外征求意见。该原则的适用对象主要是欧盟内的银行，同时该原则提供给监管者一些指引。此外，欧洲证券监管委员会（CESR）正在为将欧盟关于业务外包的立法纳入《金融交易工具市场指引》提供意见。欧洲保险和职业养老金监管委员会（CEIOP）也很关注对业务外包的监管。

巴塞尔委员会电子银行小组准备对其成员的 IT 业务外包情况进行评估，并考虑出台新的关于业务外包的规则。证券交易委员会国际组织（IOSCO）常务委员会已经起草了一套业务外包原则，将要在证券业内征求意见。此外，IOSCO 常务委员会还将对业务外包的证券公司展开调查并对调查的结果进行评估。国际保险监督官协会（IAIS）正在密切关注不断出现的业务外包作法和监管手段。

2005 年，巴塞尔银行监管委员会、证券交易委员会国际组织、国际保险监督官协会共同举办联合论坛并组成工作小组，发布了《金融服务外包》，规定了 9 条指导原则，用以指导受管制机构的外包活动，确立监管当局的管制责任和义务。在 9 条指导原则中，有 7 条规定了受管制机构在外包活动中应履行的义务和职责，以防范、控制外包的各种风险。这些原则适用银行、保险、证券等领域，各领域的国际委员会可以从这些原则出发，制定更为具体、有所侧重的指引。这些原则可以帮助金融机构和监管当局控制业务外包的相关风险，同时又不至于影响企业的经营效率。

14.3　金融服务外包监管原则与监管内容

14.3.1　巴塞尔论坛金融服务外包监管原则

随着世界各国金融机构业务外包的不断发展，包括巴塞尔联合论坛在内的一些国际监管组织和许多国家监管当局都认识到业务外包所隐含的风险，并制定了一些业务外包监管原则或指引。2005 年巴塞尔联合论坛制定了 9 条高级指引原则，其中前 7 个原则涉及实施外包的受监管实体的义务，后两个涉及监管当局的角色与义务。以下是对这些原则的概述。

（1）从事业务外包的受监管实体应制定全面的政策以指导评估是否及如何进行业务外包。董事会或相关机构对外包政策及有关活动负有责任。

在业务外包之前，受监管实体应制定有关外包决策的专门政策及标准，包括评估有关活动是否及在多大程度上适用外包。风险集中及外包业务的整体可接受水平等问题，也必须予以考虑。如果受监管实体希望将任一业务外包，管理层需全面了解成本及收益状况，这要求管理层对该实体的核心能力、管理能力及弱点、未来目标等进行评价。受监管实体应制定相关政策以确保有效监管外包业务（见原则 2）；在整个外包过程中及合同期间，受监管实体都应具有适当的治理结构，清晰界定自己的角色及职责。受监管实体应采取适当措施确保在母国及东道国都能遵守法律和监管要求。如果将某项业务外包会妨碍监管当局评价或监管受监管实体的业务（见原则 3），则该活动不能外包。受监管实体的董事会（或相当机构）要全面负责，确保受监管实体的外包决策及服务商的活动符合外包政策。另外，内部审计也起到很重要的作用。

（2）受监管实体应建立全面的外包风险管理程序以指导外包业务及与服务商的关系。

评估受监管实体的外包风险取决于如下因素：外包业务的范围及重要性、受监管实体的管理水平、外包风险的监控（包括对操作风险的一般管理）、服务商对潜在操作风险的管理与控制。

下列因素有助于受监管实体判断风险管理流程中外包业务的重要性：

① 因服务商未能完成外包任务而对受监管实体的财务、声誉及经营造成的影响；
② 因服务商未能完成外包任务而对受监管实体的客户及对手带来的潜在损失；
③ 外包业务对受监管实体遵守监管要求及其变化的能力的影响；
④ 成本；
⑤ 受监管实体中的外包业务与其他活动之间的关系；
⑥ 受监管实体与服务商之间的隶属或其他关系；
⑦ 服务商的受监管地位；

⑧ 选择替代服务商或将外包的业务改由内部机构承担的难度及所需时间；

⑨ 外包安排的复杂程度，如在多个服务商合作提供点到点外包服务的情况下，对风险进行控制的能力。

数据保护、安全及其他风险可能因外包服务商所在地理位置而受到不利影响。为此，在评估及管理发生在本国境外的外包活动时，必须有专门的风险管理能力，以评估涉及政治及法制环境等方面的国家风险。全面性的外包风险管理流程包括：对外包安排的各个方面进行持续监控；指导受监管实体在应对意外事件时采取纠正措施的程序。

（3）受监管实体应确保外包管理既不能影响履行对客户及监管当局的责任，也不能损害监管当局的监管效能。

外包安排不能影响客户对受监管实体的权利，包括客户根据有关法律获得适当赔偿的权利等。外包安排不应损害监管当局对受监管实体进行合理监管的能力。

（4）受监管实体应尽职选择外包服务商。

在选择服务商之前，受监管实体应制定标准以评估服务商是否具有有效、可靠及高标准履约的能力，以及与特定服务商相关的潜在风险因素。

受监管实体具体需尽职责包括：① 选择合格且具有充分能力履行外包业务的服务商；② 确保服务商能理解及满足受监管实体在特定活动中的要求；③ 确认服务商具有履行职能所需的稳健的财务状况。

在未完成以上准备工作之前，受监管实体不可将有关业务外包。

如果服务商不能完成外包业务，则需通过其他途径来处理这些外包业务，但这样做可能会付出高昂代价。因此受监管实体也应考虑到由此带来的损失及业务中断的可能。

将业务外包到境外，还会引起其他的问题。例如，在突发事件中，受监管实体难以及时采取适当应对措施。因此受监管实体的高管也应评估境外经济、法律及政治环境的不利影响对服务商完成外包业务的冲击。

（5）外包书面合同应明确涉及外包管理的多种重要因素，包括权利、义务与各方预期。外包关系受此书面合同制约。

外包安排应以明确的书面合同确立，其特征及细节应与外包业务的重要程度相一致。书面合同是重要的管理手段；恰当的合同条款能降低违约风险或减少在业务范围、特性及服务质量方面的分歧。合同的关键条款应包括：

① 明确界定需要外包的业务，包括适当的服务及执行水平，事先评估服务商在数量及质量方面的履约能力；

② 合同既不能阻碍受监管实体履行监管义务，也不能妨碍监管当局行使监管权力；

③ 受监管实体必须确保能够从服务商处获得有关外包业务的账簿、记录及信息；

④ 规定受监管实体要能对服务商进行持续的监控，以便能及时采取整改措施；

⑤ 在必要情况下，合同应包括终止条款及执行终止规定的最短期限。后者应允许外包服务能转包给其他服务商或并入受监管实体。此类条款应包括破产、公司性质改变的情况并明确规定合同终止后知识产权的处置（包括将信息转回受监管实体，见原则6）、其他在合同终止后仍然有效的职责；

⑥ 对外包安排的特殊重要问题也应做针对性说明。如对海外服务商，合同应包括适用法律的规定、协议约定及司法约定，这些可确保有关各方在特定司法管辖下仲裁纠纷；

⑦ 合同应包括服务商将全部或部分外包业务转包的前提条件。在适当的情况下，如服务商要将全部或部分外包进行分包，则应事先取得受监管实体的同意，且合同条款应保证受监管实体的风险控制力不能因分包而受到影响。

（6）受监管实体与服务商应建立应急计划，包括灾害恢复计划及备份设施的定期测试计划。

受监管实体应有关于应急计划的全面制度化的政策，每个外包合同都应有专门的应急计划。受监管实体应采取适当措施评估及解决因服务商业务中断或其他问题导致的可能后果。显然，这需要考虑服务商的应急计划、协调受监管实体与服务商的应急计划、制定服务商未履约情况下受监管实体的应急计划等。

如果受监管实体及服务商缺乏全面应急计划而且外包业务反复出现问题，则可能导致意外的信用暴露、财务损失、错失商机及出现信誉与法律问题等。

健全的信息技术安全必不可少。信息技术能力的中断可能会损害受监管实体对其他市场参与者履行职责的能力、侵蚀客户的隐私权、损害受监管实体的声誉，并最终对受监管实体的整体操作风险状况造成不利影响。受监管实体应确保服务商保持恰当的信息技术安全及灾害恢复能力。

应急计划必须包括替换表现欠佳的服务商的选择成本。如果受监管实体不满意服务商的表现，则可将其替换或自行承担此外包业务，甚至有时可取消此业务。这些做法代价高昂，往往是不得已而为之。当然，这些意外情况及相关成本应在协商过程中予以说明并在合同中明文规定。对现有的合同，这些条款应在合同延期时加以补充。

（7）受监管实体应采取恰当措施，要求外包服务商严守受监管实体及其客户的机密信息，不得故意或无意对未授权人士泄露。

实施外包的受监管实体应采取恰当措施来保护客户的机密资料，并确保其不被滥用。此类措施包括，在与服务商的合同中禁止服务商或其代理人使用或披露受监管实体或其客户的专有信息（除非是约定服务且满足监管及法律所要求的条件）。根据监管及法律规定，受监管实体也应考虑是否有必要通知客户其资料可能被转移给了服务商。

（8）监管当局应把外包业务作为对受监管实体评估的组成部分。监管当局应采取措施确保受监管实体履行监管要求的能力不受影响。

监管当局应将外包业务作为其对受监管实体综合风险评估的组成部分。为评估及监控受监管实体的外包政策及外包风险管理流程，监管当局应能及时获得有关外包业务的账簿与记录及其他资料。受监管实体能直接获得这些资料，而监管当局也应能通过直接或间接渠道获取。这包括要求账簿及记录必须保存在监管当局所在的国家或服务商承诺能将账簿与记录的原件或复印件交至监管当局。

为保证能从服务商处取得外包业务的账簿、记录及相关信息，监管当局应考虑实施适当的规定及措施：① 在合同中规定受监管实体具有取得服务商处理外包业务的账簿与记录的能力与检查权力；② 获得任何子承包商的有关账簿与记录。合同还应规定，服务商应制备账簿、记录及其他资料，以便监管当局随时获取。

（9）监管当局应认识到多个受监管实体将业务集中外包给少数几个外包服务商可能带来的风险。

当有限数量（有时仅一个）的外包服务商为多个受监管实体提供服务时，操作风险相应集中，并可能带来系统性风险。另外，如果多个服务商的紧急业务援助人为同一援助公司（如同一受灾援助公司），当这些服务商都发生业务中断时，则该援助公司无法同时向这些服务商提供援助服务。

在公司通过业务外包来提高效率及实现规模经济的过程中，势必会出现一些形式的风险集中问题。在评估及监控受监管实体的外包政策及风险管理流程时，监管当局应关注受监管实体业务集中产生风险的方式。

有一些可以缓解风险集中问题的措施，其中最为重要的是受监管实体要制定合理的应急计划（见原则 6）及其他方面的监管释缓措施，如实时监控、识别流程、适当的监管计划、风险评估等。

14.3.2 金融服务外包监管的主要内容

各国金融服务外包监管既有共同的内容，也有特殊的监管要求，归纳起来主要有以下几点。

1. 告知义务

澳大利亚金管局要求持牌存款机构在与他方达成将其核心业务外包的协议之前必须告知监管机构，并阐述外包安排的主要风险及降低风险的策略；监管机构有权要求持牌存款机构和承包商向其提供所需的与评估外包风险有关的其他材料。英国金融服务局规定，当一项外包业务从本质上影响到银行的系统和控制或影响其风险方面时，银行应通过正常的监管渠道去通知监管机构。实际上，这种本质上的影响涉及核心业务的内容。为此，监管机构要求银行应告知关于外包供给商的任何关键性问题。

2. 董事会和管理层的责任

美国监管机构规定金融机构的董事会和高级管理层有对外包关系进行监管的职责；董事会和高级管理层应不断发展并且实施全公司范围内的政策措施来管理外包业务过程。澳大利亚监管机构规定，持牌存款机构的董事会和高级管理层应该为外包安排制定正式的策略，应该积极参与对所有核心业务的外包安排的评估活动，包括外包的决定、审议过程、对承包商的评价和选择、过渡安排及确保合理的退出战略。加拿大金融监管机构规定，董事或董事会应制定合适的风险管理政策，应该定期批准或重审适用于外包安排的政策（如风险态度、实质性标准、风险管理程序和批准权限等），并定期复查。管理层的责任则在于为董事制定外包政策，执行政策及任何相关的计划，定期检查效果和及时向董事传达与外包风险相关的信息。瑞士金融监管机构也规定了金融机构有对外包范围内的活动进行持续监督的责任和权力。

3. 外部审计

在美国，联邦金融机构检查委员会鼓励使用能够有效保障且建立在风险基础上的审计，以便董事会、管理层和审计人员能够将其资源集中在最大的风险上，从而确立现在及未来监管活动的范围，以及建立评估风险管理质量的机制，有利于有效使用管理资源。在澳大利亚，监管机构可以要求持牌存款机构的外部审计机构提供一份涉及诸如 IT 系统、数据安全、内部控制计划和商业连续性计划等与外包业务有关的风险管理的评价报告。在加拿大，监管机构要求银行应该确保外部审计员的标准与加拿大会计职业相关的审计独立标准相一致，并满足其他审计员独立性要求。与上述国家相比，瑞士监管机构对外包审计的相关规定则更为详细。一方面，规定发包金融机构的审计公司无论何时都必须完全掌握和无限制地洞察与外包服务有关的各项内容和活动，并对其进行监控和稽查。另一方面，规定服务提供商如果不接受监管机构监管的话，它必须和发包金融机构通过合同的形式来保证向监管机构送交全部的信息和文件。

4. 合同及服务水平标准

各国都不约而同地重点强调，合同及服务水平标准这部分内容是各国监管指引的重要组成部分。澳大利亚规定，所有的外包协议都必须通过签订书面的、具有法律约束力的契约来实现。该协议至少应该列明以下事项：服务水平和业绩要求、审计和监督程序、业务连续性计划、业务记录（及相关的软件）的所有权、违约安排及终止条款、价格与服务费结构、对争议的处理、责任与损失赔偿、信息的安全性及保密性等内容。加拿大的监管机构规定，要求实质性外包安排采取书面合同形式，该合同包含安排的所有的基本内容，并且通过金融机构法律顾问的审查。具体包括：外包服务的种类和范围、绩效测量标准、报告要求、差异的消除、责任疏忽和终止、所有权和获取方式、机密安全和产权分离、定价、保险等事项。

美国联邦金融机构检查委员会特别规定了签订外包合同的基本原则，具体如下。

一是确保合同明确地规定了双方的权利和义务。

二是确保合同包括了足够的和可测量的服务标准协议。

三是确保与附属机构间的协议明确地体现了合适的距离和关系，并且费用和服务至少和通过一个非附属机构提供者提供的费用和服务一样好。

四是选择满足金融机构要求的最恰当的定价方法。

五是确保合约不包含对机构有显著的坏影响的条款和动机。

六是让合法的法律顾问检查合约。

七是证实合同中阐述外包关系的准确性。

八是确保合同明确地书面记载并且包含足够的规定双方权利和义务的详细条款。

九是让合法的法律顾问较早地加入过程中来，以帮助准备和监督合同的制定。

十是合同应当包含的因素中，除了上述相关内容外，主要还包含：业绩标准、有限债务责任、转让、监管条例、服务标准协议等。欧盟监管机构规定，所有的外包业务都应该有一个正式且完整的合同形式。

外包机构必须保证书面合同包含以下事项：一是外包出去的经营领域必须明确界定。二是与外包服务相关的要求必须以书面的形式准确界定，而且必须考虑到外包服务的目的。因此，监管机构要求金融机构事前要从数量和质量两方面对外包服务提供商履行合同的能力进行评估。三是外包机构和外包服务提供商相应的责任和权利必须要准确界定和区分。四是合同还应包含一个有关退出和终止合同的条款。五是合同应该保证，外包业务提供方的行为始终处在监管和评估的范围内。六是外包机构在管理自己与服务提供商的关系时需要保证，制定一个规范服务水平标准的合同。而一个规范服务水平的合同，形式上应该包含相关服务目标在数量和质量上的要求，以保证外包机构能够获知服务提供的状况。

5. 风险管理

目前，澳大利亚、荷兰、加拿大、美国、新加坡都在风险管理方面有十分细致的规定和措施。

澳大利亚降低外包风险的策略包括：一是在将核心业务外包时，持牌存款机构应该考虑建立一个外包管理团队，该团队包含了原来从事这些业务的人员和有风险评估经验的人员，前者对外包安排提出建议，而后者则负责评估外包的风险；二是应该准备一个详细的商业案例，详细论述与外包相关的潜在成本、收益和风险。

荷兰监管机构规定，承包机构应该系统化地实施对外包业务风险的分析：一是该分析不仅在承包机构的范围内进行，而且应在该公司不同业务部门的层面进行；二是外包指引中设定了谨慎的职责，并提出了有关操作层面的细则。

加拿大的监管机构侧重于实质性外包安排的风险管理程序：一是监管机构要求金融机构制定适合所有金融集团外包安排的风险管理计划，要做好尽职调查程序；二是金融机构应遵循外包风险管理政策，监督和控制外包风险，并且注意监督风险的过程应该与外包业务安排的规模和复杂性相一致。金融机构应该复查其实质性外包安排以确保与外包风险政策和程序及指引的一致性；三是管理层应作出关于金融机构监督的报告，并写明外包业务风险管理计划的有效性。

美国联邦金融机构检查委员会规定：一是要认识到金融机构和技术服务提供商的规模和专业性、业务活动特征和复杂性及其风险状况的不同；二是金融机构应当监控它们的技术服务提供商并且在选择它们的卖方时进行尽职调查，包括对技术服务提供商使用的风险管理系统的复查。这些复查应当包括技术服务提供商采用的保护金融机构的客户的信息的措施。作为这项监管的一部分，金融机构应当复查包括技术服务提供商服务标准报告、审计、内部控制测试结果和其他对技术服务提供商的相关评估方面的信息。

新加坡外包风险的管理包括：一是银行的董事会和高级经理层必须清醒地认识到将网络银行业务外包所面临的风险，在确定一家服务提供商之前，必须进行详细的核查，银行和服务提供商必须明确银行法规定的对银行保密机制的要求；二是银行与服务提供商的合同或制度安排应该考虑为客户保密，以及遵守法律法规的规定。

6. 对服务商的评估

这是各国外包监管的又一个重要内容，许多国家都对评估的要求作了较为详细的阐述。

美国监管机构认为，在和服务提供商候选人初次沟通时，银行应弄清以下几点：一是服务提供商不能将与银行系统或商业计划有关的信息透露给候选团体之外的第三者；二是服务提供商期望在选择期间的承诺在最后的协议中将具有约束力；三是服务提供商确定所有的分包商、顾问或第三方，并依靠它们对银行提供服务。

英国监管机构在外包指引中规定了管理银行和供应商关系的原则：一是银行应持续监控和管理两者的关系，以达到确保银行系统和控制的完整性的目标；二是银行和供应商的协议中应确保银行对那些会对供应商完成外包业务产生实质影响的信息享有知情权。

荷兰监管机构在外包指引中提出了有关操作层面的细则，主要体现在对外部服务提供商的评估应包括流动性、商誉和其所提供服务的完整性和质量、内部的组织和控制、拥有可以胜任的人力资源，以及与承包机构、其外部审计和银行相关的其他可能事项。

瑞士监管机构在外包指引中规定：一是服务提供商的选择、指导和管理要有明确的规定。金融机构应该谨慎地选择、指导和管理服务提供商。选择服务提供商的标准及相关的与之合作的各个代理商应当在确立外包契约关系前予以确定。服务提供商的选择应该充分考虑和审核其专业服务能力及财务状况和所拥有的员工资源。二是金融机构和服务提供商的权利义务、资信能力及有关法律责任应该在合同中列明条款予以准确说明。同时，还规定外包领域内的活动必须纳入金融机构的内部监控体系之中；金融机构应当成立专门的部门来监控服务提供商的行为。三是发包给国外的机构需要相应充分的技术和组织措施，从而能够保证遵循瑞士法律中的银行业保密和数据保护原则。新加坡监管机构规定，在确定一家服务提供商之前，必须进行详细的核查，弄清其生存能力、业务能力、信誉度、信誉记录及在业界的地位。合同中应以书面的形式恰当、仔细地标明合同项目、条款，用以约束各个服务提供商的功能、关系、义务及责任。

当服务提供商是一个海外监管的金融机构时，服务提供商的监管机构应当递交书面证明以保证：为指定的独立的审计人员提供通道，保证其能获得银行的文件、交易记录、由服务提供商事先获得、存储和处理的信息。银行和由银行指定的审计人员应检查服务提供商的环境、服务提供商处理的银行相关数据等，并报告全部检查结果。

案例14.3

美国对服务商的联合检查

根据《银行服务公司法》，美国联邦金融机构检查委员会（包括 FFIEC）有权检查银行的服务商。该法规定银行服务公司（包括技术服务提供商（TSP））应接受其服务的银行的监管机构的检查与监管。另外一些 FFIEC 机构已经对 TSP 采取了强制措施。本案例说明 FFIEC 如何对银行服务商施用该法。

对于以下两种情况，监管机构可考虑对服务商实施联合检查：（1）某一服务商为多个受不同监管当局监管的实体处理核心业务活动（由此形成高度的系统性风险）；（2）服务商在位于不同地区的数据中心处理业务。这些监管机构在检查范围、时段及人员方面进行合作，而检查报告由这些机构、受检查的服务商及其受监管的客户共享。FFIEC 采用全面及统一的评级体系（如信息技术统一评级系统（URSIT））对服务商及受监管实体的 IT 相关风险进行评估及评级。根据 TSP 风险状况，对 IT 的检查周期为 18~36 个月不等。当前正在对约 160 个服务商进行跟踪检查。而根据 FFIEC 检查者进行的风险评估，其中有 130 个服务商受到定期检查。

2003 年，FFIEC 的成员机构联合参与了针对一家全球性服务商在美国各地的办公室的 IT 检查。对风险检查的范围集中在业务活动、交易处理服务、清算及结算、信息安全、业务持续计划、URSIT 内容（管理、审计、开发、收购、技术支持、交货）等方面。检查结果以联合检查报告的形式对外发布（按照 FFIEC 对 TSP 的 IT 检查的统一格式）。对于分布在该机构主要服务中心地区以外的技术支持服务，联合检查也实施了小范围的检查。

需要指出的是，国外监管当局已要求获得 TSP 检查报告。当局正在考虑是否与国外监管当局分享这些报告。

7. 商业持续计划

这里的商业持续计划是一个国家监管机构对业务外包活动应对不可预测和应急风险的重要举措。因此，各国监管机构都对金融机构在外包业务中的商业持续计划提出要求。

美国监管机构要求：一是每家金融机构都应当建立 IT 手册中规定的有效商业持续和监控计划，以确保技术服务提供商能够全面地控制与其提供的信息服务相关的风险，包括信息安全方面；二是金融机构不仅对由其内部完成的业务持续计划部分负有责任，还对由服务提供商或其他外部机构完成的该计划的其他部分负有责任。在制定内部的计划和程序时，金融机构应当考虑到和技术服务提供商相关的业务持续计划。

新加坡的业务外包监管指引指出，金融机构应建立突发性事件的预防方案，强调银行经理应要求服务提供商建立突发事件应对策略，规定自己在事故发生时的主要作用、责任及保持持续经营所采取的措施。同时，还应不断改善、测试和完善制定好的计划，建立应急机制，为信用危机发生而服务提供商无法弥补过失和无法实现做好准备。

英国监管机构规定，金融机构应建立包括日常操作和系统问题的专门突发事件计划。同时还规定，银行应获得供应商自有突发事件安排的有关信息，当银行认为不够充分时，银行可以通过自身或外部合适的供应商进行可供选择的应急安排。

欧盟监管机构认为，外包机构应对其外包业务制定详细的计划，包括意外事件的应急机制及退出机制，应该对每一种外包的方式都指定一个内部的单位或个人专门来管理或监控。这一原则还应包括持续计划的一些方式、明确的退出机制及建立对这些计划的成本和收益的评估机制等相关事项。

8. 对不能外包的业务限制

外包业务无疑蕴含着巨大的风险，因此许多国家都对不可以进行的外包业务作了限制，如荷兰、瑞士和欧盟等。

荷兰金融监管机构规定，银行部门应确认外包服务的提供商必须和银行部门自己处理该业务一样。如果缺乏足够的防护措施以使类似的商业活动以可控和健康的方式进行下去时，相关业务就不能外包出去。例如，以下情形的外包是禁止的：将内部审计职能外包给不属于集团的外部服务提供商；将财务会计和预备年度账外包给外部机构的审计师，或者外包给与外部审计师有联系的事务所等。

瑞士监管机构则规定，董事会的监督、终端管理和控制与其他管理层的核心管理任务不可以外包，同时与商业关系的开始与终止有关的决策同样不可以外包。

欧盟监管机构在与外包机构有关的高级原则中也规定，策略性、核心的管理责任和功能不能被外包。一般认为，核心管理功能的外包行为与公司管理者管理公司的职责是相违背的。因此，诸如战略监管、风险管理和战略控制等的管理职能是不宜外包的。

9. 其他特殊监管内容

1）技术外包的估价

美国监管机构在技术外包方面提出了最为详尽的要求，例如在定价方法和打包方面规定：金融机构在对外包投资进行估价时有多种选择；管理层应考虑到所有可以使用的估价方法，并作出对具体合同最适用的选择。

不同的估价方法包括：一是成本加价。向服务提供商支付实际发生的成本，外加事先规定的利润或补偿（通常是实际成本的某一百分比）。二是固定价格。服务提供商对整个合同期间的每一个结账周期制定相同的价格。这种方法的优点是机构能够准确地知道服务提供商每个月要收取的账单。三是单位定价。服务提供商对每一项服务标准制定一个收费比率，然后根据机构使用状况收费。四是激励定价，即如果提供商的业绩良好则提供奖金。这种方式能够激励服务提供商以高水平完成服务。这项计划同样要求提供商在业绩没有达到可接受水平时要接受惩罚。另外，在技术外包中，监管机构还对服务提供商为金融机构的系统打包服务作出了规定。

2）数据处理

加拿大监管机构在外包指引中如下规定：对于境外司法权限下的数据处理，金融机构在没有得到监管者预先批准的情况下，可以不处理（直接或间接）境外记录维护的相关数据。

监管者是否批准与指定信息是由第三方还是由金融机构、金融集团的成员来处理无关，对于任何的数据处理安排，不管是否具备实质性，监管者做出外包安排批复的决策取决于合同或承诺是否允许监管者或其代表获得金融机构所有记录和信息，该记录和信息由服务提供商和应急或灾害恢复提供商共同处理。

3）服务提供商的选择和评估

在美国，监管机构十分强调银行对服务提供商的选择与评估工作。主要体现在两个方面：一是银行对服务提供商的评估主要涉及技术专长、操作控制、财务条件和管理水平等方面的内容。同时，监管机构建议金融机构应当采取足够的保护措施，而服务提供商的系统和金融机构间也要建立恰当的进入控制和监控。二是确定评估准则在服务提供商的选择过程中是一个十分重要的环节。为此，美国监管机构给予金融机构一些评估标准建议。这些建议包括：一是服务提供商的洞察力 / 价值主张和银行的相容性。二是行使洞察力 / 价值主张的能力。三是服务或计划的系统性和功能性。四是用类型、能量、模块、升级和更新的能力或刻度来表示的技术。五是以维修时间、响应时间、解决时间、安全性、灾难计划和其他服务水平表示的服务和支持。六是成本 / 价格；七是提供商的财务稳定性。

4）业务外包的问责与处罚

部分监管机构对银行业务外包都有明确的问责和检查的规定。如，2002 年由于外包服务提供商没有保存好贷款文件引发问题，美国监管机构叫停了一家加州银行的经营业务，终止了与服务提供商的合作，并对银行和服务提供商处以罚金。同时，服务提供商还收到未得到监管机构批准不得为国内银行及分支机构提供服务的通知。另外，美国在《银行业公司法案》中授予联邦金融机构检查委员会对银行外包服务提供商进行检查的权力，主要是防范服务提供商集中引发的系统性风险。香港金融管理局明确外包业务的问责性，认为商业银行的董事会和管理层对外包的业务负有最终责任；外包安排只是将某项业务或者工作的日常管理责任而非问责性转移于服务提供商；商业银行应继续保留外包业务的最终控制权。我国台湾地区在 2001 年颁布了《金融机构作业委托他人处理注意事项》；2002 年在监管回函中又进一步强调，银行作业委托他人处理，应加强控管并定期稽核，要求委托机构不得以银行名义执行业务。

总体上看，各国和地区对外包业务的监管要求分为两种类型：一是一般性的风险指引，进行外包风险揭示，并提出有关监管要求；二是在风险指引的基础上对服务提供商违约或者以银行名义违规引发的问题追究银行的责任，并给予处罚。

案例14.4

加利福尼亚银行外包失败案例

美国一家服务提供商为加利福尼亚银行在 18 个州及哥伦比亚特区提供资金借贷服务，该服务商没有尽到保护客户的个人信息的义务。美国货币监理署（OCC）宣称服务商触犯了法律和监管法规，并对涉案双方进行了强制制裁。本案是合规风险的一个典型例子，通过本案可以了解到当银行将业务外包给服务商但无法有效监管服务商的行为时，其自身会面临的合规风险等风险。监理署认为该银行没有处理好与服务商之间的合作关系，违反了《公平信贷机会法》《真实贷款法》《安全及稳健标准》《Gramm-Leach-Bliley 隐私保护法》中的有关规定。因此，监理署对银行处以罚款并强制终断了双方的合作关系。监理署也对服务商处以了罚款，并且规定在未得到监理署批准之前，不得为全国性银行或其分支机构提供服务。为弥补顾客的损失，监理署还要求银行向有关客户告知资料丢失的情况，并对资料的补充手续等相关问题给出详细解答。

（资料来源：张琳 . 试论我国金融服务外包的风险防范［D］. 济南：山东师范大学，2012）

14.4 我国的金融服务外包监管

我国的金融服务外包还处于初步发展阶段，金融服务外包监管问题没有引起足够的重视。中国银监会成立后，在商业银行业务外包的监管上也出台了一些相关的规定，但还没有专门针对商业银行业务外包的监管规定。目前，银监会发布的监管文件中涉及业务外包的有：《商业银行外部营销业务指导意见》《电子银行安全评估指引》《电子银行业务管理办法》《银行信息系统风险管理指引》等。上述监管文件都不是专门的业务外包文件，对外包的监管也仅仅局限于电子银行、IT 技术等方面，而对外包业务的合同没有具体的监管要求，也没有明确商业银行对服务提供商的稽核和评估责任，更缺乏对商业银行业务外包的系统性监管程序。

与美国等发达国家相比较，我国不论是金融服务外包监管机构还是监管的法律法规都不完善，这与我国不断发展的金融服务外包不相适应。早在 1999 年美国就发布了一套统一的监管标准，这一做法进一步推动了美国金融服务外包的发展。我国应充分认识金融服务外包监管制度构建的重要性和迫切性，尽快建立我国金融服务外包监管体系。各国和国际组织在监管机制设计上已取得了广泛的共识和丰硕的成果，巴塞尔论坛提出的九条监管原则也得到了世界各国普遍认可，这些先进国外金融服务外包监管理念和操作都可以吸纳入我国的管制体系中，从而建立符合我国金融服务外包发展特点的监管制度和体系。

我国应考虑如下监管措施：深化金融服务外包市场的市场导向改革，建立一个全国统一规范的有效竞争市场；实行承包商资格认证或审批制度，不断增加专业承包商的数量，扩大发包金融机构的选择范围，使发包金融机构在外包中获得主动权以分散风险；金融、证券和保险部门应颁布各自的监管规章条例细则，增强金融服务外包监管法规的灵活性，更好地应对金融服务外包新事物可能出现的各种新情况。

14.4.1 我国金融服务外包的监管原则

1. 合法监管的原则

合法监管包括以下几个方面。

1）监管部门合法

金融服务外包涉及社会利益并且具有高风险的特性，因此监管部门必须法定，由法律法规来赋予特定的部门监管权，并对其权利义务作出明确规定，这样才可以保证监管部门可以有力地实施其监管权力。

2）监管对象合法

审慎选择合法的外包商来从事金融事务外包事宜，要选择合法的主体来从事金融服务外包事务。

3）监管程序合法

监管法律法规要对建立金融服务外包的完善的程序和流程作出规定，然后按照法定的程序来监管金融机构外包活动。

2. 有效监管原则

在设立金融服务外包的监管制度的时候，要确立有效监管的原则。监管制度必须确保金融机构外包前、外包中、外包后各项事宜都能够得到监管机关的监管，必须确保监管机关监管所需的相关信息和资料能够方便、完整取得。

3. 效率和安全并举的原则

确立有关的监管制度时要关注金融机构运行安全，但不能因此而放弃追求效率，要采取效率和安全并举的原则。制度的设计要在关注金融机构运行安全的同时追求运行的高效率。

4. 严格控制风险的原则

金融服务外包蕴涵着极大的风险，因此一定要把严格控制风险作为制定监管法律法规的重要考虑因素和原则。在设立监管制度时，有关机关要规定监管机关和外包商有建立科学、合理的风险防范机制的义务。

14.4.2　具体的规范制度

2005 年 2 月联合论坛制定的《金融服务外包》文件中对建立金融机构外包监管制度进行了指引性规定："可以采取以下措施来降低风险：制定全面与清晰的外包政策、建立有效风险监管流程、要求外包公司制定应急计划、协商达成合理的外包合同、分析服务商的财务与基础设施状况。"根据此指引性规定，结合我国的实际，应建立下列具体的规范制度。

1. 首先建立外包商评级准入机制

谨慎选择外包商是关系到金融服务外包能否顺利完成的关键。监管规章应该就选择合格的外包商提出要求，在可能的情况下，探讨设立相应的资格认证制度，对于有意从事金融服务外包的组织进行资格认证，作为其进入金融服务外包市场的门槛。通过完善的外包商准入评级体系，金融机构能够对外包商的技术实力、经营状况、社会信誉等因素进行综合评定，以测定外包商资质等级，从而选择竞争实力强、技术有保障的企业作为业务外包合作伙伴。

2. 对外包事务的范围作出规定

金融服务外包的范围限定是监管制度构建中的重中之重，也是规范的难点。由于外包还在发展中，因此对于哪些事务能够外包，哪些事务不宜外包，国内还处于摸索阶段。但对于外包事务的规制来讲，这又是一个不容回避的问题。因此在构建金融服务外包的法律制度时要对外包事务的范围作出规定，体现原则性和灵活性统一的原则。

台湾地区的做法值得借鉴，根据外包事务的特性进行分类：一类是可以明确列举允许外包的事务，依据规定进行外包；另一类是列举之外的事务，金融机构要进行外包，必须经过有关机关的批准。在分类标准的选择上，可以将不需要借助金融机构平台直接操作的业务事项或者环节外包事项进行列举，此类事项侧重于辅助性的环节和操作程序。对需要借助于平台直接操作的业务或者本身属于金融机构的固有业务或其某部分环节，对金融机构的信誉具有极大依赖性的事务外包，需要经过严格的审查和批准。对于审查标准和程序，要制定出相关的指引文件。

从安全和效率并举的角度来看，对于列举出来的具体外包事务，规定备案程序就可以了，没有必要经过严格的审查和批准程序。对于不在列举范围之内的事项，则应该经过监管机构的审查和批准程序。

3. 完善风险监测和后续评价机制

在业务外包的实施和管理阶段，金融机构要保持对外包业务性能的随时监测和评估，定期对外包业务综合效益、业务质量层次的提升及业务外包后对核心业务的影响等做出测算评价，并及时与厂商交换意见，以推进业务外包长期发展。

4. 监管机关的权力范围和监管内容

监管机关对金融服务外包的监管内容和权限应该设立制度予以规定。

首先，对金融机构的事务外包记录的监管。监管机关可以审查银行机构的事务外包记录，金融机构在住所地必须备有书面的关于金融服务外包的记录以给予监管机关审查便利。

再次，监管机关对金融服务外包合同拥有审查权。由于外包合同规定了金融机构和外包商的权利义务内容，因此，外包合同对于监管机关而言是监管的重点。

另外，监管机关对金融服务外包的双方当事人的风险控制机制的建立拥有监管权力。监管机关可以要求金融机构构建合理的管理和控制外包安排的内部程序、组织机构、专业人员等，要求金融机构针对外包商设计必要的监督与管理机制，同时，要规定外包商建立相应的风险控制机制。

最后，规定监管机构享有的有关处罚权。没有责任的承担，则没有真正的权利和义务。对违反金融服务外包相关法律法规的行为，要规定监管机关享有的处罚权的权限和内容。

5. 客户信息保护制度的建立

监管规章首先应该要求金融机构和外包商在外包过程中严格遵守国家有关国家秘密、商业秘密及个人数据保护的法律法规等。

由于金融机构业务的特殊性，其掌握着大量的客户信息。客户是基于对金融机构的高度信任而将自己的信息告知金融机构，因此当机构业务外包涉及客户信息时，应该要求金融机构采取适当措施，告知客户涉及客户信息披露的情况并征得客户同意，而且应该要求外包商对所接触的客户信息和金融机构的商业秘密采取严格保密措施，不得故意或过失对未授权人士泄密。可以把外包商是否具有完善的客户信息保密机制作为选择外包商的标准。

另外，对客户信息和金融机构的商业秘密保护需作出专门规定。要求金融机构与客户、外包商之间通过外包合同或者专门的保密协议确保客户保密信息和金融机构的商业秘密的安全。

6. 应急机制的建立

由于金融服务外包事务的风险性，因此，在构建监管制度时，要注重强调金融机构及外包商的应急机制的建立的义务。监管规章要明确要求金融机构对事务外包的各种意外情形，设计必要的应急措施，尤其是对于例如外包商破产、遇到不可抗力无法完成外包事务、外包商在内部技术或者骨干人员的变动等影响外包合同履行等情形下，金融机构应该有相对的应急机制应对这些紧急状态。

7. 知识产权问题的规定

在有些金融服务外包过程中，会涉及知识产权的问题，因此在签订外包合同时，要注意针对知识产权问题作出规定或者签订专门的协议对于知识产权问题作出约定。尤其是在信息技术开发外包方面，对知识产权的约定就显得格外重要。由外包商所开发技术的专利、产权的归属问题是由双方协议达成而非法律规定，这就给错误和陷阱留下了很大的空间。何人拥有对知识产权的控制，以及技术成果的划分，都是可能引起争端的问题。

14.4.3　监管制度安排时需要注意的问题

1. 合法原则

跨国金融机构外包不得妨碍金融机构遵守所有适用的中国的法律法规。如果此跨国机构外包有可能使得金融机构违反了国内的法律法规，那么监管机关要行使拒绝权，不予审核通过或令其停止并承担相应的责任。

2. 监管机关监管信息的知悉和获得权

国际金融服务外包安排不得妨碍我国监管当局获得监管所需信息的权利。进行外包合作的双方均应该有合法的审计机制，从而确保监管当局可以获取监管所需的审计资料。

3. 应急计划和应急机制的建立

为防范风险，进行外包合作的双方机构都应该有配套的应急措施来应对国际金融服务外包可能引发的风险，并制定相应的应急计划和应急机制。

4. 法律的适用

金融跨国外包原则上宜适用中国法律，并尽可能选择在中国法院或仲裁机构裁决纠纷。这主要是出于保障我国的金融监管权的考虑。

本章小结

金融监管机构是根据法律规定对一国的金融体系进行监督管理的机构。其职责包括按照规定监督管理金融市场；发布有关金融监督管理和业务的命令和规章；监督管理金融机构的合法合规运作等。

美国金融监管体制实行机构型监管和功能型监管相结合，是一种典型的“双重多头”监管体制。欧洲系统性风险委员会（ESRC）、欧洲银行业管理局（EBA）、欧洲保险与年金管理局（EIOPA）、欧洲证券与市场管理局（ESA）建立起了超国家权力的金融监管体系。英国实行审慎监管“大一统”模式，独立于英格兰银行的金融行为监管局（FCA），负责对包括银、证、保在内的所有金融机构及诸如债务催收等行业的行为监管和消费者保护。审慎监管局（PRA），负责银行、证券、保险行业的审慎监管。日本金融厅负责对银行业、证券业、保险业、信托业和整个金融市场进行监管。澳大利亚建立了由澳大利亚储备银行（RBA）、澳大利亚审慎监管局（APRA）和澳大利亚证券投资委员会（ASIC）三个金融监管机构组成功能型监管体系。

巴塞尔联合论坛制定了 9 条指引原则，指导各国政府金融监管机构对金融服务外包的监管工作。各国对金融服务外包的监管内容归纳起来大体有 8 个方面：告知义务、董事会和管理层的责任、外部审计、合同及服务水平标准、风险管理、对服务商的评估、商业持续计划、对不能外包的业务限制，以及其他特殊监管内容，具体包括：技术外包的估价、数据处理、服务提供商的选择和评估、业务外包的问责与处罚。

练习与思考

1. 简述美国、英国、澳大利亚、日本的金融监管机构及其职能。
2. 简述欧盟的金融监管制度及其特点。
3. 巴塞尔论坛对金融服务外包规定了哪些监管原则？
4. 金融服务外包监管的主要内容有哪些？
5. 结合国际金融监管体制发展与改革的经验，谈谈我国金融监管体制改革的方向。

参考文献

[1] 王华，周莉．世界的盛宴 [M]. 南京：江苏人民出版社，2010.

[2] 魏秀敏．服务外包 300 问 [M]. 天津：天津大学出版社，2011.

[3] 官冠英．金融业务流程基础教程 [M]. 北京：清华大学出版社，2012.

[4] 季成，徐福缘．服务外包产业链 [M]. 上海：上海交通大学出版社，2011.

[5] 徐枫．服务经济背景下北京金融服务外包发展研究 [M]. 北京：知识产权出版社，2012.

[6] 徐成贤．金融信息服务外包 [M]. 北京：清华大学出版社，2012.

[7] 唐柳．银行业服务外包供应商引发风险的政府监管研究 [M]. 北京：中国金融出版社，2010.

[8] 闫海峰．金融服务外包风险管理 [M]. 北京：经济管理出版社，2013.

[9] 南京财经大学（昆山）花桥现代服务业研究院．金融服务外包生态系统研究 [M]. 北京：中国金融出版社，2012.

[10] 王晓红，刘德军．中国服务外包产业发展报告：2013-2014[M]. 北京：社会科学文献出版社，2014.

[11] 王力，刘春生，黄育华．中国服务外包发展报告：2010-2011[M]. 北京：社会科学文献出版社，2011.

[12] 王晓红，李皓．中国服务外包发展报告：2012-2013[M]. 北京：社会科学文献出版社，2013.

[13] 杨丹辉．服务外包与中国政策选择 [M]. 北京：经济管理出版社，2010.

[14] 花桥金融外包研究中心．中国金融业服务外包报告 [M]. 北京：中信出版社，2009.

[15] 王开明，万君康．企业战略理论的新发展：资源基础理论 [J]. 科技进步与对策，2001(1).

[16] 吴国新，高长春．服务外包理论演进研究综述 [J]. 国际商务研究，2008(2).

[17] 刘庆林，刘小伟．国外服务业外包理论研究综述 [J]. 山东社会科学，2008(6):87-91.

[18] 刘力钢，刘杨，刘硕．企业资源基础理论演进评介与展望 [J]. 辽宁大学学报（哲学社会科学版），2011(3):108-115.

[19] 温晓俊，刘海建．战略管理研究所应遵循的理论基础：资源基础观与交易成本理论 [J]. 中央财经大学学报 ,2007（8）:63-67.

[20] 薛彤．国际离岸金融服务外包发展趋势与中国的策略选择 [J]. 商业时代，2010(31).

[21] 牛雄鹰，尹尊声．全球化背景下离岸外包的趋势演变及中国对策 [J]. 改革，2009(8).

[22] 何娣，石琳．江苏省金融服务外包业务的发展现状与对策 [J]. 对外经贸实务，2011(10).

[23] 吴国新，郭峥嵘．金融服务外包提供商选择及风险管理 [M]. 北京：清华大学出版社，2013.

[24] 涂晓笑．基于成本效益分析的企业业务外包决策研究 [D]. 武汉：武汉理工大学，2007.

[25] 王建军．业务外包决策模型研究 [D]. 大连：大连理工大学，2006.

[26] 王钰．商业银行业务外包研究 [D]. 北京：对外经济贸易大学，2006.
[27] 王骏．中国金融服务外包及其风险管理的研究 [D]. 上海：上海交通大学，2009.
[28] 王晓晨．商业银行人力资源管理外包研究 [D]. 青岛：中国海洋大学，2008.
[29] 邓小勇．我国商业银行业务外包研究 [D]. 北京：首都经济贸易大学，2010.
[30] 林卓恒．G 银行信用卡运营业务外包案例分析 [D]. 广州：华南理工大学，2013.
[31] 曹淑艳．商业银行金融服务外包现状与风险监管研究 [J]. 中央财经大学学报，2009(12)：45-46.
[32] 田晓军．券商业务外包刍议 [J]. 华南金融研究，2001(1).
[33] 严明，何琨．中小证券公司后台业务外包分析 [J]. 证券机构，2010(1).
[34] 牛学坤．证券公司对银行业 IT 人力外包模式的借鉴 [J]. 工作研究，2013(4).
[35] 吴铭．中国公募基金后台业务流程外包研究 [D]. 上海：上海交通大学，2012.
[36] 李琼飞．金融后台服务外包的特点与分析 [J]. 上海金融学院学报，2012(2):21-27.
[37] 黄育华，王力．国外金融后台与服务外包体系建设和发展的重要经验 [J]. 城市金融，2009:84-88.
[38] 王怡．金融后台业务外包的国际经验及启示 [J]. 现代经济，2007(6):58-59.
[39] 陆晓艳，郑丽娟．呼叫中心外包业务市场分析 [J]. 通信管理与技术，2006(10):36-37.
[40] 李东，李猛．国内外信息系统外包理论研究综述 [J]. 信息系统学报，2009(6):85-96.
[41] 刘莉，吴绒，李楠．金融外包管理 [M]. 北京：化学工业出版社，2015.
[42] 倾志贵．离岸外包业务的竞争优势研究 [D]. 上海：华东师范大学，2008.
[43] 王瀛，赵鹏大．基于风险控制的金融服务外包策略 [J]. 江西社会科学，2008(8).
[44] 蒋欢．金融服务外包及其风险研究 [D]. 长沙：湖南大学，2005.
[45] 刘倩．金融服务外包及其风险研究 [D]. 大连：东北财经大学，2007.
[46] 孙伟欣．试论我国金融服务外包的风险防范 [D]. 保定：河北大学，2009.
[47] 吴国新．金融服务外包提供商选择与风险管理研究 [D]. 上海：东华大学，2010.
[48] 姚勇，董利．国内外商业银行业务外包的监管比较 [J]. 国际金融研究，2007(11).
[49] 张琳．试论我国金融服务外包的风险防范 [D]. 济南：山东师范大学，2012.
[50] 薛忠胜．A 保险公司信息技术外包中的信息安全风险控制研究 [D]. 上海：华东理工大学，2014.
[51] 王晓红，张素龙，李庭辉．中国服务外包发展报告：2016-2017[M]. 北京：人民出版社，2018.

案例索引